우울증을 위한 ACT

우울증 치료에 활용하는
수용전념치료 지침서

Robert D. Zettle 저 | 문현미 역

ACT for Depression

A Clinician's Guide to Using Acceptance and Commitment Therapy in Treating Depression

학지사

ACT for Depression:
A Clinician's Guide to Using Acceptance
and Commitment Therapy in Treating Depression
by Robert D. Zettle

이 세상을 자신이 본 세상보다 더 나은 곳으로 남기고 가신

나의 아버지 John A. Zettle(1918~2002)에게

역자 서문

이 책은 다양한 형태의 심리적 고통을 다루는 수용전념치료(Acceptance & Commitment Therapy: ACT)를 우울증에 적용하기 위한 것으로서, 우울증의 ACT에 대한 개념적인 설명과 더불어 ACT를 우울증에 적용하고 실행하는 방법을 제시하고 있다.

ACT는 역자의 박사학위 논문 이후로 국내에 꾸준히 알려져 왔고, 그동안 여러 권의 책들이 번역되었다. ACT에서는 개인적인 가치를 위해 심리적 고통을 수용하면서 가치 실현을 위한 전념을 지속하는 방식으로 심리적 고통을 다룬다. 그리고 ACT 치료자는 심리적 유연성의 향상을 치료의 일반적인 목표로 삼고, '무엇을 수용하며 무엇에 전념할 것인가?'에 관심을 가진다.

우울증이나 삶의 다른 문제를 '치료되어야 할 것'으로 보는 관점과는 달리, 우울증을 위한 ACT에서는 우울을 비롯한 심리적 사건을 맥락 내에서 진행되고 있는 역동적인 행동으로 본다. 또한 우울증을 위한 ACT의 주요 과제는 우울을 경험하는 내담자가 우울 없이 살 수 있도록 하는 것이라기보다 우울증과의 투쟁에서 자유로워짐으로써 우울과 함께 의미 있고 설레는 삶으로 나아갈 수 있도록 돕는 것이다. 그러므로 우울증을 위한 ACT의 주된 치료 목표는 증상의 감소가 아니라 가치 지향적인 삶을 영위할 수 있는 심리적 유연성의 증가이며, 그런 삶이 되면 우울의 수준도 감소하는 것으로 나타난다.

이 책에서는 ACT의 정신 병리 모델을 구성하는 여섯 개의 핵심 과정과 이를 목표로 하는 치료 전략을 중심으로 우울증을 위한 ACT의 실제적인 지침들이 설명된다. 또한 치료 기법과 전략을 선택하고 실행하는 과정을 안내하기 위해 주요 병리 과정이 어떻게 각 내담자의 우울증에 다른 방식으로 영향을 미치는지와 관련된 사례 개념화 접근이 제시되며, 우울증 치료에 ACT의 기법과 요소들을 적용하는 전형적인 순서가 제시된다. 이 책은 주로 정신 건강 전문가들을 위해 쓰였으며, 특히 ACT를 활용하여 단극성 우울증을 치료하고자 하는 치료자와 상담자를 위해 쓰였다. (그래서 역자는 이 책에서 'you' 라는 말을 맥락에 따라 '치료자' 라고 번역하였음을 밝혀 둔다.)

역자는 우울을 경험하거나 우울증을 겪는 사람들, 그리고 이들을 돕는 치료자들에게 도움이 되기를 바라는 마음에서 이 책을 번역하게 되었다. 하지만 그 과정은 참 힘들었다. 인생에서 가장 많은 역할과 일이 주어진 시기에 이 책을 번역하게 되었기에 시간이 나질 않아 부담만 안고 마음 무거운 나날을 보내기도 하였고, 어문 실력의 한계를 절감하며 작업이 진전되지 않아 끝이 보이지 않는 막막함을 느끼기도 하였다. 게다가 날로 심해지는 노안 때문에 두 개의 안경을 썼다 벗었다를 반복하는 것 또한 여간 고생이 아니었다. 그래도 이 일을 지속할 수 있도록 힘을 준 것은 개인적 가치인 듯하다. 역자는 상담실에서 우울증의 고통 속에 있는 분들을 만나면 오히려 힘이 나는 경험을 하곤 하였다. 마치 식물이 생기를 잃고 시들듯이, 우울증이 깊어지면 개인은 점차 활기를 잃고 죽은 상태처럼 된다. 그러므로 우울증을 치료하는 것은 곧 생명을 북돋우고 살리는 일과 같다. 내가 생명에 가치를 두기 때문에 우울증으로 고통받는 분들을 만날 때에 힘이 솟는 것임을 역자는 이 책을 번역하면서 깨닫게 되었다. 우울증을 위한 ACT를 번역하고 싶은 열망을 갖고 긴 시간 동안 번역의 고통을 수용하며 힘을 낼 수 있었던 것도 이와 같은 개인적 가치와 연결되어 있다고 생각한다.

우리 모두는 살아가는 동안 때로 우울의 고통이 찾아오고 활기를 잃을 수도 있다. 고맙게도, 우울증은 이렇게 살아서는 생명력을 잃을 수도 있다는 것을 우리에게 알려 주며, 새로운 삶으로 전환하는 터닝 포인트가 될 수 있다고 역자는 믿는다. ACT를 통해 역자는 우울증을 비롯한 모든 고통을 존중하면서 살펴보게 되었고, 그 과정을 통해 삶에 대한 지혜를 얻음으로써 삶이 변할 수 있음을 지켜보았다. 우울이라는 고통이 찾아온 삶의 맥락을 함께 살펴보면서 새로운 삶으로 변화되는 기쁨을 같이 나눌 수 있었던 내담자들에게 감사한다.

삶에서 생기를 잃었을 때 새로운 삶으로 전환하는 기회를 가지게 될 우울한 사람들과 이들을 돕는 상담자들에게 이 책이 도움이 될 수 있기를 바란다. 그리고 생명의 향기가 넘치는 평화로운 인간 세상을 회복하는 데 조그만 보탬이 된다면 좋겠다.

이 책을 번역하는 긴 시간 동안에 여유 없는 엄마를 도와주고 자신의 일을 알아서 잘 감당해 준 민혜원과 민석영에게 고마움을 전하며, 번역 자료의 일부를 꼼꼼히 교정해 주면서 번역하는 방식과 기술을 터득할 수 있도록 도움을 준 남편 민병배 선생에게 감사를 드린다. 그리고 교정 작업을 성실히 도와준 학지사 편집부 직원들에게도 감사를 드린다.

생명력 넘치는 삶을 회복하기 위해 길을 떠난 사람들에게 삼가 이 책을 바친다.

2012년 12월
마음사랑인지행동치료센터에서
문현미

저자 서문

나는 일련의 사건(어떤 것은 예상한 것이었고, 어떤 것은 그저 우연이었다)으로 인해 이 책을 쓰게 되었다. 이 사건은 1976년 내가 그린스보로(Greensboro)에 있는 노스캐롤라이나 대학교 임상심리학 박사 과정에 입학하면서 시작되었다. 그해 가을 Steve Hayes라는 이름의 조교수가 그 학과에 새로 부임하였다. Steve가 종종 하는 말처럼 '아무런 타당한 이유' 없이, 그는 나의 지도교수로 배정되었다. 내 삶은 사뭇 달라졌다. Steve는 나의 지도교수일 뿐 아니라 멘토이자 친구이며 '학문적 아버지'였다. 나는 그의 첫 박사학위 제자였다. 나는 이 지면을 빌어 Steve가 일찍이 나를 지도하고 키워 준 것에 특별히 고마움을 표현하고 싶다. 그의 도움이 없었다면, 이 책의 집필은 분명 가능하지 않았을 것이다.

Steve와 나는, 우리가 행동주의에 언어와 언어적 행동을 보는 새로운 방식이 필요하다는 인식을 공유하고 있음을 상당히 빨리 알아차렸다. 우리는 인간이 경험하는 광범위한 고통을 효과적으로 설명하기 위해서는 Skinner의 작업을 넘어 나아갈 필요가 있다고 느꼈다. 1981년 후반 내가 박사학위 논문을 위한 연구를 준비하던 무렵, Steve는 이미 당시에는 '포괄적인 거리두기comprehensive distancing' 라고 알려진 새로운 치료법을 위한 매뉴얼의 초안을 만들었다. 이 접근은 언어의 내용을 보는 대신에 언어나 언어적 행동의 맥락(생각하기의 과정이 우리의 행동과 정서 반응에 어떻게 영향을 미치는지)을 보았다. 우울증에 대해서 인지치료와 훗날 ACT라고 알려진 치료를 비교한 내 박사학위 논문은 이 새로운 접근을 평가하는 첫 번째 무선화된 임상비교 연구였다. 이 책은 사반세기 전에 시작되었던 ACT를 우울증에 적용하는 작업을 이어 온 결과다.

Steve와 더불어 이 책을 쓰는 데 여러 다른 방식으로 도움을 준 몇몇 분들에게 감사하고 싶다. 순서 없이 언급하자면, 그가 인용하기를 즐겨하는 Joseph Campbell의 글을 찾는 데 도움을 준 Hank Robb, ACT의 초기 사례개념화 형식을 수정된 형태로 인용하도록 허락해 준 Jason Lillis와 Jason Luoma, 개인적 가치 질문지를 넣을 수 있도록 허락해 준 J. T. Blackledge와 Joseph Ciarrochi, 그리고 삶의 가치 질문지의 인용을 허락해 준 Kelly Wilson이다.

2006년 가을, 내게 안식년을 허락해 준 위치타주립대학교에 감사를 표한다. 덕분에 학과 운영위원회와 같은 일상 업무에 분산되지 않고 이 책을 쓰는 데 시간을 온전히 쏟을 수 있었다. 또한 내가 이 일을 맡도록 섭외해 주고, 이 책이 보다 더 읽을 만하고 이해할 만한 책이 될 수 있게 소중한 도움을 준 New Harbinger의 직원들에게 감사한다. 책을 쓰는 다소 두려운 과정 동안 나와 같은 '신출내기'를 챙겨 준 출판 국장 Catharine Sutker, 초고를 교정하면서 유익한 제안을 해 준 편집국장 Heather Mitchener와 선임 편집자 Carole Honeychurch에게 특별히 감사한다.

끝으로, 우울증과 투쟁하면서 여러 해에 걸쳐 내가 치료자로서 봉사할 수 있도록 나를 신뢰해 준 모든 내담자들에게 고마움을 전하고 싶다. 내가 당신들에게 배운 것처럼 당신들도 내게 많이 배웠기를 바랄 뿐이다.

차 례

제 1 장

우울증을 위한 ACT는 무엇이며, 그 독특성은 무엇인가

이 책의 목적

ACT에 대한 개관

관계 구성틀 이론과 ACT

ACT의 목표: 심리적 유연성

인간 언어의 '어두운 면'

인간 언어의 '밝은 면'

ACT의 독특성은 무엇인가

우울증에 대한 좋은 소식과 나쁜 소식으로 시작하자. 먼저 나쁜 소식, 우울증은 널리 만연된 장애이며 점차 증가하는 추세다. 흔히 '감기와 같이 흔한' 심리장애(Pilgrim & Bentall, 1999)라고 불릴 정도로 우울증은 정신과 외래 환자들이 가장 흔히 호소하는 문제 중 하나다(Mitchell, Pyle, & Hatsukami, 1983). 2030년에는 HIV(AIDS)가 우울증을 능가할 것이라고 예상되지만(Mathers & Loncar, 2005), 현재 단극성 주요 우울증은 네 살 이상의 사람들에게 나타나는 능력 상실의 주요 원인으로 손꼽힌다(Murray & Lopez, 1996). 미국에서 주요 우울증의 유병률은 여성(21.3%)이 남성(12.7%)보다 대략 두 배가량 높고(Kessler, Chiu, Demler, & Walters, 2005) 지난 반세기 동안 꾸준히 증가해 온 것으로 나타난다(Seligman, 1990). 같은 기간 동안 평균 발병 연령은 점점 더 낮아져서 지금은 10대 후반에서 20대 초반에 이른다(Kessler et al., 2003).

우울증의 산술적인 비용, 즉 재정적인 대가와 인간적인 대가 또한 가속화되고 있다는 것은 놀라운 일이 아니다. 미국에서는 주요 우울증으로 인해 치르는 대가, 즉, 우울증에 걸린 직장인의 생산성 저하나 건강 지원 및 관련 비용으로 들어가는 비용이 매년 700억 달러인 것으로 추정된다(Tanouye, 2001). 게다가 우울증은 직장인의 이직과 퇴직을 야기할 수도 있다. 하지만 계산할 수 없는 인간적인 대가, 즉 개인적인 활력과 생명력의 손실, 개인적이고 가족적이며 전문적인 관계에서의 정신적 긴장, 그리고 주요 우울증으로 진단을 받은 사람의 약 15%가 자살을 하는 것과 같이(Maris, Maltsberger, & Yufit, 1992) 실제로 생명 자체를 잃을 수 있는 가능성에 비하면 우울증의 재정적인 대가는 미미한 것이다.

정신이 번쩍 드는 이런 나쁜 소식과는 대조적으로 좋은 소식도 조금 있다.

특히, 우울증은 모든 심리장애 중에서 보다 쉽게 '치료할 수 있는' 장애 중 하나인 듯하다. 우울증 치료에 대한 세 가지 심리학적 접근인 인지치료(Beck, Rush, Shaw, & Emery, 1979), 대인관계 치료(Klerman, Weissman, Rounsaville, & Chevron, 1984), 행동 활성화 치료(Jacobson et al., 1996; Jacobson, Martell, & Dimidjian, 2001) 등은 항우울제 복용(Antonuccio, Danton, & DeNelsky, 1995; Antonuccio, Thomas, & Danton, 1997), 대안적인 심리치료 그리고 주의 플라시보 조건(내담자에게 공감적인 치료자와 자신의 우울증에 대해 이야기하는 기회만 제공함)과 비교했을 때, 긍정적인 연구 결과(Chambless et al., 1996, 1998; Task Force, 1995)를 통해 그 효과성에 대한 '확고한' 경험적인 뒷받침을 얻은 치료법으로 인정받아 왔다. 철저하게 연구된 것은 아니지만, 그 초점이 인지행동적 접근이라고 여겨지는 다른 두 치료법인 심리교육 프로그램(Lewinsohn, Hoberman, & Clarke, 1989)과 인지치료에 마음챙김 요소를 혼합한 접근(Segal, Williams, & Teasdale, 2002) 또한 우울증의 경감이나 재발 방지에서 경험을 통한 지지를 만족스럽게 받았다.

이 책의 목적

이 책에서는 우울증을 포함한 다양한 형태의 심리적 고통을 설명하기 위한 또 다른 치료법으로서 수용전념치료 또는 ACT(A-C-T가 아니라 한 단어인 '액트'로 발음함)를 제시한다(Hayes, Strosahl, & Wilson, 1999). 지난 20년에서 25년에 걸쳐 개발되어 온 ACT(Zettle, 2005)는 관련된 치료 기법들의 집합(어떤 것은 고유하게 개발된 것이며, 다른 어떤 것은 다른 심리치료적 접근이나 전통에서 빌려 왔다)이라고 생각할 수도 있지만, 광범위한 치료 기법과 절차 및 훈련 등을 아우르는 접근으로 보는 것이 보다 더 유용하다고 필자는 믿는다.

ACT에는 행동치료와 관련되지 않은 기법들도 포함되어 있긴 하지만, ACT는 전형적으로 행동치료 내에서 '제3의' 또는 '새로운 동향'의 치료 중 하나로 간주된다(Hayes, 2004). (세 가지 동향에 대해서는 다음 절의 'ACT에 대한 개관'을 살펴보라.) 제3 동향에는 변증법적 행동치료Dialectical Behavior Therapy: DBT(Linehan, 1993a), 기능분석적 심리치료Functional Analytic Psychotherapy: FAP(Kohlenberg & Tsai, 1991), 통합적 부부행동치료Integrative Behavioral Couples Therapy: IBCT(Jacobson & Christensen, 1996) 등과 같은 접근뿐 아니라 마음챙김에 기초한 인지치료Mindful-Based Cognitive Therapy: MBCT가 포함된다. ACT를 개관하고 ACT가 우울증 치료를 위한 다른 인지행동적 접근과 어떤 점에서 구별되는지를 논의하기 전에 이 책의 독자층과 목적에 대해 언급하고 싶다.

이 책은 우선적으로 ACT와 더 친숙해지고자 하는 정신 건강 전문가들을 위해 쓰였고, 보다 구체적으로는 ACT를 활용하여 자신의 임상적 기량을 확장하기 원하는 단극성 우울증 치료 전문가인 치료자와 상담자를 위해 쓰였다. 또한 우울증과 싸우는 것이 어떠한 것인지를 너무 잘 아는 일반 대중들이 특히 ACT의 원리에 기반을 둔 Hayes와 Smith(2005)의 자조서[1)]와 함께 읽을 경우, 이 책이 개인적으로 유익할 수 있기를 희망한다. 우울증을 위한 간략한 ACT를 논문 분량으로 개관한 출판물(Zettle & Hayes, 2002)과 치료를 위한 실제적인 안내서(Zettle, 2004)가 이미 발간되었지만, 이 책은 실증적으로 입증된 다른 인지행동적 접근(인지치료, 행동 활성화, MBCT와 같은)과 우울증의 ACT가 어떻게 유사하며 어떻게 다른지에 대한 개념적인 설명과 더불어 ACT를 실제로 적용하고 실행하는 방법을 더 광범위하게 상술한 첫 번째 책이 될 것이다. 그러므로 이 책은 우울증을 위한 ACT에 대해 생각하는 방법뿐 아니라, 더 중요하게는 이를 실행하는 방법이라는 두 가지 목표

역자주

1) 국내에서는 『마음에서 빠져나와 삶 속으로 들어가라』(문현미 외 공역, 2010, 학지사)로 번역되었다.

에 역점을 두어 다루려고 한다. 이 책은 ACT를 어떻게 실행하는지에 초점을 더 많이 둠으로써 우울증 치료를 위한 이전의 ACT 문헌들을 대체하기보다 이를 보완하고자 한다. ACT의 원전(Hayes et al., 1999)은 여기서 제공하려는 것보다 철학적이고 이론적인 기초에 훨씬 더 광범위하고 상세하게 관심을 기울이고 있기 때문에, 우울증에 뚜렷하게 초점을 두고 있는 이 책이 ACT의 원전을 대신할 수는 없을 것이다.

사례 개념화 접근

ACT를 불안장애에 적용한 Eifert와 Forsyth(2005)의 저서에 익숙한 사람들은, 특히 ACT의 개관과 주요 원리를 제시하는 처음 두 장이 그 책과 상당히 중복됨을 알아차릴 것이다. 하지만 이후의 장에서 실제 지침들을 조직하고 구성하는 방식에서는 두 책이 상당히 다르다. 한 방식이 다른 방식보다 어떤 조건에서 더 낫다고 말하려는 것은 아니다. ACT의 가장 중요한 목표는 **심리적 유연성** 또는 활기 있고 의미 있는 삶을 주도하는 다양한 방식을 자유롭게 선택하는 능력을 키우는 것이다. 그리고 이는 내담자의 행동에 적용될 수 있는 것처럼, 이를 실행하는 치료자의 행동에도 적용될 수 있다. 그러므로 이러한 목표를 유지하면서 ACT를 효과적으로 실행하는 다양한 방법들이 가능하다는 것은 놀라운 일이 아닐 것이다. 실제로 그렇게 판명될지 아닐지는 더 탐구되어야 할 경험 연구상의 문제다. 여기서 ACT를 순차적인 방식보다는 비선형적인 방식으로 유연하게 적용하라고 권하는 것은 과학적인 연구 결과보다는 필자의 개인적인 선호와 가치 및 이와 관련된 철학적 기초에 더 많이 기반을 둔 것이다.

ACT를 불안장애에 적용하기 위해 Eifert와 Forsyth(2005)가 제공한 실제적인 많은 지침들은 회기 순서에 따라서 제시되어 있다. 이와 달리, 이 책에 나오는 실제적 지침들은 ACT의 정신 병리 모델(Hayes, Strosahl, Bunting,

Twohig, & Wilson, 2004)을 구성하는 여섯 개의 핵심 과정(hexaflex)과 이를 목표로 하는 치료 전략의 조합(Strosahl, Hayes, Wilson, & Gifford, 2004)을 중심으로 보다 개념적으로 조직되었다. 우울증 치료에 ACT의 기법과 요소들을 어떻게 적용할 수 있는지에 대해서는 9장에서 전형적인 순서를 제시하겠지만, 치료 기법과 전략을 선택하고 실행하는 과정을 안내하기 위하여 주요 병리 과정이 어떻게 각 내담자의 우울증에 다른 방식으로 기여하는지(Hayes, Strosahl, Luoma, Smith, & Wilson, 2004)와 관련된 **사례 개념화 접근**을 먼저 제시할 것이다.

이 책의 범위와 초점

이 책의 범위는 ACT의 원리와 기법을 단극성 우울증의 개념화와 평가 및 치료에 적용하는 데 국한됨을 밝혀 둔다. 구체적으로 말하면, 적어도 두 가지 이유 때문에 양극성 장애 사례에서 나타나는 우울증 일화의 치료에까지 확장하지 않을 것이다. 첫째, ACT의 수행 기술은 단순히 실행 방법을 읽는 것보다 이를 실제로 실행함으로써 더 쉽게 습득되는데, 필자는 양극성 장애 사례에서 나타나는 우울증 일화 치료에 ACT를 적용해 본 임상 경험이 없다. 둘째, 아직까지는 ACT로 양극성 우울증을 치료한 연구 보고서가 없기 때문이다.

엄밀히 말하자면, 이 책의 초점은 ACT로 우울증을 '치료하는' 방법에 대한 지침을 제공하는 것이라기보다 주 호소 문제가 단극성 우울증인 내담자를 치료하는 데 ACT를 적용하는 것이라고 보는 것이 더 적절하다. ACT의 주요 과제는 우울을 경험하는 내담자가 우울증을 치료함으로써 우울 없이 살 수 있도록 하는 것이라기보다 우울증과의 투쟁에서 자유로워짐으로써 우울과 함께 의미 있고 설레는 삶으로 나아갈 수 있도록 하는 것이다. ACT의 주된 치료 목표는 증상의 감소가 아니라 가치 지향적인 삶을 영위할 수 있는 심리적 유연성의 증가이지만, 그런 삶이 되면 우울의 수준 또한 감소하는 것으로 나타났다(Zettle & Hayes, 1986; Zettle & Rains, 1989).

우울증은 다른 심리적인 문제들, 특히 불안장애와 높은 공병률을 보이므로(Mineka, Watson, & Clark, 1998), 우울증 치료를 원하는 내담자는 흔히 다른 심리적 문제들을 지닌다. 그러므로 ACT와 같이, 공존하는 심리적 고통 이면의 공통 과정을 표적으로 삼는 범진단적 접근을 적용함으로써 이를 설명할 수 있을 것이다. 우울증이나 삶의 다른 문제를 '치료되어야 할 것'으로 보는 관점은 심리적 사건을 맥락 내에서 진행되고 있는 역동적인 행동으로 보는 ACT의 관점과는 상반된다. 더구나 우울증을 실재하는 것으로 봄으로써, 손상된 개념적 자기('나는 우울한 사람**이다**.'와 같은)와 융합될 수도 있다. 또한 우울증을 실체로 간주할 때, 현존하는 진단 체계(DSM-IV: 정신 장애에 대한 진단 및 통계 매뉴얼 제4판, American Psychiatric Association, 1994)에 의해 구체화된 구조적이고 지형학적인 접근(기능적인 접근과 대비되는)이 촉진될 수 있는데, 높은 공병률은 분명히 그러한 진단 체계의 인위적 산물이다(Achenbach, 1990-1991). 하지만 이와 같은 책과 연구 문헌 및 정신의학적 기초 자료들은 필요상 DSM과 같은 증후군 접근과 일관되게 진단적인 범주를 중심으로 구성되는데, 따라서 필자는 개인적으로는 꺼림칙하지만 편의상 '우울증 치료'라는 표현을 자주 사용할 것이다.

ACT에 대한 개관

이전에 언급했듯이, 폭넓은 역사적 맥락 내에서 ACT는 인지행동치료의 '제3 동향' 또는 제3 세대의 하나로 간주될 수 있다. 여기서는 행동치료 내의 세대 변화를 간략히 요약하고자 한다. 이 주제에 관한 더 상세한 설명을 원하는 독자가 있으면 Hayes(2004)를 참고하기 바란다.

행동치료의 제1 동향

행동치료의 첫 세대는 1920년대(Jones, 1924)로 거슬러 올라갈 수 있는데, 이 세대는 Pavlov의 고전적(반응적) 조건화의 원리를 적용하거나(예, Wolpe, 1958) 행동 변화를 강화 결과와 연결 짓는 조작적 조건화의 기본 원리를 적용함으로써(예, Baer, Wolf, & Risley, 1968) 문제 행동을 수정하고자 하였다. 이상행동의 시작과 유지, 소거 및 감소에 언어와 인지가 잠재적으로 기여한다(특히, 언어적으로 숙련된 성인들 사이에서)는 점은 인정될 수 있었던 반면, 치료하려는 문제가 고전적 조건화로 개념화될 수 있거나(특정 공포증처럼) 또는 조작적으로 조건화되더라도 제한된 언어 능력을 보이는 발달 지체(자폐나 정신 지체와 같이) 집단에서 나타나는 경우에는 언어와 인지의 잠재적인 기여도가 대부분 무시되었다.

행동치료의 제2 동향

행동치료의 제1 동향이 성장하고 더 다양한 호소 문제를 지닌 광범위한 임상 집단으로 확장되면서, 언어에 기반한 과정을 어떤 식으로든 행동치료 내에 통합할 필요성은 더욱 뚜렷해졌다. 1970년도에는 기존의 반응적이고 조작적인 조건화의 원리 및 전략과 더불어 혼잣말(예, '내가 한 번에 한 가지씩 하면, 압도되는 감정을 피할 수 있다.')을 사용해서 대처하는 것과 같이 인지에 기초한 과정과 기법을 혼합한 인지행동수정(치료)을 만들려는 노력(Mahoney, 1974; Meichenbaum, 1977)과 더불어, 이러한 도전에 대한 반응으로서 하나의 독자적인 치료법인 인지치료(예, A.T. Beck, 1976 참조)가 출현하였다.

행동치료의 제1 및 제2 동향 간의 기술적이고 개념적인 차이에도 불구하고 **일차적 변화** 전략이라고 볼 수 있는 것(즉, 이상행동의 형태나 빈도 또는 내용을 바꾸려고 시도하는 것)에 주력하는 공통적인 목표를 공유한다. 이러한 주제와 일관되게 행동치료의 제1 동향에서는 체계적 둔감화 방식으로 정서적 반응을 수정하거나, 응용행동분석에서와 같이 운동 행동의 결핍(일상생활의 기술과 같은)이나 과잉(자해나 자기 자극 행동과 같은)을 직접적으로 수정하는 반응적 또는 조작적 조건화의 원리가 우선적으로 강조되었다. 제2 동향에서는 핵심적으로 인지가 포함되었는데, 비합리적인 신념, 부정적인 혼잣말, 역기능적 태도, 우울 생성적 귀인 등의 형태이든 또 다른 유형의 행동이나 제3의 반응 양식으로서의 도식 형태이든 그것을 일차적인 변화 기법으로서 성공적으로 다룰 수 있었다. 특히, 재구조화 절차는 우울한 내담자가 자신에 대해 가질지도 모르는 개인적인 신념('나는 무능력하다.'와 같은)을 바꾸기 위한 우선적인 전략이 되었다.

행동치료의 제3 동향

새 천년이 시작되자 행동치료의 제2 동향이 지닌 철학적인 제한점과 경험 연구적인 결점으로 인하여 이상행동의 형태나 내용을 바꾸는 것에서 그것이 발생하는 맥락을 변화시키는 쪽으로 초점이 옮겨진 **이차적 변화** 의제를 강조하는 ACT 및 다른 3세대 접근이 출현하기 시작하였다. 특히, 1990년대에 이르러 인지행동치료의 과정과 요소를 분석한 연구 결과들을 통해 과연 제2 동향의 접근이 그렇게 작용한다고 말하는 방식대로 작용하는지(Ilardi & Craighead, 1994)와 이 접근에 포함된 인지 변화 기법이라는 것이 과연 치료 성과에 핵심적인지(Gortner, Gollan, Dobson, & Jacobson, 1998; Jacobson et al., 1996; Zettle & Hayes, 1987)에 대해 본격적인 의문이 제기되었다. 그에 더하여 일반적으로는 철학적으로 **맥락주의**contextualism, 곧 이상행동은 그것이 발생한 상황적이고 역사적인 배경에서 가장 유용하게 이해될 수 있다는 관점(Hayes, Hayes, Reese, & Sarbin, 1993)과 더 구체적으로는 행동 변화에 영향을 미치는 실용적인 목표를 강조하는 **기능적 맥락주의**functional contextualism(Biglan & Hayes, 1996 ; Hayes, Hayes, & Reese, 1988)가 점차 인정되면서 제1 및 제2 동향 행동치료의 기초가 되었던 기계적인 세계관에 대한 대안을 제공하기 시작하였다. 기능적 맥락주의와는 반대로, 기계적인 세계관에서는 이상행동을 효과적으로 방지하고 수정하는 방법보다 심리학적인 모델과 이론으로부터 이상행동을 예측할 수 있는 것에 더 관심을 둔다(Hayes & Brownstein, 1986).

ACT와 이차적 변화

다소 논쟁의 여지가 있겠지만, ACT와 제3 세대에 속하는 다른 행동치료의 가장 중요한 공통점은 치료적 변화에 대해 이차적이고 맥락적인 접근을 공통으로 강조한다는 점이다. 구체적으로 말하면, ACT를 우울증 치료에 적용했을 때, 자신의 우울 사고를 믿고 있는 내담자의 경우 그 생각을 믿는 정도가 낮아졌다는 강력한 증거가 있긴 하지만(Zettle & Hayes, 1986), 맥락주의적 접근의 목표는 논박이나 인지 재구조화 전략을 적용해서 역기능적인 신념(예, '나는 어떤 것도 제대로 할 수 없다.')의 내용이나 형태를 바꿈으로써(예, '나는 적어도 몇 가지 일은 제대로 할 수 있다.') 이를 변화시키려는 것이 아니다. 또한 기분을 조절하거나 사고방식을 재구조화하기 위해 즐거운 활동을 늘리는 것과 같은 외현적인 행동 변화를 조장함으로써 내담자가 의미 있는 삶의 방향으로 움직이도록 행동 변화를 실제로 매우 촉진하지만, 그것이 ACT의 목표는 아니다. 오히려 ACT는 우울증을 구성하는 특정한 심리적 요소들의 형태나 빈도를 목표로 삼기보다 그것들이 통상적으로 작동하는 '체계' 바깥으로 나옴으로써 그것들의 기능을 바꾸는 이차적 변화 의제를 추구한다. 이러한 관점에서 보면, 우울증의 '문제'는 우울한 기분이나 우울한 생각 자체이기보다 그러한 사적 사건이 비효율적인 삶의 전체적인 패턴과 연결되는 맥락이다. 예를 들어 생각과 감정 및 다른 사적 사건을 외현적인 행동의 원인으로 보는 것을 지지하는 맥락의 체계가 약화될 수 있다면, 우울한 개인이 삶에서 전진할 수 있도록 하기 위해 사적 사건을 바꾸거나 변화시키는 것이 불필요할 수도 있다. 예컨대, 어떤 내담자는 자신감이 더 생기면 이직이나 복학과 같은 의미 있는 변화나 진전을 삶에서 이룰 수 있다고 주장할지도 모른다. 이때 수용전념 치료자는 자신감을 불어넣으려고 애쓰기보다 잘될지에 대한 자신감이 부족한 **채로** 계획한 삶의 변화를 이룰 수 있겠는지 물음으로써, 내담자가 지녀 온 공식의 유용성에 대해 의문을 제기한다. 요컨대, ACT는 우울증이 발생하는 더 넓은 맥락을 바꿈으로써 슬픔이나 비관적인 생각과 같은 사적 사건의 기능을 변환시킬 수 있는 실제적인 가능성을 제시한다. 다음 절에서 소개하겠지만, 불행하게도 변화의 대상인 많은 맥락적 요인들은 인간의 언어와 인지가 지니는 기능적인 속성으로 인해 보편적으로 존재하며 본질상 사회적이고 언어적이다.

관계 구성틀 이론과 ACT

ACT는, 내담자를 치료하는 능력을 향상시키려면 인지 과정과 언어가 인간의 심리적 고통과 그것을 완화시키는 과정에서 수행하는 역할을 더 잘 이해할 필요가 있다고 주장하는 유일한 행동치료는 분명히 아니다. 이미 논의된 것처럼, 이러한 한계에 대한 인식이 인지치료 및 이와 관련된 제2 동향 접근에 자극제가 되었다. 하지만 ACT가 인지치료뿐 아니라 다른 제3 동향 접근과 구별되는 것은 관계 구성틀 이론Relational Frame Theory: RFT(Hayes, Barnes-Holmes, & Roche, 2001)과의 연결이다. RFT는 기능적 맥락주의의 관점에서 인간의 언어와 인지에 접근하며, 생각이 다른 심리적 기능 영역에 미치는 영향을 잠재적으로 변화시키는 방법뿐 아니라 생각이 전개되는 맥락적 요인들을 강조한다.

RFT를 역사적으로 개관하고 요약하며 이를 우울증에 확장시킨 몇몇 예를 제시하는 것은 이 책의 목적과 범위를 벗어난 것이다. 이에 대해 더 많은 것을 알고 싶은 독자는 RFT에 대한 더 상세한 내용을 보다 전반적으로 알려면 Hayes 등(2001)을 참조하고, RFT를 심리적 문제에 임상적으로 적용하는 것에 대해 특히 더 관심이 있다면 그 책에서 Wilson, Hayes, Gregg, 그리고 Zettle(2001)이 쓴 장을 참조하기 바란다. 대체로 RFT는 언어적 행동에 대한 맥락주의적 설명을 제시하려 했던 Skinner(1957)의 저술이 지닌 몇 가지 결점에 대한 반응으로서 출현하였다. 아마 그중에서 가장 두드러진 것은 인간의 언어에 대해 Skinner는 주로 말하는 사람의 관점에 초점을 맞추었다는 점이다. 듣기의 영역, 더 구체적으로는 말하는 것과 듣는 것이 함께 나타나는 영역(즉, 혼잣말이나 생각)에 대한 분석은 상대적으로 소홀히 취급되었다. Skinner의 책은 제1 동향의 행동치료가 출현하기 시작하던 시기와 같은 시기에 출간되었지만, 다시 돌아보면 언어적 행동에 대한 그의 설명이 당시의 행동치료에 큰 영향을 미치지 않았다는 것은 그다지 놀랍지 않다.

제2 세대의 인지행동치료에 수반하여 이를 뒷받침했던 우울증과 다른 장애에 대한 인지 모델과 이론들(A. T. Beck, 1976; Beck & Emery, 1985)은 생각이 인간의 정신병리에 미치는 영향을 더 적절하게 설명하고자 시도하였다. 하지만 이미 논의했듯이, 경험적이고 철학적인 이유 때문에 그러한 설명 역시 궁극적으로는 부족해 보였다. RFT에서는 인간의 언어와 인지에 대한 Skinner와 Beck의 이론이 각기 지니는 장점을 유지하면서도 그 이론이 지닌 한계점을 설명하려고 시도했다고 보는 것이 RFT를 평가하는 유용한 한 가지 방법이 될 것이다. 구체적으로 말하면, RFT가 설명하고자 했던 인지적인(언어에 기반을 둔) 현상과 과정의 범위와 깊이는 인지치료를 뒷받침하는 모델에서 언급된 것을 포괄하면서도 언어적 행동에 대한 Skinner의 접근에서와 같은 기계적인 관점이 아닌 맥락주의적인 관점(Pepper, 1942)을 취하였다. 아마 가장 중요하게는, 언어의 사용이나 관계 구성하기relational framing는 다른 조작적 행동처럼 그것이 발생하고 발달하는 맥락에 의해 영향을 받는 것으로 개념화된다. 이는 언어 발달을 습득 장치(Chomsky, 1965)나 다른 타고난 정신적 실체에 일반적으로 귀인하는 기계적인 설명과는 대조적이다.

관계 구성하기의 본질

기본적으로 RFT는 인간의 언어와 인지가 관계 구성틀에 기초한다고 주장한다. 우리가 지향하고자 하는 것이 행동임을 강조하기 위해, 필자는 개인적으로 '관계 구성하기relational framing' 라는 동명사 형태를 선호하지만, 편의상 **관계 구성**relational frame이라는 더 보편적인 명사의 형태를 사용할 것이다. **관계 구성**이란 두 자극 사이에서 이끌어 낸 임의적인 관계에 기초하여 그 자극에 반응하는 것이라고 이해하라. 예컨대, 어떤 타원형의 물체를 앞에 놓고 '공ball'이라고 말할 때, 이 둘 사이에는 아무런 본래적인 관계가 없다. 오히려 둘 간의 관계는 임의적으로 확립되었음이 틀림없으며, '무도회ball' 라는 말이 어떤 유형의 파티를 언급하는 것으로 사용될 수도 있는 것처럼 관계 자체는 맥락의 지배를 받게 된다.

관계 구성틀 형성에 연관된 행동은 또 다른 자극이나 자극에 대한 관계에 기초해서 어떤 자극에 반응하는 결과를 수반한다. 예컨대, 아이에게 '더 큰'이라는 개념을 가르치는 경우에 골프공, 야구공과 농구공을 다양한 쌍으로 제시하고 각 쌍에서 어느 공이 더 큰지를 가리키도록 요청할 수 있을 것이다. 이를 몇 차례 경험하고 나면, 의도적으로 자극을 주었든지 자발적이고 자연적으로 일어났든지 간에 아이는 비교할 수 있는 물체나 '자극'의 상대적인 크기에 기초해서 '관련지어' 반응하는 것을 배운다. 원숭이, 쥐, 비둘기와 같이 인간보다 하등한 유기체도 비슷한 능력을 보인다(Reese,

1968). 그러나 언어를 사용하지 않는 유기체(인간보다 하등한 동물이나 언어가 결여된 인간 종족)에서는 임의적인 맥락에 따라서 그렇게 관련지어 반응하는 능력이 나타나지 않는다. 예를 들어 1센트, 5센트, 10센트짜리 동전을 보여 주면서 '더 큰' 것을 가리켜 보라고 하면, 어린아이는 5센트를 10센트나 1센트와 짝지었을 때 자신 있게 5센트를 가리킨다. 하지만 돈을 써 본 경험이 있는 나이 든 아동의 경우에는 단지 동전의 크기보다는 그 값어치에 근거해서(10센트짜리 동전은 물리적으로 5센트보다 더 작고 1센트와는 비슷한 크기이지만, 값어치상으로는 5센트나 1센트보다 '더 크다.') 반응하는 경향을 보인다.

RFT에 의해서 관련짓는 반응의 이러한 유형('더 큰') 그 자체는 비교하기라는 더 큰 기능적 반응 유목의 일부로 간주될 수 있다. 즉, 더욱더 많은 사물들이 크기를 근거로 하나가 다른 것보다 '더 크다'는 식으로 비교될 수 있다. 이와 같이, 무생물뿐 아니라 인간도 서로 관련지어 비교될 수 있다. 단지 크기로 비교될 수도 있고('그는 나보다 크다.'), 다른 상대적인 가치로 비교될 수도 있다('모든 사람들은 나보다 낫다.'). RFT에 따라서 그러한 평가를 예상할 수 있을 뿐 아니라 한번 비교하기의 틀이 형성되면 평가는 실제적으로 불가피하다. 그런 부정적인 자기 평가('모든 사람들은 나보다 낫다.')에 반응하는 한 가지 방법은, 예컨대 인지치료에서 하듯이, 그것에 맞는 증거와 반하는 증거를 이성적으로 따져 보는 것이다. ACT에 따른 대안적인 방법은 생각의 사실성에 도전하는 것이 아니라, 보이는 대로(논박되고 교정되어야 하는 잘못된 기술이긴 하지만 객관적인 기술)보다는 있는 그대로(평가) 생각을 그저 인식하는 것이다.

관계 구성하기의 속성

정의상, 모든 관계 구성하기는 다음과 같이 상호적 함의, 조합적 함의, 그리고 자극 기능의 전환이라는 세 가지 속성 또는 특징을 보인다. 이들은 각각 우울증에서 어떤 역할을 할 수 있으므로, 이에 대해 더 자세하게 살펴보도록 하자.

상호적 함의

관계 구성하기의 첫 번째 속성은 **상호적 함의**mutual entailment 또는 **양방향성** bidirectionality이다. 이 속성을 설명하기 위해서 골프공과 야구공, 농구공을 가진 어린아이의 예로 되돌아가자. 어떤 특정 맥락(예, 엄마나 아빠와 함께 뒤뜰에 있는 경우)에서 이 아이가 골프공이 야구공과 특정한 방식으로 관련이 있다는 것을 배우게 되면, 이는 야구공과 골프공 간에 어떤 종류의 관계를 또한 '함의' 하는 것이 틀림없다. 즉, 야구공이 골프공보다 더 크다면 골프공은 야구공보다 더 작아야만 한다. 이것이 상호적 함의 또는 양방향성이다. 즉, 골프공과 야구공 간에는 상호 관련성이 있으며 양방향으로 통한다. 우울증에서 발생하는 상호적 함의의 전형적인 유형은 부정적인 자기 평가에서 나타나는데, 이는 2장에서 더 심도 있게 논의될 것이다. 예컨대, '나는 무가치하다.' 라는 문장에서 '나'와 '무가치함'은 서로 하나의 관계 구성틀을 이루어 '나' = '무가치함' 및 '무가치함' = '나' 라는 관계를 만든다.

명명하기는 가장 단순한 대등성의 틀을 보여 주는데, 여기서 어떤 대상의 이름은 그 대상 자체와 함께 **대등성의 틀**frame of coordination(혹은 동등성 equivalence)에 속한다(예, '이것은 책이다.'). 대등성은 두 자극 간의 기능적인 유사성이나 동일성을 확립해 주는 관계 구성틀이다. 대상의 이름은 '책'이지만, 그 이름은 그 대상 자체와 문자적으로 동일하지 않다. '책'이라는 말은 실제 책(표지와 지면으로 이루어진, '책'이라는 이름이 가리키는 대상)과 대등성의 틀로 연관된다. 방금 전에 언급한 것처럼, 우울증에서 나타나는, 특히 심리적으로 해로운 유형의 관계 구성하기의 한 예는 부정적인 자기참조적 진술(예, '나는 바보 같다.')에서 찾아볼 수 있다. RFT의 관점에서 보면, 감정을 언어적으로 구성하는 **관계망**relational networks (즉, 관계들 사이의 관계들) 때문에 '나는 우울하다.'와 같은 말이 미치는 정서적인 영향은 증폭되거나 부정적으로 심화될 것이 예상된다.

Skinner(1953, 제17장; 1974, 제2장)가 이론적으로 고찰했던 것처럼, '우울증' 과 같은 많은 정서적인 용어나 명칭을 사용함으로써 비유적인 확장이 일어났을지도 모른다. 심리적인 우울에서 경험되는 '무겁게 짓누르는' 신체 감각은 다른 사람이 누르고 있을 때처럼 신체적인 힘이나 압력을 직접 가할 때 경험되는 것과 매우 흡사할 수 있다. 양방향성과 자극 기능의 전환을 통해서 '나는 우울하다.' 라는 생각은 신체적 속박이 있을 때 느껴지는 무겁고 갑갑한 감각을 수반할 수도 있다. 여기서 사용하는 '자극 기능' 이라는 용어는, '우울하다' 라고 말할 때 '우울한' 이라는 말이 유발하는 어떤 '무겁게 짓누르는' 감정이 자기에게로 전이되는 것을 의미한다.

조합적 함의

관계 구성하기를 규정하는 두 번째 속성 또는 특징은 **조합적 함의**combinatorial entailment다. 이는 각기 서로에게 '수반된' (즉, 관련된) 대상(앞에서 골프공, 야구공, 농구공을 가지고 설명한 것처럼)이 새로운 방식으로 조합(또는 비교)될 수 있음을 의미한다. 만일 어떤 맥락에서 A와 B가 어떤 방식으로 관련되고 B와 C가 어떤 방식으로 관련된다는 것을 배우면, 이 특정한 맥락에서 A는 또한 C와 어떤 방식으로든 관련되어야 한다. 골프공, 야구공, 농구공의 예로 돌아가 보자. 골프공(A)이 야구공(B)보다 더 작고 야구공이 농구공(C)보다 더 작다면, 골프공(A)은 농구공(C)보다 더 작다는 것을 우리는 안다. 우울증에서의 조합적 함의를 살펴보면, 남과 자신을 비교하는 내담자가 어떻게 조합적 함의의 과정을 통해 열등한 자기 개념을 구성할 수 있는지가 보인다. 예컨대, 'John은 나보다 더 착실하게 산다.' 'Marry는 John보다 더 착실하게 산다.' 따라서 'Marry는 나보다 더 착실하게 사는 또 다른 사람이다.'

자극 기능의 전환

관계 구성하기의 세 번째이자 마지막 정의적 속성은 **자극 기능의 전환**transformation of stimulus fuction이 가능하다는 것이다. 이에 따라서 대등관계의 틀에 속하는 자극 중 하나의 기능이 변화되거나 변경되면, 변화된 자극 기능이 그 구성틀 내의 다른 자극으로 전이될 것이다. 명명하기는 대등관계틀의 흔한 형태임을 상기하고, 필자가 '로트와일러'[2]에게 심하게 물린 후에 보통 이상의 큰 개에 대한 공포를 갖게 되었다고 가정해 보자. 그러면 예를 들어 나는 로트와일러라는 말만 들어도 실제로 거리에서 로트와일러를 만날 때 경험하는 것과 아주 유사한 정서적 혼란을 겪게 될 것이다. 이는 자극 기능 전환의 한 예다. 게다가 로트와일러는 비슷한 크기의 다른 개들과도 대등성의 관계틀로 관련될 수 있으므로, 조건화된 정서 반응이 바이마르너, 도베르만, 독일산 쉐퍼드 등과 같은 다른 품종의 개들에도 (그 이름을 들으면서뿐만 아니라 개를 보면서도) 확장될 수 있다. 마찬가지로 우울증에서는, 전환된 정서적 고통의 재경험을 막기 위해 사랑하는 사람의 죽음이나 이혼과 같이 개인적인 상실을 상기시키는 것을 피할 수도 있다. 한때 '우리의 노래'였던 음악이 연주되기 시작할 때 라디오를 끔으로써, 전이된 정서적 고통을 다시 경험하는 것을 막으려고 한다. 불행하게도, 그렇게 고통을 상기시키는 것에는 우리가 성공적으로 차단하거나 도피할 수 없는 생각이나 심상, 기억, 다른 심리적 경험 등이 포함될 수 있다. 그런 경험들은 단순히 고전적 조건화로만 쉽사리 설명될 수 없다는 점에 주목하라(Dougher, Hamilton, Fink, & Harrington, 출판 중). 관계가 생생하고 좋았을 때에는 '우리의 노래'를 들으면서 긍정적인 정서 반응이 유발되었을 것이다. 그러나 이제는 그 관계가 더 이상 존재하지 않으므로, 그 노래의 자극 기능은 부정적이고 고통스러운 것

역자주

2) 독일산으로 경비나 경찰견으로 쓰이는 개의 종류를 지칭

으로 극적이게 전환되었다.

ACT의 목표: 심리적 유연성

앞서 언급한 것처럼, 우울증 내담자를 치료하는 ACT의 최종 목표는 우울을 없애는 것이 아니다. 오히려 심리적 유연성을 증진시키는 것이다. Hayes, Strosahl, Luoma 등(2004)에 따르면, 심리적 유연성이란 다음과 같다.

> …… 자극을 일으키거나 유발하는 사적 내용에 융합되지 않고, 사적인 경험을 있는 그대로 수용하며, 현재 순간과의 접촉을 유지하고, 의식의 내용과 초월적인 자기를 구별하며, 가치를 둔 삶의 목적에 접촉하고, 그 목적을 추구하기 위한 전념 행동의 패턴을 구축하는 능력을 의미한다(p. 60).

심리적 유연성에 기여하는 핵심 과정

ACT에 따르면, 심리적 유연성에 기여하는 여섯 가지 핵심 과정(다음에 나오는 육각형 [그림 1-1]을 보라)은 다음과 같다.

- 맥락으로서의 자기
- 탈융합
- 수용
- 현재 순간에 접촉하기
- 가치
- 전념 행동

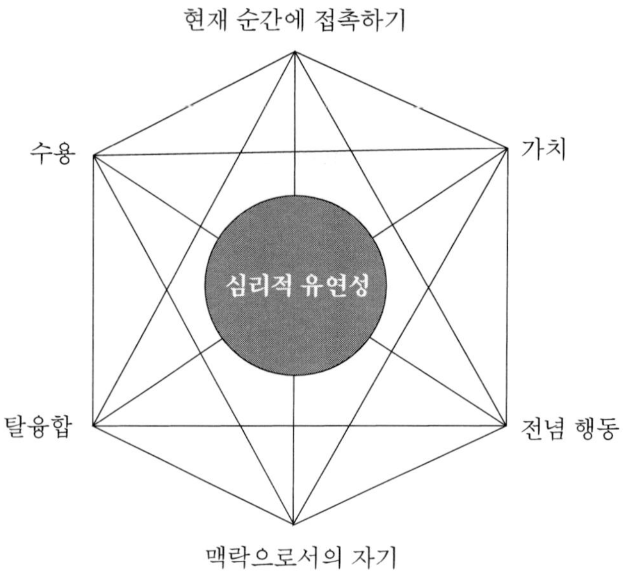

[그림 1-1] 심리적 유연성에 기여하는 핵심 과정

반대로, 여섯 개의 핵심적인 긍정적 과정에는 각각에 상응하는 반대의 병리적 과정이 수반되는데(예, 탈융합의 반대 과정인 융합과 수용의 반대 과정인 경험 회피 등), 이는 정신병리와 인간의 심리적 고통 및 심리적 경직성의 다른 형태를 초래한다. 각각의 핵심 과정과 이에 상응하는 병리적 과정의 쌍은 연속적인 6개 차원의 양극점을 나타내는 것으로 생각할 수 있다. 그러나 앞으로 살펴보겠지만, 경험 회피와 같은 병리적 과정이 없다고 해서 이에 상응하는 긍정적 과정(이 경우에는 수용)이 커질 것이라는 보장은 없다. 이 책을 통해서 서로 반대되는 두 과정의 각 쌍에 대해 더 고찰해 감에 따라 때로는 긍정적인 과정을, 또 다른 경우에는 반대편의 병리적 과정을 강조하는 것이 더 유용함을 알게 될 것이다. 이는 ACT의 목표가 심리적 경직성을 가져오는 과정을 약화시키는 것만이 아니라, 심리적 유연성을 촉진하는 긍정적인 과정을 강화하는 것이기 때문이다.

육각형 모델에 대해 더 상술하기 전에, 심리적 유연성이라는 목표에 대해 그리고 ACT가 어떻게 그것에 더 포괄적으로 접근하는가에 대해 좀 더 언급하는 것이 유익할 것이다. 심리적 유연성(경직성)은 근본적으로 행동 레퍼토리의 확장 대 축소와 관련된다. 하지만 심리적 유연성이라는 동전의 뒷면인 심리적 경직성은 기능적으로 정의되기 때문에 다양한 형태를 띨 수 있다. 심리적 유연성은 마치 브레인스토밍처럼 맥락에 따라 문제나 장애물에 부딪쳤을 때 다양한 반응을 생성하고 실행하는 것을 의미할 수도 있다. 따라서 내담자가 꼼짝 못할 때, "X에 대해 다른 방식으로 반응할 수 있습니까?" 라고 묻는 것이 유용할 수 있다. 그러나 심리적 유연성은, 가치의 방향으로 나아가기 위해 내딛은 발걸음을 지속적으로 굳건하게 유지하는 다소 고정적인 형태를 띠어야 하는 경우도 있을 수 있다.

상위 과정으로서의 수용과 전념

ACT(수용전념치료) 자체의 공식적인 이름은 심리적 유연성을 촉진하는 두 개의 상위 과정(수용과 전념)을 나타내며, 이는 육각형 모델에 있는 여섯 개의 긍정적인 하위 과정들을 포함한다. RFT와 일관되게, ACT의 이름에는 인간의 언어가 심리적 유연성에 미치는 상반적인 영향 또한 함축되어 있다. RFT에 따르면, 인간의 언어는 '어두운 면' 과 '밝은 면'을 둘 다 지닌 양날의 검이다. ACT를 아우르는 우선적인 목표는, 언어의 '어두운 측면'이 삶을 고갈시키고 행동 레퍼토리를 협소화시키는 영향을 최소화하면서 동시에 언어의 '밝은 면'이 활력을 주고 행동 레퍼토리를 확장시키는 영향을 최대화하는 것이다. 관계 구성하기를 통해서, 인간은 삶이 지금 여기서 주는 것보다 우리를 훨씬 더 우울하게 만드는 무서운 미래를 창조할 수 있다. 하지만 언어를 통해서, 우리는 역경에도 불구하고 오랫동안 간직한 희망과 꿈에도 접근할 수 있으며, 그렇게 함으로써 우리 삶에 가치와 의미를 줄 수 있는 계획을 세우고 따를 수 있다. 우리는 언어와 관계 구성하기 없이는 살 수 없다.

ACT가 직면하는 주된 도전은 언어 및 관계 구성하기와 함께 온전히 사는 법에 대한 것이다.

수용은 어떤 사적 경험(원치 않는 생각, 감정, 신체 감각, 기억, 심상 등)의 형태나 빈도 또는 그것이 일어나는 상황을 바꾸기 위해 경험을 회피하는 의도적인 노력과 반대다. 수용은 언어의 파괴적인 측면 또는 '어두운 면'을 중화하며 임상적 우울증의 일부인 우울한 기분, 자기 비하적인 생각, 자살 충동 및 다른 원치 않는 심리적 경험 등을 통제하려는, 언어적으로 매개된 의도적인 노력을 버리게 한다(ACT의 제목에 반영된 상위 과정을 표현하는 '수용'은 심리적 유연성에 기여하는 육각형 내의 여섯 가지 긍정적인 하위 과정 중 하나인 '수용'과 다르다. 상위 과정으로서의 수용은 하위 과정으로서의 '수용'뿐 아니라 탈융합, 마음챙김, 그리고 맥락으로서의 자기라는 긍정적인 과정을 모두 포괄한다).

이와 대조적으로 전념은, 가치 부여를 통해서 그리고 언어적으로 구성된 개인적 가치에 의해 일관되게 주도되는 행동 경로를 의도적으로 추구함으로써 언어의 유익한 차원을 활용한다. 상위 과정으로서의 전념은 인간 언어의 '밝은 면'을 나타내면서 육각형 내의 전념 행동과 가치를 다 포괄한다. ACT에서 두 용어의 순서는 아마 우연의 일치가 아닐 것이다. 수용은 그 자체로서 목표가 아니며 가치 지향적인 삶을 영위하는 데 전념하는 것에 도움이 되기 위해서 실행된다. 전념이 없는 수용은 얄팍한 승리이며, 수용이 없는 전념은 오래 유지될 수 없다.

인간 언어의 '어두운 면'

이제, 언어의 '어두운 면'에 기여함으로써 우울증을 유지시키는 핵심적인 병리 과정을 더 자세히 살펴보자. ACT에서 '마음챙김과 수용의 과정'(Hayes, Strosahl, Bunting et al., 2004)으로 한데 묶어 언급되었던 과정은 언어가 심리적 경직성에 기여하는 방식을 약화시키기 위해 고안되었다. 심리적 유연성을 촉진하며 ACT가 강화하려고 하는 그 반대 과정(괄호 안에 표시된)과 함께, 내포된 각각의 부정적인 심리 과정에 대해 순서대로 논의해 보자.

융합(대 탈융합)

융합이란 직접적인 수반성에 접촉함으로써 행동이 조절되기보다 관계 구성틀에서 유도된 자극 기능이 행동을 지배하는 것이다(예컨대, 말의 소리보다 그 의미에 반응하기). 요컨대, 언어에 기반을 둔 과정의 심리적인 영향이 경험에 기반을 둔 과정을 압도할 정도로 외부 세계 및 자기에 대한 평가나 다른 언어적 구성이 직접적인 경험과 융합되거나 융해되는 것이다. 우리의 마음이 직접적인 경험을 실제로 조작해서 현재 순간에 직접적으로 접촉하고 있는 것이 아니라 언어가 구축한 것이 우리의 경험이 된다. 예컨대, '나는 어리석다.'라는 자기 평가에 대해 그것이 단지 관계 구성 과정의 부산물일 뿐이라고 인식하거나 인정하기(즉, '나는 내가 어리석다는 생각을 하고 있음을 알아차린다.')보다 그것이 사실의 기술('나는 앉아 있다.'와 같은)인 것처럼 반응할 수 있다. 조금 달리 말하면, 심리적 유연성과 대안적인 반응 방식을 위한 여지를 남기지 않은 채로 부정적인 자기 평가를 주어진 것처럼 받아들이고 그렇게 믿는다.

융합에 반대되는 긍정적인 핵심 과정은 탈융합이다. 매우 넓게 정의하면, **탈융합**은 융합된 생각에 대해 대안적인 방식으로 반응함으로써 행동 레퍼토리를 확장한다.

인지치료에 익숙한 사람들은 융합을 소위 '정서적 추론emotional reasoning' (Burns, 1980: 46)과 유사한 어떤 것으로 인식할지도 모르겠다. 정서적 추론에서는 정서 반응만 있어도 이를 그 생각이 사실이라는 증거로 여긴다('내가 어리석다고 느끼므로 나는 어리석음에 틀림없다.'와 같이). 하지만 융합이 정서 반응이나 기분에 국한되지 않는다는 점에서 ACT는 인지치료보다 상당히 더 멀리 나아간다. 또한 융합에는 이유 대기와 자신의 생애 이야기와 같이 더 큰 언어적 구성뿐만 아니라 언어적으로 접근할 수 있는 생각, 심상, 충동, 기억 그리고 다른 사적 사건들도 포함될 수 있다. 또한 융합이 생각에만 해당되는 경우라 하더라도, ACT는 인지적 재구조화 이외에 더 직접적이고 효율적인 탈융합의 방법을 제공할 수 있는 다른 전략들이 있다고 제안한다.

경험 회피(대 수용)

융합은 경험 회피를 위한 무대를 마련한다. 관계 구성하기가 지니는 양방향성과 자극 기능의 전환이라는 속성으로 인해서, 사랑하는 사람의 상실과 같은 일련의 우울한 사건에 대해 생각만 해도 실제 사랑하는 사람이 죽었을 때와 동일한 정서적 타격을 받을 수가 있다. 결과적으로, 우리는 상실에 대한 생각을 적극적으로 피하거나 억제할 뿐 아니라, 상실이 화제로 오를지도 모르는 친지나 친구들 모임에 가기를 피하는 것과 같이, 그것을 기억나게 하는 상황을 피하려고 시도할 것이다. 때때로 경험 회피는 적어도 단기간에는 매우 유용하다. 그러나 불행하게도, 결국에는 효과가 없는 듯하다. 경험 회피는 심리적인 유연성을 제한하고, 가치 있는 삶을 영위하는 데 사용할 시간과 에너지를 빼앗으며, ACT에서 흔히 '더러운 고통dirty pain'이라고 언급하는 것을 초래한다. **더러운 고통**이란, 2장에서 더 충분히 논의할 것인데, 원치 않는 심리적 경험을 통제하려는 시도가 실패함으로써 생기는 정서적 고통과 불편이다. 수동적인 인내나 포기가 아니라 능동적이며 자유롭게 선택된 과정으로서의 수용이 경험 회피의 대안으로 제시된다. 내담자는 종종 '수용'을 인내나 포기로 해석하기 때문에, '기꺼이 경험하기willingness'라는 용어를 대신 사용하는 것이 더 유용할 것이다. **기꺼이 경험하기**는 감정이 아니며 '원함wanting'과 같지 않다. 그것은 오히려 원치 않는 심리적 사건을 통제하려고 시도하지 않고 경험하는 것을 능동적으로 선택하는 행위를 말한다.

반추(대 현재 순간에 접촉하기)

반추가 우울증의 유지와 심화에 기여하는 역할에 대해서는 다음 장에서 어느 정도 상세하게 다루겠지만, 여기서는 그것이 심리적 경직성에 미치는 전반적인 부정적 영향에 대해 언급하고 싶다. 아주 간단히 말해서, 반추란 지금 여기에서 심리적으로 기능하기보다 언어적으로 구성된 과거나 미래 속에서 (이와 융합되어) 살아가는 과정을 의미한다. 과거의 잘못이나 놓쳐 버린 기회, 개인적인 단점 등을 계속해서 곱씹으며 재연할 수도 있고(예, '내가 남편에게 잘 대해 주었다면, 그가 나를 떠나지 않았을 것이다.'), 좋게 예상되지 않는 미래를 피하는 방법을 숙고할 수도 있다(예, '내가 왜 이런 식으로 느끼는지를 이해할 수 있으면, 벗어날 방법을 발견할 것이다.'). 어떤 면에서 반추는 문제 해결과 일면 비슷해 보이지만, 문제 해결과 달리 심리적 유연성을 제한하며 현재 순간에 접촉하지 못하게 한다. 문제는 과거에 존재하거나 아직 일어나지 않았기 때문에 해결될 수가 없다.

손상된 개념적 자기에 대한 집착(대 맥락으로서의 자기)

우리의 언어는 개념적인 과거와 미래를 구성할 뿐 아니라, 우리 자신이 누구인지에 대한 인식을 만들고 유지한다. 불행하게도, 우울증의 사례에서는 자기에 대한 부정적인 개념(예, '나는 우울해.' '나는 항상 일을 망치는 사람이야.' 등)이 많으며 이에 대해 경직되게 방어하려고 한다. 대등성의 관계틀(예, '나=무능한'과 '무능한=나')을 통해 개념적 자기와 자신을 강하게 동일시할 경우에 그러한 공식에 도전이 되는 직접적인 외부 경험뿐 아니라 다른 사람(치료자를 포함)의 노력에 대해서 마치 자신의 신체적 안녕이 공격을 받는 것처럼 반응할 수도 있다. Hayes 등(1999: 182)이 주장했듯이, 만일 '나 = 개념'이라면 '개념 없애기 = 나를 없애는 것'이 되며 더 긍정적인 자기 개념을 세우려는 시도조차도 적극적으로 거부될 수가 있다. ACT의 목표는, 예를 들면 우울한 내담자에게 논박이나 행동 숙제를 사용해서 그가 실제로는 유능하다는 것을 확신시키려고 시도함으로써 개념적 자기의 내용을 직접적으로 바꾸는 것이기보다 개념적 자기로부터의 탈융합을 촉진하는 것이다. 그에 더해서, 개념화된 자기를 포함하는 삶의 내용을 심리적으로 유연한 방식으로 바라보고 반응할 수 있는 위협적이지 않은 관점을 제공하기 위해, 내용이 없고 초월적인 맥락으로서의 자기를 대안적으로 촉진한다.

인간 언어의 '밝은 면'

이제는 인간 언어의 '밝은 면'을 표현하는 두 개의 핵심 과정(즉, ACT가 보다 강화하고자 하는 과정)을 자세히 살펴보자. ACT내에서 '전념과 행동 변화의 과정'을 합쳐서 보면(Hayes, Strosahl, Bunting et al., 2004), 언어가 심리적 유연성을 촉진하는 과정을 지원하는 데 도움이 된다. 현재 순간에 접촉하기와 맥락으로서의 자기는 둘 다 마음챙김과 수용의 상위 과정에도 관여하고 전념과 행동의 변화라는 상위 과정에도 관여하는데(Hayes, Luoma, Bond, Masuda, & Lillis, 2006), 이미 앞에서 논의하였으므로 다음에서는 상술하지 않을 것이다.

가치 추구

ACT에서 **가치**란 "언어적으로 이해된 삶의 전반적인 결과들"이라고 정의

된다(Hayes et al., 1999: 206). 내담자는 우울증 자체를 가치 실현의 방해물이나 장애물로 종종 여기기 때문에 우울증을 치료하러 온다. 예컨대, 최근에 한 내담자는 "내가 이렇게 우울하지만 않다면, 더 좋은 할머니가 될 수 있을 텐데."라고 말하였다. 이 말에서 우리는 관련된 목표를 확인하고 가치 지향적인 행동 경로에 전념하는 데 도움이 될 수 있는 가치 유형을 알 수 있다(예, '당신의 우울증이 사라지기만 기다리지 않고, 좋은 할머니가 되는 방향으로 나아가도록 지금 즉시 추구할 수 있는 목표가 있습니까?'). 내담자마다 핵심적인 가치의 수는 어느 정도 제한될 수 있겠지만, 다양한 목표들을 통해 각 가치에 접근할 수 있으며 이로써 심리적 유연성이 증가될 것이다. 필요하다면, 내담자가 자신의 삶에서 무엇을 실현하기 원하는지 명료하게 알 수 있도록 도전함으로써 한동안 인식하지 못한(이는 경험 회피를 반영할 가능성이 큼) 가치를 드러내기 위해 적극적으로 노력할 수 있다. 행동에 수반되는 즉시적인 결과는 흔히 역기능적 행동과 수동성을 촉진하기 때문에(예, 혼자 집에 있기 대 손자들과 동물원에 가기), 일시적으로 구성된 가치를 통해 지속적인 과정으로 전개되는 보다 기능적인 행동 변화(예, 장차 손자들의 대학 학자금을 지원하기 위해 지금 적당한 돈을 투자하기)를 조절할 수도 있다. 요컨대, 가치는 방향을 알려 줄 뿐 아니라 그 길을 비춰 주는 등대의 빛과 같은 기능을 할 수 있다.

전념 행동

일단 가치가 확인되고 명료화되면, 관련된 목표와 이를 달성하는 데 필요한 행동을 구체화하는 규칙을 만들고 따를 수 있다. 외현적인 행동상의 변화가 가치에 연결되고 가치에 의해 방향 지어진다면, 그것은 ACT에서 중요한 역할을 담당한다. ACT에서는 단지 행동 변화를 위한 행동 변화나 인지 재구조화의 수단으로서의 행동 변화를 중시하지 않는다. 시간 차원에 따라 변하는 목표는 가치와 전념 행동을 연결하는 데 도움이 된다. 가치는 달성되거나 취득될 수 있는 사물이나 대상이 아니지만, 목표는 그런 것일 수 있다. 그러면 언어적 구성의 다른 유형과 계획이 명확하게 구성될 수 있어서 목표추구적인 행동이 가치 방향으로 움직인다. 예컨대, '사랑이 많은 할머니가 되기'는 목표가 아니라 가치다. 손자를 데리고 동물원에 가는 것과 대학 학자금을 위해 펀드를 적립하는 것은 각각 단기목표와 장기목표가 된다. 이 목표들을 통해 내담자는 가치의 방향으로 나아갈 수 있게 된다. 심리적 유연성은 가치로서 증진되며, 관련된 목표는 무한히 구체적 행동과 연결될 수 있을 것이다(예, '사랑이 많은 할머니가 될 수 있는 방법들은 얼마나 많겠는가?').

ACT의 독특성은 무엇인가

이 질문에 대해서는 이미 몇 가지 방식으로 상당히 설명하였다. ACT의 독특한 특징을 강조하는 또 다른 방법은 우울증 치료에 대한 대안으로서 넓은 의미의 인지행동적 접근인 인지치료, 마음챙김에 기초한 인지치료Mindfulness-Based Cognitive Therapy: MBCT 및 행동 활성화를 ACT와 비교해 보고 대조해 보는 것이다.

인지치료

세 접근 중에서 인지치료는 이제까지 ACT의 상대적인 효과성을 직접적으로 비교한 유일한 접근이다.

성과 연구

첫 번째 성과 비교연구에서는 18명의 우울한 여성들이 무선적으로 12회기의 인지치료나 초기 형태의 ACT에 배정되었다(Zettle & Hayes, 1986). 치료 조건을 모르는 독립적인 평가자가 Hamilton 우울증 평정척도(Hamilton, 1960)를 사용하여 평가했을 때 두 조건 모두에서 치료 직후와 2개월 추수 기간에 치료 전보다 우울이 유의미하게 감소하였으나, ACT 참여자들은 추수 기간에 우울이 더 감소하였다. 그러나 두 번째 실시된 무선화 임상 비교연구에서는 각각 집단 형태로 진행된 인지치료와 ACT 간에 효과성의 차이가 발견되지 않았다(Zettle & Rains, 1989). 이는 우울증 치료에서 ACT의 치료 효과가 개인치료로 시행되지 않을 경우에 약화될 수 있음을 시사한다.

과정 연구

비교적 적은 수이기는 하지만, 지금까지의 연구들은 ACT의 효과가 인지치료와 상당히 견줄 만함을 시사한다. 그러나 두 개의 성과 비교 연구로부터 나온 과정 측정치를 분석해 보면, 두 치료법이 서로 다른 기제를 통해 치료적 변화를 일으켰음이 시사된다. Zettle과 Hayes(1986)의 연구에서 참여자들은 매주 치료 회기 전과 사전, 사후 및 추후에 자동적 사고 질문지Automatic Thought Questionnaire: ATQ(Hollon & Kendall, 1980)를 완성하였다. ATQ는 우울 사고의 빈도와 믿는 정도를 둘 다 측정하므로, 각 치료 조건에 따라서 빈도와 믿는 정도가 각각 차별적으로 감소하는지를 판단하는 것이 가능하였다. 연구 과정이 진행되어 감에 따라 두 치료 조건의 참여자 모두 부정적인 생각의 빈도가 똑같이 유의미하게 감소한 것으로 보고되었다.

이와는 다른 패턴으로서, ACT에서 강조하는 경험 회피의 약화와 일치되는 패턴이 ATQ의 믿는 정도 점수에 대한 분석에서 나타났다. 특히, 사후 측정에서 ACT 참여자들은 인지치료 참여자들보다 부정적인 생각에 대한 믿음이 유의미하게 더 감소한 것으로 보고하였다. 달리 말해서, ACT 참여자가 인지치료 참여자에 비해 우울 사고의 경험이 더 적은 것 같지는 않지만 그 생각을 믿는 정도에서는 유의미하게 더 감소된 것으로 보인다. 더구나

ATQ 자료를 최근에 재분석(Hayes et al., 2006)한 결과를 보면, ACT 치료를 받은 사람들 가운데 우울에 대한 자기 보고와 면접 측정치 둘 다에서 믿는 정도 점수의 변화가 우울의 감소를 매개하는 것으로 판단하기 위한 모든 요건을 성공적으로 충족시켰으므로, ACT에서의 치료적 변화는 탈융합을 통해 이루어졌다는 것이 더욱 시사된다(MacKinnon, 2003).

인지치료와 달리, ACT는 우울에 대한 언어적(사회적) 지지를 약화시킴으로써 효과를 미친다는 추가적인 증거가 이유 질문지를 과정 측정치의 하나로 사용했던 Zettle과 Hayes(1986)의 연구 결과에서 나타났다. 이유 대기가 역기능적 행동의 유지에 미치는 역할을 평가하기 위해서 참여자들에게 먼저 과식과 자살 시도의 여러 가지 이유를 대도록 하고 이어서 각각의 이유가 '얼마나 타당한지'를 평정하게 하였다. 참여자들이 제시한 이유들은 역기능적 행동의 원인으로 사적 사건을 언급하는 '내적 이유'('절망감을 느껴서' 등과 같은)나 환경적인 사건을 포함하는 '외적 이유'(예, '직장에서 해고당해서')로서 다른 평가자에 의해 신뢰롭게 분류되었다. ACT 참여자들만이 사후 및 추후 측정에서 내적 이유에 대한 타당도 평정에서 유의미하게 감소하였다.

ACT와 인지치료가 서로 다른 과정을 통해서 효과를 나타낸다는 것을 시사하는 마지막 증거는 Zettle과 Rains(1989)의 비교연구에서 나타난다. 인지치료를 받은 참여자만이 추후 평가에서 역기능적 태도 척도Dysfunctional Attitude Scale: DAS(Weissman & Beck, 1978)로 측정한 '우울 생성적 신념'에 동의하는 정도에서 유의미한 감소를 보고하였다. 얼핏 보면, 이러한 결과들은 ATQ의 믿는 정도 점수에 대한 분석과 모순되는 것처럼 보이지만, 두 측정 도구에서 지시가 서로 다르기 때문일 수도 있다. 표면적으로는 두 측정 도구 모두 피검자가 우울한 인지 내용을 믿는(이와 융합된) 정도를 측정하려고 하지만, ATQ는 피검자들에게 '그 생각이 들 때 그것을 얼마나 강하게 믿는지를 표시하라.'라고 지시하는 반면, DAS에서는 각 신념에 대해 얼마나 '동의하거나 동의하지 않는지'를 표시하도록 요청한다. 성공적으로 치료된 우울증 내담자들은 우울 신념이 행사하는 역기능적인 통제가 효과적으로 약화되었다 해도 여전히 우울 신념에 동의할 수 있을 것이라는 점이 ACT의 기본 모델과 전적으로 일치한다. 요컨대, DAS에 의해 측정된 우울 신념에 대한 동의가 그것과의 융합을 반영하는 것은 아니다. 예컨대, 한 우울한 내담자는 '만일 내가 항상 잘하지 못하면, 사람들은 나를 존경하지 않을 것이다.'에 여전히 동의할 수 있지만 그런 심리적 사건을 더 이상 회피하지 않을 수도 있다(예, '삶에서 전진하기 위해 할 필요가 있는 것은 기꺼이 한다. **그리고** 사람들은 나를 존경하지 않는다는 생각을 갖고 있다.'). 특히, 약물치료를 통해 우울이 성공적으로 감소했을 때 DAS 점수에서 유의미한 감소를 보인 추가 연구 결과들을 볼 때(Reda, Carpiniello, Secchiaroli, & Blanco, 1985; Simons, Garfield, & Murphy, 1984; Simons, Murphy, Levine, & Wetzel, 1986), 적어도 DAS의 차별적인 결과들은 인지치료와 ACT의 치료적 변화 기제가 서로 다르다는 것을 더욱더 뒷받침한다.

ACT와 인지치료

요약하자면, 제한된 연구에 근거를 두긴 하지만 ACT는 단극성 우울증 외래 환자에 대한 효과 면에서 인지치료와 비슷한 것으로 보인다. 그런 효과가 나타나는 관련 과정들을 포함하여 대부분의 다른 중요한 측면에서 두 치료법은 뚜렷이 구별된다. 전략적으로, 인지치료는 기계론적이며 일차적 변화 의제를 추구하는 반면, ACT는 기능적 맥락주의의 관점에서 이차적 변화를 강조한다. 인지치료에서 변화의 대상은 역기능적인 신념 및 그와 관련된 왜곡된 사고방식인 반면, ACT에서는 사적 사건이 일어나는 맥락을 바꾸려고 시도하면서 생각 자체를 다른 사적 사건들(기분, 충동 또는 신체 감각과 같은) 이상으로 우선시하지 않는다. 마지막으로, 기법상의 차이에서도 ACT와 인지치료는 분명히 구별된다. 특히, 우울한 기분을 줄이기 위해서 인지 변인에서의 일차적 변화를 꾀하는 재구조화 기법(예, 역기능적 사고 기록지의 작성)이 ACT에서는 사용되지 않는다. 또한 행동 숙제가 인지 재구조화와 기분 조절을 목적으로 부과되지는 않지만, 내담자가 충만하고 의미 있는 삶에 다시 접촉하도록 도움으로써 심리적 유연성을 증가시키기 위한 목적으로 활용된다.

마음챙김에 기반을 둔 인지치료

MBCT와 ACT의 중요한 공통점은 둘 다 인지행동치료의 제3 동향 내에서 이차적 변화를 추구하는 접근이라는 점이다. MBCT의 개발 과정에서는 두 가지 요인이 핵심적이었던 것으로 보인다(Segal et al., 2002). 첫째, 우울증 치료의 어려운 과제 중 하나는 재발률을 효과적으로 다루는 데 있다는 인식이다. 우울증의 최초 일화를 성공적으로 치료한 내담자의 적어도 절반가량이 재발되며(Paykel, Ramana, Cooper, Hayhurst, Kerr, & Barocka, 1995), 이어지는 각 일화로 인해 우울증의 재발 가능성은 증가된다(Consensus Development Panel, 1985). MBCT 개발에 결정적인 두 번째 요인은, 인지치료의 핵심적인 변화 과정이 우울 사고의 재구조화가 아니라 내담자 스스로 우울 사고로부터 거리를 둘 수 있도록 돕는 것이라는 결론이다. 따라서 그 명칭에서 시사되는 바와 같이, MBCT는 내담자가 자신의 우울 사고에 대해 다르게(마음챙김의 태도로) 관계하도록 가르치는 명상과 유사한 기법과 연습에 상당히 역점을 둔다.

거리두기(탈중심화)의 역할

'거리두기distancing' 또는 더 흔하게 '탈중심화decentering'라고 일컬어 온 과정(Segal et al., 2002)은 탈융합의 과정이라고 볼 수 있으므로 ACT에 낯설지 않다. 사실상 초기 형태의 ACT는 **포괄적인 거리두기**comprehensive distancing

(Zettle, 2005, 2006 참조)라고 불리었다. '거리두기'는 인지치료의 '첫 번째이자 핵심적인 단계'로서, 내담자가 자신의 부정적 사고를 사실이기보다는 단지 믿음인 것으로 반응할 수 있게 해 주는 과정이라는 A. T. Beck(1970)의 주장(Hollon & Beck, 1979: 189)을 따른 것이다. MBCT와 ACT의 유사점에도 불구하고, 둘 사이에는 기법적인 면에서 뚜렷한 차이가 있다. 아마도 가장 중요하게는, MBCT의 개발자들은 이 치료 전략을 우울증의 재발을 방지하는 데 국한해서 사용할 것을 추천하며, 최초의 급성 우울 일화를 치료하는 데 적용하는 것은 효과적이지 않고(Segal et al., 2002: 318) 이 경우에는 인지치료가 더 나은 대안이라고까지 생각한다. 이 생각을 연장해서 보면, 현재의 우울증에 대한 치료적 대안으로서 ACT가 갖는 생존력은 지금까지의 연구들에 의해 충분히 뒷받침되었다는 이 책의 가정에 대해 그들이 또한 이의를 제기하리라고 예상될 법하다.

MBCT와 ACT의 기법적인 차이 때문에, MBCT를 우울증의 재발 방지에 제한된 치료로 보는 것이 타당할 수 있을 듯하다. 물론, 이러한 가정은 경험적인 평가를 통해 입증되어야 한다. ACT의 시각에서 보면, MBCT는 치료의 절반에 해당하는 수용(이미 설명했듯이, ACT의 마음챙김 및 수용 과정)에만 거의 배타적인 초점을 둔다. 그리고 ACT에서 전형적으로 사용하는 전략들을 더 제한된 범위에서 사용한다. 또한 MBCT는 ACT의 전념 차원이 상대적으로 소홀히 취급된다. Segal과 그 동료들(2002)이 제안한 8회기의 MBCT 프로토콜을 보면, 활동을 증가시키는 치료적 요소가 거의 종반부에 가서야 도입되며, 이 또한 가치와 연결되어 안내되기보다는 기분 조절을 위한 목적으로 시행되는 듯하다. ACT는 마음챙김을 증진하는 면에서는 MBCT와 비슷하지만, 치료적 변화의 일부로서 전념 및 행동 변화의 과정을 포함하는 면에서는 MBCT를 능가한다.

ACT와 마음챙김에 기반을 둔 인지치료

요약하면, ACT는 마음챙김과 수용의 과정을 강조하는 점을 MBCT와 공유하지만 그 과정을 증진하는 데 있어서 더 광범위한 기법과 절차를 사용한다. 그러나 ACT는 MBCT에 비해 치료의 필수적인 부분인 전념 행동을 지원하는 데 분명히 더 많은 비중을 두며 기분 조절을 목적으로 활동을 촉진하지 않는다. ACT와 달리 MBCT는 우울증의 최초 일화를 치료하는 데는 권장되지 않았으므로, 두 치료법이 직접적으로 비교된 적은 없다.

행동 활성화

급성 우울증을 위한 치료인 행동 활성화(Damidjian et al., 2006; Martell, Addis, & Dimidjian, 2004)는 치료에 포함된 행동적인 숙제의 부과로 인지치료의 성과가 설명됨을 시사하는 인지치료의 성분 분석(Jacobson et al., 1996)에 자극을 받아 부활하였는데, 이는 행동치료의 뿌리(Ferster, 1973)로 회귀함을 반영한다. 행동 활성화와 ACT의 관계는 MBCT와 ACT 관계의 거울상과 상당히 일치한다. 행동 활성화는 ACT의 전념 측면처럼, 우울한 내담자의 활동 수준의 변화를 촉진하는 것이 갖는 치료적 유익을 인정한다. 그러나 행동 활성화에는 명상 훈련이 포함되지 않으며, ACT의 수용 측면에 반영된 마음챙김 과정을 직접적으로 다루는 다른 치료 요소들이 명시적으로 포함되지 않는다.

사실상, 일차적 변화 전략인 행동 활성화는, 적응적인 행동 변화를 지지하는 자연적인 강화 수반성에 접촉시킴으로써 우울한 기분을 끌어올릴 수 있는 활동을 늘리려고 한다. 그런 주요 활동에는 성취감(보고서를 완성하는 것과 같이 과제를 완수함으로써 오는)이나 기쁨(친구를 방문하는 것과 같은)을 유발하는 활동이 포함될 수 있다. 행동 활성화는 MBCT와 마찬가지로 외현적인 활동의 증가를 가치 지향적인 목표의 추구와 명시적으로 연결시키지 않는다는 점에서 ACT와 다르지만, 개별 기술적인 기능 분석을 활용해서 활동 계획을 지도한다는 점에서는 MBCT보다 전념 및 행동 변화를 강조하는 ACT에 더 근접한 것으로 보인다.

ACT와 행동 활성화

요약하면, ACT와 행동 활성화는 우울한 내담자에게 외현적인 행동 변화를 유발시키는 것을 치료적으로 중요하게 여기는 데 의견을 같이한다. 그러나 ACT는 내담자의 가치와 활동을 분명하게 연결하며, 행동 활성화와 달리 마음챙김과 수용의 과정을 강화하기 위한 치료 절차를 포함한다는 점에서 두 접근은 차이가 있다. 두 접근이 서로 비교된 적이 없기 때문에 우울증 치료의 상대적인 효능성 수준에 대해서는 결론을 내리기 어렵다.

요약

이 장의 제목은 ACT에 관한 두 가지 근본적인 질문을 제기한다. 첫째 질문은 'ACT는 무엇인가?'다. 우울증을 위한 ACT는 기법들의 집합이라기보다 하나의 치료적 접근이며, 행동치료 내에서 제3 동향의 일부다. ACT는 인간의 언어와 인지를 기능적 맥락주의의 관점으로 설명하는 관계 구성틀 이론에 기초한다. 따라서 ACT는 언어가 심리적 경직성과 인간의 심리적 고통에 기여하는 방식을 최소화하려고 시도하면서, 또한 가치 지향적인 삶과 심리적 유연성을 뒷받침할 수 있는 길을 강화하고자 한다. 우울증을 위한 ACT는 이차적 변화를 추구하는 접근으로서 우울한 사고방식을 변화시키거나 우울한 기분을 조절하려고 하지 않으며, 대신에 그러한 사적 사건에 직면하여 지속적으로 가치 지향적인 삶을 방해하는 맥락과 과정을 목표로 삼고자 한다.

이 장에서 제기한 두 번째 주요 질문은 'ACT의 독특성은 무엇인가?'다.

인지치료, MBCT 및 행동 활성화와 관련해서 볼 때, ACT는 우울증에 대한 인지치료의 효과를 설명하는 두 가지 핵심 요소를 새롭고 창의적인 방식으로 통합하고 있다는 점에서 다른 치료들과는 구별되는 독특한 이차적 변화 접근으로 규정될 수 있다. 더 적은 정도이긴 하지만, ACT는 MBCT처럼 수용을 촉진하기 위한 다른 기법 및 요소들과 함께 마음챙김 연습을 포함한다. 게다가, ACT는 행동 활성화처럼 우울한 삶에서 활력과 목적이 있는 삶으로 전환하는 일에 능동적으로 참여하는 것의 중요성을 강조한다.

이 장을 마치면서, 우울증을 치료하는 데 있어서 ACT의 한계점을 인정해야 한다. 이미 논의한 것처럼, 필자는 ACT를 양극성 우울증에까지 확장해서 적용하는 것을 추천하지 않는다. 단극성 우울증을 겪는 내담자들 중에서도 호소 문제가 일차적으로 사회 기술 결핍에 기인한 것이라면, ACT를 치료 방법으로 선택해야 하는지가 확실하지 않다(Hersen, Bellack, Himmelhoch, & Thase, 1984; Lewinsohn & Gotlib, 1995). 사례 공식화 및 개념화(제5장)에서 우울증이 주로 대인관계적(사회적) 기술의 결핍에 기인하는 것으로 시사되는 경우에 ACT와 함께 사회 기술 훈련과 같은 일차적 개입을 결합하는 것이 보다 더 효과적인 치료인지 그 여부를 확증하기 위해서는 추가적인 연구가 필요하다.

제2장

우울증은 어떻게 심화되는가

우울증의 일차적인 경로

DSM-IV의 단극성 우울증

우울증의 다른 경로

앞 장에서 논의되었듯이, 임상적인 단극성 우울증은 인간의 심리적 고통 중에서 가장 흔한 형태다. 인간이 아닌 존재에서도 이에 필적하는 정도의 우울증이 나타날 수 있는지는 쉽게 해결되지 않을 질문일 듯하다. 하지만 언어의 지원을 받음으로써 임상적 우울증이 인간만의 고유한 현상이 됨을 고려할 때, 위의 질문에 그렇다고 답하기는 쉽지 않아 보인다(Cryan & Holmes, 2005). 물론 관계 구성하기의 다양한 유형과 형태가 심리적 고통의 획득과 유지 및 심화에 기여한다는 것은 ACT가 기반을 둔 전반적인 모델의 기본 전제다.

우울증의 일차적인 경로

언어가 어떻게 우울을 우울한 것으로 만들 수 있는지를 이해하기 위한 시도로서, 불안이 장애 행동으로 전환되는 경로와 우울증에서 이와 유사한 기능을 하는 관련 과정 간에 어떤 유사점이 있는지를 설명하고 싶다. 예컨대, Eifert와 Forsyth(2005)는 공포와 불안 자체는 장애가 아니며 많은 맥락에서 매우 적응적일 수 있다고 설득력 있게 주장하였다. 불안은 이를 피하거나 조절하거나 다른 방식으로 통제하려고 의도적인 노력을 기울일 경우에 문제가 된다. 따라서 불안 자체는 문제가 아니며, 그에 어떻게 반응하고 관계하느냐가 문제다. 이와 유사한 과정이 임상적인 단극성 우울증을 일으키는, 유일하지는 않지만 일차적인 경로일 수 있다.

정상적인 기분 변화

저조한 기분과 우울증의 다른 증상들은 연속선상에 놓여 있는 것으로서 매우 의미 있게 보인다고 역학 연구자들은 인정하였다(Kaelber, Moul, & Farmer, 1995). 하지만 저조한 기분과 슬픔을 경험하는 것은 정상적이고 적응적이라고 주장하는(Neese, 2000) 사람들 사이에서도 우울은 연속선상의 어떤 지점에서 임상적인 수준으로 증폭되면서 역기능적이 된다는 점에 대해서는 논쟁의 여지가 거의 없는 듯하다. 이미 언급한 것처럼, 정상적인 기분 변화의 자연스런 결과로서 매우 적응적으로 발생하는 저조한 기분은 언어의 '어두운 면'으로 인해 윈스턴 처칠이 우울증의 '검은 개'(Storr, 1988)라고 언급했던 것으로 변하게 된다고 필자는 믿는다. 그 과정을 기술하기 전에 먼저 저조한 기분의 잠재적인 적응적 기능에 대해 더 상술하고 싶다.

저조한 기분의 적응적 기능

불안 자체가 적응적이라는 주장은, 인간과 비언어적인 유기체 모두에게서 나타나는 경미한 수준의 우울에 대해서도 비슷한 주장을 하려는 것보다 훨씬 덜 억지스런 주장인 듯하다. 우울의 연속선상에 놓인 다양한 지점을 구별할 필요가 있으므로, 필자는 서로 간의 관계를 논할 때 필요상 다른 용어를 사용할 것이다(RFT에 따르면, 그렇게 하지 않으면 그것들은 같아진다). 따라서 여기서 **저조한 기분**dysphoria이란 인간과 인간 이하의 유기체가 경험하는 경미하고 적응적인 수준의 우울한 증상을 가리키며, **우울증**depression은 가치 지향적인 삶을 손상시키는 역기능적인 장애를 지칭하는 것으로 사용할 것이다.

저조한 기분의 적응적인 역할에 대한 설명 중에서 최초이자 가장 널리 인용되는 것은 Klinger(1975)의 동기 철회 이론이다. 목표 달성 과정에서 장애물을 만난 유기체는 처음에는 적절하게 더 많은 노력을 기울인다. 상실에 대한 정상적인 반응이거나 또는 장애물을 극복할 수 없는 경우에 저조한 기분이 발생하게 되며, 이를 통해서 목표 추구 행동이 종료되어 자원을 보존할 수 있게 된다. 하지만 유기체가 중지할 수 없다면, 저조한 기분은 심해지며 인간의 경우에는 임상적인 우울증에 이르게 된다. 최근에 Neese(2000)는 더 넓은 진화적 관점에서, 저조한 기분은 "중요한 목표를 추구하는 노력이 위험, 상실, 신체적인 상해 또는 헛수고로 끝날 것 같은 좋지 않은 상황" (p. 14)에서 추가적인 적응적 기능을 수행할 수 있다고 제안하였다. 더 구체적으로 말하면, 저조한 기분은 비효율적인 목표 추구로부터 적응적으로 철수하도록 해 줄 뿐 아니라 섣불리 대안을 추구하는 것을 막아 준다. 따라서 이러한 관점에서 보면, 불안이 위험한 행동을 억제하는 것처럼 저조한 기분은 헛수고를 막아 준다. 상실 또는 목표 달성의 실패에 뒤이어 오는 일시적인 휴식과 '전열 정비'는 고집스럽고 성공적이지 못하게 그냥 전진하는 것보다 더 적합한 전략일 수도 있다.

'깨끗한 고통' 대 '더러운 고통'

ACT의 관점에서 보면, 우리가 이 논의에서 저조한 기분이라고 언급한 것은 삶의 '좋지 않은 상황'에 대한 반응으로 일어날 수 있는, 불쾌하지만 적응적인 심리적 경험인 **깨끗한 고통**clean pain이라고 볼 수 있다(Hayes et al., 1999: 136). 충만하고 활기찬 그리고 활동적인 삶을 향한 목표들이 모두 다 달성되는 것은 아니며, 그 삶의 여정에서 개인적인 손실과 실패(예컨대, 사랑하는 사람의 죽음, 재정적인 파탄, 대인관계의 실패나 갈등 등)가 또한 불가피하게 일어날 것이다. 더구나 목표가 가치와 밀접하게 연결된 것이 아닌 경우에는 성공적으로 목표를 달성하더라도 저조한 기분이 들 것으로 예상되는데, 이 문제는 이 장 후반부에서 보다 더 자세히 언급될 것이다. 따라서 저조한 기분은, 충만한 삶을 영위하고 영위하지 않는 것의 자연스러운, 심지어는 심리적으로 건강한 결과로서 인간 조건의 불가피한 부분으로 보인다.

심리적으로 건강하지 않은 것은 **더러운 고통**dirty pain이나 심리적인 외상이 점증적으로 악순환된 것인데(Hayes et al., 1999: 251), 이는 저조한 기분이나 불안, 깨끗한 고통의 다른 형태들을 회피 또는 도피하거나 통제하려고 시도할 때 나타난다. 심리적으로 깨끗한 고통은 기꺼이 경험하지 않으면 더러운 고통이라는 심리적 외상으로 변형된다(Hayes et al., 1999). 예컨대, 우리가 승진이나 결혼과 같은 목표에 이르지 못했다고 하자. 자연스럽게 우리는 중요한 목표 달성의 실패에 따라오는 부정적인 자기 평가와 더불어서 저조한 기분을 경험한다. 하지만 일단 우리가 저조한 기분에서 도피하기 시작하면, ACT와 RFT에서 예견하는 대로 우리의 노력이 성공적이지 않다는 것이 입증되고 우리의 기분은 훨씬 더 저조해지며, 이는 폐쇄회로의 순환 과정을 통해서 점점 더 커져서 임상적 우울증의 더러운 고통으로 심화된다. 더러운 고통 및 그와 관련된 심리적 고통은 저조한 기분, 불안 및 깨끗한 고통의 다른 형태들을 기꺼이 수용하지 못함으로써 생긴다. 요컨대, 이제는 저조한 기분(및 이를 경험적으로 피하려는 무력감) 자체로 인해 우울해지기 시작한다. 임상적인 우울증은 저조한 기분을 경험적으로 피하려는 노력의 실패와 가장 밀접하게 관련되지만, 더 일반적으로는 '나쁘게 느끼지 않기' 라는 더 광범위한 의제를 추구함에서 기인하는 듯한데(Hayes, 2005), 여기서 내담자가 도피하려고 하는 원치 않는 정서 상태는 저조한 기분만이 아닐 것이다.

반추의 역할

저조한 기분을 임상적 우울증으로 심화시키는 과정에는 사고 억제, 반추, 이유 대기 등과 같은 몇 가지 언어적 과정이 관련된다(Zettle & Hayes, 2002). 그중에서도 반추는 주요한 요인으로 보이는데, 축적된 경험 연구상의 증거들은 반추가 우울증의 시작, 심화 그리고 유지에 핵심적인 역할을 한다는 것을 보여 주고 있다. **반추**는 대개 일반적으로 우울의 의미, 원인 그리고 결과에 대해 스스로 제기한 질문(예, '나는 왜 이런 식으로 느끼며, 그것은 무슨 의미이지?')에 답하려고 시도하는 언어적 과정을 가리킨다. 더 구체적으로 말하면, 반추는 두 개의 확인 가능한 요소로 이루어지는 듯하다. 하나는 개념적 자기의 측면을 포함하는 심리적 경험에 집중하는 것이고, 다른 하나는 분석적이고 비판적으로 평가하는 방식으로 그렇게 하는 것이다(Roberts, Gilboa, & Gotlib, 1998).

관련된 연구 결과

반추와 우울증을 연결하는 연구 문헌을 모두 다 검토하는 것은 이 장의 범위를 넘어서는 일이긴 하지만, 주요 결과를 어느 정도 요약하는 것은 필요하다. 대처 양식에는 성차뿐 아니라 개인차가 존재하며(Nolen-Hoeksema, 1990), '반추 양식'을 더 많이 사용하는 성향이 있는 사람이 다양한 삶의 스트레스원에 대한 반응으로서 우울을 경험하기가 더 쉬운 것으로 나타났다(Nolen-Hoeksema, 2000; Nolen-Hoeksema, Larson, & Grayson, 1999). 예컨대, 지진에서 생존한 대학생 중에서 저조한 기분을 다룰 때 반추 양식을 보이는 사람이 반추하지 않는 사람보다 7주 후 평가에서 더 우울한 것으로 나타났다(Nolen-Hoeksema & Morrow, 1991). 다행히 지진과 같은 자연 재해는 비교적 극소수만이 생애 중에 겪는 스트레스 사건이다. 사랑하는 사람의 죽음을 경험하는 것에 대해서도 결과가 동일할 것이라고 예단할 수는 없다. 상실을 경험한 성인 중에서 반추 양식을 가진 사람은 6개월이 지나 측정했을 때 처음 우울 수준을 통제한 후에도 더 높은 수준의 우울을 보이는 것으로 나타났다(Nolen-Hoeksema, Parker, & Larson, 1994).

앞 장에서 언급한 대로 반추는 적어도 문제 해결의 외양을 띠고 있긴 하지만, 해결할 수 없는 '문제'(예, 단순한 상실의 깨끗한 고통)를 최소화하려는 시도에 잘못 초점을 두고 있다. 경험 회피 전략으로서의 반추는 저조한 기분을 감소시키기보다 오히려 우울의 심화를 야기함으로써 예상 밖의 결과를 초래할 뿐 아니라, 잠재적으로 효과적인 문제 해결을 막음으로써 심리적인 경직성에 확실히 더 기여한다. 한 쌍의 관련된 연구(Ward, Lyubomirsky, Sousa, & Nolen-Hoeksema, 2003)에서는 반추하는 대학생과 반추하지 않는 대학생을 대상으로 잠재적인 두 개의 혐오 상황(교내 기숙사 생활의 변화와 대학 교육과정상의 변화)을 다루기 위해 스스로 세운 계획에 대한 평가와 실행을 비교하였다. 두 상황에서 반추하는 사람은 자신이 제안한 해결책에 대해 덜 확신하고 덜 만족하였으며, 그에 덜 전념하고 그것을 실행하기 전에 '탐색'하는 시간을 더 많이 갖기 원하는 것으로 나타났다. 요컨대, 반추하는 사람은 효과적인 행동을 추진하기보다 과제, 불확실성, 자기 회의 등에 대해 더 곰곰이 생각해 보느라 무력해지면서 심리적인 경직성을 더 많이 보였다.

반추가 우울에 미치는 유사한 영향은 두 개의 실험 연구 프로그램을 통해서도 입증되었다. 첫 번째 연구에서는, 반추 혹은 주의전환을 하도록 유도했을 때 Beck 우울증 척도(BDI)의 단축형(Beck & Beck, 1972)이나 표준형(Beck, Ward, Mendelson, Mock, & Erbaugh, 1961)으로 측정해서 정상보다는 높으면서 준임상적 수준을 보이는 우울한 대학생과 우울하지 않은 대학생('정상 범위' 보다 더 낮은 수준의 BDI 점수를 보인)의 차별적인 반응을 비교하였다. 구체적으로, 반추 유도 조건의 참여자에게는 정서 초점적('자신의 감정이 무엇을 의미하는지'), 증상 초점적('몸에서 일어나는 신체 감각') 또는 자기 초점적('자신의 성격 및 어떤 사람이 되고자 하는지') 생각에 주의를 기울이도록 요청한 반면, 주의전환 조건의 참여자에게는 외부 초점적 생각(예, '모나리자의 얼굴 표정'이나 '트럭에 실린 수박')에 주의를 기울이도록 지시하였다(Lyubomirsky, Tucker, Caldwell, & Berg, 1999). 주의전환 조건의 우울 집단과 비우울 집단을 비교했을 때, 우울 집단은 미래의 긍정적인 사건에 대해 더 비관적이고 과거의 부정적인 생활사건에 대한 자유 회상이 더 많을 뿐 아니라(Lyubomirsky & Nolen-Hoeksema, 1995; Lyubomirsky, Caldwell, &

Nolen-Hoeksema, 1998) 즐거운 주의전환 활동에 기꺼이 참여하려는 경향이 더 적었으며 대인관계 문제에 대한 효과적인 해결책을 생성해 내는 능력도 더 적은 것으로 나타났다(Lyubomirsky & Nolen-Hoeksema, 1993, 1995). 역설적으로, 반추하는 우울한 사람은 반추를 통해 자기 투쟁의 본질에 대해 귀중한 통찰을 얻는다고 믿지만(Lyubomirsky & Nolen-Hoeksema, 1993) 반추 과정에서 형성된 어떤 해결책을 실제로는 거의 실행하지 않는 듯하다(Lyubomirsky et al., 1999). 결과적으로, 반추는 언어적으로 구축된 세상과 더욱 융합되도록 만들며 자신 바깥 삶에는 덜 효과적으로 관여하게 만든다. 더욱이, 구성된 세계와 그 속에서만 살아가는 경향으로 인하여 지금 여기와 단절되며 후회스런 과거나 두려운 미래에 빠지게 된다.

우울한 대학생에게 반추의 영향을 실험적으로 조사한 연구에서 나타난 많은 결과들은 임상적인 우울증을 경험하는 피험자를 대상으로 한 연구 결과와 일치한다. 임상적으로 우울한 피험자의 경우에 반추를 구성하고 있는 두 가지 요소 중에서 특히 분석적 사고와 평가적 틀에 관여하는 요소가 범주적인 자전적 자료의 과일반화된 회상에 기여하는 것으로 나타났다(Watkins & Teasdale, 2001). 예컨대, 과거의 특정한 실수(소득세 환급을 제때 신청하는 것을 잊어버림)를 회상하기보다 '다른 모든 때에도 뭔가를 잊어버려서 일을 망쳐 버린다'는 식으로 이전의 실수에 대한 전체적인 범주를 회상한다.

추후 연구에서는 우울한 피험자와 우울하지 않은 피험자에게 심리적인 경험이나 신체 감각에 대해 '분석적' 혹은 '경험적' 자기 초점화를 유도하였다(Rimes & Watkins, 2005). 분석적인 조건에서는 참여자에게 "각 증상이나 감각의 원인, 의미 그리고 결과"(Rimes & Watkins, 2005: 1676)에 대해 생각하도록 요청함으로써 반추의 평가적인 요소를 강조하였다. 반면에 경험적 자기 초점화 유도 조건에서는 피험자에게 단순히 각 증상이나 감각 경험에 주의를 두도록 지시하였다. 비록 경험적인 조건이 마음챙김과 같은 절차인 것으로 명확하게 개념화되진 않았지만, 증상과 감각을 '그저 알아차리는 것'에 역점을 두었다면 그렇게 개념화하는 것이 타당한 듯하다. 자기 초점적 사고의 두 가지 유형은 우울하지 않은 피험자의 부정적 자기 평가와 우울한 기분에 미친 영향에서 유의미한 차이가 없었다. 이와 대조적으로, 임상적으로 우울한 집단에서는 분석적인 자기 초점적 반추 유형만이 무가치감(무능감)이라는 자기 평가와 저조한 기분을 증가시켰다.

요약하자면, 우울하지 않은, 기분이 저조한, 그리고 우울증이 있는 참가자를 대상으로 한 많은 실험 연구와 상관(예언) 연구에서는 저조한 기분이 우울증으로 발전하는 경로에서 반추가 핵심적으로 기여한다는 것이 시사되었다. 이런 점에서 보면, 걱정이 범불안 장애의 핵심이듯이 임상적 우울증에서는 반추가 핵심인 것으로 보인다(Watkins, Moulds, & Mackintosh, 2005). 두 과정을 비교한 최근의 연구에서 보면, 그 둘은 내용(즉, 특정한 반추 사고는 특정한 걱정과 그 내용이 다름) 및 상대적인 시간상의 초점(반추는 과거에 더 초점이 있고, 걱정은 미래에 더 초점이 있음) 면에서 서로 다르다는 것이 시사된다. 그러나 그 둘은 유사하게 경험 회피의 기능을 수행한다(Watkins et al., 2005). 더 구체적으로 말하면, 걱정은 불안 경험의 일부인 불쾌한 신체적 각성을 감소시키려는 시도인 듯하며(Borkovec, Ray, & Stober, 1998), 반추는 저조한 기분을 이해하려고 노력함으로써 이를 차단하려는 비효율적인 노력을 의미한다(Holowka, Salters-Pedneault, & Roemer, 2005; Smith, Hughes, & Alloy, 2006). 하지만 자연스럽게 발생하는 심리적 반응이 더러운 고통을 유발하는 외상적 경험으로 전환되는 데에는 두 과정 모두가 똑같이 능한 듯하다.

'삶의 가치'에 대한 평가로서의 '자기 가치'

방금 전에 논의한 것처럼, 반추의 결과 중 하나는 자기 비난과 자기 비판 및 부정적인 자기 평가의 다른 형태들이 증가되는 것이다(Lyubomirsky et al., 1999; Rimes & Watkins, 2005). 이를 통해 나타나는 개념적 자기는 가치가 없거나 손상된 것으로 판단되는 자기다(예컨대, '나에게는 뭔가 잘못이 있다.' '나는 행복할 자격이 없다.' 등). 자기에 대한 취약한 개념화 및 이와 관련된 정서 경험은 오랫동안 우울증의 정의적 속성 중 하나로 인정되어 왔다. A. T. Beck(1967)에 따르면, 자신에 대한 비하적인 견해는 우울한 사고의 특징을 나타내는 '인지삼제' 중의 하나이며, "무가치감"(p. 327)과 "낮은 자존감"(p. 349)은 DSM-IV(1994)의 주요 우울 일화 및 기분부전 장애의 진단 기준에 포함되어 있다.

ACT의 관점에서 보면, 가치 없는 것으로 평가되는 '자기'는 자기와 관련된 관계 구성틀 망에서 구성된 **개념적 자기**conceptualized self다. 이 틀 중에서 어떤 것은 본질상 기술적이고, '사실적'(예, '나는 40세의 기혼 여성이다.')이다. 반면에 다른 것은 확실히 평가적이다('나는 무가치하다.' 와 같이). 손상된 개념적 자기 그 자체는 문제로 간주되지 않으며, 그것에 융합되지 않는다면 심리적 경직성에 기여하지 않는 듯하다. 불행하게도, 부정적인 자기 평가의 어떤 유형에는 어느 정도의 융합이 관련되는 듯하다. 손상된 개념적 자기에 대한 집착과 동일시가 너무 굳어져서 초월적인 자기 의식과의 심리적 접촉이 효과적으로 차단될 때에는 특히 문제가 된다. 대등성 및 조합적 함의의 틀을 통해서, 만일 'I'(가능한 맥락으로서의 자기) = 'me'(개념적 자기)이고 'me = 무가치함'이면 'I = 무가치함'이 된다. 요컨대, 그러한 융합이 일어날 때, 개념화된 자기를 포함하는 삶의 내용을 내용이 없는 초월적인 자기가 '그저 알아차릴' 수 있는 대안적 유형의 자기 경험 및 조망을 우리는 갖지 못한다. 그 대신에 손상된 개념적 자기와 주체로서의 '나'에 대한 인식이 융합을 통해 하나가 될 때, 부정적인 자기 평가는 단순한 심리적인 사건(즉, '나는 무가치하다는 생각이나 평가를 한다.')으로 이해되지 않고 불변의 사실('**나는 무가치하다**.')로 간주된다. 평가적인 자기 참조틀에 대해 사실상 기술적인 것처럼 반응하면서 심리적 경직성이 시작되고 우울증은 더 깊어진다.

우울한 사람은 개념적 자기를 바꾸는 것이 분명히 바람직하다는 것을 인정하지만, 자기 가치를 변화시키려고 시도하는 것이 마치 자신의 나이나 성별을 의도적으로 바꾸려는 것처럼 소용없음을 또한 경험할 수도 있다. 우울증 치료를 위한 ACT에서는 자기 가치의 향상이나 자기 개념의 향상과 같은 의제를 공유하지 않는다. 이는 그런 목표를 달성하는 것이 특별히 어렵다고 입증되었기에 권하지 않는 것이 아니고, 보다 중요한 것은 그런 전략이 비록 성공적이라 해도 불필요하다고 보기 때문이다. 개념화된 자기에 융합된 우울한 내담자에게는 재교육을 하기보다 자기와 관련된 생각과 감정을 자기와 독립적인 것으로 볼 수 있는, 맥락으로서의 초월적 자기 인식을 경험할 수 있도록 촉진하는 것을 강조한다.

문제가 되는 융합 중에서 개념적 자기가 관여하는 두 번째 유형은 자기 가치와 삶의 가치 간의 융합이다. 개념적 자기의 낮은 '가치'(그것의 자극 기능)가 동등성의 틀을 통해서 삶의 가치로 일반화되어 전이될 수도 있다('자기 가치' = '삶의 가치'). 이렇게 될 때, 삶 자체는 가치가 절하되고, 개념적 자기가 치료될 때까지는 '계속 정지될' 수도 있다. 아마도 이러한 과정은 '나 자신에 대해 더 좋게 느끼기'를 일차적인 치료 목표로 삼는 우울한 내담자의 예에서 아주 잘 드러난다.

사례

'자신에 대해 더 좋게 느끼기' 라는 목표를 지닌 최근에 만난 내담자가 아마 좋은 예가 될 것이다. 이 내담자는 40대 후반인데, 특별한 외부 목표를 달성할 때만 일시적으로 누그러지는 자존감과의 투쟁이 오랜 세월 지속되었다고 하였다. 학부 및 대학원 학위 취득, 최근의 승진, 어려운 과제를 잘 완수한 것에 대해 상사로부터 칭찬을 받은 것 등이 그 예에 해당될 것이다. 그는 자존감이 일시적으로 고양되는 것을 즐기곤 했지만, 기준선이 계속 올라가면서 결국에는 자신이 더 두렵고 불안정한 위치에 있음을 발견하였다.

그러한 성취에 뒤따라 주변 사람뿐 아니라 스스로의 기대도 상승하였고, 그는 새롭게 얻은 자존감 수준을 유지하기 위해서라도 훨씬 더 훌륭하고 도전적인 목표를 달성해야만 하였다. 더욱이 그가 어떻게 살았고 자신의 삶을 어떻게 보았는가가 새로이 획득된 취약한 자기 가치와 단단히 융합되었으므로, 만일 그가 이렇게 높아진 기대에 미달한다면 위험은 훨씬 더 커지게 될 것이다.

필자는 그에게 그가 바라는 수준의 자기 가치를 유지할 수 있다면 삶이 어떨 것 같은지가 아니라, 더 이상 자기 가치와 투쟁하지 않는다면 삶이 어떻게 달라질 것 같은지 생각해 보도록 요청하였다. 그는 아내와의 관계에서 더 자발적이고 일에서 더 주장적이고 과감하며 경력의 변화에 더 개방적이 됨으로써 더 충만하고 풍성한 삶을 살게 될 것이라고 대답하였다. 높은 수준의 자존감을 유지하면서 보다 의미 있는 삶을 살지 못하는 것과 자기 가치 수준의 굴곡을 경험하면서 더 활기찬 삶을 주도하는 것 중에서 선택을 하도록 요청했을 때, 그는 후자를 선택하였다.

최종적 도피 행위로서의 자살

불행하게도, 우울증과 투쟁하는 너무도 많은 개인들이 이 장에서 우리가 검토해온 경로를 통해, 그런 고통을 종식시키는 수단으로서 자살을 생각하게 된다. 주요 우울증으로 진단받고 치료를 받은 사람들 중에서 15%가 자살을 하지만(Angst, Stassen, Clayton, & Angst, 2002; Maris et al., 1992), 놀랍게도 일반인 중에서도 자살 사고와 자살 시도를 보이는 경우가 흔하며(Chiles & Strosahl, 2005) 자살은 우울증을 경험하는 사람에게만 국한되지 않는다(Henriksson et al., 1993)는 점이 강조되어야 한다. 여느 다른 행동처럼 자살은 복합적인 요인에 의해 결정될 수 있지만, 우울, 죄책감, 불안과 같은 혐오적인 심리 상태를 종식시키려는 목적이 공통된 동기 중 하나인 듯하다

(Bancroft, Skrimshire, & Simkins, 1976; Baumeister, 1990).

저조한 기분은 실패와 상실에 대한 인간과 인간 이하 유기체의 자연스런 적응적 반응일 수 있다는 것이 이 장에서 논의되었다. 노르웨이의 나그네 쥐(Maltsberger, 2003 참조)의 예와 같은 반대 주장이 있긴 하지만, **언어적 행동** 혹은 사건을 관계적으로 구성한 결과로서만 가능한 행동인 자살(Hayes, 1992)은 인간에게만 유일하게 있는 듯하며, 저조한 기분이 임상적 우울증에 이르는 경로로 진행된 언어 과정의 정점인 듯하다. 특히 자살하는 사람조차도 자신의 죽음을 결코 경험해 본 적이 없으므로, 스스로를 죽이는 행위는 그 직접적인 결과와 접촉됨으로써 조성되었을 리가 없다. 오히려 일종의 **규칙에 지배된 행동**rule-governed behavior, 즉 언어에 의해 통제되는 행동으로서의 자살은 직접적인 경험에 기초한 죽음의 결과보다는 언어적으로 구성된 죽음의 결과에 의해 지배를 받는다(Hayes, 1992). 삶과 죽음을 연결하는 시간적 관계틀을 구성함으로써 얻게 되는 하나의 결과는 심한 심리적 고통에 대한 회피다(예, '삶 = 괴로움' '죽음 = 삶이 없음' '삶이 없음 = 괴로움이 없음' '죽음 = 괴로움이 없음'). 따라서 그와 같은 맥락에서는 자살이 최종적인 도피행위로 간주될 수도 있다.

적어도 '경험 회피'의 어떤 예를 '경험 도피'로 보는 것이 더 유용하다는 견해에 대해서 ACT 임상가들 간에 약간의 불일치가 있었다는 것을 여기서 언급할 필요가 있는 듯하다(Wilson, 2006). 필자는 이 점에 대해서, 우울과 투쟁하는 사람은 혐오적인 상태를 성공적이지 않더라도 끝내려고 시도하는 것이라고 볼 수 있는 한에 있어서는 경험 도피가 경험 회피보다 정서 장애에서 더 큰 역할을 하는 듯하다고 다른 데서 주장하였다(Zettle, 2004). 경험 도피의 한 형태로서의 자살은 잔혹하고 냉정한 듯 보이는 외부 세상으로부터 뿐 아니라 아마 훨씬 더 중요하게는, 부적절하고 무능하며 매력적이지 않고 죄가 있다고 판단되는 개념적 자기로부터 집행 유예를 구하는 수단이 된다(Baumeister, 1990). Richard Corey라는 어느 시의 주인공처럼(Robinson,

1921: 35), 표면적으로는 매우 호의적이고 개방적인 듯이 보이는 외부 세상의 맥락에서 자살은 일어날 수 있으며 실제로 일어난다.

ACT의 관점에서 볼 때, 손상된 개념적 자기를 회복하려는 의도적인 노력은 궁극적으로 실패할 것이 예상되며, 특히 자살을 수반하는 인지적 경직성과 심리적 비유연성을 고려할 때, 그 결과로서 자기를 죽이려고 선택하는 것이 유일하게 실행 가능한 대안적 도피 수단으로 보일 수도 있다(Baumeister, 1990). 아마 다소 역설적으로, ACT에서는 개념적 자기가 없어야 더 큰 심리적 유연성이 가능할 것이며, 그런 의미에서 '날마다 당신 자신을 죽이라' 고 조언한다(Hayes & Smith, 2005: 190). 따라서 자살하는 개인이 개념적 자기의 압제에서 해방된다면 더 활기차고 의미 있는 삶을 영위할 수 있는 잠재력에 접촉할 수 있을 텐데, 그러나 그는 단지 개념적 자기의 비유적인 죽음보다는 문자적인 죽음을 그러한 해방의 유일한 수단으로 보는 듯하다. 8장에서 더 상세히 논의하겠지만, 개념적 자기로부터의 탈융합, 맥락으로서의 자기에 대한 초월적인 인식에 접촉하도록 촉진하기, 그리고 이러한 자기의 두 측면을 구별하는 것이 보다 더 생명력 있고 활기찬 대안을 제공한다고 ACT는 주장한다.

DSM-IV의 단극성 우울증

DSM-IV(1994)에서 단극성 우울증은 ① 주요 우울 장애, ② 기분부전 장애, ③ 달리 분류되지 않는 우울 장애와 같은 세 가지 우울장애의 하나로 진단될 수 있다. 주요 우울 장애와 기분부전 장애는 낮은 활력이나 피로감, 그리고 우울한 기분과 불면증(또는 과수면증)과 같은 증상을 공유하기 때문에 형태학적인 특징에만 의존해서 이 둘을 감별 진단하기는 어렵다. 오히려 이 두 장애는 심각도, 만성도 및 지속성을 기초로 해서 구별된다. 주요 우울 장애가 정의상 더 심한 장애이며, 더 만성적이지만 덜 심한 형태로 우울증이 나타나는 기분부전 장애에 비해 일화적인 형태로 나타나는 경향을 보인다. 주요 우울 장애(기분 장애의 기간에 주요 우울 일화에서 요구되는 아홉 가지 증상 중에서 최소한 5개를 보이는 경우)나 기분부전 장애(최소한 2년간 지속되는 경우)의 진단 기준에 맞지 않는 단극성 우울증은 달리 분류되지 않는 우울 장애로 진단된다.

치료적 유용성에 대한 시사점

불행하게도, DSM이 우울 장애를 감별 진단하기 위해 만든 구분은 우울증을 호소하는 내담자에게 정신건강 전문가들이 더 효과적인 심리적 서비스를 제공하는 데 있어서 그 치료적 유용성이 제한적인 듯하다(Hayes, Nelson, & Jarrett, 1987). 더 구체적으로 말하면, 감별 진단상의 차이점이 치료적 결정에 도움이 되지 않기 때문에, 해당 내담자에게 어떤 특정 우울 장애가 '정확한' 진단인지를 아는 것은 ACT를 적용할지 그리고 어떻게 적용할지를 결정하는 데 실질적으로는 쓸모가 없다. 정신의학적 진단에 대한 기능적이고 차원적인 접근에 들어 있는 사례 개념화 전략(Hayes, Wilson, Gifford, Follette, & Strosahl, 1996)이 단순히 DSM의 진단을 아는 것보다 더 유용한 대안이 되는 듯한데, 실제 그러한지는 경험적으로 평가될 필요가 있을 것이다.

분류에 대한 대안적인 접근

임상적인 문제의 분류에 대한 기능적 접근은 DSM과 같은 증후군적 접근과는 분명히 매우 다른 것으로 보인다. 뚜렷이 구분되는 증상에 기초하여 분류될 수 있는 특정 진단(예, 강박장애 대 우울증)은 증상의 서로 다른 형태들이 동일한 경험 회피의 기능을 하는 것과 같은 기능의 유사성에 기초하여 결정될 수 있을 것이다(Hayes et al., 1996). '구조적으로 같지 않은' 장애들이 기능적으로는 동일할 수 있고, '구조적으로 동일한' 장애들이 기능적으로는 같지 않은 것으로 나타날 수 있다. 예컨대, 물질남용과 우울증은 모두 내담자가 고통스러운 심리적 경험을 피하는 데 도움을 줄 수 있지만(Petersen, 2007), 모든 우울증 사례가 경험 회피 기능을 하는 것은 아니다. 따라서 앞 장에서 언급한 대로, 우울증의 모든 사례에 ACT를 똑같이 적용할 수 있다고 가정해서는 안 된다. 우울하다고 추정되는 두 내담자가 똑같은 증상과 징후를 보일 수 있고 그래서 동일한 DSM 진단을 받을 수 있지만 기능적으로는 서로 구별되는 우울증을 경험할 수 있는 것이 충분히 가능하며, 이는 기능주의적 관점과도 일치한다.

따라서 ACT를 고려할 때 다뤄야 할 우선적인 쟁점은 내담자가 호소하는 우울증이 경험 회피의 기능을 담당하는지 명확히 밝히는 것이다. 만일 그렇다면, 각 내담자의 고유한 필요에 맞는 처방 방식으로 ACT를 적용하기 위해서 심리적 유연성에 기여하는 여섯 가지 핵심 과정([그림 1-1] 참조)을 배후로 연결하는 사례 개념화 접근이 추천된다. 하지만 우울증이 예컨대 사회 기술 결핍의 결과라면, ACT는 보조적인 역할을 하면서 사회 기술 훈련(Hersen et al., 1984; Lewinsohn & Gotlib, 1995)과 같은 대안적 치료 접근을 일차적인 개입으로 고려해야 한다.

우울증의 다른 경로

이미 반복해서 말한 것처럼, ACT는 경험 회피의 기능을 수행하는 것으로 보이는 모든 우울증 사례에서 실행할 수 있는 치료적 선택이다. 육각형을 이루는 여섯 가지 핵심 과정의 반대 과정이 각각 우울증에 기여하는 정도는 사례마다 다르다. 마찬가지로, 하나 이상의 경로가 우울증과 심리적 경직성을 초래하는 병리 과정을 활성화시키고 그에 영향을 미칠 수 있다는 것이 필자의 경험이자 주장이기도 하다. 이 장은 우울증의 가장 흔한 경로를 설명하는 것으로 시작하였는데, 이제 몇 가지 다른 대안적 경로를 고찰하면서 끝을 맺고자 한다. 그렇게 하기 전에, 대안적인 경로 중 어떤 것도 서로 양립할 수 있고 이미 논의된 일차적인 경로와도 양립할 수 있음을 알아야 한다. 모든 길은 로마로 통하며, 다양한 경로의 끝은 우울증이 될 것이다.

가치와 일치하지 않는 목표의 추구

정신건강 전문가들은 종종 **반응성**reactive **우울증**과 **내인성**endogenous **우울증**을 구별해 왔다. 전자는 환경적인 사건이나 갑작스런 삶의 변화에 의해 촉발되며, 후자는 내적이고 생물학적인 기반을 지닌 과정에 의해 유발되는 것으로 생각된다(Beckham, Leber, & Youll, 1995). 게다가 반응성 우울증의 경우는 일반적으로 이혼, 실직 또는 사랑하는 사람과의 사별과 같은 부정적인 생활 사건에 의해 촉발되는 것으로 생각되었다. 하지만 몇몇 반응성 우울증의 사례는 분명하고 역설적이게도 목표 달성의 실패나 상실보다는 오히려 성공적인 목표 달성 후에 발생한다는 것이 오랫동안 관찰되어 왔다(Carlisle, 1938). 뜻밖에도, '성공 우울증success depression'을 촉발한 것으로 보이는 새로 달성한 목표는 오랫동안 기다려 온 승진이나 경력상의 발전과 같이 그가 오랜 기간 지속적으로 노력하면서 추구해 온 것의 정점에 해당된다. Joseph Campbell의 말처럼, "중년은 사다리 꼭대기에 다다라서 사다리가 벽에 잘못 기대어 있음을 발견하는 시기다." (Shellenbarger, 2005: 265)

성공 우울증

Martin Seligman(1975)은 그의 학습된 무력감 이론을 확장하여 처음으로 성공 우울증에 대한 체계적인 인지행동적 설명을 시도하였다. 또한 학습된 무력감 이론을 다른 시각에서 설명하는 사회심리학적인 관점(Berglas, 1990)과 심리역동적인 관점이 제안되기도 하였다(Carlisle, 1938). 따라서 필자가 여기서 제시하는 논의가 성공 우울증에 대한 유일한 설명은 아닐 것이다. 하지만 보다 중요하게 이 논의에서는 ACT의 관점에서 임상적 우울증으로 이끌 수 있는 대안적인 경로를 제시한다.

핵심 가치와 일치하는 목표를 추구하고 달성할 때에만 비로소 우울증에서 벗어나, 충만하고 의미 있는 삶을 영위할 수 있을 것으로 기대된다. 예컨대, 회사 중역으로의 승진조차도 그것이 현재 지향하는 가치와 연결되지 않는다면 낙담스런 경험이 될 것이고, 우울증은 그 자연스런 결과로 이해될 수 있다. 능숙하게 그리고 성공적으로 사다리에 올라간다 해도 사다리가 가치와 관련 없는 벽에 기대어 있는 것이라면, 그것이 만족을 주지는 않을 것으로 예상된다. 큰 강으로 흘러들어 가는 더 작은 '개천'은 여러 개가 있을 수 있다. 가치는 불변적이지 않으며, 역동적이고 행동적인 과정인 가치 추구의 과정은 시간에 따라 변한다. 종교의 개종이 그 한 예가 될 수 있지만(Williams, 2006), 아마도 이보다 덜 극단적인 예는 더 흔할 것이다. 우리가 20대 초에 가치를 둔 것(예컨대, 사회적으로 유명해지는 것)을 중년에는 그대로 유지하고 있지 않을 수도 있다(예컨대, 건강을 유지하고 좋은 조부모가 되는 것). 따라서 한 목표의 달성이 성공 우울증을 촉발하였다 하더라도, 처음에 그 목표를 추구할 당시에는 그것이 가치와 일치하는 것이었을 수도 있다. 그러나 그 목표를 추구하는 과정에서 시간이 지나고 가치가 변함에 따라 그 목표의 우선순위 또한 바뀌게 된다. 목표가 더 이상 가치와 연결되지 않는다는 사실은 그것을 달성하고 난 후에야 비로소 뼈저리게 인식될 수 있다. 이 시점에서는 삶의 목표를 구체화하기 전에 먼저 가치를 확인하고 명료화하는 것이 치료적으로 필요하다.

규칙 지배의 역할

가치와 일치하지 않는 목표를 추구하게 만드는 다른 '경로'는 규칙 지배를 통한 언어에 의한 통제와 더욱 밀접하게 관련되는 것으로 보인다. RFT의 관점에서 **규칙**은 행동을 통제하는 두 가지 관계망 간의 대등 관계틀로서 기능적으로 정의되지만(Barnes-Holmes, O'Hora, Roche, Hayes, Bissett, & Lyddy, 2001), 이 논의의 목적을 위해서는 행동에 통제적인 영향을 미치는 언어나 언어적 자극으로 더 간단하게 정의될 수 있을 것이다. 지시, 충고, 제안, 명령, 요청 등은 규칙이 취할 수 있는 흔한 형태다. 예컨대, '젊은이, 서쪽으로 가시오.'와 '이 구멍에 저 줄을 끼우시오.'는 모두 규칙의 예가 될 것이다. 언어적으로 숙련된 우리 인간은 말하기와 듣기의 레퍼토리를 모두 지니고 있기 때문에, 타인에 의해 부과된 규칙뿐 아니라 우리 스스로 형성한 규칙을 따를 수도 있다. 선례 따르기tracking와 응종pliance은 규칙 따르기의 두 개의 기능적 단위인데(Zettle & Hayes, 1982), 이들은 가치와 연결되지 않은 목표를 왜 여전히 적극적으로 추구하는지를 이해하는 데 있어서 매우 중요해 보인다.

선례 따르기 **선례 따르기**tracking는 규칙이 어떤 방식으로 전달되었든지 간에 규칙과 세상이 정렬되는 방식이 서로 일치하게끔 통제하는 규칙 지배 행동이다(Barnes-Holmes et al., 2001; Zettle & Hayes, 1982). 선례 따르기를 통제하는 규칙은 **선례**track라고 할 수 있다. 예컨대, 실제로 어떤 사람이 위치타에 빨리 도착하길 원한다면, 그는 조언이 주어진 구체적인 형태와는 관계없이 '캔사스에서 위치타까지 가장 빨리 가는 길은 고속도로를 타는 것이다.'라는 조언(규칙이나 선례로서)을 따를 것이라고 예상할 수 있다. 캔사스와 위치타 간의 고속도로는 조언과 무관하게 존재하므로, 여행 안내서에 나오는 것과 반대로 누군가 그렇게 말하는 것을 들어도 효과는 같을 것이다. '대학을 졸업하고 결혼해서 집을 사라. 그러면 당신의 삶은 행복해질 것이다.'와 같은 선례를 따라 갔지만 결국 삶이 행복해지지 않았다면, 그 심리적인 영향이 어떠할지 잠시 상상해 보라. 이 지점에서 선택할 수 있는 한 가지 대안은 뒤로 물러나서 다시 평가해 보는 것이다. 불행하게도, 또 다른 행동의 경로는 이전의 행복 공식에 다른 어떤 것(예, 아이를 가져라, 직장에서 더 높이 승진하라)을 덧붙여서 더 한층 박차를 가하는 것이다. 왜냐하면 선례 따르기를 멈춘다면, 이는 그 선례가 '잘못임'을 인정하는 것이기 때문이다. 요컨대, 적어도 우울증의 어떤 사례들은 내담자가 '잘못인' **그리고** 충만한 삶을 영위하는 것보다는 '정당한' **그리고** 충만하지 않은 삶을 사는 것을 선호하는 것에서 비롯되는 것으로 보인다.

응종 **응종**pliance은 규칙(**경향**ply이라고 불리는) 자체와 관련 행동 간의 일치를 위해 명백하게 사회적으로 매개된 결과의 통제를 받는 규칙 지배적인 행동이다. 예컨대, 캔사스에서 위치타로 가기 위해 고속도로를 타는 것이 가장 빠른 길이기 때문이 아니라 단지 필자가 그것을 제안했기 때문이라면, 특히 내가 이전에 내 조언을 따르도록 선택적으로 강화했다면, 이는 응종의 한 예가 될 것이다. 다른 누군가(이 경우에는 필자)가 경향을 말하는 이 예와는 달리, 선례 따르기의 경우처럼 우리 스스로 경향을 공식화해서 이를 경직되게 지킬 수 있음을 기억하라. 예컨대, '만일 내가 행복하지 않다면 그것은 내게 뭔가 잘못이 있음을 의미해'라는 언어적인 의미를 구성함으로써, 엄격하지만 궁극적으로는 불만족스러운 행복을 추구할 수 있을 것이다. 스스로 공식화한 경향은 심리적 유연성을 제한하며, 규칙 지배에 대한 실험 연구에서 증명되었듯이 강화의 외적인 수반성에 행동적으로 둔감하게 만든다(예, Catania, Matthews, & Shimoff, 1982; Hayes, Brownstein, Haas, & Greenway, 1986; Hayes, Brownstein, Zettle, Rosenfarb, & Korn, 1986; Hayes, Zettle, & Rosenfarb, 1989; Shimoff, Catania, & Matthews, 1981 참조). 예컨대, 즉각적인 이득이 거의 없음에도 불구하고 보상 없이 경직되게 행복을 추구하는 삶이 오랫동안 지속될 수도 있다.

항상 그런 것은 아니지만, 경향은 형식적인 속성(말이 표현되는 방식과 같은)이 아니고 기능적으로(그것이 행동에 미치는 영향에 의해) 정의되는 한, 많은 경우에 '~야 한다.'와 같은 절대적인 용어의 사용을 통해 파악될 수 있다. 한 내담자가 다음과 같은 경향을 만들고 지킨다고 하자. '가치감을 느끼려면 성공적으로 보여야 한다.' 이런 규칙을 지니면, '구체적인 목표 달성하기=성공적으로 보이기' 및 '성공적으로 보이기=자기 가치'라는 대등적인 언어망이 생긴다. 결과적으로 내담자는 개인적인 가치와는 일치하지 않지만, 그 대신에 존경할 만한 개념적 자기를 유지하게 해 주는 목표를 열심히 그리고 성공적으로 추구할 수 있다. 하지만 시간이 지나고 성공이 더 많이 쌓이면서 내담자는 성공적으로 보이는 것을 속이기와 같은 것(성공적으로 보이기=속이기)으로 생각할 가능성이 아주 많다. 또한 속이기가 낮은 자존감과의 대등 관계틀에 들어오면('속이기=낮은 자기 가치'), 새로운 언어적인 망('성공적으로 보이기=낮은 자기 가치')이 확립되면서 '사기꾼 신드롬'이 생기는데, 이는 또한 그 자체가 우울증과 관련되는 것으로 나타났다(Kolligan & Sternberg, 1991). 일단 그러한 '이상한 고리'가 생기면, 더 많은 성공으로 인해 위협을 받는 개념적 자기를 강화하려고 노력함으로써 절망과 우울이 더 심해질 수도 있다.

가치와 일치하는 목표 추구의 실패

가치와 일치하지 않는 목표를 추구하는 사람은 충만한 삶에 몰두하는 것처럼 보일 수도 있지만, 여전히 우울증을 겪을 수 있다. 이 장의 첫 부분에서 제시한 것처럼 저조한 기분을 통제하려는 노력이 오히려 역작용을 가져와서 우울증으로 발전하게 되는 일차적 경로와 일관되게, 가치와 일치하는 목표를 적극적으로 추구하지만 성공하지 못하는 사람에게도 동일한 말이 적용될 수 있다. 그러나 소로우(1854/1995) 식의 '조용한 포기의 삶lives of quiet desperation'을 시작하면서 자신의 가치와 일치하는 목표의 추구를 중지하고 단념한 사람에 대해 동일한 말을 할 수는 없다. 어떤 경우에는 특정한 결과를 얻기 위해서 어떤 목표가 필요한지를 개인적으로 정확히 아는 듯이 보이지만, 그 자신은 그 목표에 접근할 수 없다고 생각한다(즉, '왜 내 시간을 소모해야 하지?'). 이는 특히, 핵심 가치와 연결된 목표가 매우 제한되어 있을 경우에 그럴 수 있다. 예를 들어, 손자의 대학 등록금을 전액 대주는 것은 달성 가능한 목표가 아니지만, '좋은 조부모 되기'라는 가치에 동일하게 기여할 수 있는 더 쉽게 이룰 수 있는 다른 단기목표(손자와 더 많은 시간을 보내기와 같은)를 확인할 수도 있을 것이다.

내담자가 자신의 가치가 무엇인지 모른다고 하거나 아니면 자신에게는 가치가 없다고 말할 때 치료상으로 어려움이 더 크다. 특히 가치가 없다고 말하는 경우에 ACT에서는 이를 문자 그대로 받아들이지 않고 오히려 그런 언어적 행동이 수행하는 경험 회피의 기능을 이해하려고 한다. 가치가 무엇인지 모르는 경우에는 우리가 자신과 일치하는 방향으로 삶을 영위하지 않고 있다는 고통스런 깨달음이 차단된다. 이 맥락에서는 모른다는 것이 기쁨을 주지 않는다. 그러나 심리적 유연성이 제한되고 우울증에 빠지는 대가를 치르지만, 적어도 단기적인 괴로움을 효과적으로 피할 수 있다. 이러한 경우에는 가치와 일치하는 목표를 성공적으로 달성하는 데 실패한 역사가 있었을 것으로 짐작할 수도 있다. 우울한 내담자는 한때 가치를 분명히 지니고 있었고, 아마도 '잊혀진' 목표와 동일한 목표를 지금도 지니고 있지만, 그러한 가치와 현재 삶의 상황 간의 간격에 심리적으로 접촉하는 것은 정서적으로 매우 고통스럽다. ACT의 관점에서 보면, 가치를 발견하는 데서 괴로움을 발견할 것이며 괴로움을 발견하는 데서 가치를 발견할 것이다(Wilson, 2005). '한때는 나 자신을 위한 희망과 꿈이 있었지만, 너무 여러 번 실망하고 상처를 받아서 더 이상 스스로에게 꿈을 허용할 수 없다.'는 어떤 내담자의 말은 가치와 이를 포기하는 고통스런 결과 간의 역동적인 관계를 보여 준다. 분명하게 이러한 경로로 인해 생긴 우울증에 치료적으로 반응하는 방법은 4장에서 더 상세하게 설명할 것이다.

경험 회피의 형태인 우울증

이 장의 앞부분에서 제시한 일차적인 경로에 따르면, 우울증은 일반적으로 '나쁘게 느끼지 않기' 를 추구한 결과이며, 더 구체적으로는 저조한 기분으로부터 도망가려고 시도한 결과다. 우울증은 경험 회피로 인해 나타나지만, 우울증 자체는 더 기본적이고 위협적인 심리적 경험과의 접촉을 막아줌으로써 회피의 기능을 또한 수행할 수도 있다. 그런 상황에 있는 내담자는 잠재적으로 훨씬 더 큰 심리적 위험을 내포하는 모험을 감행하기보다 우울증 속에서 무감각하고 무기력한 채로 편안하게 머물러 있는 것을 선호할지도 모른다. 예컨대, 우울한 채로 남아 있음으로써 내담자는 사실상 사회적으로 물러나서 친밀감과 거절에 대한 두려움을 성공적으로 피할 수가 있다('결코 사랑하지 않는 것이 사랑했다가 잃는 것보다 더 낫다.').

게다가 어떤 경우에는 우울증이 목표 달성의 실패에 따른 실망으로부터 보호막을 제공해 줄 수도 있다(예, '직장에서의 승진을 위해 노력해서 실패하는 것보다 차라리 노력하지 않는 것이 낫다.'). 우울증이 없다면 승진할 수 있었을 것이라는 가설적이고 개념적인 자기로서 유사 유능성을 유지한다. 경험 연구가 더 필요하지만, 행동적이고 성향적인 기반을 지닌 채 잠재적으로 자신에게 불리한 전략으로서 기능하는 우울증의 숨겨진 효과(Higgins & Berglas, 1990; Snyder, 1990)를 완전히 없앨 수는 없다. 이런 있을 법한 역할을 통하여 우울증을 촉진하는 언어적 구성망은 다음과 같은 것일지도 모른다.

> 나는 우울증을 경험했고 지금 경험하고 있으며 계속해서 경험할 것이다.

나는 우울하다.

우울한 사람은 생산성이 감소되고 직업적인 승진을 못한다.

내가 우울한 동안은 직장에서 생산성이 낮을 것이며, 그래서 승진할 수 없다.

'정당함'을 우선시함

가치와 일치하지 않는 목표를 추구할 때 어떻게 규칙을 경직되게 따를 수 있는지에 대해 논의하면서 정당함을 우선시함으로써 생기는 심리적인 결과 중 몇 가지를 초기에 언급하였다. 그러나 더 광범위한 언어적 정보망으로 확장할 때, 정당함을 우선시하는 것은 우울증을 이해함에 있어서 부가적인 중요성을 띤다. 우리 모두가 구성하는 가장 광범위한 언어적 또는 관계 구성적 정보망은 우리 자신의 삶에 대한 이야기다. 이는 사실적이고 자전적인 정보들로 이루어져 있으나(예, 우리가 자란 곳에서 학교를 다녔다 등), 더 중요하게는 과거의 심리적인 역사와 현재 경험 그리고 우리의 개념적 자기와 사실을 연관시킴으로써 적절하고 일관적인 삶의 이야기를 만드는 내적인 틀이 거기에 내포되어 있다. 어떤 자전적인 사실은 불변하지만, 그것을 구성하여 말하는 이야기는 그렇지 않다. 그러므로 동일한 삶에 대해 다양한 이야기를 할 수 있기 때문에 심리적 유연성이 가능하다. 삶에 대한 이야기를 하는 것은 **이유 대기**reason giving이거나 아니면 어떤 것을 설명 혹은 정당화하는 것으로 생각될 수 있다. 특별한 행위에 대해 다양한 이유를 댈 수 있듯이, 그 이야기(한 가지 삶의 이야기 이상의 형태를 띤)는 개인이 어떻게 살아왔으며 현재 어떻게 살고 있는지도 제공해 줄 수 있다.

특히, 외상적인 삶의 이야기와 융합이 일어나고 그것이 더러운 고통을 유발할 경우에는 심리적 유연성이 불가능하고 결과적으로 우울증이 불가피해진다. 그러한 경우에 내담자는 그가 구성한 이야기를 너무나 상세하게 확인하며, 왜 그가 우울하고 그래서 더 좋아질 '여지'가 없게 되었는지를 시간을 들여서 그럴싸하게 설명한다. 실로, 삶을 영위하고 **그리고** 우울해지는 것은 잘못된 것이며 우울증에 대해 그럴듯한 설명을 제공하는 삶의 이야기를 부인하는 것과 같다고 여길 수 있다. 간단한 RFT 용어로 하자면, 우울증이 삶의 이야기와 대등성의 정보망에 있으면('우울증=삶의 이야기'와 같이) 그 이야기가 변할 때까지 우울증은 변하지 않는다. 이야기 자체를 구성된 이야기가 아니라 사실적인 설명인 것처럼 엄중하게 생각하면, 이를 바꾸는 것은 그가 '잘못'이며 십중팔구 어느 때인가는 '잘못'이었음을 의미해야 한다.

생애 이야기의 일부인 외상적 사건이 다른 사람의 행동이나 행동하지 않음으로 인한 것이라면, 생애 이야기를 다시 언급하는 것에 특히 저항적일 수 있다. '낫는 것'은 생애 이야기의 '정당함'뿐 아니라 그 안에 있는 '잘못을 당한' 부분(예, '나는 잘못된 대우를 받았기 때문에 우울할 권리가 전적으로 있다.')과 이제 양립할 수 없으므로, 그런 상황에서 드러나는 자기 정당성self-righteousness으로 인해 치료적인 어려움이 증가될 수도 있다. 우울증 자체로 인해서 가해자가 가한 상해를 지속적으로 상기할 수도 있다. 요컨대, 낫는 것보다는 정당함과 다른 사람에게 책임 지우는 것이 우선시된다. 불행하게도, 이런 과정을 통해 극단적으로는 자살의 또 다른 동기인 복수의 동기가 생긴다. 특히, 다른 요인 때문에 어느 정도 이미 존재할 수 있는 자살 행동이 어떤 관계 구성망으로 인해 증폭될 수도 있다(Chiles & Strosahl, 2005). **확대하기**augmenting는 규칙 지배 행동의 세 번째이자 마지막인 기능 단위(Zettle & Hayes, 1982)로서, 어떤 사건이 처벌이나 강화로 기능하는 정도를 바꿈으로써 행동에 영향을 미친다. 여기서 언급한 **확대**augmental란 자살 행동의 증가를 더욱 이끄는 언어적 행동이다. Chiles와 Strosahl은 다음과 같은 오싹한 예를 든다. "내게 행했던 모든 상처에 대해 엄마가 괴로워하길 바란다."(p. 138). 일반적으로, 그리고 방금 인용했던 것과 같은 사례에서 ACT는 자살에 대해 어떻게 설명하는지 10장에서 더 많이 제시될 것이다.

요약

단극성 우울증의 모든 사례에서 경험 회피의 기능이 나타나는 것은 아니므로, 단극성 우울증의 모든 사례를 ACT로 치료할 수 있다고 권하지 않는다. 따라서 다양한 경로를 통해 발생할 수 있는 경우라도 ACT의 사례 개념화 방법에 맞추어 다소 다르게 치료될 것이다. 상실과 목표 달성의 실패에서 자연스럽게 생기는 저조한 기분을 기꺼이 수용하지 못하고 대신에 그것으로부터 적극적으로 도망가려고 시도하는 것이 우울증을 심화시키는 일차적인 경로로 제시되었다. 대안적이고 중복적인 경로도 또한 가능하지만, DSM에 있는 다른 우울 장애에 근거해서는 서로 구별이 가능하지 않다. 이 장에서 제시된 동일한 일차적 경로를 통해 우울 장애 중의 어떤 것이 발생할 수도 있고, 다른 경로를 통해 주요 우울 장애(또는 기분부전 장애 및 달리 분류되지 않는 우울 장애라도)의 두 가지 가설적인 경우가 발생할 수도 있다.

따라서 단지 해당 내담자의 우울증 진단을 아는 것만으로는 ACT를 적용하는 데 있어서 치료적인 활용도가 제한적일 듯하다. 이 장에서 보았던 것처럼 다양한 경로를 통해서 우울증이 생길 수가 있다. 이러한 경로는 심리적인 경직성에 기여하는 부정적인 과정을 시사하며, 활성화 정도에 따라서 각 내담자의 구체적인 우울증 경로나 그 조합을 이해하는 것이 더 유용할 것이다. 하지만 우울증의 각 사례마다 각각의 병리 과정이 포함된 정도를 평가하고 개념화하는 것이 훨씬 더 유용한 듯하다. 1장에서 처음으로 소개했던 이 과정을 다음 장에서 더 상세하게 설명할 것이다.

제3장

우울증의 병리적 과정

심리적 유연성 대 비유연성

심리적 비유연성의 유형

탈융합과 수용을 포함하는 과정

전념과 행동 변화를 포함하는 과정

마음챙김과 맥락으로서의 자기를 포함하는 과정

1장에서는 구체적으로 우울증에, 그리고 보다 더 일반적으로는 심리적 고통의 다른 형태들에 영향을 미치는 것으로 생각되는 여러 과정들을 ACT 관점에서 소개하였다. 이러한 병리 과정에 상응하는 심리적 유연성의 핵심적인 촉진 과정이 있다는 것을 기억할 것이다. 다음에 나오는 목록은 우울증의 병리 과정에 대한 명칭이다(괄호 안은 각각에 상응하는 심리적 유연성의 촉진 과정).

- 융합(탈융합)
- 경험 회피(수용)
- 반추(현재 순간에 접촉하기)
- 손상된 개념적 자기에의 집착(맥락으로서의 자기)

이 장의 목적은, 1장과 핵심 과정의 평가를 다루는 4장을 연결시키기 위해 병리 과정을 당신에게 더 깊이 설명하고 친숙하게 만드는 것이다.

ACT에 대해 생각할 수 있는 한 가지 방식은, 인간 언어의 '어두운 면'을 반영하는 융합 및 경험 회피와 같은 병리 과정을 약화시키고 잠식시키며 동시에 탈융합 및 수용과 같은 상반되는 과정뿐 아니라 인간 언어의 '밝은 면'을 나타내는 가치 추구 및 전념 행동과 같은 과정을 강화하는 것이 ACT의 목표라고 생각하는 것이다. ACT를 이러한 방식으로 이해하는 것은 결코 틀리지 않지만 다소 협소한 듯하며 가장 유용한 방법은 아닌 듯하다. 왜냐하면 육각형으로 그린 여섯 개의 과정([그림 1-1] 참조)은 심리적 유연성에 기여하는 한에 있어서만 결정적으로 중요하기 때문이다.

예컨대 탈융합 자체는, 달리 말해서 '탈융합을 위한 탈융합'은 적절한 치료 목표가 아니다. 사실상, 융합은 상황과 생각의 내용에 따라서 매우 유용한 것이 될 수도 있다. 꼬마 기차[1]('나는 할 수 있어-나는 할 수 있어.')에서처럼, 자기 효능감에 대한 기대(Bandura, 1977)를 '믿는 것'은 역경에 마주칠 때 굳건히 버텨 내는 데 도움이 될 수 있다(Piper, Hauman, & Hauman, 1978). 우울한 내담자에게 '내 인생은 좋아질 수 있을 거야.'라는 생각은 매우 유익할 수 있지만, '내 인생은 더 이상 좋아지지 않을 거야.'라는 생각은 그렇지 않다. 전자와 같은 생각에서의 탈융합은 적절하지 않겠지만, 후자와 같은 생각에서의 탈융합은 특히 내담자가 그런 생각에 사로잡혀 있을 경우에 상당히 적절할 것이다. 의미 있고 충만하며 가치 지향적인 삶을 영위하는 것과 심리적 유연성이 기능적으로 관련되는 정도에 따라서 심리적 유연성의 증가에 도움이 되는 탈융합은 중요한 목표가 된다.

심리적 유연성 대 비유연성

수용행동질문지Acceptance and Action Questionnaire: AAQ(Hayes, Strosahl, Wilson et al., 2004)로 측정한 심리적 유연성과 자기 보고 우울 수준 간에 예상되는 유의미한 관계가 이전의 연구에서 입증되었다(Garst & Zettle, 2006). 또한 필자의 연구실에서 최근에 진행된 또 다른 프로젝트(Gird & Zettle, 2007)에서는 AAQ로 측정한 심리적 경직성의 수준이 높은 피험자는 우울한 기분에 대해 전반적인 정서적 고통 수준을 악화시키는 방식으로, 그리고 앞 장에서 논의한 깨끗한 고통이 더러운 고통으로 변형되는 과정과 유사한 방식으로 반응한다는 것이 시사된다. 두 집단 간에 초기 기분 수준은 같았지만, 특히 심리

역자주

1) 꼬마 기차(Little Engine that Could)는 미국의 동화로서, 어린이들에게 낙관주의와 열심히 일하기라는 가치를 가르치기 위한 책이다.

적으로 경직된 피험자는 유연한 피험자에 비해 유의미하게 더 큰 심리적 고통으로 반응하였다.

1장에서 논의한 대로, 심리적 유연성과 그 반대로서의 심리적 비유연성 혹은 경직성은 가치추구적인 행동 과정에 기여하는 정도에 따라 기능적으로 정의된다는 것을 명심할 필요가 있다. 심리적 유연성은 우리가 활기 있고 능동적인 삶을 영위하는 수많은 방법을 추구할 수 있도록 우리를 자유롭게 하는 반면, 심리적 경직성은 우리를 수렁에 빠뜨린다.

형태 대 기능

심리적 유연성과 비유연성은 기능적으로 정의되기 때문에, 때로 동일한 형태를 띠기도 하며 둘 간을 서로 구별하는 것이 어려울 수도 있다. 하나의 좋은 예가 인내력이다. 때때로 끈기 있게 계속해서 한 걸음씩 내딛는 것은 개인의 가치를 충실하게 유지하는 데 필요하다(Willson & Murrell, 2004). 알버트 슈바이처나 마더 테레사의 존경스런 삶을 보면, 두 사람 다 질병, 기아, 가난 및 다른 형태의 인간적 불행을 근절하는 데 궁극적으로 성공하지는 못했지만, 분명히 '어떤 것을 실현했으며' 그래서 이러한 과정의 좋은 예가 된다. 이와는 대조적으로, 다른 시기와 다른 상황에서는 한 경로에 그대로 머물면서 늘 해 왔던 것을 끈질기게 지속하는 것이 역기능적일 수 있으며 임상적 우울증의 더러운 고통에 이르게 할 수 있다. 예를 들면, 반추는 끈기 있게 한다 하더라도 유익하지 않을 것이다.

심리적 유연성은 행동 레퍼토리의 확장과 관련되며, 심리적 비유연성은 행동 레퍼토리의 제한과 관련된다. 그러나 인내력의 예에서 보았듯이, 맥락에 따라서는 반응 범위의 협소화가 심리적 경직성보다 유연성을 더 반영하는 것일 수도 있다. 예컨대, AAQ로 측정한 심리적 유연성 수준이 더 높은 대학생은 심리적으로 경직된 대학생에 비해 도전적인 과제를 지속할 가능성이 더 높았다(Zettle et al., 2005; Zettle, Petersen, Hocker, & Provines, 2007). 이와 유사하게, 행동이 다양하면서도 빠르게 변하는 패턴을 보이는 경우에는 심리적 유연성의 특징인 행동 레퍼토리의 확장보다 심리적 비유연성을 더 반영하는 것일 수도 있다. 경계선 성격장애로 진단될 수 있는 내담자의 감정 기복과 조증 일화에서 나타나는 열광적인 활동을 생각해 보라.

어떤 행동이 외현적 행동의 형태를 띠든 생각의 형태를 띠든 간에, 그것이 심리적인 유연성을 반영하는지 경직성을 반영하는지를 판단하기 위해 아마 가장 간단한 수준에서 우울증 내담자에게 우선적으로 던지는 핵심 질문은 다음과 같을 것이다. '이 행동이 당신에게 효과적입니까?' '이 행동(예, 깨어 있는 대부분의 시간을 침대에 누워 있거나, 결혼생활이 달라지기만을 생각하면서 보냄 등)은 당신이 궁극적으로 원하는 삶의 유형에 더 가까워지게 합니까, 아니면 더 멀어지게 합니까?' Hayes, Strosahl, Bunting 등(2004)은 심리적 유연성에 기여하는 여섯 가지 핵심 과정을 구체적으로 포함하면서 위와 같은 근본적인 주제를 잘 담고 있는 보다 포괄적인 질문 방식을 제안하였다.

> 의식하고 있는 인간 존재로서의 당신과 당신이 투쟁하고 있는 심리적 내용을 구별하면서 (맥락으로서의 자기)…
> 지금 이 순간, 그리고 바로 이 상황에서 (현재 순간에 접촉하기)…
> 그 내용이 말하는 그대로가 아니라 있는 그대로 (탈융합)…
> 그 내용을 온전히 그리고 방어 없이 기꺼이 경험하겠습니까? (수용)…
> 그리고 당신이 선택한 가치의 방향으로 (가치)…
> 당신을 이끄는 것을 기꺼이 행하겠습니까? (전념 행동) (pp. 13-14)

이 질문에 '예'라고 답하면 심리적 유연성이 증가되고, '아니요'라고 반응하면 심리적 비유연성이 촉진된다.

심리적 비유연성의 유형

앞에서 논의한 것처럼, 심리적 유연성과 비유연성은 각기 다양하게 가장되어 나타날 수 있다. 그렇긴 하지만 어떤 형태들은 다른 것보다 더 전형적인 듯이 보인다. 그러므로 심리적 비유연성을 더 쉽게 인식해서 궁극적으로 이를 약화시키고 심리적 유연성으로 대체하기 위해서는, 특히 이것이 우울증에서 나타날 수 있는 다양한 방식을 더 고찰해 보는 것이 유용할 것이다.

보속적 사고와 행동

(불안이나 공포와 같은) 혐오적인 정서 상태는 한편으로 위협적인 조건과 부적 상관이 있고 다른 한편으로는 행동적 유연성과 부적 상관이 있다는 것은 오랫 동안 인정되어 왔고 잘 입증이 되어왔다. 예를 들어, 쥐에 대한 혐오 조건 형성은 회피 및 도피 행동이 고정적이고 반복적인 형태를 띠는 '반응 고착response fixation'을 초래할 뿐 아니라(Farber, 1948) 회피(도피) 기능을 하지 않는 다른 행동에 대한 '조건 억제'를 초래한다(Estes & Skinner, 1941). 사실상, 반응 레퍼토리가 협소해져서 혐오 자극으로부터의 도피 혹은 회피를 가능케 해 주는 행동만이 억제되지 않은 유일한 행동으로 남게 된다. 게다가 남아 있는 도피나 회피 반응은 고착되고 고정된 형태를 띤다.

동물의 예

인간에게 반응성 우울증을 일으킬 수 있는 상황과 매우 흡사한 상황에서 쥐를 대상으로 실험한 다른 예비 연구들에서도 역시 반응 레퍼토리가 제한되는 결과가 나타났다. 처음에는 Lashley[2] 점프 기구[3]에서 올바른 단상으로 점프하기(Feldman, 1957; Maier, 1949) 또는 Skinner 상자 안에서 둘 중에

한 레버만 누름으로써 보상을 받거나 전기충격을 피하기(Lal, 1966)와 같은 변별 반응을 하도록 훈련한 쥐에게 이후에는 해결할 수 없는 문제를 제시한다. 처음 훈련에서는 변별 자극으로 기능했던 단서를 이제 무선적으로 제시함으로써, 이전에 강화된 반응을 한다고 하더라도 더 이상 음식이나 물 또는 전기충격의 회피와 같은 강화가 신뢰롭게 뒤따르지 않는다. 앞 장에서 논의한 Klinger(1975)의 유인 파지incentive-disengagement 이론에 따르면, 동물들은 그러한 상황에서 아무런 반응을 하지 않음으로써 결국 그들의 자원을 적응적으로 보존할 것이 예상되는데, 실제 실험 결과 또한 그러하였다. 그러나 그때 동물에게 어떤 반응이라도 강제로 하게 하면 보속적 반응(즉, 동일한 행동)을 되풀이하여 반복하는 반응이 나타난다. 점프 기구에서 반응하도록 유도한 쥐는, 예를 들어서 오른쪽으로 점프하는 '올바른' 선택이 분명히 보여도 계속해서 왼쪽으로 뛰는 선택을 할 것이다. 따라서 해결할 수 없는 문제와, Neese(2000)의 표현처럼 '불운한 상황'에 직면해서도 지속되는 문제 해결의 노력은 대체로 고착되고 경직된 형태를 띠게 된다. 인간의 우울증에서 우울한 기분이나 죄책감, 후회 그리고 다른 원치 않는 사적 사건을 통제하려는 시도를 성공적이지 않게 지속하는 반추는 아마도 이에 대한 가장 뚜렷한 예가 될 것이다.

역자주

2) Karl Lashley(1890~1958): 인간의 마음(뇌)이 정보를 처리하는 과정 연구의 필요성을 제기한 인지심리학자.

3) 변별 자극이 동시에 제시되는 동안에 변별 훈련 절차(예, 두 개의 레버 위에 각각 빨간 불빛과 초록 불빛이 켜져 있는 상자에 쥐를 넣어서 빨간 불빛 아래의 레버를 누르면 먹이가 나오고, 초록 불빛 아래의 레버를 누르면 먹이가 나오지 않음)를 변형시킨 실험에서 Karl Lashley(1930)는 쥐에게 도약대에서 먹이가 있는 단상으로 점프하는 훈련을 시켰다. 단상에 도달하기 위해서 쥐는 점프해서 문을 통과해야만 했다. 쥐는 수직선이 그려져 있는 문과 수평선이 그려져 있는 문 중 하나를 선택할 수 있었는데, 그중에 하나만이 열리게 되어 있었다. 쥐가 정확한 문을 향해 점프하면 문이 안쪽으로 젖혀져 열리면서 먹이에 도달할 수 있었고, 틀린 문을 향해 점프하면 문은 열리지 않고 아래에 처진 그물로 떨어졌으며 먹이도 얻지 못했다. 이와 같은 절차에서 쥐들은 어떤 자극에 반응했는가에 따라서 강화를 받거나 처벌을 받았는데, 이내 정확한 문을 향해 점프하는 것을 학습하였다.

인간의 예

혐오 조건(전기 충격의 회피 및 해결 불가능한 문제의 제시와 같은)이 행동 유연성에 미치는 영향을 조사한 많은 초기 연구에서는 주로 인간보다 하등한 유기체의 외현 반응을 관찰하였다. 이미 제안한 대로, 우울한 인간에게서도 이와 기능적으로 유사한 효과가 나타날 것으로 기대되며 실제로 그러하였다. 하지만 인간의 언어 사용 능력 때문에 인간의 우울증에서는 심리적 비유연성이 외현적 행동뿐만 아니라 지속적인 생각으로도 나타날 것으로 예상된다.

반추가 어떻게 심리적 비유연성과 더 일반적으로 관련되며 그것에 기여하는지에 대해 더 많은 것을 간략하게 언급하겠지만, 여기서는 우선 반추에 있는 보속적인 인지적 핵심 요소로 보이는 것을 강조할 필요가 있겠다. 특히 Pyszczynski와 Greenberg(1987)는 반추를 설명하면서, 반응성 우울증을 경험하는 내담자는 상실한 것을 되찾는 방법에 대해 생각하는 자기 조절 순환 고리에 고착된다고 주장하였다. 개인적 상실에 지속적으로 집착하면서 부정적인 자기 평가와 비난 그리고 손상된 개념적 자기와 융합되는 순환과정에 빠져들게 되는 것에 대해서는 이전 장에서 논의하였다. 불행하게도, 상실된 것(특히, 사랑하는 사람의 죽음과 같은)은 흔히 대치될 수 없으므로 내담자는 해결할 수 없는 문제에 직면한다. 내담자가 '그녀를 잃은 것은 결코 회복될 수 없을 거야.' '그가 죽은 이후로 내 인생은 예전 같지 않아.'와 같이 말하는 것은, 특히 거듭 반복해서 말하는 경우에는 이러한 현실을 반영한다. 그 내담자를 고착에서 벗어나게 하려면, 그러한 사고를 중점적으로 다루기 위해서 상당한 탈융합과 수용 작업이 필요할 것이다.

내담자가 상당한 자기 비난(예, '내가 그 사람을 더 잘 돌보았더라면')과 과거에 대한 후회 속에서 살고 있다면, 치료 작업은 훨씬 더 어려울 것이다. 그러한 상황에서 우울증은 단념이 더 적응적일 때 그렇게 하지 못하는 것과 분명히 관련된 듯하다. 상실과 그것에 대한 자신의 책임을 지나치게 붙잡고 있는 것이 무의미함을 강조하기 위해 ACT에서는 그러한 내담자에게 상당한 시간과 노력을 들이는 것이 필요할 수도 있다.

앞에서 언급한 대로, 반추는 해결할 수 없는 문제를 해결하려는 시도라고 볼 수 있다. 하지만 반추에서 나타나는 보속적 사고의 유형은 기분이 저조하거나 우울한 피험자가 다양한 문제를 해결하면서 성공적인 전략을 검토할 때에도 또한 나타나는데, 이는 인지적 경직성이 우울증의 더 일반적인 특징임을 시사한다. 예컨대, Martin, Oren와 Boone(1991)는 저조한 기분의 피험자, 우울한 피험자 및 통제 집단의 위스콘신 카드 분류 검사Wisconsin Card Sorting Test: WCST(Grant & Berg, 1948)의 수행을 비교했을 때, 우울 수준이 보속적인 반응을 예언한다는 것을 발견하였다. 문제 해결 행동에 대한 더 세밀한 분석을 허용한 한 연구를 제외하고, 이와 유사한 카드 분류 과제를 사용한 이전의 연구 결과들을 보면, 우울한 입원 환자가 보속적인 실수를 더 많이 하는 것은 무효화된 가설을 포기하지 못하는 데서 기인함을 시사한다(Silberman, Weingartner, & Post, 1982). 우울한 피험자들은 통제 집단만큼 많은 카드 분류 가설을 세웠지만, 어떤 가설이 타당하지 않다고 입증되었을 때 그 가설을 버리는 것이 훨씬 더 느려지면서 과제에 대한 전반적인 수행이 더 뒤떨어졌다. 또한 우울한 기분의 피험자와 통제 집단의 피험자가 배선 다이어그램 행렬에 포함된 단위 중 틀린 것을 얼마나 정확하게 찾아내는지를 비교했을 때, 문제 해결 가설에 대한 중복적인 검증의 수행과 반복적인 실수의 형태로 나타나는 유사한 보속증perseveration[4]이 관찰되었다(Channon & Baker, 1996).

마지막으로, 우울한 피험자가 보이는 보속적 사고와 행동의 형태는 무작위 숫자 생성과 컴퓨터 게임을 통해 입증되었다. 우울한 정신과 병동 입원환

역자주

4) 보속증은 계속 새로운 자극이 주어지고 사고를 진행시키려고 노력하는데도 사고가 더 이상 진행되지 못하고 머물러 있는 현상이다.

자는 통제 집단의 피험자 및 성격장애 진단을 받은 동료 입원 환자보다 무작위 숫자 생성에서 보속증을 더 많이 보였으나, 정신분열증으로 진단받은 환자보다는 동일한 순서의 숫자를 덜 반복하는 것으로 나타났다(Horne, Evans, & Orne, 1982). 이와 관련된 흥미로운 연구 결과를 보면, 무선적이지 않은 숫자를 연속적으로 생성하는 것과 정신과적 장애가 심한 정도는 정적인 상관이 있었으며, 무선성에의 변화가 치료적 향상과 관련이 있었다. 마지막으로, 변하기 쉬운 반응을 강화하겠다고 사전에 알려주지 않으면 수반되는 보상이 바뀌어도 행동의 변별력이 미미해지기는 했지만, 경미하게 우울한 대학생은 우울하지 않은 대학생에 비해 컴퓨터 게임 중의 반응에서 변동성이 더 적게 나타났다(Hopkinson & Neuringer, 2003).

전체적으로 요약하면, 이 주제를 다룬 연구들은 우울한 내담자가 보속적인 사고와 외현적인 행동에 빈번히 몰두한다는 공통된 임상 관찰(A. T. Beck, 1967)을 지지한다. 더 명확하고 임상적으로 적절한 몇 가지 예는 이미 언급되었고, 다른 예는 이 장의 나머지 부분에서 인용될 것이다. 치료자의 질문에 대해 늘 똑같이 간단하면서도 판에 박힌 반응을 하는 것도 우울한 내담자에게서 볼 수 있는 덜 극적이면서 더 미묘한 형태의 행동적 경직성에 포함될 수가 있다(예, 주말이나 특별한 활동이 어땠는지 물으면 반복적으로 '좋았어요.' 또는 '괜찮았어요.' 라고 답하기). 더 상세하게 묻고 질문의 형태를 다르게 함으로써('주말이 어땠는가?' 보다는 '주말에 무엇이 제일 좋았는가?'), 치료자인 우리도 역시 틀에 박힌 질문에 고정되지 않기를 제안한다. 잠재적 유용성에 대한 데이터가 없긴 하지만, 약속 시간을 다양하게 잡고 치료실과 좌석 배치를 바꾸며, 늘 같은 옷을 입고 나타나는 내담자에게 다르게 입어 보도록 제안하는 것도 고려해 볼 만하다. 요컨대, 우울하지 않은 사람 중에서도 보속적인 반응이 많은 사람이 일정 수준의 죄책감을 더 보고하며 높은 수준의 신경증이 행동적 비유연성과 결합될 때에만 우울을 예언함을 시사하는 연구(Robinson, Wilkowski, Kirkeby, & Meier, 2006)의 견지에서 볼 때, 다르게 생각하고 행동하도록 내담자를 유도하는 어떤 것을 통해서 우울증을 고정시켰던 심리적 경직성을 일시적이라도 깨뜨리도록 그를 도울 수 있을 것이다.

반추

우울증에서 반추가 어떻게 심리적 비유연성에 기여하는지에 대해서 이미 많은 것을 언급했지만, 그것의 핵심적인 상태는 좀 더 많은 관찰이 필요할 것이다. 반추와 우울증의 측정치는 서로 상관이 있지만(Smith et al., 2006) 그것들은 분명히 서로 독립적으로 존재할 수 있다. 우울증 외에서도 반추는 어느 정도 일어날 수 있으며, 모든 우울증 내담자가 같은 정도로 반추를 하지는 않을 것이다. 따라서 적어도 두 프로젝트에서는 반추와 우울이 단독적으로 그리고 결합해서 행동의 경직성에 기여하는 상대적 중요도를 연구하였다.

Watkins와 Brown(2002)은 Horne 등(1982)이 개발한 것과 동일한 무작위 숫자 생성 과제를 사용해서 반추와 주의전환이 우울한 피험자와 통제 집단 피험자의 수행에 미치는 차별적인 영향을 평가하였다. 상호작용 효과가 발견되었는데, 주의전환을 유도한 조건에서와 달리 반추를 유도한 조건에서는 우울한 피험자에게서만 보속적인 숫자 생성이 증가되는 결과가 나타났다. 주의전환 유도 조건에서는 두 비교 집단 간에 차이가 없었는데, 이는 반추 성향을 지닌 우울한 사람이 비유연성을 보이기 쉬움을 시사한다. 하지만 WCST와의 상관 연구에서는 반추가 우울증과 무관하게 보속성에 기여할 수 있음이 시사된다(Davis & Nolen-Hoeksema, 2000). 반추의 자기 보고 측정치에서 높은 점수를 보인 대학생은 우울 수준의 차이를 통계적으로 통제한 후에도 WCST에서 반추 점수가 상대적으로 낮은 학생보다 유의미하게 더 많은 보속적인 실수를 보였다.

평가 시 고려 사항

우울한 내담자가 어떤 정도로 반추하는지를 판단하는 방법은 몇 가지가 있다. 반추를 측정하는 공식적이고 객관적인 방법은 반응 양식 질문지Response Styles Questionnaire: RSQ(Nolen-Hoeksema & Morrow, 1991)와 같은 측정 도구를 실시하는 것이다. 또 다른 대안은 단순하게 '왜 우울한지와 그것이 무엇을 의미하는지에 대해 얼마나 많이 생각합니까?' 또는 '여유 시간이 있을 때, 보통 그 시간을 어떻게 보냅니까?' 와 같은 질문을 하는 것이다. 반추는 많은 우울한 내담자들에게서 나타날 가능성이 높은 행동이므로, 이를 탐지하는 확정적이고 비공식적인 방법은 내담자가 무의식적으로 하는 말을 단순히 들어보는 것이다. 언어적 행동은 항상 기능적으로 보아야겠지만, '내가 왜 이런 식으로 느끼는지 이해할 수 있으면 좋겠다.' 또는 '이렇게 되기까지 내가 뭘 했는지를 이해하려고 애쓰고 있다.' 와 같은 말은 반추의 좋은 단서가 될 수 있다.

이유 대기

모두가 그런 것은 아니지만, 대부분은 아주 자연스럽게 우울증과 같은 불쾌한 심리적 경험의 원인을 찾으려 한다. 명백하게 의도된 반추의 목적 중 하나는 '나는 왜 우울한가' 의 질문에 대한 대답을 찾으려는 것이다(Zettle & Hayes, 2002). 때로는 치료실에 오기 전에 자신의 우울증에 대한 일련의 가능한 이유들에 대해 아직 결론을 내리지 못하고 이와 관련해서 심한 스트레스를 상당히 경험하고는 자신이 지금까지 투쟁해 온 질문을 치료에서 다뤄야 할 중심 주제(예, '너무 복잡하다. 내가 왜 이렇게 우울한지 모르겠다.')로 제기하는 내담자를 만날지도 모른다. 통찰 중심의 치료적 접근에서는 그에 대한 직접적인 답을 찾는 데 상당한 시간과 노력 및 에너지를 들이는 경향이 있다. 우울증을 위한 ACT도 그러한 이야기를 진지하게 받아들이지만, 이는 그 답이 그가 밟은 우울증의 경로에 대해 시사해 주기 때문이다. 앞 장에서 논의한 것처럼, '성공 우울증'과 같은 사례는 가치와 일치하지 않는 목표를 추구함으로 인해 생길 가능성이 있으며 사례 개념화 접근을 통해서 다르게 치료될 것이다.

적어도 필자의 임상 경험에서 보면, 우울한 내담자는 치료 전에 이미 반추의 부산물을 가지고 치료에 오는 경우가 더 흔하다. 얼핏 보면, 내담자가 우울증의 이유에 이미 도달한 사례의 경우에는 적어도 '왜?' 라는 질문에 답하는 데 시간을 들일 필요가 없다는 점에서 치료가 조금 더 쉬워 보일 수도 있을 것이다. 그러나 불행하게도, 이는 몇 가지 이유 때문에 그렇지가 않다. 한 가지는, 우울증의 원인이라고 내담자가 결론을 내린 이유가 무엇이든지 간에 그것과의 상당한 융합이 종종 존재한다는 것이다. 달리 표현하면, 내담자들은 우울증의 원인으로서 그 이유(예, '직장을 잃지 않았으면, 우울하지 않았을 것이다.')가 타당하다고 굳게 믿거나 확신한다.

여기서 문제가 되는 것은 원인 자체가 아니라, 원인이라고 일컫는 것과 우울증의 치료를 어떻게 구상하는가(예, '우울증을 성공적으로 치료하기 위해서는 그 원인을 파악하고 제거해야만 해.')에 대해 부가적인 융합이 또한 대개는 수반된다는 점이다. 정의상으로 원인은 이미 발생했고(어떤 경우에는 원인이 여전히 진행 중일 수도 있지만), 그래서 실직이나 실연과 같은 환경적인 사건을 포함하는 경우조차도 대개는 접근할 수가 없다. 불행하게도, 쉽게 제거할 수 없는 원치 않는 부정적 생각이나 이와 관련된 죄책감, 후회, 슬픔 등의 감정이 그 이유들에 포함될 때 우울증의 이유를 우울증의 원인이라고 믿게 되면, 치료적으로 훨씬 더 어려워지게 된다. 이 점에서 우리 모두는 자신의 생각과 감정을 바람직하지 않은 행동에 대한 이유로 언급할 뿐 아니라 그것을 '훌륭하고' 타당한 설명으로 간주하는 듯하다(Hayes, 1987). 특히, 사적 사건을 우울증에 대한 이유로 언급할 경우에 이유 대기는 우울증을 고정시키는 또 다른 형태의 심리적 경직성을 구성한다. 우울증의 이유가 지난 삶의 어떤 사건을 둘러싼 자기 비난과 죄책감이라면, 그 감정이 제거될 때까지 우리는 전진할 수가 없다. ACT의 기반이 되는 모델에 따르면, 그런 감정으로부터 달아나려고 노력하면 할수록 그 감정은 더 굳어진다.

평가 시 고려 사항

우울증에 대한 이유 대기는 반추처럼 더 객관적이고 덜 공식적인 방식으로 탐지될 수 있다. 이유 대기에 대한 평가가 다음 장에서 더 많이 제공되겠지만, 이유 대기가 심리적 비유연성에 이르는 과정과 영향에 대해 임상적으로 이미 관찰된 것이 우울증과의 관계를 공식적으로 평가한 연구에서 경험적으로 지지되었다. 대학생 표집에서 우울증에 대한 이유 대기를 지필식으로 측정하는 도구인 우울증의 이유 질문지Reasons for Depression Questionnaire: RFD(Addis, Truax, & Jacobson, 1995; Thwaites, Dagnan, Huey, & Addis, 2004)는 BDI와 AAQ로 각각 측정한 우울증 및 심리적 비유연성과 유의미하게 상관이 있는 것으로 나타났다(Garst & Zettle, 2006). 회귀분석에 의하면, 심리적 유연성은 이유 대기와 유의어는 아니지만 심리적 유연성에 기여하는 과정으로 이유 대기를 개념화하는 것과 일관되게, RFD와 AAQ 모두 다 BDI 점수의 변량을 독립적으로 그리고 유의미하게 설명하는 것으로 나타났다.

관련 연구

예상대로, 우울증에 대한 이유를 더 많이 대는 사람일수록 우울한 기분에 대한 반응으로서 반추를 더 많이 한다는 것이 발견되면서(Addis & Carpenter, 1999) 이유 대기와 반추의 관계도 경험 연구에서 지지를 받았다. 더 중요하게는, RFD상에서 높은 점수를 보인 우울한 환자가 다른 우울한 환자에 비해 치료가 더 어렵고 치료 전 점수를 통제했을 때에도 치료 후에 더 높은 우울 수준을 보이는 것으로 나타났다(Addis & Jacobson, 1996). 따라서 내담자가 자신의 우울증에 대해 설정한 설명을 얼마나 굳게 믿고 있는지를 알면, 예후에 대해 그리고 심리적 비유연성의 이러한 차원을 아주 잘 설명할 수 있도록 ACT를 어떻게 조절할 수 있는지에 대해 좋은 시사점을 얻을 수 있다.

이야기 구성하기

우울증에서 이야기 구성하기storytelling는 내담자가 자신의 삶에 어느 정도의 의미와 일관성을 제공해 주는 관계 구성틀 정보망에다 자전적인 사실들로 된 우울증에 대한 다양한 설명을 통합시킨 더 높은 수준의 이유 대기라고 볼 수 있다. 실제로, 언급된 이야기 자체가 이유를 위한 이유를 제공하는 기능을 할 수도 있다. 예를 들면, 최근에 어떤 내담자에게 자신의 우울증에 대한 그녀의 생각을 말해 달라고 요청했을 때, 그녀는 실패한 두 번째 결혼을 언급하면서 왜 그 일로 인해 그녀가 우울해졌는지 자진해서 설명할 뿐 아니라('왠지 모르지만 나를 필요로 하길 항상 바랐던 것 같다.') 그 남편이 제안한 이혼이 왜 그녀에게 책임이 있는지에 대해 계속해서 설명하였다('만일 내가 더 좋은 아내이고 그의 필요에 더 주의를 기울였다면, 그가 나와 이혼하지 않았을 것이다.').

이유 대기뿐만 아니라 개인적인 우울한 사고에 나타나는 관계 구성틀에서 이야기 구성하기 자체에 포함된 내용은 문제가 아니다. 가볍게 믿고 있는 삶의 이야기나 잠재적으로 상당히 융합된 삶의 이야기가 있더라도, 심리적 유연성이 촉진되는 것이라면 문제가 되지 않는다. 융합된 이야기가 심리적 경직성에 기여하는 정도는 내담자마다 다르므로 사례별로 평가되어야겠지만, 불행하게도 임상적 우울증에서는 심리적 유연성이 촉진되는 경우가 드문 듯하다. 사례별로 평가하는 지침은 다음 장에 제시될 것이다. 그러나 내담자가 자발적으로 언급한 것이 단서를 제공해 줄 수도 있다. 삶에 대한 이야기의 일부로서 이전 단락에서 내담자가 무심코 던진 말이 그 예다. "두 번째 결혼에 실패한 것에 대해 끊임없이 자신을 비난하는 것은 정말 고치기 어렵다고 생각합니다(적어도 언니와 이전 상담자는 그렇게 말했습니다). 그들은 내 남편에게도 나만큼 잘못이 있고, 어쩌면 더 있을지 모른다고 생각하는 것 같지만, 사실이 아닙니다." ACT의 관점에서 보면, 이혼에 대한 책임이 내담자나 남편에게 있다는 증거를 합리적으로 판단하는 식으로 내담자의 말에 반응하는 것은 유용하지 않은 듯하다. 하지만 그것이 이야기에 대한 높은 수준의 융합과, 치료적 초점을 안내해 줄 심리적 경직성을 반영하는 경우에는 이를 진지하게 받아들일 필요가 있다.

인지적 고착과 자살충동

인지적 고착cognitive fixation, 또는 어떤 것에 대해 한 가지 방식으로만 생각하기, 그리고 사고의 경직성은 자살에 대한 취약성과 관련이 있으며(Reinecke, 2006) 심리적 비유연성을 추정할 수 있는 부가적인 형태를 반영한다. 이전 장에서 상술한 것처럼, 모든 우울한 내담자들이 자살을 하는 것은 아니며 모든 자살자들이 우울한 것도 아니다. 그럼에도 불구하고, 우울한 내담자와 어느 정도 치료를 하다 보면 십중팔구 적어도 자살을 심각하게 생각하는 사람들을 상당수 이상 볼 것이다. ACT 관점에서 자살충동을 관리하는 것은 10장에서 더 제시할 것이며, 여기서 이를 언급하는 목적은 심리적 비유연성과 더 넓게 관련시키기 위함이다.

자살하려는 사람의 사고 과정은 그 특성이 매우 경직되어 있고 유연하지 않으며 단편적이라고 상당수의 광범위한 문헌에 기술되었다(Arffa, 1983; Ringel, 1976). 어떤 데서는 자살 가능성과 관련된 인지적 경직성의 유형을 하나의 특질로 개념화했지만, 자살 사고 자체는 심리적 비유연성의 반영일 수 있다고 생각하면서 그것을 자살충동의 지표나 더 일시적인 상관 변수로 보는 것이 더 유용한 듯하다(Baumeister, 1990). 자살을 생각하는 것이 개인적인 고통을 끝내려고 시도하는 정도에 따라서, 그것은 고통을 끝내려는 경직되고 비유연한 수단임을 나타낸다(Chiles & Strosahl, 2005). 우울한 여성이 우울하지 않은 여성보다 대인관계 문제에 대한 가능한 해결책이 더 적은 것으로 밝혀진 연구에서 보면(Lapp, Marinier, & Pihl, 1982), 자살은 견줄 만한 대안이 떠오르지 않을 때 선호되는 문제 해결 전략으로 간주될 수도 있다.

여느 행동처럼, 자살을 생각하거나 시도하는 행동은 다양한 통제 변인에 의해 결정될 것이다. 그럼에도 불구하고, 자살에 대한 어떤 언급을 심리적 비유연성의 또 다른 표시로 먼저 보는 것은 ACT 관점으로부터 개념적인 근거뿐 아니라 충분한 경험 연구상의 뒷받침이 있는 듯하다. 평가를 더 해서 그런 경우가 실제로 시사된다면, ACT에서 행동적 경직성의 다른 형태를 설명하는 방식으로 이를 더 다룰 수 있을 것이다.

1장에서 심리적 유연성의 촉진을 강화하고자 하는 ACT의 여섯 가지 핵심 과정에 대해 말한 것을 상기해 보라. 이 장과 다음 장에서는 논의를 위해서 이를 세 개의 연관된 쌍으로 분류하는 것이 더 유용한 듯하다.

- 탈융합과 수용
- 전념과 행동 변화
- 마음챙김과 맥락으로서의 자기

탈융합을 포함하는 과정은 특히 융합과 경험 회피가 언어의 '어두운 면'에 부정적으로 기여하는 것을 중화하면서 수용을 지원하는 과정과 연결될 수 있다. 전념 및 행동 변화와 관련된 과정이 두 번째 집단에 속한다. 이 과정을 가치의 결핍과 행동적인 수동성 또는 무기력이라는 병리 과정의 반대편에 있는 것으로 볼 수도 있지만, 1장에서 제언했듯이 인간 언어의 '밝은 면'을 강조하는 역할을 하므로, 그것들과 함께 짝짓는 것이 더 유용한 듯하다. 마음챙김과 맥락으로서의 자기라는 긍정적 과정의 마지막 쌍은 다른 두 쌍에 의해 적어도 어느 정도로 자극을 받는 '공통적인 과정'으로 생각하는 것이 유용할 수 있다. 그러나 8장에서 보겠지만, 이는 마음챙김과 맥락으로서의 자기를 강화하기 위해 특수하게 고안된 ACT의 기법과 절차에 관해 말하는 것이 중요하지 않다는 의미는 아니다.

탈융합과 수용을 포함하는 과정

ACT에서 마음챙김과 수용을 포함하는 과정은 심리적 비유연성을 뒷받침하는 융합과 경험 회피라는 반대편 병리적 과정을 공통으로 약화시키기 위해서 계획된다. 쉽게 논의하기 위해 융합과 경험 회피를 분리해서 차례로 고찰할 것이다. 하지만 육각형([그림 1-1] 참조)에 표시된 과정 간의 구분은 임의적으로 그린 것이며, 어떤 독자적인 발견과 실제적인 배열이 아니다. 오히려 ACT 치료자들이 만든 것이며(Hayes, Strosahl, Bunting et al., 2004), 따라서 다른 용어처럼 가볍게 생각해야 한다. 궁극적으로는 훨씬 더 유용한 방법으로 대체되기를 바라지만, 심리적 유연성에 기여하는 과정을 육각형에 표시된 바대로 구별하는 것이 유용하다고 이미 입증되었으므로, 여기서는 계속해서 사용할 것이다.

융합

간략하게 반복하자면, 융합은 외부적인 수반성과 직접적으로 접촉함으로써 나타나는 자극 기능보다 관계 구성으로 유도된 자극 기능이 우세한 것이라고 기술적으로 정의된다. 조금 달리 말하면, 융합은 어떤 사건('끔찍한' 취업 면접과 같은) 자체보다 그 사건에 대해 **어떻게** 말하는가가 사건에 대한 심리적 반응에 더 강력한 영향을 미칠 때 일어난다. 이유 대기와 이야기 구성하기는 둘 다 그 부산물이 직접적인 경험의 지배를 약화시키는 언어화의 유형이다. 우울증에 대한 이유는 우울증에 대한 어떤 과학적 의미의 원인은 분명히 아니며, 관련된 삶의 이야기는 문자적인 사실이라기보다 삶에 대한 일관된 해석을 하려고 만들어진 이야기다.

이유 대기와 이야기 구성하기보다 더 만연되어 있는 듯이 보이는, 우울증과 관련된 융합의 또 다른 차원은 개인적인 생각, 특히 '나는 바보 같다.'와 같은 부정적인 자기 평가에서 나타난다. 융합된 생각을 구체적으로 확인하기 위해 자기 보고형이나 ATQ(Hollon & Kendall, 1980)와 같은 필답형 도구와 같이 더 공식적인 검사 수단을 사용할 수도 있지만, 그보다는 내담자가 무심코(대개는 반복적으로) 자신에 대해 말하는 것을 간단히 들어 보기를 권한다. '나는 바보 같다.' 와 같은 생각을 단지 평가라고 보기보다 묘사적인 사실로서 반응한다면, 몇 가지 방식으로 레퍼토리가 좁아지는 결과가 발생한다. 만일 내가 바보이면, 내가 날 수 없기 때문에 높은 빌딩에서 뛰어내리지 않는 것과 같이, 지성 있는 반응을 요하는 행위를 하지 않는 것이 매우 현명한 조치로 보인다. 융합과 탈융합을 각각 연속선상의 양극단으로 아주 유용하게 볼 수 있다면 부정적인 자기 평가적 사고와의 융합은 다양한 수준이나 정도로 나타날 수 있다. 융합될 수 있는 생각을 반추적인 방식으로 '곱씹거나' (예, '내가 바보 같다는 것이 정말인가.') 아니면 먼저 억제해버릴 수도 있다. 여하튼 간에, 삶을 지탱하는 활동에 쓰일 수도 있는 시간과 노력, 에너지 등이 심리적 유연성을 증가시키기보다 감소시키는 행동에 낭비된다.

경험 회피

수용과 상반된 과정인 경험 회피도 융합처럼 여러 다른 형태를 띨 수 있다. 불쾌한 기억을 피하기 위한 백일몽 꾸기, 전환하기, 술이나 다른 종류의 약물 섭취하기 등은 흔한 형태의 경험 회피다. 조금 전에 말했던 것처럼, 부정적인 자기 평가 차원에서 특히 흔한 회피 전략은 사고 억제다. 우울한 사람은 부정적인 생각을 불행의 일차적인 원인으로 보며 생각을 억제함으로써 이를 의도적으로 마음 바깥에 두려는 시도를 자주 한다고 보고한다(Wenzlaff, 1993). 사고 억제에 대한 우리의 직접적인 경험과 관련 연구들을 보면, 생각을 억제하는 것이 적어도 단기간에는 매우 효과적임이 시사되기 때문에 사고 억제가 널리 사용되는 듯하다. 견줄 만한 규칙 따르기가 없는 경우에는 다른 유기체의 행동처럼 인간의 행동은 뒤따르는 보상에 의해 형성된다. 즉, 우리의 행동은 행동의 즉각적인 결과에 의해 통제된다. 사고 억제에 관한 체계적인 연구 프로그램에서 보면, 원치 않는 생각은 단기간의 자각으로부터는 성공적으로 삭제될 수 있으나 그 생각이 새로운 힘을 지니고 되돌아오는 반동 효과rebound effect가 대개 생기는 것으로 나타난다(Wegner, 1994 참조).

사고 억제

우울증 연구에서 보면, 우울한 생각을 하지 않으려고 시도하는 것이 여러 가지 이유로 인해 결국에는 성공하지 못하는 것으로 나타난다. 떠오르는 생각을 억제하려고 노력하면, 대개는 의도적으로 대안적인 생각을 함으로써 주의전환을 한다(예, 파란 차 생각을 억제하면서 빨간 트럭을 생각하기). 하지만 우리가 우울할 때는, 억제하려고 시도하는 원치 않는 생각을 대신하여 다른 부정적인 생각을 주의전환용으로 사용하게 된다. 예를 들어, 우리가 얼마나 어리석은지에 대한 생각에서 벗어나기 위해 우리가 얼마나 매력적이지 않은지에 초점을 둔다고 해서 덜 우울하게 느끼지는 않는 듯하다. 다른 원치 않는 생각으로 전환하자마자 억제된 우울한 생각이 곧바로 다시 나타나며(Wenzlaff, Wegner, & Roper, 1988), 더구나 그것이 다시 나타날 때는 처음에 억제될 때 느끼던 저조한 기분이 다시 유발된다(Wenzlaff, Wegner, & Klein, 1991)는 것은 놀랍지 않다. 관련 연구에서 보면, 우울한 사고의 억제와 저조한 기분 간의 밀접한 관계는 이 사적 사건들 간에 나선적인 관계를 보이면서 기분의 재발을 통해 억제된 사고가 다시 유발되는 관계다(Wenzlaff et al., 1991). 우울한 사고로부터 도피하려는 시도가 소용없다는 궁극적이고 아마도 가장 강력한 증거는 이를 억제하려는 노력으로 인해 반추와 우울이 증가된다는 점이다(Wenzlaff & Luxton, 2003).

억제는 우울증에 대처하는 데 사용되는 가장 흔한 경험 회피 전략일 수 있으나 유일한 전략은 결코 아니다. 다음 장에서는 치료 장면에서 발생할 수도 있는 회피를 비롯해서 보다 더 외적이고 상황적으로 초점을 둔 경험 회피나 도피의 형태뿐 아니라 백일몽과 같은 다른 내적 통제 전략도 생각해 볼 것이다.

전념과 행동 변화를 포함하는 과정

가치 및 그와 관련된 전념 행동은 행동적인 레퍼토리와 심리적 유연성을 확장시키는 데 도움이 되는 과정으로 함께 분류될 수 있다. 반대로, 언어적이고 관계 구성적인 통제가 가치보다 우세하며 전념 행동 대신에 과잉 활동이나 과소 활동이 우세하도록 만드는 반대편 병리 과정으로 인해 내담자는 계속해서 우울증에 빠진다(Hayes et al., 2006). 그 병리 과정을 어떻게 평가할 수 있는지에 대한 논의를 다음 장에서 이끌기 위해 여기서는 후자의 두 과정에 초점을 맞출 것이다.

언어적 통제의 지배

너무 자주 가치 추구를 전부 지배하는 언어적 통제의 특수한 유형에는 응종이 포함될 듯하다. 응종이란 규칙에 의해 명세화된 행위들과 행동 간의 일치에 대해 임의적으로 그리고 사회적으로 매개된 결과의 통제 하에서 규칙을 따르는 것임을 기억하라. 예를 들면, 겨울날 외출하기 전에 따뜻하게 옷을 입으라는 말을 들은 아이의 경우에 말을 따르면 칭찬을 받을 수도 있고 그렇게 하지 않으면 야단을 맞을 수도 있다. 행동을 조정하는 데 있어서 정적인 강화보다 혐오적인 통제가 더 자주 사용되는 경향이 있는 한, 반응의 한 종류인 응종은 그런 조건하에서 확립되었을 가능성이 더 많으며 따라서 이는 회피적인 기능을 한다. 대략적으로 말하면, 아이인 우리는 부모의 칭찬을 얻기 위해서가 아니라 꾸중을 피하기 위해서 무엇을 입을지에 대해 부모의 훈계를 따르도록 배웠다.

이러한 분석을 가치 추구에까지 확장해서, 내담자가 관심 있다고 말하는 것이 응종의 혐오적인 통제하에 있는지 그 의미를 생각해 보라. 요컨대, 내담자 자신이 장기간에 걸쳐서 바라는 삶의 모습보다는 그에게 중요**해야 하는** 것에 대한 규칙을 경직되게 따르는 것이 내담자의 언어적 행동에 나타난다. 그러므로 자라면서 가르침을 받은 것과 이제 성인으로서 말해야 한다고 생각하는 것 그리고 치료자가 듣기 원한다고 생각하는 것 등이 더 많이 반영된 것일 수도 있다(Hayes et al., 2006). 부모와 동일한 가치를 갖는 것이 꼭 나쁜 것이라는 의미로 받아들여서는 안 될 것이다. 실로, 우리 중 많은 사람들은 가치 작업을 상당히 잘 해내는 듯하다. 가치에 의한 통제를 **혐오적인 통제**에서 **촉진적인 통제**로 전환시키는 것이 ACT에서 도전하는 목표임을 강조하면서, 더 중요한 요점은 도피와 회피 행위를 뒷받침하는 조건 속에서는 가치가 자유롭게 선택될 수 없다는 것이다(Wilson & Murrell, 2004). 도피나 회피와 같이 혐오적인 통제 속에서 나온 행동은 바람직하지 않은 어떤 것에서 벗어나는 반면, 촉진적인 통제 속에서 나온 행동은 바람직한 것에 접근한다. ACT에서 지지하려는 가치 추구의 유형은 삶의 불쾌함에서 벗어나 달아나기보다 삶에서 중요한 것을 향해 움직이는 것이다. 제한이 없고, '당신이 확실히 즐거워하는 것은 무엇이든지' 할 수 있는 **자유로운 조작적 상황**free operant situation(Ferster, 1953)에서 가치를 추구하는 행동이 무엇과 같은지를 살펴보는 것은 치료라는 맥락에서 실제로 그런 조건을 만들지 않는다면 불가능하다.

평가 시 고려 사항

가치는 언어적으로 구성되지 않지만 언어적으로 접근이 가능하다는 사실로 인해 가치를 확인하고 명료화하는 문제가 강조되는데(Hayes et al., 1999: 206), 대개 입으로 거짓말하는 것이 발로 행하는 것보다 덜 힘들다. 이러한 점에서 내담자가 고백한 가치와 명시적인 행동이 일치하는 정도를 보면, 가치 평가의 과정에서 오염되지 않은 가치에 대해 적어도 한 가지 단서를 얻을 수가 있다. 예컨대, 어떤 내담자가 자신은 가족 관계를 중시한다고 말하지만 가족을 거의 방문하지 않거나 심지어 소통하지 않는다면, 당연히 의심해 보고 더 평가해 봐야 한다. 언어적이고 관계 구성적인 통제가 가치 추구를 지배하는 정도를 명확히 확인하기 위해 가치 추구 자체를 평가해 보아야 한다. ACT에서 이런 미묘한 과정을 성공적으로 착수하기 위해 다음 장에서 더 심도 있는 제안을 할 것이다.

비전념 행동

혐오적인 통제에서 자유로울 때 내담자의 가치를 파악하는 것은 그 자체가 중요한 것이 아니라, 가치와 연결되지 않아서 심리적 유연성을 증진하지 못하는 행동을 치료자가 파악하는 데 도움이 될 수 있다는 점에서 중요하다. 가치 지향적인 행동이 다른 형태를 띨 수 있듯이, 가치에 연결되지 않은 비전념 행동 또한 그러하다. 물론, 우울증에서 비전념 행동의 양상을 띠어서 가장 쉽게 인식할 수 있는 것은 행동의 수동성이며, "모든 활동 또는 거의 모든 활동에서의 현저한 흥미 감소"(p. 327) 및 "에너지 감소와 피곤"(p. 349)은 각각 주요 우울 장애와 기분부전 장애(DSM-IV, 1994)의 진단 기준 중 일부다. 그러나 정신운동 지체에서 나타나는 전형적인 느린 동작과 행동의 수동성 형태를 띤 비전념 행동을 혼동하지 마라. 거북이도 가치의 방향으로 움직이긴 했지만 토끼에 비해 매우 느리게 움직였다.

몇몇 정신건강 전문가들이 "초조성 우울증"(Akiskal, Benazzi, Berugi, & Rihmer, 2005)이라고 언급했던 것과 혼동해서는 안 되겠지만, 다른 극단에서는 외현적인 행동이 많아지는 형태로 비전념 행동이 나타날 수 있다. 이전 장에서 말했던 것처럼, 성공 우울증에서 보이는 것과 같은 지속되는 행동 패턴은 내담자의 가치와 일치하지 않을 수도 있고 회피 기능을 할 수도 있다. 예컨대, '내가 뚜렷하게 생산적인 활동에 계속해서 몰두하는 동안에는 [사다리에 오름] 멈출 필요가 없으며, 의미 없는 삶의 고통[그 사다리가 잘못된 벽에 기대어 있음을 깨달음]에 직면할 필요가 없다.' 내담자의 가치를 확인했다면, 다음으로 물어야 할 핵심 질문은 그것을 어느 정도 따르고 있는가다. 만약에 그렇지 않다면, 왜 그렇지 않은가? 행동 수준이 전반적으로 낮다고 해서 전념 행동이 더 적거나 활동 수준이 높다고 해서 전념 행동이 더 많음을 반드시 의미하는 것은 아니다. 두 경우 모두 다 심도 있는 평가와 사례 개념화가 필요하다.

마음챙김과 맥락으로서의 자기를 포함하는 과정

현재 순간과 맥락으로서의 자기에 접촉하는 것은 바로 전에 검토한 두 쌍의 과정(전념 및 행동 변화와 관련된 과정뿐 아니라 탈융합과 수용을 포함하는 과정)에서 각각 일어나는 공통적인 과정이라고 볼 수 있다(Hayes et al., 2006). 여기서는 주로 논의하기 쉽도록 해당 부문에서 그것들을 강조하고 있다. 한편으로는 마음챙김과 초월적인 자기 인식에 접촉하기, 다른 한편으로는 탈융합과 수용 및 가치 추구와 전념 행동을 포함하는 과정의 관계는 아마도 그 반대편 병리 과정을 생각함으로써 잘 명료화될 수 있을 것이다. 현재 순간에서 온 마음으로 사는 것의 반대는 과거나 미래에 머무르는 것이며, 맥락적인 자기의 반대는 손상된 개념적 자기와의 동일시다.

과거나 미래 속에서 살기

과거를 후회하거나 미래를 두려워하는 데 사로잡혀 있으면, 충분히 그리고 온 마음으로 현재에 접촉하는 것이 불가능하다. 심리적 유연성을 제한하는 데 있어서 반추가 주요한 역할을 해 왔기 때문에, 우리의 초점은 대부분 과거에 대한 생각 및 기억과의 융합으로 인한 해로운 영향에 상당히 많이 가 있었다. 그러나 A. T. Beck(1967)가 강조했듯이, 우울증의 특징을 나타내는 '부정적 인지삼제' 중 하나에는 미래에 대한 심상 또한 포함된다. 과거나 현재보다 훨씬 덜 유망하고 만족스럽지 못한, 언어적으로 구성된 미래에 머무를 수도 있다(예, '미래에는 사정이 변하겠지만 더 나빠지는 쪽으로만 변할 것이다.').

과거뿐만 아니라 미래에 관한 생각과 함께 나타나는 융합을 통해 우리는 실제로 '받아들일 수 없는' '사실'을 만들어 내며, 그래서 결국 이로부터 도망가거나 이를 억제하거나 통제하려는 비효과적인 시도를 하게 된다. 과거에 대한 후회와 미래에 대한 걱정에 대해 주의 깊고 수용적인 태도로 반응할 수 있어야 비로소 가치 추구와 전념 행동을 위한 충분한 여지가 있게 된다. 가치는 여전히 변하지 않는다(내가 항상 관심을 가져왔던 것에 여전히 관심을 가진다). 그러나 그렇다 하더라도 전념 행동은 실제로 막힌다. 부분적으로는, 너무 많은 시간과 에너지와 노력이 과거에 대해 생각하고 미래에 사로잡혀 있는 데 쓰이고 가치와 관련된 활동에 참여하기 위해서는 너무 적게 남기 때문이다. 예를 들면, 우울한 내담자는 친구와 영화를 보러 가기보다 집에 머물러서 생각을 곱씹기 쉽다. 우울한 내담자에게 이 점에 대해 물어볼 중요한 질문은 그가 여가 시간 사용을 어떻게 선택하는지에 관한 것이다.

또한 과거나 미래에 사로잡히면 장애물로서 작용하는 원치 않는 감정과 기분 상태뿐 아니라 융합된 생각이 나타나기 때문에, 전념 행동이 또한 일어나지 않을 수 있다. 아마도 이러한 과정은 미래에 관한 융합된 생각 및 관련된 정서 반응에서 더 쉽게 나타나는 듯하다. 만일 내담자가 가장 경직된 수준으로 '내게는 미래가 없다.' 는 생각에 완전히 빠져 있다면, 미래가 있는 것처럼 행동하는 쪽을 택하는 것이 오히려 바보 같을 것이다. 또한 그러한 융합은 자살의 주요 심리적 위험 요인인 것으로 밝혀진 높은 무망감 수준(Beck, Kovacs, & Weissman, 1975; Brown, Beck, Steer, & Grisham, 2000)과도 관련될 수 있다는 점이 더 큰 관심사다. 자살을 숙고하는 사람은 자신을 죽이는 것이 영구적이고 지속적인 문제를 성공적으로 해결하는 길이라고 보기 때문에, '자살은 일시적인 문제에 대한 영구적인 해결이다.'라는 옛말이 공허한 메아리로 들린다. 자살에 대한 관리 자체가 주요한 임상적 난제일 수 있지만(Chiles & Strosahl, 2005), 이 장의 초반부에서 강조한 것처럼 우울한 내담자에게 ACT를 사용하는 관점에서는 자살을 더 넓은 맥락에서 심리적 비유연성과 그에 기여하는 다양한 과정을 나타내 주는 지표로서 보는 것이 매우 유용한 듯하다.

손상된 개념적 자기와의 융합

구체적으로 자살 그리고 보다 일반적으로 심리적 경직성을 촉진하는 과정 중 하나는, 근본적으로 결함이 있거나 어떤 식으로 손상된 자기에 대한 견해에 굳게 동일시되는 것이다. A. T. Beck(1967)이 우울한 내담자를 치료하면서 그의 임상 경험에서 알게 된 것처럼, 반복적이고 매우 비판적인 자기 평가('나는 바보야.' 또는 '나는 아무것도 제대로 할 수 없어.'와 같은)는 우울한 내담자의 사고를 설명하는 부정적인 인지삼제의 또 다른 부분을 구성한다. 그런 생각과 융합이 되면, 그가 살 수 없는 두려운 미래뿐 아니라 그가 지니고 살 수 없는 개념적 자기가 만들어지고, 그것으로 보면 자살이 유일한 도피로 보인다.

손상된 자기 정체성이 초월적인 자기 인식을 지배해 버리면, 마음챙김과 수용의 과정은 심하게 제한된다. 사실상, Kabat-Zinn(1994)이 말하는 "특정한 방식으로(즉, 의도적으로 현재 순간에 비판단적으로) 주의를 기울이는 것" (p. 4)이 가능한 위치나 지점이 없어진다. 개념적 자기의 관점에서 우리는 계속적으로 위협을 받고 부정적이고 자동적인 자기 평가의 공격을 받으며, 그러한 자기 평가에 대해 비판단적인 방식으로 반응할 수가 없다. 우울증의 일부로서 발생하는 자기 참조적이지 않은 생각과 감정뿐 아니라, 아마 더 중요하게는 융합된 개념적 자기의 특징을 '단지 알아차리기' 위해서 맥락으로서의 자기가 필요하다.

더 일상적인 어구로서 '열등한 자기 개념'이라고 알려진 것 또한 가치 및 전념 행동을 위태롭게 한다. 가치를 자유롭게 선택하며 그러한 가치를 살리는 관련 활동에 참여하는 데 충분히 전념하는 행동은 우울증과의 투쟁에서 떨어져 서서 동시에 우울증과의 투쟁을 지켜볼 수 있는 자기 인식에 의해서만 이루어질 수 있다(더욱 확고한 맥락으로서의 자기가 생기기 위해 ACT에서 흔히 사용하는 체스판 비유와 같은 식으로)(Hayes et al., 1999: 190-192). 우울증에서는 맥락으로서의 자기가 없으며, 아마 가장 근접한 자기는 결함 있는 자기 인식과의 융합인 듯하다. 따라서 내담자별로 치료자가 설명하는 근본적인 문제는 부정적인 자기 개념과의 동일시 여부가 아니라 그것에 얼마나 굳게 사로잡혀 있는가다.

요약

ACT의 주요한 목적은 심리적 유연성을 증진시키는 것이다. 이를 위해서는 심리적 경직성에 기여하는 과정이 반드시 약화되어야 한다. ACT의 관점에서 우울증에 기여하는(이 장에서 강조된) 원인적인 과정(융합, 경험 회피, 반추, 손상된 개념적 자기와의 동일시)이 '발견되지는' 않았지만, 우울증과 투쟁하는 내담자와 효과적으로 작업하고 우울증에 대해 생각하는 데에는 유용하다고 밝혀졌다. 심리적 유연성에 기여하는 여섯 가지 핵심 과정(탈융합, 수용, 맥락으로서의 자기, 현재 순간에 접촉하기, 가치, 전념 행동)과 짝지을 수 있는 세 개의 쌍(탈융합과 수용, 전념과 행동 변화, 마음챙김과 맥락으로서의 자기)은 ACT가 적절하게 적용될 수 있는 우울증의 모든 사례에서 유용하지만, 포함되는 정도는 다양한 듯하다. 예를 들어, 우울한 내담자 중 어떤 사람은 부정적인 자기 개념에서 탈융합 되는 것이 매우 어려울 수도 있고, 반면에 다른 사람은 가치 지향적 행동에 전념하는 것이 아주 만만치 않은 도전임을 발견할 수도 있다.

심리적 비유연성에 기여하는 각각의 부정적인 과정이 내담자의 우울증과 관련된 정도를 판단하기 위하여 사례별로 평가하는 것이 필요하다. 그러한 개별적인 평가는, 이 책에 나오는 ACT로 우울증을 치료할 때 사례 공식화와 개념화에 대한 개별화된 접근을 하기 위해서 필요하다. 다음 장에서는 부정적이거나 병리적인 과정에 대한 평가를 다룰 것이며, 수집된 정보를 어떻게 특수한 공식과 치료법으로 내담자에게 개념화할 것인지가 5장의 초점이 될 것이다.

제 4 장

핵심 과정의 평가

평가에 대한 ACT의 접근 방법

시작점: 내담자의 생애 이야기

경험 회피와 창조적 절망감

가치

전념 행동

융합

세 가지 '자기' 인식

역사적으로 행동치료 내에서는 평가 방법이 뒤떨어졌으며 치료법의 발달보다 지체되었다(Ciminero, 1986). 제1 동향 행동치료의 고전적인 교과서(Franks, 1969; Kanfer & Phillips, 1970; Yates, 1970)에는 행동평가에 대해 한 장도 단독으로 할애된 바가 없다. 제2 세대 행동치료에서도 평가 방법은 더 개선되지 않았다. 적어도 Meichenbaum(1977)은 평가와 관련된 제목을 명확하게 붙인 장을 그의 책에 포함시키긴 했지만, 인지적 행동수정(Mahoney, 1974)과 인지치료(Beck et al., 1979)에 대한 중요한 책을 저술한 동시대의 다른 저자들은 그렇지 않았다. 하지만 유일하게 행동평가에 초점을 둔 책(Ciminero, Calhoun, & Adams, 1977; Cone & Hawkins, 1977; Hersen & Bellack, 1976)이 이와 같은 시기에 처음으로 출간되었는데, 행동치료와의 관계에 대한 평가와 특성이 다소 불명확하긴 하다.

평가에 대한 ACT의 접근 방법

이러한 역사적 맥락에서 보면, 이 장에서 추천되는 평가 방법은 몇 가지 이유로 인해서 다소 전형적이지 않다. 그 이유를 살펴보자.

평가와 행동 변화를 통합하기

첫째, 이는 내담자에게 종종 다른 말로 되풀이해서 질문하는 **반복적인 방법**인데, 핵심 과정이 내담자의 삶에서 어떻게 작동하며 얼마나 강력한지 그리고 어떤 대안적 치료 방법이 효과적일지 밝혀 준다. 그러나 진단과 치료

성과의 평가에 주로 사용되는 다른 평가 방법들과는 대조적으로 이 평가 질문들은 ACT의 행동 변화 차원과 밀접하게 통합되어 있다(즉, 우울증 증상을 경감시키려고 애쓰기보다 우울증에도 불구하고 내담자가 충만하게 삶을 살도록 돕기). 본질적으로 평가와 치료는 동시에 시작된다. 이 때문에 핵심 과정에 대한 평가는, 예를 들어 융합은 첫 번째 그리고 경험 회피는 두 번째와 같이 반드시 직선적인 방식으로 진행되지는 않을 것이다. 대신에 치료자에게 그럴 의지만 있다면 이 방법은 보다 전인적일 것이며, 다음에서 보겠지만 초기의 치료 회기에서 실제로 주고받는 방식에 더 가깝다. 다음 장에서 병리적 과정을 어떻게 변화시킬 것인지를 논의하기 전에 이 장에서는 치료자가 우울한 내담자와 함께 어떻게 병리 과정을 초기에 평가할 수 있는지를 다룰 것이다. ACT에 있는 평가 절차와 치료 기법이 어떻든지, 여기에 제시된 특정한 순서는 직선적인 방식으로 서로 어느 정도 엄격하게 분리될 수 있음을 의미하지 않는다는 것을 알라. 오히려 필자가 추천하는 바는, 초기 평가를 통해서 치료 도입에 대한 정보를 제공받고 그다음에는 개입 방법의 효과를 통해서 평가에 대한 정보를 제공받는 과정을 계속 반복하는 역동적인 방법이다. 1장에서 언급했듯이, 이러한 접근이 ACT내에 존재하는 평가와 치료에 대한 보다 더 전통적인 순차적 접근을 능가해서 치료적 유용성(Hayes et al., 1987)을 충족시키는지 아닌지는 연구를 더 해야만 답할 수 있는 경험 연구상의 질문이다.

치료적 관계를 촉진하기

두 번째 차이점은 치료자가 평가를 실행하면서 동시에 내담자와 치료적 관계를 발달시키고 촉진한다는 것이다. 대체로 제3 동향 행동치료에서는 내담자와 치료자 사이의 관계와 상호작용이 심리적 변화에 결정적인 역할을 한다는 것을 그전 세대보다 더 많이 인식하고 있다(특히, Kohlenberg & Tsai,

1987, 1991 참조). Hayes 등(1999)이 그들 책의 한 장 전체(10장)를 할애하여 효과적인 ACT의 치료적 관계에 대해 다룬 것은 결코 우연이 아니다. 우리 모두는 언어적인 유기체이기 때문에, 내담자의 투쟁에 기여한 인간 언어의 '어두운 면'으로 인해서 치료자도 역시 같은 함정에 빠진다. 어느 누구도 이에서 면제될 수 없으며, 그러한 인간의 공통 경험 덕분에 자연스러운 공감대를 형성해서 내담자와 열린 소통이 가능해진다. 자기 개방은 항상 신중하게 사용해야 하지만, 대부분의 경우에 치료자도 내담자가 당면하는 같은 문제 중 일부를 가지고 씨름한다는 것을 진실하고 진심 어리게 인정하기를 권한다(예, '제 마음도 같은 방식으로 작용하기 때문에 당신의 문제를 들으면 제가 어떤 문제로 혼란스러웠던 때가 항상 기억나는 것 같습니다.'). 평가와 치료를 구분하는 것은 기능적인 구분이기보다 논의를 위한 목적이 더 많으므로, 위에서 언급했던 것처럼 내담자와의 초기 상호작용에서부터 치료적 관계에 관심을 가지기 시작할 수 있으며, 사전 평가를 마치고 나서 치료 자체를 시작할 준비가 될 때까지 기다릴 필요는 없다.

유연하게 평가하기

이 장에서 상술한 평가 방법의 세 번째이자 마지막 특징은 각 핵심 과정을 평가하는 순서와 관련된다. 필자는 이 과정을 평가하는 시작점과 순서를 제안하는데, 당신이 평가할 때에는 더 가볍고 유연하게 사용하기를 권한다. 어느 과정이든지 평가의 첫 번째 순서로 선택될 수 있을 것이다. 모든 과정은 상호 연관되어 있고 심리적 유연성 또는 비유연성에 기여하기 때문에, 한 과정(예, 융합)에 초점을 두는 것이 다른 과정(가치 추구와 같은)을 '작동시키는' 경우가 매우 흔하다. 예를 들면, 치료자와 내담자가 어느 한 과정을 연마하다가 다른 한 과정에서 벗어나는 것을 발견할 수도 있다. 당신이 이를 알아차린다면, 그것은 당신의 접근이 잘못됨을 의미하지 않는다. 끌리는 과정을 따르라. 그리고 필요하면, 끌렸던 과정에 대한 평가로 되돌아가라. 예를 들어, 내담자가 융합되거나 받아들인 '나는 어리석다.'와 '나는 어떤 것을 제대로 할 수 없다.'와 같은 생각은 가치 있는 삶을 방해할 경우에만 문제가 된다. 따라서 더 문제가 되는 생각과 덜 문제가 되는 생각을 구분하기 위해서는 가치에 대해 생각하고 토의하는 것이 필요하다. 이와 같은 상황에서는 내담자에게 다음과 같이 물어보라. '당신이 보기에는 이러한 생각에 사로잡혔기 때문에 당신의 삶에서 잃어버린 중요한 것은 무엇입니까?' 결국 각각의 핵심 과정을 평가하는 특정 순서보다는 평가를 하면서 초기 사례 공식화 및 개념화에 이르는 것이 더 중요하다.

(이러한 평가 과정은 통합적인 특성을 지니므로, 실제 제목에서는 모든 핵심 과정에 대해 주제목을 달지 않을 것이다. 어떤 것은 다른 핵심 과정이나 개념에서 더 잘 설명이 된다. 예를 들면, 현재 순간에 접촉하기와 맥락으로서의 자기는 세 가지의 자기 인식에서 논의된다. 그런 경우에는 구체적인 핵심 과정을 소제목으로 표시할 것이다.)

시작점: 내담자의 생애 이야기

대부분의 치료적 접근에서는 내담자에게 치료를 시작하게 된 목적에 대해 물어보면서 시작을 하는데, ACT도 예외는 아니다. '무엇 때문에 오늘 여기에 오게 되었습니까?'라고 간단히 물어보는 것만으로도 내담자가 생애 이야기를 시작하기에 대개는 충분하며, 치료자는 앉아서 들을 수 있게 된다. 적극적이고 공감적인 경청을 하도록 권하는데, 경청을 하면서 듣고 있는 정보와 정서의 내용을 반영하고 요약해 주는 것이 적절하다.

융합에 대한 초기 평가

우울과 관련된 내담자의 경험을 끌어내는 일차적인 목적은 삶에 대한 이야기의 내용 자체보다 그가 말한 것에 나타난 핵심 과정에 초점을 더 맞추는 것이다. 예를 들면, 내담자가 말하는 내용 자체보다는 그에 대한 확신과 감정의 정도를 통해서 특정한 자동적 사고나 이유 대기 및 이야기 구성하기와의 융합을 더 잘 탐지할 수 있다. 융합된 생각은 감정이 실린 것이거나, 인지치료자들이 흔히 "뜨거운 인지hot cognition" (J. S. Beck, 1995: 82)라고 일컫는 것이다. 그러므로 내담자의 눈에 눈물이 어렸음에도 불구하고 그 감정 이면에 어떤 언어적 의미가 있는지가 명확하지 않다면, 내담자에게 부드럽게 물어볼 수 있다(예, '당신이 울려고 한 것을 보았습니다. 지금 무엇을 생각하고 있는지 말해 줄 수 있습니까?'). 그렇게 하는 궁극적인 목적은 연이은 재구성이나 논박을 위해서 생각을 확인하는 것이 아니라 어쩌면 탈융합을 위해서다. 필요하면, 내담자에게 자기 삶의 이야기 중에서 어떤 세부적인 부분을 정교화하거나 확장하도록 요청하라. 이는 사실에 바로 직면시키거나 자세한 설명을 하기 위함이 아니라, 더 중요하게는 그가 말하고 있는 사실에 대한 특정한 해석에 융합된 정도를 평가하기 위함이다.

우울증의 경로 파악하기

어떤 경우에는 우울증을 가져온 경로와 그에 기여할 수 있는 추가적인 핵심 과정을 더 잘 이해하기 위해서 내담자에게 특정 생활사건들의 연대기를 명확하게 하도록 요청하는 것이 유용할 수도 있다. 어떤 내담자는 다른 내담자보다 말이 더 많지만, 삶에 대한 내담자의 이야기를 적극적으로 경청해 보면 대체로 첫 회기 끝에는 융합에 대한 예비적인 평가와 우울증에 이른 경로에 대해 결론을 내릴 수가 있다. ACT 모델의 핵심 과정에 대한 평가를 급히 서두를 필요는 없으므로, 필요하다면 이야기 구성하기로 언제나 돌아올 수 있다.

삶에 대한 이야기의 내용보다 내담자가 그 이야기를 말하는 방식이 대개는 더 중요하지만, '정당화'나 '희생자 역할'을 수반하는 우울증의 경로를 확인하려면 말한 내용도 고려하라. 2장에서 제시한 것처럼, 그가 견뎌 온 다른 사람에게 받은 학대가 있을 경우에는 그의 우울증을 정당화하는 말이 삶의 이야기 속에서 종종 드러난다. 특히 내담자가 매우 감정적인 방식으로 말하는 경우에는 더욱 그렇다. '모든 사람이 제게서 등을 돌리는 경우에 제가 우울해지는 것은 당연합니다.'와 같은 말은, 삶의 이야기 및 이유 대기와 관련된 탈융합 작업이 상당히 필요함을 시사해 준다. 이는 내담자의 외상 경험을 최소화하거나 소홀히 여기라는 뜻이 아니다. 그러나 사건에 대한 이야기가 사건 자체와 같은 것은 아니다. 특히 내담자가 삶의 이야기에 융합되어 있다면, ACT 치료자는 함께 융합되지 말고 대신에 그 이야기를 가볍게 받는 것이 아주 중요하다.

경험 회피와 창조적 절망감

아마도 Hayes 등(1999)의 ACT 책이 구성된 방식 때문에, 창조적 절망감 유발하기는 주로 ACT를 시행할 때 맨 먼저 도입되는 임상적 방법이라고 알려지게 되었다. **창조적 절망감**은 원치 않는 생각과 감정을 통제하려고 시도하는 것이 소용없음을 체험함으로써 나타나는 자연스러운 결과다. 또한 평가의 관점에서 보면, 창조적 절망감을 유발하는 것은 종종 치료자에게 경험 회피의 강도를 평가하는 첫 기회를 제공하며, 처음에 언급된 ACT의 치료 과정과 평가 간의 역동적이고 통합적인 관계를 보여 주는 가장 중요한 예다. 삶에 대한 내담자의 이야기를 들으면서 그가 사용한 경험 회피의 전반적인 수준과 심지어는 그 회피의 다양한 형태까지도 예비적으로 알아 갈 수 있다. 내담자가 우울증에 대처하면서 이미 노력해 왔던 것(약물치료나 이전의 심리치료, 자조서 읽기 등)과 그 효과에 대해 자발적으로 말하는 것에 특히 주목하라.

자살충동에 대한 평가

우울을 통제하려는 시도가 매우 흔하고 널리 용인된 몇 가지 형태로 삶의 이야기 속에 열거되더라도, 치료자는 또 다른 경험 회피의 노력들에 대해 내담자에게 확실하게 물어볼 필요가 있다. 이는 경험 회피나 도피에 대한 초기 평가를 보다 더 철저하게 할 수 있게 해 줄 뿐 아니라 창조적 절망감을 일으키기 위한 장을 만들어 주기 때문에 추천할 만하다. 모든 우울증 내담자에게 평가해 봐야 하는 매우 흔한 경험 회피와 문제 해결의 전략은 자살이다. 침착하고 공감적이며 사실을 다루는 태도로 내담자에게 자살에 대한 최근의 생각뿐 아니라 이전의 자살 시도에 대해서도 물어보라(예, '우울증과 씨름할 때 자살을 생각하는 자신을 발견하는 것은 흔히 있으며, 매우 이해할 만합니다. 그런 경험이 있으면 말해 주시겠습니까?'). 과거와 현재의 자살충동과 관련된 내담자의 심리적이고 정서적인 상태와 더 광범위한 맥락에 대해 물어 보고 아는 것은 특별히 유용하다. 내담자의 반응을 검토하면서 치료자가 역점을 두고 다루어야 할 기본적인 주제는 과거와 현재의 자살 행동이 수행한 기능을 이해하는 것이다.

이전에 논의한 것처럼 모든 자살 사고와 행동이 경험 회피와 문제 해결을 위한 것은 아니므로, 자살 사고와 행동이 각 내담자에게 경험 회피의 기능을 하는지는 사례별로 검토해야 한다. 필요하다면, '자살을 함으로써 이루길 바랐던 것은 무엇입니까?'와 같이 말하면서 내담자에게 자신의 자살충동에 대해 숙고해 보도록 요청하라. 자살 행동이 감정 통제와 관련되어 있다는 것이 분명해지면, 내담자가 도피하려는 구체적이고 혐오스런 정서 상태(죄책감, 슬픔, 절망감, 수치감 등)를 아는 것은 최소한 두 가지 이유로 인해서 또한 유용하다. 첫째, 자살이 하나의 해결책으로 등장하게 된 구체적인 정서 문제를 알면 자살에 반응하고 대처하는 대안적인 방법을 계속해서 제안할 수 있게 된다. 둘째, 자살을 시도한 내담자가 도피하려는 특정한 심리 상태가 절망감이라면, 적어도 필자의 견해로는 치료의 이 시점에서 창조적 절망감을 유발할 수 있음이 잠재적으로 시사된다.

창조적 절망감 적정하기

Hayes 등(1999, 제4장)이 강조한 것처럼, 창조적 절망감의 유발에서 중요한 것은 ACT 치료자의 목표가 내담자의 정서 반응이나 느낌을 유도하는 것이 아니라, 효과 없는 감정 통제 의제에서 벗어나는 레퍼토리 확장 행동을 유도하는 것임을 이해하는 것이다. 하지만 그렇다고 해서 그 같은 감정(예, '치료자조차도 내게 희망이 없다고 생각하는 것 같다.')을 더 많이 지닌 행동인 창조적 절망감을 유도하는 작업에 대해 내담자(특히, 자살충동이 감정 상태인 절망감으로부터 도피하는 탈출구 역할을 해 왔고, 여전히 그런 내담자의 경우에)가 반응하는 것이 불가능하지는 않다. 이러한 이유로 인해 필자는 '적정하기titrating' 방법을 따른다. 즉, 창조적 절망감의 유발을 위해 사용하는 개입의 강도 수준을 각 내담자에게 적절한 정도로 맞춘다. 전반적으로 창조적 절망감을 심하지 않게 유발한 후에 진행하며, 자살이 우울로부터의 도피라고 느끼는(또는 느꼈던) 내담자와 상담할 때에는 더 신중한 기법을 사용한다. 자살 위험이 없거나 있더라도 자살충동이 경험 회피의 기능을 하지 않는 내담자에게 창조적 절망감을 유발할 때에는 조금 더 엄격하다. 이를 위해서는 솜씨가 필요하다. 한편으로 치료자는 창조적 절망감을 충분히 일으켜서 내담자가 비생산적으로 경험을 변화시키려는 의제를 계속 추구하는 것을 버리고, 그렇게 함으로써 자신을 개방하여 우울에 다르게 반응할 수 있게 해서 심리적 유연성이 증가되기를 바란다. 다른 한편으로는(동시에) 선호하던 문제 해결 전략인 자살로 되돌아가는 것을 방지하고자 한다.

필자가 추천한 방법으로서, 우울한 내담자에게 창조적 절망감 수준을 적절하게 맞추는 것에 대해서는 현재 경험 연구상으로 뒷받침이 없음을 밝혀둔다. 따라서 더 효과적인 치료를 촉진하기 위해서라기보다 필자 자신의 불안을 최소화하기 위한 것임을 인정하므로, 필자의 권유를 가볍게 받아들이기를 권한다(앞에서 강조했듯이, 언어 기계는 우리 모두에게 퍼져 있다!). 이러한 이유로 인해서, 창조적 절망감을 유발시키기 위해 여기에 제시된 조금 더 계량화된 방법을 Hayes 등(1999)의 책 제4장에 정리된 비교적 더 엄격한 전략과 비교함으로써, 당신은 ACT를 치료에서 어느 정도 실험해 보길 원할 것이다.

ACT의 치료 핵심과 창조적 절망감의 추가적인 절차로 돌아오는 것은 이례적이지 않다. 필요하면, ACT 책(Hayes et al., 1999)에 나오는 **중국인의 손가락 덫**(pp. 104-105), **구덩이에 빠진 사람**(Hayes et al., 1999: 101-104) 그리고 **괴물과의 줄다리기 비유**(p. 109)와 같이 창조적 절망감을 유발하는 기법과 절차를 재차 강조하고 나중에 다시 제시할 수 있다. 이러한 경우에는 절망감과 관련된 생각에 대해 탈융합 작업을 어느 정도 선행하면 경험 회피(도피)를 약화시키기 위한 노력이 더 성공적일 것이라고 필자는 믿는다. 예를 들어, **물체화하기 연습**(Hayes et al., 1999: 170-171)에서 절망감에 대한 느낌과 생각을 물체로 대하도록 내담자에게 요청할 수 있을 것이다.

정서적 통제 전략

창조적 절망감을 유발하기 위해서 치료자가 어떤 방법을 취하는지와 상관없이, 전문적인 도움을 구하는 것, 자조서를 읽는 것, 그리고 자살 사고나 자살 시도의 전략 외에 내담자가 사용하는 추가적인 정서 통제 전략을 확인하는 것은 여전히 중요하다. 창조적 절망감을 유발하는 두 가지 방법은 모든 유형의 통제를 철저하게 탐지하는 정도에서 다른 것이 아니라, 확인된 어떤 노력도 비효과적임을 내담자에게 납득시키는 정도에서 다르다. 어떤 정서적 통제 전략이 간과되었는지를 확인하기 위해서 '덜 우울하게 느끼려고 스스로 노력했던 그 밖의 다른 것은 무엇입니까? 그리고 그것이 당신에게 효과가 있었습니까?'라고 내담자에게 반복적으로 묻는 것이 필요할 수도 있다. 이를 위해서 내적, 외적, 상황 특정적, 그리고 회기 내 정서 통제 전략으로 나누어서 이러한 추가적인 노력을 하는 것이 유용한 듯하다.

내적 통제 전략

우울한 내담자가 사용할 가능성이 매우 높은 경험 통제 전략인 반추에 대해 이미 상세하게 논의했으며, 그것을 평가하고 탐지하는 충분한 방법들을 언급하였다(2장과 3장 참조). 백일몽, 사고의 억제, 그리고 다른 형태의 인지적 전환 등은 '다른 것을 생각하려고 애쓰면서 우울한 생각과 감정을 마음에서 없애려고 얼마나 노력했습니까?'와 같은 질문으로 탐지될 수 있는 추가적인 내적 통제 전략에 해당된다. 일찍이 언급했던 대로, 그런 경우에 회피하는 특정한 생각을 확인하는 것은 이후의 탈융합 작업을 유도하는 데에도 도움이 될 것이다.

덜 흔한 내적 통제 전략은 내담자마다 상당히 다양한 듯하며, 내담자와 보다 적극적으로 협력할 경우에만 확인될 수가 있다. 예를 들어, 창조적 절망감 유발을 위한 적정하기 접근에서도 필자는 톤을 조금 낮추는 식으로 이를 종종 변형하지만, 구덩이에 빠진 사람 비유(Hayes et al., 1999: 101-104)를 항상 제시한다. 그 후에 내담자에게 '구덩이를 파는' 추가적인 방식을 확인하도록 숙제를 준다. 최근에 어느 우울한 내담자는 성인 시절의 대부분 동안에 책 읽기를 경험 회피 전략으로 사용했다는 것을 이제서야 깨달았다고 그

다음 회기의 시작에서 말하였다. 그녀는 항상 심지어는 어린아이 때도 책 읽기를 즐겼지만, 성인이 되어서는 우울하게 만드는 삶의 문제를 다루지 않는 방편으로서 책 읽기에 몰두하면서 더 많은 시간을 보냈음을 깨달았다고 상세히 설명하였다. 또한 그녀는 책 읽기가 점점 더 경직되고 유연하지 않게 됨(예, '나는 내가 책을 **읽어야만 하는** 것처럼 느낀다는 것을 발견하였다.')을 알게 되었다. ACT를 시작하기 전 그녀는 책 읽기의 기능을 합리화하였다(논픽션만 읽도록 스스로 허용하면, 그 과정에서 적어도 지식을 더 갖추게 될 것이라고). 그러나 이제는 그것으로 인해서 자신이 계속 우울증에 빠지는 것을 더 명확하게 보기 시작하였다.

외적 통제 전략

내적이고 외적인 전략을 구별하는 것은 다소 임의적이긴 하지만(후자는 더 외현적인 행동 패턴임), 그래도 경험 회피의 형태를 간과하지 않는 것이 유용하다고 본다. 더 일반적으로는 우울증과 약물 남용 및 의존 간의, 그리고 특수하게는 기분장애와 알코올 관련 장애 간의 높은 공병률에서 나타나듯이, 외적 통제 전략 중에는 정서 조절을 위해서 약물을 사용하는 경우('자가 약물 복용')가 아마도 가장 널리 만연되어 있다(Regier et al., 1990).

의사 처방이 없는 투약이나 처방약 또는 '기분전환용 약'(마리화나, 메타엠파타민 등과 같은)의 형태이든 아니든 간에, 추가적으로 약물을 복용하는 것은 동일하게 경험 회피의 기능을 할 수 있으며 간과되어서는 안 된다. 따라서 모든 우울한 내담자에게 우울한 기분을 조절하기 위해서 약물을 어느 정도 복용하는지 구체적으로 물어보라(예, '기분을 더 좋게 하려고 스스로 어떤 것을 먹거나 마신 적이 있습니까?'). 대부분의 경우에는 내담자가 도피하려는 특정한 정서 상태와 생각, 기억 및 다른 사적 사건 등을 확인하는 것이 구체적인 약물을 아는 것보다 더 중요하며, 그래야 치료에서 그것에 반응하는 대안적인 방법을 다룰 수 있다.

두 번째로 흔한 형태의 외적 통제 전략에는 먹기, 쇼핑하기, 게임하기, 성적 행동 등과 같이 집합적으로 '중독 행동'(예, Nakken, 1996 참조)으로 간주되는 집중적인 활동을 자주 실행하는 것이 포함된다. 그러한 행동들에 대해 '중독'이라는 용어를 적용하는 것이 유용한지에 대해서 개인적으로는 의문이 들지만, 그것이 경험 회피적인 기분 조절 기능에 기여하는 가능성을 평가하는 것은 중요하다고 본다. '우울함을 느낄 때 기분이 좋아지도록 하기 위해서 어떤 특별한 행동을 합니까?'와 같은 질문은 강박행동과 같은 명백한 패턴의 형태로 외적 통제 전략을 사용하는지를 초기에 탐색하는 하나의 방법이다.

상황 특정적 통제 전략

우울증은 내담자가 '짊어지고 다니는' 상당히 안정된 심리 상태라고 흔히 간주되므로 불안과 같이 변하기 쉬운 정서 상태보다는 상황적 요인에 훨씬 덜 반응적이라고 생각된다. 그렇지만 개인차로 인한 변량에도 불구하고, 우울한 기분 및 그와 관련된 생각, 그리고 신체적 감각상의 변화도 또한 맥락에 따라 특정적으로 나타나는데(Penner, Shiffman, Paty, & Fritzsche, 1994), 이는 그런 상황을 회피하는 것이 또 다른 종류의 정서적 통제에 기여할 수 있음을 의미한다. 이를 알아보기 위해서 내담자에게 '더 많이 우울해지기 때문에 가고 싶지 않은 장소나 하기 싫은 일이 있습니까?'라고 물어볼 수도 있을 것이다. 어떤 회피적인 활동과 상황은 가치 지향적인 삶을 영위하는 데 있어서 다른 것보다 더 해로운 영향을 분명히 미칠 것이다. 내담자가 사별한 배우자와 함께 영화관에 갔었기 때문에 더 이상 혼자나 친구와 함께 영화관에 가지 않는 것은 오히려 별 영향이 없을 수도 있다. 상실을 고통스럽게 상기시키기 때문에 모든 친구들과의 접촉을 심각하게 제한하는 것은 중요할 수도 있다. 피하는 활동이나 상황의 목록을 수집하는 것은 이후에 노출의 형태로 부과할 숙제를 지도하는 데 유용할 수가 있다.

회기 내 통제 전략

내담자가 치료자와의 상호작용에서 보이는 많은 행동들이 경험 회피의 기능을 할 수도 있다는 것을 처음으로 인식한 정신건강 전문가는 분명히 행동주의 치료자가 아니다(Waterhouse & Strupp, 1984). ACT는 이러한 현상을 확실히 인정하지만(Hayes et al., 1999: 130-132), 기능분석적 심리치료Functional Analytic Psychotherapy: FAP(Kohlenberg & Tsai, 1987, 1991)는 이를 훨씬 더 확실하게 강조해 왔다. 1장에서 제시한 것처럼, FAP도 역시 제3 세대 행동치료의 일부로 간주되며 ACT와 매우 잘 양립할 수 있다. 사실상, FAP[1]은 ACT에 곧바로 결합되고 통합될 수 있어서 'ACT를 하면서 FAP을 하지 않고 있다면, ACT를 하지 않고 있는 것이다.'라는 말을 한다(필자는 이 말을 Kelly Wilson에게 처음 들었다고 믿지만, 불행하게도 적절하게 인용하기 위한 정확한 날짜나 상황은 기억나지 않는다). FAP에 대해 여기에서 제공하는 것보다 더 상세한 소개나 서술을 원한다면, Kohlenberg와 Tsai의 문헌을 참고하라.

동일한 형태는 아니더라도, 치료 외부에서 일어나는 임상적으로 관련된 내담자의 행동은 치료 내에서도 나타날 가능성이 상당히 있다는 것이 FAP의 가정 중 하나다. 정서의 통제에 적용했던 것처럼, 이는 내담자와의 상호작용에서 정서적 회피나 도피에 기여하는 어떤 행동을 관찰할 기회가 있을 것임을 시사한다. 예를 들어, 내담자는 특히 정서적으로 고통스런 어떤 주제에 관해 생각하거나 말하는 것을 피하려고 애쓸 수가 있다. 그는 언어적인 방식뿐만 아니라 비언어적인 방식으로도 다양하게 그럴 수가 있다. 전자에는 화제 바꾸기, 질문에 대해 옆길로 새는 반응하기, 침묵하기, 또는 말을 많이 하지만 상당히 무관한 주제에 관해 말하기 등이 포함될 수 있다. 회기 중에 흔히 나타나는 정서 통제의 비언어적인 형태로는 눈 맞춤을 피하거나 눈을 돌리는 것이 포함될 수 있다. 내담자의 그런 행동에 어떻게 치료적으로

역자주

1) FAP: F-A-P가 아니라 한 단어인 '팹'으로 발음한다.

반응할 것인가에 대한 제안은 6장에 제공될 것이다.

가치

필자의 경험과 견해로는, 가치에 대한 평가를 진행 중인 과정으로 보는 것이 특히 ACT에서는 유익함을 발견한다. 이는 가치 자체가 치료 기간 중의 특정한 시기에 변하기 때문이 아니라, 이전 장에서 언급한 것처럼 내담자는 종종 그것에 대해 직접적으로 질문을 받으면 치료자가 듣기 원하는 가치를 추측하여 제시하기 때문이다. 이러한 이유 때문에 직접적이며 간접적인 다른 수단을 통해서 가치를 반복적으로 측정하고 수렴해서 보는 것이 신중한 듯하다. 여기서는 초기에 가치를 측정하는 간접적인 방법에 대해 논의할 것이다. 내담자의 가치를 더 확인하고 명료화하는 더 직접적인 방법은 7장에서 제시할 것이다.

목표 설정

아마도 Hayes 등(1999)의 책을 3분의 2 이상 넘겨야 가치에 대한 장(제8장)이 나오기 때문에, 가치를 치료 초기에 측정하기보다 후반부에 측정해야 한다고 생각할 수 있다. 하지만 필자는 아주 초기에 적어도 예비적으로 가치에 대한 평가를 하라고 추천한다. 즉, 내담자와 치료 목표에 대해 논의할 때가 가치에 대해 평가할 적절한 시기다. 가치와 목표는 하나이거나 동일한 것이 아니지만, 목표에 대해 내담자와 논의함으로써 초기에 내담자의 가치를 파악하는 데 도움이 될 수가 있다. 가치는 ACT와 관련된 다른 핵심 과정이 방향을 잡을 수 있도록 해 주는 중요한 참조 틀로서 기여하며(예, 탈융합은 가치라는 맥락에서만 치료적으로 적합하다), 후기보다는 초기에 가치를 확인하고 명료화하는 것이 직접적인 평가와 치료에 도움이 된다. 게다가 내담자가 가치 지향적인 방향으로 삶을 성공적으로 움직여 간다면, 자신의 가치를 명료화하는 것이 치료 내부와 외부에서 경험할 수 있는 상당한 정도의 심리적 고통과 괴로움에 의미를 부여해 줄 것이다.

ACT에서는 내담자의 가치만 중요한 것이 아니다. 즉, 치료자 자신의 가치도 역시 중요하다. 대개는 처음 회기에서 새로 온 내담자에게 치료 목표가 무엇인지 물어볼 때, 전반적인 목표가 치료자 자신의 가치에 어긋나지 않고 적절한지를 판단하기 위해 필히 주의 깊게 경청해야 한다. 아마 더 중요하기로는, 내담자의 치료 목표를 알면 그가 자신의 우울증을 어떻게 보는지 더 잘 이해하는 데 도움이 될 것이다. 필자의 경험으로 보면, 내담자가 말한 목표는 더 의미 있고 가치 있는 삶에 이르는 것보다 경험을 더 잘 통제하는 것(예, '행복해지고 싶다.' '이 우울증을 없애고 싶다.' '자신에 대해 더 좋게 느끼고 싶다.' 등)과 관련될 가능성이 훨씬 더 많은 듯하다. ACT에서는 그러한 목표가 치료 목표로서는 부적절하지만, 그럼에도 불구하고 그에 관해 논의함으로써 간접적으로 가치를 평가하며, 내담자가 ACT에 보다 친숙해지는 값진 기회를 얻게 된다.

대화 예시

다음은 전반적인 평가를 하면서 내담자와 함께 나눌 수 있는 전형적인 대화다.

치료자 당신은 치료에 온 목표가 덜 우울하게 느끼기 위함이라고 말했습니다. 이것이 당신에게 매우 중요하다는 것을 이해합니다. 그리고 왜 그런지를 제가 더 잘 이해하도록 당신이 아주 잘 도와주었습니다. 만일 당신이 투쟁해 오고 있는 방식으로 더 이상 우울증과 투쟁하지 않아도 된다면, 당신의 삶은 어떻게 달라지겠습니까?

내담자 만일 제가 기분이 더 좋아진다면 모든 것이 분명히 더 좋아질 것입니다.

치료자 좀 더 구체적으로 물어봐도 되겠습니까? 더 좋게 느끼려고 당신이 노력하느라 보낸 시간과 노력, 그리고 에너지를 당신이 되찾아서 이제는 다르게, 당신이 원하던 방식대로 쓸 수 있다고 생각해 보세요. 어떻게 쓰겠습니까? 무엇을 하겠습니까?

내담자 아마 저는 친구들과 지내는 데 더 많은 시간을 보낼 것이며, 아내와 아이들과 함께 더 많은 일을 할 것이라 생각됩니다. 우울할 땐 다른 사람 주위에서 정말 시무룩해져 있고 혼자 동떨어져 있기만 합니다.

치료자 다른 사람(친구와 가족)과의 관계가 당신에게 매우 중요한 것처럼 들립니다. 당신 삶에서 중요한 사람들과 더 많은 시간을 보내며 더 많은 일을 하는 것이 여기서 우리의 목표 중 하나이기를 원합니까?

내담자 물론이죠. 하지만 이런 식으로 느끼는데 어떻게 그런 일이 일어날 수 있는지는 모릅니다.

치료자 그 말이 당신에게 어떤 것인지 알 수 있습니다. 바로 지금이라도 최선을 다해 다른 세상을 상상해 보도록 요청하겠습니다. 다음과 같은 선택이 주어졌다고 가정해 보세요. A는 당신이 더 좋게 느끼고 삶에서 더 이상 우울하지 않을 것이라는 선택입니다. 하지만 그 대가로서 또한 더 이상 친구나 아내, 또는 아이들과 만나지 않을 것입니다. 즉, 그들을 결코 다시 보지 않을 것입니다. B는 당신이 친구들과 함께 원하는 만큼 시간을 보낼 수 있을 것이라는 선택입니다. 하지만 당신의 우울 수준은 변하지 않을 것입니다. 어쩌면 변할 것이고, 어쩌면 그렇지 않을 것입니다. 어느 쪽을 선택하겠습니까?

내담자 제 우울증이 영원히 사라졌으면 좋겠고, 그리고 제 친구와 가족도 만날 수 있으면 좋겠습니다.

치료자 당신이 원하는 것을 이해합니다. 잠시 여기서는 그것이 가능하지 않다고 가정해 보세요. 그러면 말했던 두 가지 선택만 있습니다. 어느 쪽을 택하겠습니까?

내담자 그래도 제 친구와 가족을 보는 거.

치료자 우리가 여기서 하려는 것이 바로 당신이 친구들이나 가족과 더 많은 시간을 보내는 길을 찾을 수 있는지 보는 것이라면 어떻겠습니까?

내담자와 나누는 이런 종류의 대화에서 감정의 통제가 치료 목표라고 암시하지 않기 위해서 '만일 당신이 더 이상 우울하지 않다면…….'이란 어구를 사용하지 않는 것이 낫다. 동시에 이것(즉, 우울증 자체를 없애는 것)이 ACT의 목표가 아니라는 것을 강조할 다른 기회는 많을 것이므로, 적어도 초기에 그런 식으로 언급하는 것은 그렇게 결정적이지 않을 것이다. 여기서 치료자와 내담자는 친구 및 가족과 더 많은 시간을 보내는 것이 ACT의 결과 목표 중 하나임에 먼저 동의할 것이다. 그렇지만 치료자가 **과정 목표**가 무엇인지(즉, 결과 목표 자체에 어떻게 이를지)에 대한 합의를 이룰 가능성은 적을 것이다. 그 문제는 치료가 전개되면서 다룰 수 있으므로, 이 시점에서는 중요하지 않다. 특히, 탈융합과 수용 그리고 창조적 절망감의 유발에 대한 더 많은 작업을 통해서 통제 의제가 버려질 때까지는 내담자가 '더 좋게 느끼기' 원하는 과정 목표로 계속해서 되돌아올 가능성이 많다.

내담자가 처한 어려움을 가설적인 선택으로 만드는 것은 적어도 두 가지 목적에 도움이 된다. 첫째, 이는 내담자가 기꺼이 고생하려는 것이 무엇인지를 초기에 평가함으로써 가치를 명료화하도록 돕는다. 이러한 의미에서, '삶에서 중요한 것을 얻기 위해 우울을 기꺼이 경험하고자 할 만큼 당신에게 중요한 것은 무엇입니까?'와 같이 가장 중요한 것에서 가설적인 질문을 끌어낸다. 둘째, 단지 순간적으로 상상 속에서라도 선택을 통해 대안적인 행동을 이끌어 냄으로써 심리적 유연성을 향상시킨다.

만일 방금 제시한 예시 대화가 가치 평정을 위해서 사용하는 유일한 수단으로 제시된다면, 내담자가 사회적으로 바람직한 선택(B안)만 할 수 있는 정당한 관심사가 강화될 것이다. 예를 들어, 자살 가능성을 측정해서 A안에 의해 얼마나 우울하게 되었는지를 확인함으로써 B안에 내포된 가치의 상대적인 강점을 간접적으로 평가하는 방법이 생긴다. 결국, 자살에 대해 살펴보면서 내담자는 자신의 삶에서 다른 모든 것보다도 고통을 없애는 것(A안)을 종종 선택하게 된다. 만약에 내담자가 당장 자살하지 않는 B안을 선택했다면, 심도 있는 평가를 확실히 할 수 있을 것이다.

고통에 대한 관계

2장에서 언급한 것처럼, 치료자는 내담자와 함께 심리적 고통을 발견한 지점에서 또한 가치를 발견할 것이다(Wilson, 2005). 이는 가치를 평정하는 강력하고도 추가적인 간접적 방법임을 의미한다. 고통을 겪는 것과 가치는 분리될 수 없으며, 경험이라는 같은 동전의 양면일 뿐이다. 즉, 우리는 무의미한 어떤 것에 대해 정서적인 고통을 경험하지 않는다. 내담자는 자기 삶에 대한 이야기와 함께, 왜 이 시점에서 치료를 신청했는지를 말하면서 그가 삶에서 겪는 고통의 주요 원천과 영역을 어느새 찾게 될 것이다. 필요하면, 어떤 가치가 타협되고 심지어는 침해되고 있는지를 확인하면서 몇 가지 질문을 더 해 보라. '우울해진 것과 관련해서 가장 나쁜 것은 무엇입니까?' 또는 '우울한 것이 당신에게 왜 그렇게 나쁩니까?' 또는 '우울해짐으로써 당신의 삶이 어떻게 바뀌었습니까?'와 같은 질문을 기술적으로 하는 것이 내담자가 겪는 고통 기저에 있는 가치를 밝히는 데 도움이 될 수도 있다.

내담자가 언급하는, 창업의 실패와 같이 의미 있는 생활사건에 대해서 비슷하지만 보다 더 구체적인 질문을 해 보는 것도 또한 유용할 수가 있다. 그러한 사건에 의해 시작된 심리적 고통 이면에 있는 핵심 가치는 무엇인가? 결과적으로 누군가를 위해 일하러 가야 했을 때 내담자의 자율성이나 자기결정권이 손상되었는가? 그녀는 나쁜 엄마이며, 자녀들에게 재정적인 조달을 적절하게 하지 못하면서 아이들의 기를 죽였다고 느꼈는가? 그것은 그

둘의 조합이었는가, 아니면 중요하게 관련된 또 다른 핵심 가치였는가? '사업 실패에 대해 당신을 그렇게 괴롭혔던 것은 무엇이었습니까?'와 같은 질문을 하는 것은 그런 문제를 다루는 하나의 방법이다. 필요하다면, 사업이 실제로 실패했음을 내담자가 인정해야 했을 때 그녀에게 눈을 감고 마음을 모은 후에 자신의 생각과 감정, 그리고 신체적 감정 및 비슷한 것 등을 있는 그대로 다시 체험해 보도록 요청하는 것도 또 다른 방법이다. 또한 다른 일자리를 찾고 자녀에게 왜 그렇게 했는지를 이야기하는 것과 같은 행동을 하는 것이 어떠했는지 회상해 보도록 요청하면서 동일한 과정을 활용할 수 있다.

전념 행동

가치에 대한 초기 평가에서는 내담자의 행동이 얼마나 밀접하게 또는 밀접하지 않게 뚜렷한 가치와 연결되어 있는지 예비적으로 평가하는 단계를 거친다. 그렇게 하면서, 가치를 지향하는 것임에도 불구하고 내담자가 참여하지 않는 활동뿐 아니라 가치에 부합하지 않음에도 불구하고 심지어는 과도할 정도로 몰두하는 활동을 검토해 보라.

행동 결핍

우울증으로 체중이 감소된 내담자는 가치에서 우러나온 활기찬 삶을 영위하지 않는다. 당신은 외현적인 행동 수준에서 내담자가 행하지 않고 있는 것을 통해서 이 점이 매우 명백하게 드러남을 볼 것이다. 초기 평가에서는 이 대목에서 내담자가 말하는 삶의 이야기와 치료 목표를 들으면서 이 주제에 관해 많은 정보를 수집할 것이다. 예를 들면, 가족 및 친구와 더 많은 시간을 보내길 원하는 목표를 지닌 내담자에게는 그 친구와 함께 참여하곤 했던 구체적인 활동이 무엇인지 물어본다(예, '우울해지기 전에 친구나 가족 하고 어떤 특별한 일을 하곤 했습니까?' 그리고 '지금은 그들과 어떤 일을 할 수 있길 바랍니까?').

보다 더 철저하게 초기 평가를 하기 위해서, 가치와 확실하게 연결되지는 않지만 우울증으로 인해 빈도가 감소되었을 뿐 아니라 심지어는 거의 지속되지 않는 다른 활동들에 대해 유사한 질문을 하는 것이 중요하다고 필자는 믿는다. 또한 즐거운 활동에 관해 물을 수도 있지만(즉, '즐기던 것 중에서 지금은 하고 있지 않은 것은 무엇입니까?'), 즐거운 활동에만 질문을 국한하지 않는다는 점에 유의하라. 이는 일과 같은 가치 지향적인 모든 활동이 반드시 즐겁지는 않으며, 모든 즐거운 활동이 의미 있지는 않기 때문이다.

절대적으로 확실한 가정은 아니지만, 우울증 이전의 생활이 현재보다 전반적으로 더 가치 지향적이었다고 보는 것이 타당한 듯하다. 이런 경우에는 해당되는 정도에 따라서 우울증의 몇몇 측면은 적어도 중단된 가치 지향적인 활동('행동 결핍')과 아마 연결되어 있을 것이다. 이를 판단하기 위해서 실행할 수 있는 몇 가지 추가적인 평가 방법을, 전념 행동의 장애물을 명료화하는 방법과 함께 7장에서 자세히 논의할 것이다.

행동 과잉

아마도 이제까지 치료자는, 특히 정서 통제 전략을 초기에 평가하면서 빈도와 강도, 그리고 우울증의 시작과 지속 기간에서 늘어난 내담자의 어떤 행동을 이미 확인했을 것이다. 그럼에도 불구하고, 보다 더 포괄적인 초기 평가를 완수하기 위해서 다른 행동 과잉에 대해 구체적으로 물어보라(예, '우울해진 지금 더 많이 하고 있는 다른 일이 있습니까?'). 내담자가 확인한 어떤 행동을 초기의 가치 평가와 관련해서 평가해 보라. 수면 증가와 같이, 이전에는 확인되지 않았던 어떤 행동 과잉은 비교적 '가치중립적인' 것처럼 보일 수 있으며, 내담자의 핵심 가치를 위반하거나 혹은 그에 기여하지는 않는 것처럼 보일 수도 있다. 그러나 혼외정사에 대해 생각하기와 같은 다른 행동은 사랑하는 배우자 되기와 같은 가치와 양립할 수 없으며, 경험 회피나 도피의 또 다른 형태(즉, '적어도 조금은 더 기분 좋게 느낄 수 있을 거야.')가 될 수도 있다. 필요하다면, 내담자가 하고 있는 행동과 자신의 명확한 가치와의 구체적인 관련성에 대해 물어보라(예, '친구들이나 가족과 함께 더 많은 시간을 보내길 원하는 것과 잠을 많이 자는 것은 어떻게 관련이 있습니까? 그 행동을 통해서 그 가치에 더 가까이 갑니까, 아니면 더 멀어집니까?').

융합

ACT에서 융합에 대한 평가는 가치에 대한 평가처럼 지속적으로 이루어지는 과정이다. 융합을 가치의 맥락에서 고려하는 것이 유용하다. 융합된 언어적 자료가 무엇이든지 간에(자동적 사고나 이유 대기 또는 이야기하기 등), 가치 지향적 행동에 참여하는 데 방해가 되는 것은 궁극적으로 탈융합의 목표가 된다. 이러한 관점에서 보면, ACT에서 이루어지는 예비적인 사례 개념화 및 공식화로 안내하는 초기 평가의 목적 중 하나는 탈융합을 위한 단일 관계 구성틀이나 관계 구성틀망을 확인하는 것이다. 융합된 내용을 탐지하기 위한 상당수의 제안들이 이 장과 이전 장에서 이미 제공되었으며, 6장에서는 더 많이 제공될 것이다. 따라서 언어 사용의 다른 수준에서 탈융합을 평가하는 것에 대해서는 추가적으로 아주 조금만 언급하고자 한다.

자동적 사고

필요하면 동일시에 대한 대안적인 전략을 보충하기 위해서 특히 우울해질 때 내담자에게 떠오르는 특정한 생각에 대해 질문할 수 있다. 내담자가 무심결에 말하는 것을 듣거나, 또는 '뜨거운 인지hot cognition'(즉, 강한 감정을 수반하는 자동적 사고)라고 하는 정서적인 수반 현상을 포착함으로써 그렇게 할 수 있다. 예를 들어, '당신은 특히 우울할 때 무엇에 대해 생각합니까?'라고 간단히 질문하는 것은 아마도 다른 융합된 자동적 사고를 확인하는 가장 직접적인 추가 방법일 것이다. 대안적으로 우울한 내담자에게 최근의 어떤 고통스러운 순간을 회상하도록 요청하고, 무엇을 생각하고 있는지 알아보라(예를 들면, '눈을 감고, 당신이 아내와 이야기를 하고 있으며 그녀와 함께 저녁 식사 하러 나가고 싶지 않다고 말하고 있을 때로 되돌아가 보세요. 어떻게 느껴지는지 주목해 보고, 당신이 했던 생각이 무엇인지 말해 주세요.').

이유 대기

초기에 제시한 바와 같이 치료자는 내담자의 생애 이야기를 단지 적극적으로 경청함으로써, 그가 자신의 우울증에 대한 이유로 제공하는 많은 이유들을 즉시 확인할 수 있다. 그러나 애매모호함을 명확하게 하기 위해서 내담자에게 들은 바를 요약하면서 확인해 보라. '당신이 이제까지 말한 것을 제가 이해했는지 알고 싶습니다. 알다시피 당신의 우울증은 일차적으로 X, Y, Z에 의한 것이었습니다. 맞습니까? 제가 빠뜨린 것이 있습니까? 우울증의 또 다른 이유가 있습니까?'

이야기 구성하기

생애 이야기와의 융합에 대한 초기 평가를 또한 확증하기 위해, 간단히 경청하면서 수집한 것을 요약해 주고 내담자에게 명료화하도록 요청하는 것과 유사한 전략을 사용하라. 그렇게 하면서, 내담자가 '정당함'이나 '희생자 역할하기'에 사로잡혀 있는 것 같은 징후에 특별히 주의를 기울여라. 그런 종류의 융합은 치료적으로 특히 어려운 과제일 수 있다(이에 대해서는 10장에서 더 많이 언급할 것이다). 필요하면, '만일 제가 틀렸으면 정정해 주세요. 그런데 당신의 가족이 당신을 더 잘 대했다면 우울하게 되지 않았을 것이라고 굳게 믿는 것처럼 들립니다.'와 같은 말을 함으로써, 치료자 자신의 평가를 검증해 보라. 이러한 말은 내담자의 경험을 또한 타당화해 줄 수도 있으며 그래서 치료 관계를 강화시킬 것이다.

세 가지 '자기' 인식

초기 평가에서 이루어지는 마지막 평가 영역은 내담자의 자기에 대한 인식이다. 연관된 핵심 과정인 마음챙김과 맥락으로서의 자기에 기초하여 ACT에서는 주요한 자기 인식을 세 가지로 구분한다. 즉 과정으로서의 자기, 개념으로서의 자기, 그리고 맥락으로서의 자기(Hayes et al., 1999: 181-187). 이제 각각을 살펴보자.

과정으로서의 자기

과정으로서의 자기self as process는 계속되는 심리적인 반응과 경험의 흐름을 지속적으로 자각하는 능력을 가리킨다. 하지만 **마음챙김**mindfulness에 대한 Kabat-Zinn(1995: 4)의 정의인 "특정한 방식으로(즉 의도적으로, 현재 순간에, 비판단적으로) 주의를 기울이기"라는 견지에서 보면, 너무나도 흔히 우리 모두는 심리적 반응과 경험의 흐름을 마음챙김 방식으로 자각하지 않는다. 경험 회피와 융합은 과정으로서의 자기를 손상시킨다. 손상의 정도는 경험 회피 및 융합의 수준과 직접적으로 상관이 있다. 그러므로 이 두 과정에 대해 평가를 한 경우에는 내담자가 현재 순간보다 과거나 미래 속에서 살 가능성이 얼마나 많은지를 적어도 어느 정도는 이미 평가한 것이다. 더 충분한 평가를 위해서는 지금 여기 대신에 과거나 미래에 대해 자동적으로 언급하는 반추(과거에 사는)와 걱정(미래에 사는)의 수준을 고려하고 평가하라.

대개는 필요하지 않지만, 과거나 미래에 얼마나 많이 사로잡혀 있는지 내담자에게 직접적으로 물어볼 수 있다(예, '자신이 과거나 미래에 관해 생각하고 있음을 얼마나 자주 발견합니까? 그럴 때, 특히 무엇에 대해 생각하는지 말해 줄 수 있습니까?'). 더 극적인 경우에는, 산만해 보이고 '다른 어딘가에' 있는 듯이 보이는 내담자와 상호작용하면서 과거나 미래에 사로잡혀 있다는 것이 분명해질 수도 있다.

개념으로서의 자기

ACT에서 사용되는 **개념으로서의 자기**는 우리가 우리 자신에 대해 갖는 상호 연결된 생각을 의미한다. RFT의 관점에서 보면, 우리 각자는 자신이 누구인지를 정의하는 데 도움을 주고 자신의 생애 이야기를 말해 주는 관계망을 구성한다.

대부분의 우울한 내담자들은 빈번히 그리고 자동적으로, 부정적인 자기 평가('나는 어리석다.' 또는 '나는 너무 바보라서 믿을 수가 없다.')를 할 것이다. 그렇지 않다면, 내담자에게 자신에 대해 어떻게 생각하는지(예, '당신은 자신을 어떻게 기술합니까?') 물어보라. 긍정적인 개념적 자기도 자기상의 일부인지를 평가하기 위해서, 개념적 자기의 부정적인 측면(즉, '당신이 자신에 대해 가장 싫어하는 점은 무엇입니까?')뿐만 아니라 긍정적인 측면(예, '당신이 자신에 대해 가장 좋아하는 점은 무엇입니까?')도 구체적으로 탐색하는 것이 유익하다. '모릅니다.' '아무것도 생각할 수 없습니다.' 심지어는 '전혀'라고 말하면서 반응하는 내담자는, 추측컨대 손상을 입은 개념적 자기와 매우 밀착된

융합 수준을 보이고 있는 것이다.

또한 치료 목표를 설정하는 맥락에서 초기에 제시한 몇 가지 질문(예, '당신이 **자신에 대해** 더 좋게 느낀다면 당신의 삶이 어떻게 달라지겠습니까?')을 약간 수정해서 손상된 개념적 자기와의 융합이 심리적 경직성에 기여해 온 정도를 평가할 수 있다. 개념적 자기를 **행동적 수동성**과 연결하여 비교적 길고 상세한 대답을 한다면(즉 전념하는 가치 지향적인 행동이 없다면), 내담자가 융합에서 벗어나 삶을 향해 움직이기 위해서는 이 영역에서 상당한 정도의 탈융합 작업이 필요함을 시사한다.

맥락으로서의 자기

자기 자각의 과정 중에는 우리가 자각하는 것을 자각하는 자기의 또 다른 측면이 있다. 자기 자각이 가능한 이 관점, ACT에서 흔히 '관찰자' 또는 '관찰하는 자기'(Hayes et al., 1999: 184)로 언급되는 것이 **맥락으로서의 자기**를 구성한다.

ACT와 관련된 모든 핵심 과정 중에서 맥락으로서의 자기를 포함하는 과정이 평가하기 가장 어려운 것으로 입증되었다. 그것이 비교적 순간적인 속성을 지니며 형태가 없다면, 이는 놀랍지 않다. 불행하게도, 초월적인 자기 인식에 접촉하고 있는 정도를 평가하기 위해 치료자가 내담자에게 물어볼 수 있는 질문을 제공하기란 쉽지 않다. '당신은 얼마나 영적입니까?'라고 묻는 것이 떠오르지만, 많은 내담자들은 명백하게 사회적으로 바람직한 답으로 반응할 가능성이 상당히 많다. 더 공식적인 평가 수단으로서 사용할 수 있는 선택안도 현재는 없다. 육각형의 다른 과정을 평가하기 위해서 자기 보고식 검사지가 개발되긴 했지만, 지필식으로 영성을 측정하는 도구와 AAQ를 각각 활용해서 맥락으로서의 자기와 심리적 유연성의 관계를 경험적으로 검토하려고 노력하였으나 가망이 없었다(McDaniel & Zettle, 2006).

평가 방안이 없으므로, 내용이 없는 자기 인식을 어렵지 않게 측정하는 가장 좋은 방법은 개념적 자기와의 융합을 평가함으로써 간접적으로 측정하는 것이다. 개념적 자기에 경직되면 집착된 정도에 따라서 초월적인 자기 인식에 접촉하는 것이 불가능하게 된다. 즉 개념적 자기와 융합된 정도가 클수록 맥락으로서의 자기를 포함하는 과정이 손상되었을 가능성이 더 크다.

요약

우울한 내담자를 치료하면서 ACT와 관련된 과정을 평가하는 것은 계속해서 진행되는 역동적인 과정이다. 이 장에서는 ACT와 일관된, 각 내담자에 대한 개별적인 초기 사례 개념화를 공식화하기 위해서 충분한 정보 수집을 위한 예비 평가를 수행하는 것에 대한 제안들을 고찰하였다. 이는 그다음에 치료의 초기 단계를 안내하는 데 활용될 수 있다. 이러한 평가의 많은 부분이 1회기에 진행되는 면담으로 구성되며, 그러므로 동시에 치료 관계를 확립하고 조성하는 방식으로 내담자와 상호작용을 한다. 이 장에서 제시된 많은 평가 질문들은 평가 과정에 따라 〈표 4-1〉에 요약되어 있다.

다양한 지필식 측정 도구를 사용해서 아주 핵심적인 과정을 더 공식적으

〈표 4-1〉 ACT 관련 핵심 과정의 평가: 제시된 질문

과정	질문
경험 회피	'당신은 이전에 더 기분 좋게 느끼기 위해서 어떤 종류의 전문적인 도움을 구했습니까?'
자살충동	'자살을 생각하거나 시도한 경험에 대해 말해 줄 수 있습니까?' '자살을 시도함으로써 이루려고 했던 것은 무엇이었습니까?'
내적 통제 전략	'다른 것을 생각하려고 애씀으로써 우울한 생각과 감정을 마음에서 몰아내려고 얼마나 애씁니까?'

외적 통제 전략	'당신은 더 기분 좋게 느끼기 위해 어떤 다른 약물이나 물질을 마시거나 먹습니까?' '우울해지는 것을 느낄 때 더 기분 좋게 느끼기 위해서 당신이 행하는 어떤 다른 특별한 일이 있습니까?'
상황 특정적 통제 전략	'우울을 더 많이 느끼기 때문에 하고 싶지 않은 일이나 가고 싶지 않은 장소가 있습니까?'

융합

자동적 사고	(내담자가 울고 있을 경우의 반응) '방금 무엇에 대해 생각하고 있었습니까?' '특히 우울할 때, 당신은 무엇에 대해 생각합니까?'
이유 대기	'당신이 보기에 당신의 우울증은 원인이 무엇입니까?'
이야기 구성하기	'당신 삶의 과정에 걸쳐서 우울증으로 인해 경험한 것을 말해 줄 수 있습니까?'
과정으로서의 자기/마음챙김	'자신이 과거나 미래에 대해 생각하고 있음을 얼마나 자주 발견합니까?'
맥락으로서의 자기	'자신에 대해 어떻게 기술합니까?' '자신에 대해 무엇을 가장 싫어합니까?' '자신에 대해 더 좋게 느낀다면, 당신의 인생이 어떻게 달라지겠습니까?'
가치 추구	'치료에 오게 된 목적은 무엇입니까?' '우울증과 더 이상 싸우지 않는다면, 당신의 인생이 어떻게 달라지겠습니까?' '우울해짐으로써 당신에게 일어난 가장 최악의 일은 무엇입니까?' '우울해짐으로써 당신의 인생이 어떻게 바뀌었습니까?' '당신을 그렇게 우울하게 만들었던 [특별한 생활사건]은 무엇이었습니까?'

전념 행동

행동 결핍	'우울해지기 전에 행하던 일 중에서 지금은 하지 않고 있는 것은 무엇입니까?'
행동 과잉	'우울한 지금 더 많이 하고 있는 일은 무엇입니까?'

로 측정하는 것 또한 분명히 가능하다. 이 검사 도구들은 〈표 4-2〉의 목록에 있다. 이 도구들을 평가의 유일한 형태로 사용하는 것을 권하지 않으며, 대신에 내담자와의 면접을 통한 평가를 보충하도록 권한다. 그것들은 ACT의 변화 기제를 검토하는 연구(Zettle & Hayes, 1986 참조)에서 과정 측정치로서 분명히 다르게 사용되었다. 몇몇 검사지(AAQ 또는 RFD)는 이미 언급되었으며, 그것의 잠재적인 활용도는 앞으로 나올 장에서 ACT의 평가와 치료 쟁점 간의 더 깊은 상호 관련성에 대해 생각할 때 아직 인용되지 않은 몇 가지 도구들과 더불어서 더 상세하게 논의될 것이다.

연구를 고찰하는 것과는 별도로, 필자 자신은 이 검사 도구들의 대부분을 평가 진행 과정의 일부로서 필요에 따라 선별적으로 시행하는 것을 임상적으로 선호한다. 그것들은 치료의 진행이 난항에 빠질 때 유용할 수 있다. 9장에서 더 상세하게 논의하겠지만, 대안적인 전략은 이 검사들을 한데 모아서

〈표 4-2〉 ACT 관련 핵심 과정의 평가: 공식적인 측정 도구

과정	측정 도구
심리적 유연성	수용행동 질문지(AAQ; Hayes, Strosahl, Wilson et al., 2004)
경험 회피	
사고 억제	흰곰억제 검사(WBSI; Wegner & Zanakos, 1994)
반추	반응 양식 질문지(RSQ; Nolen-Hoeksema & Morrow, 1991)
융합	
생각	자동적 사고 질문지(ATQ; Hollon & Kendall, 1980)
이유 대기	우울증의 이유 질문지(RFD; Addis et al., 1995)
과정으로서의 자기/마음챙김	켄터키 마음챙김 기술 검사(KIMS; Baer, Smith, & Allen, 2004)
개념으로서의 자기	Rosenberg 자존감 척도(RES; Rosenberg, 1965)
가치 추구	개인적 가치 질문지(PVQ; Blackledge & Ciarrochi, 2005) 삶의 가치 질문지(VLQ; Wilson & Groom, 2002)

사전 평가 도구의 일부로 시행하는 것이다. 그것들을 필요에 따라 시행하든지 아니면 치료 전 평가 도구로 시행하든지 간에 사례 개념화를 구성하고 개인적인 치료 계획을 세우는 데 활용하라. 필요에 따라서 쓸 것인지, 사전 평가로 시행할 것인지 중에서 어느 방안이 더 좋은 치료 성과가 나타나는 더 효과적인 선택인지를 결정하기 위해서는 연구가 더 필요하다.

제 5 장

사례 공식화 및 개념화

예상대로, 우울증 사례를 개념화하는 데 있어서 ACT에서 제기하는 우선적인 두 가지 질문은 첫째, 무엇에 **전념**하기 위해 둘째, 무엇을 **수용**할 필요가 있는가다. 조금 달리 말하면, 치료 목표와 연결되어 있음직한 내담자의 가치와, 내담자를 가치와 목표의 방향으로 움직이게 하는 전념 행동에 장애물로 기능할 수 있는 심리적 경험과 사건을 사례별로 명료화해야 한다. 예를 들면, 두 내담자의 핵심 가치가 다르더라도 중요한 탈융합과 수용 작업(부정적인 자기 평가와 후회로 가득 찬 생애 이야기)의 초점은 분명히 매우 유사할 수 있다. 반대로 두 명의 다른 내담자가 똑같지는 않더라도 비슷한 가치를 추구하지만 융합된 요소의 유형이 다르고 경험 회피의 형태가 달라서 삶을 전진하는 데 지장을 받을 수 있다.

이 장은 이전 장에서 논의된 핵심 과정에 대한 초기 평가와 다음에 나오는 몇 장들에서 다룰 적극적인 치료 개입의 시작을 잇는 다리 역할을 한다. 더 구체적으로 말하면, 우울증의 각 사례에 대한 공식화와 개념화는 이전에 나오는 주요 핵심 과정에 대한 예비 평가와 이후에 나오는 초기 치료 계획의 개발에 모두 연결될 수 있다.

초기 평가 정보의 처리에 대한 지침

이 장에서 논의될 초기 평가 정보를 처리하기 위한 지침은 대체로 Hayes, Strosahl, Luoma 등(2004)의 제안을 따른다. 그러므로 이 장과 관련된 그 책의 부분을 읽고 활용하는 것이 유용할 것이다. 예비 평가를 통해서 수집된 정보에 관해 치료자가 생각하는 것을 안내하는 조금 더 구조화된 방법으로서, Jason Lillis와 Jason Luoma(2005)에 의해 개발된 ACT 초기 사례 개념화 기록지Initial Case Conceptualization Form(부록 A 참조)에 따라 수집된 정보를 조직하는 방법이 있다. 그들이 친절하게도 게재를 허락해 주었기에 감사를 표하면서 형식을 약간 수정해서 여기에 제시한다.

사례 개념화 기록지를 사용하는 것의 잠재적인 치료 효용성을 평가한 연구가 있는지 필자는 알지 못한다. 그럼에도 기록지가 유용한지를 보기 위해서 최소 서너 명의 우울증 환자에게 이를 사용해 보도록 강력히 추천한다. 특히 우울증 치료에 ACT를 적용함에 있어서 그 기록지를 사용할 경우와 사용하지 않을 경우에 당신 자신의 경험과 성공도를 비교해 보라. 사례 개념화 기록지의 사용을 돕기 위해서(그리고 실험할 수 있도록), 이 장은 그것과 매우 유사하게 구성하였다.

호소 문제 분석

ACT의 관점에서 볼 때, 사례 개념화에서 치료자가 우선적으로 해야 할 과제는 내담자의 호소 문제와 치료 목표를 재구조화하는 것이다. 이 책은 우울증 내담자를 치료하는 것에 초점을 두기 때문에 필자는 이에 관해 좀 더 말해야 할 듯하다. 특히 우울증은 다른 진단 가능한 형태의 심리적 고통, 특히 불안 장애와 물질 남용(Brown, Campbell, Lehman, Grisham, & Mancill, 2001; Regier et al., 1990) 등에 흔히 수반된다는 것을 재차 강조하고 싶다. 이러한 이유로 인해, 내담자가 치료에서 설명하고 싶어 하는 우울증과 별도로 다른 추가적인 문제나 주제 또는 관심사가 있는지 명확하게 물어보라.

공병성의 문제

공병성에 대한 일반적인 주제를 10장에서 더 광범위하게 논의하겠지만, 여기서 그것에 대해 몇 가지 생각해 보는 것도 적절한 듯하다. 공존하는 문제(예, 공황장애)가 확인될 경우에 생각해 볼 주요 질문은 어떻게 그것이 내담자의 우울증과 기능적으로 관련될 수 있는가다. 그것의 기능이 무엇인지를 판단하기 위해서, 그렇게 할 때 뚜렷하게 나타나는 이차적인 문제들을 먼저 평가해 보아야 할 것이다. 한 가지 가능성은, 이러한 경우에 공황 발작은 우울증과 매우 동일한 기능을 하며 ACT와 관련된 유사한 핵심 과정(융합, 경험 회피와 같은)에 의해 지원된다는 것이다. 그런 경우에는 1장에서 제시한 바 대로 실제로 두 문제의 핵심이라고 평가된 주요 기능적인 과정을 목표로 삼아 동시에 두 문제를 다룸으로써 범진단적인 접근을 진행할 수 있다.

ACT의 관점에서 보면 그럴 수 있는 개연성이 적긴 하지만, 공병 상태는 우울증과 유사한 ACT 관련 과정을 공유하지 않더라도 기능적으로는 여전히 우울증과 관련될 수 있는 또 다른 가능성이 있다. 여기에 있는 예에서 보면, 특히 공황 발작이 광장공포증의 회피 행동을 상당히 일으키는 경우에는 그것이 전념 행동에 대한 경험적인 장애물로서 기여할 가능성이 적지 않다. 그런 경우에는 대개 불안을 먼저 다루고 나서 우울증을 치료하도록 권하지만, 이러한 치료 전략은 경험적인 뒷받침이 전반적으로 부족하며, 있더라도 제2세대 인지행동적 접근에 관한 연구에서 나온 것이다(Joormann, Kosfelder, & Schulte, 2005). 이 점에서는 거의 예외 없이(Batten & Hayes, 2005; Petersen, 2007), 공존하는 형태의 심리적 고통을 동시에 성공적으로 경감시킬 수 있는 ACT의 능력이 체계적으로 평가되고 있지 않다. 예를 들어 우울을 동반하는 불안 장애에 대한 치료를 구체적으로 검토한 연구를 필자는 알지 못한다. 경험 연구에서 나온 확실한 지침서가 없긴 하지만, 주호소 문제인 우울증에 대해 ACT로 시작하고 공존하는 어떤 문제가 나타날 때 이를 다룰 준비를 하는 것이 다른 어떤 제안 못지않게 유용하다고 필자는 믿는다.

인간의 심리적 고통에 대한 ACT 모델에 근거하면, 우울증과 공존하는 문제들 간의 세 번째이자 훨씬 덜 가능한 관련성은 그 둘 간에 기능적으로 관련이 없는 경우다. 공황 발작을 동반한 우울증의 경우에는 그렇지 않게 보이지만, 다른 호소 문제가 특정 공포증과 같은 불안 장애의 다른 형태이거나 성기능 장애와 같이 다른 장애군에서 전반적으로 진단이 가능한 경우에는 더 그럴 수 있다. 다른 호소 문제의 특성에도 불구하고, ACT를 유연하게 따르며 변화 전략에 개방적이라면 우울증에 우선적으로 초점을 두고 ACT를 시작하여 진행하도록 이전에 필자가 권한 것이 타당한 듯하다.

치료의 과정 목표 대 결과 목표

새로운 ACT 임상가가 직면하는 어려운 과제 중 하나는 과정 목표와 결과 목표를 구별하고 이를 유지하는 것이다. **결과 목표**란 가치를 둔 삶으로 나아가는 것과 같이 최종적으로 원하는 치료 결과를 말하며, 반면에 **과정 목표**란 그러한 결과를 달성하기 위해서 잠정적으로 일어나야 하는 것을 말한다. 인지행동적 접근을 포함하여 일차적 변화를 강조하는 다른 많은 치료적 접근과 전통에서는 내담자가 호소하는 문제를 감소시키는 것이 적절한 치료 목표라고 보는 경향이 있다. 그러나 이전 장에서 언급했듯이, 우울한 내담자가 치료에 와서 목표로 대부분 밝히는 것은(예, '제 자신에 대해 더 좋게 느끼고 싶다.' 또는 '우울해지는 것에 진저리나요.') ACT의 관점에서 보면 결과 목표라기보다는 기껏해야 표면적인 과정에 불과하다. 궁극적인 목표는 단지 증상의 경감보다 내담자가 보다 더 충만하고 의미 있는 삶을 주도하도록 힘을 실어 주고 이를 가능하게 하는 것이므로, ACT의 사례 개념화에서는 대개 초기의 치료 목표를 재구조화하고 재개념화하는 것이 필요하다. 예를 들어, 내담자가 언급한 목표가 '더 좋게 느끼기'라면, 내담자에게 어떤 삶의 기회가 계속해서 열릴 것인지 그리고 그 다음에는 그것이 핵심적인 가치와 어떻게 관련되는지를 확인하는 것이 치료자의 일이 된다. 따라서 우울 경감이라는 내담자의 초기 목표는 '경험 통제의 노력을 감소시키고 가치 지향적인 활동을 추구하는 데 시간과 에너지를 다시 투자하기' 등으로 재구조화할 수 있을 것이다. 물론 원치 않는 심리적 사건을 통제하는 특정한 방식 및 결과적으로 손상된 가치 지향적 활동은 내담자마다 다양하다. 예컨대 어떤 내담자는 자신감을 다시 얻을 때까지는 보상이 더 많은 직업으로 옮길 수 없는 반면, 또 다른 내담자는 혼자 힘으로 더 나은 미래를 꿈꿀 수 없어서 충족되지 않는 결혼 관계에 빠져 있다.

재구조화된 결과 목표를 실현하기 위해 이루어야만 하는 과정 목표(예, 탈융합과 수용 작업을 먼저 하는 것이 더 유익할지 혹은 가치 추구에 초점을 두는 것이 더 유익할지)는 다소 명확하지 않을 수도 있다. 하지만 '내 자신에 대해 더 좋게 느끼기'와 같은 뚜렷한 과정 목표는 ACT에서 적절한 과정 목표가 아니라는 점을 분명히 해야 할 것이다. 연관된 과정 목표를 명료화해서 초기 치료 계획을 세우는 데 도움이 되도록 하려면, 사례 개념화 기록지의 나머지 부분을 완성하는 것이 유용할 것이다.

관련된 질문

다음은 내담자가 제시한 우울증 문제를 ACT와 일치하는 방식으로 재구조화하면서 치료자 스스로 묻는 것과 약간 중복되는 질문 목록이다.

- 내담자의 치료 목표는 무엇인가?
- 내담자가 언급한 목표는 정서적 통제 의제의 일부인가?
- 내담자가 언급한 목표는 과정 목표인가, 결과 목표인가?
- 만일 그것이 과정 목표라면, 적절한 결과 목표로 어떻게 재구조화할 수

있는가?

- 내담자가 언급한 치료 목표를 재구조화하면서 드러난 결과 목표(예, 사랑하는 부모가 되기)는 전념 행동(내담자가 가치 방향으로 움직이는 것과 같은)을 통해서 잠재적으로 달성될 수 있는 것인가?

회피하는 내용 확인하기

사례 개념화의 두 번째 단계에서는 내담자가 도망가거나 회피하려고 하는 심리적 경험과 자료의 여러 가지 유형을 목록화한다. 심리적인 고통을 견디는 전반적인 능력은 내담자마다 다르지만, 대부분의 내담자들은 사례 개념화 형식에 나와 있는 특정한 심리적 경험(생각, 감정, 기억 등)을 적어도 어느 정도까지는 회피할 것이다. 그러므로 여기서 치료자의 임무는 경험의 어떤 유형을 회피하는지 혹은 하지 않는지를 판단하는 것이 아니라 고통에 대한 인내력의 전반적인 수준과, 다른 것에 비해 심리적 사건의 어떤 형태를 전반적으로 회피하는 상대적인 정도를 확인하는 것이다. 회피한 내용의 구체적 특성에 따라서 이를 적용하는 형태는 어느 정도 다양하겠지만, 탈융합 연습과 수용을 증진하는 개입을 대체로 권한다. 예컨대, 우유 우유 우유 연습(Hayes et al., 1999: 154-156)은 정서적 경험보다는 고질적인 생각에 더 적합하다. 명명하기 어려운 원치 않는 감정에 대해서는 물체화하기 연습(pp. 170-171)과 같은 것이 더 유용할 것이다.

관련된 질문

사례 개념화 형식의 이 부분을 완성하면서 치료자 스스로 묻는 질문은 다음과 같다.

- 심리적 고통을 견딜 수 있는 내담자의 전반적인 능력은 어느 수준인가?
- 내담자가 경험하기를 꺼리는 주요 생각은 무엇인가?
- 내담자가 체험하기를 매우 자주 회피하거나 도피하는 주된 정서, 느낌, 기분 상태 등은 무엇인가?
- 내담자가 회상하지 않으려고 하는 기억은 무엇인가?
- 내담자가 회피하려고 애쓰는 다른 심리적 경험(신체 감각, 꿈, 이미지 등)은 무엇인가?
- 내담자가 전반적으로 가장 많이 회피하는 듯한 심리적 경험은 어떤 유형인가?
- 내담자가 전반적으로 가장 적게 회피하는 듯한 심리적 경험은 어떤 유형인가?

경험 통제 전략에 대한 분석

사례 개념화의 이 부분은 내담자가 선호해 온 경험 통제의 방법을 명료화하기 위해 마련된 것이다. 가장 흔하게 사용하는 전략은 내담자마다 상당히 다양할 수도 있지만, 시간이 지나면 각 내담자마다 대개는 별 차이가 없을 수도 있다. 내담자가 과거에 의존해 왔던 기존의 통제 전략이 최종적으로 효과적이었기 때문이 아니라, 그것이 우울증의 특징인 심리적 비유연성과 경직성을 주로 반영하기 때문에 적어도 ACT의 초기 단계에서 지속되고 있는 듯하다. 따라서 각 내담자가 선호해 온 도피(회피) 전략을 치료자가 안다면, 치료 중에 나타나는 것을 주의해서 살펴볼 수 있을 것이다.

게다가 내담자가 가장 흔하게 사용하는 통제 전략을 알면, 원치 않는 심리적 경험에 반응하는 어떤 대안적 방법이 전반적인 치료 계획의 일부로서 유용할 것인지를 고려하는 데 도움이 될 수도 있다. 예컨대, 주로 상황 특정적인 회피에 의존하는 내담자에게는 일련의 점진적인 실제 노출 연습(스트레스를 받는 대인관계를 다루는 것과 같이 실제 생활환경에 가까운 연습)을 어느 시점에 넣는 것이 적합할 수가 있다. 하지만 이는 내적 통제 전략에 더 강하게 의존하는 사람에게는 덜 유용할 수도 있다.

관련된 질문

내담자가 사용하는 경험 통제 전략을 분석하면서 치료자 스스로 물어볼 질문은 다음과 같다.

- 내담자가 자살충동을 느낀 적이 있는가?
- 그렇다면 자살 관련 행동은 경험 도피의 형태로 기여했는가?
- 원치 않는 경험을 피하기 위해 내담자가 전형적으로 사용하는 내적 통제 전략은 어떤 유형인가?
- 원치 않는 경험을 피하기 위해 내담자가 습관적으로 사용하는 외적 통제 전략은 어떤 유형인가?
- 원치 않는 경험을 피하기 위해 내담자가 흔히 사용하는 상황 특정적인 통제 전략은 어떤 유형인가?
- 이제까지 내담자와 치료자 간의 상호작용에서 관찰한 회기 내 통제 전략은 어떤 유형인가?
- 사용하는 경험 통제 전략 중에서 내담자가 선호하는 유형은 무엇인가?

동기 분석

모든 내담자들은 심리적으로 존재하는 데 머물 것인지, 아니면 벗어나기 위해 필요한 것이면 무엇이든지 전념할 것인지를 선택하는 근본적인 딜레마에 직면한다. 각각의 선택에는 잠재적일 뿐 아니라 실제적인 대가와 유익이 있다. 이러한 딜레마는 양가감정을 만들고, 내담자를 심리적으로 마비시키며, 행동 변화를 가로막을 수 있다. 치료자의 임무 중 일부는, 적어도 변화에 도움이 되는 방향으로 탄력이 붙을 만큼 결정적인 역할을 처음에 하는 것이다.

동기 면담

동기 면담Motivational Interviewing: MI(Miller & Rollnick, 2002)[1]에 익숙한 사람들은 여기서 제안한 손익 분석의 유형과 MI에서 "의사결정 균형decisional balance"(p. 15)이라고 언급하는 것 간에 어떤 유사성이 있음을 분명히 인정할 것이다. ACT는 이 쟁점을 내담자가 결정보다는 선택을 하는 문제로 보겠지만, 동기 분석 면에서 ACT와 MI의 전략적 유사성이 명백해서 기술과 방식에서의 분명한 차이점이 잘 드러나지 않는 듯하다. 내담자에게 행동 변화를 준비시키는 전반적인 의제의 맥락에서 MI가 가치 확인과 명료화의 중요성을 점점 더 인정해 왔으므로 특히 그러하다(가치를 어떻게 해석하느냐에 있어서 ACT와 MI가 서로 다르긴 하지만). 예컨대, Miller와 Rollnick(1991)의

역자주

1) 동기 면담은 William R. Miller와 Stephen Rollnick가 개발한 상담 방법으로서, 잠재적인 문제와 행동의 결과 및 위험 요인들을 자각함으로써 변화를 위한 내적 동기를 높이는 방법이며, 내담자 중심적이고 반지시적이다.

MI 책 초판에서는 색인에 가치나 가치의 확인 및 명료화에 대한 언급이 없는 반면, 제2판(Miller & Rollinick, 2002)에는 모든 장에 그 주제가 들어 있다(Wagner & Sanchez, 2002).

MI의 기술적인 차원에 대해 충분한 개관을 제공하는 것은 이 책의 범위를 분명히 넘어서는 것이다. 여기서 그것을 언급하는 주된 목적은, MI를 경험한 치료자가 예비 평가와 사례 개념화를 할 때 이 책에서 제시한 제안들을 자유롭게 통합하도록 격려하기 위함이다. MI 훈련을 받거나 이를 광범위하게 경험하는 것이 ACT를 성공적으로 실행하기 위해서 필요하다고 제안하는 것은 아니지만, MI에 익숙하지 않은 치료자라면 그것에 대해 더 잘 아는 것이 유용함을 발견할 것이다. MI는 ACT의 원리와 상당히 양립할 수 있는 듯하며(Wilson & Byrd, 2004), 그래서 우울한 내담자를 치료하는 이 단계에서 유용한 보조 수단이 될 수 있다.

현상 유지의 대가와 유익

우울한 채로 남아 있는 것과 관련된 대가가 가능한 유익보다 치료자와 내담자 모두에게 더 쉽게 보이겠지만, 둘 다 포괄적인 동기 분석의 부분으로서 명확하게 평가해 볼 필요가 있다.

우울증의 대가

대부분의 내담자들은 Hayes와 Smith(2005)가 "실재의 고통pain of presence"이라고 언급한(p. 15) 우울증의 심한 고통을 이미 민감하게 자각하고 있으며, 특히 그 고통을 경감시키기 위한 명확한 목적으로 치료를 찾는다. 따라서 동기 분석의 일부로서 그러한 대가에 접촉하도록 만드는 것이 대개는 필요치 않다.

통제 의제의 비효과성 하지만 내담자가 생각하지 못하는 또 다른 일련의 대가는 우울증으로부터 도피하려는 노력의 무용성과 관련된 것이다. 물론 경험 통제 전략의 비효과성을 통감하게 하는 것은 창조적 절망감을 적정 수준으로 유발시키는 데 필수적이다. 그러나 이때의 일차적인 목표는 창조적 절망감을 유발시키기 위함이 아니다. 대신에, 나중에 창조적 절망감을 유도하도록 돕기 위해 내담자가 비효과적인 통제 의제를 계속 추구하는 것의 대가를 경험하는 정도를 평가하라.

우울증을 최소화하기 위한 비성공적인 노력과 관련된 대가는 몇 가지 형태(시간, 노력, 에너지, 재정 비용 등을 포함)를 띨 수 있으며, 모두가 다 고려되어야 한다. 대부분의 경우에 치료자의 평가는, 우울증에 대처하면서 내담자가 이미 애써 온 것에 대해 예비 평가를 하는 동안에 내담자와 나눈 대화에서 나온 정보에 기반을 둘 수 있다. 그러나 필요하다면 어느 때든지 이 문제에 대해 더 논의하라.

부재의 고통 우울증과 관련되어 치르는 세 번째 대가에는 소중한 활동이나 생활 사건의 손실이 포함된다. 이러한 손실은 우울증 자체로 인한 것이거나 우울증을 통제하려고 애쓰면서 소모한 시간, 노력, 에너지 등으로 인한 것이다. Hayes와 Smith(2005: 15)는 이러한 대가를 "부재의 고통pains of absence"이라고 일컬었는데, 우울증과 그것으로부터 도피하려는 헛된 노력으로 인해 내담자가 가치 지향적인 삶을 얼마나 많이 상실했는지 생각해봄으로써 매우 직접적으로 이를 평가할 수 있다. 이러한 종류의 평가를 위해서는 적어도 내담자의 가치에 대한 예비적인 평가가 분명히 필요하다. 가치에 대한 파악과 명료화는 움직이는 표적으로 있기 때문에 유동적인 채로 있을 것이다. 따라서 부재의 고통에 대해 지금 분석한 것을 완전한 것으로 보지 말라. 그렇지만 그것은 적어도 두 가지 이유에서 유용하다. 첫째, 통제 의제의 비효과성으로 인해 생기는 대가와 더불어 우울증으로 상실된 것과 관련된 대가를 평가하는 것은 창조적 절망감의 적정 수준을 결정하는 데 유용할 수 있다. 둘째, 우울증과 투쟁하느라고 잃어버린 삶의 많은 부분에 대해 진지하게 숙고해 봄으로써, 치료자와 내담자는 경험을 있는 그대로 깊이 볼 수 있으며 공감적인 유대를 공고히 할 수 있다.

일상생활에서 치르는 대가 동기 분석 부분에서 생각했던 우울증과 관련된 대부분의 대가들은 우울증이 지속되면서 지금까지 쌓여 왔다. 하지만 내담자가 우울증으로 투쟁을 계속하는 한 '대가 측정기'는 계속해서 돌아가며, 날마다 삶의 질에서 치르는 대가도 또한 포함되는 듯하다. 결과적으로, 내담자가 매일 순간마다 우울증으로 인해 계속해서 잃어버리는 것을 생각해 보라. 이전에 말한 것처럼, 예컨대 우울한 내담자는 사교적인 초대를 거절하고 그 대신에 반추하느라 시간을 보낼 것이다.

우울증의 유익

환경적인 요인과 별개로, 내담자가 우울증에 계속 사로잡혀 있는 것으로 인해 얻는 가장 큰 '유익' 중 하나는 '정당함'이다. 2장에서 논의한 대로, 이는 내담자가 다른 사람에 의해 희생되고 학대 받았던 삶의 이야기에 융합된 정도가 높을 때 매우 잘 일어나는 듯하다. 그가 계속해서 우울하다면, 적어도 정당하다는 위안을 받는다. 그런 경우에는 이전에 언급한 것처럼, 계속되는 정당함의 대가를 내담자에게 강조하는 것뿐 아니라 삶의 이야기와 개념적 자기에 관련된 탈융합 작업이 상당히 포함된 치료 계획이 필요하다.

2장에서 제언한 대로, 실패와 거절에 대한 두려움과 같은 더욱 위협적인 심리적 경험에 직면하는 것을 피할 수 있게 해 줄 경우에는 또 다른 잠재적 대가를 치를 수도 있다. 이런 가능한 결과는 정당함이라는 유익과 양립할 수 있다. 두 경우 모두 다 내담자가 상실과 실망의 역사를 경험한 적이 있고, 그 사건에 대한 삶의 이야기에 빠져 사로잡혀 있을 때 생기는 듯하다.

치료적 변화의 대가와 유익

치료적 변화가 내담자에게 주는 상대적인 대가와 유익을 생각하면서, 초기에 논의한 ACT의 적절한 과정 목표와 결과 목표를 계속해서 구별해 보라. 그러므로 여기서 고려하는 '변화'는 '더 좋게 느끼기'라고 흔히 표현되는 내담자의 치료 목표가 아니라 더욱 활기차고 능동적이며 의미 있는 삶이라는 목표다.

변화의 대가

대가란 원치 않는 어떤 일에 부닥치는 것뿐 아니라 원하는 어떤 것을 잃는 것이라고도 해석될 수 있다. 이러한 점에서, 우리는 전자(예, 정당함을 버리기)와 관련된 변화의 몇 가지 대가들을 이미 생각해 보았다. 동기 분석의 이 시점에서, 내담자가 가치를 둔 방향으로 삶을 움직일 경우에 어떤 원치 않는 그리고(적어도 지금까지) 대개는 피해 온 어떤 심리적 경험에 부닥칠 것 같은지 다시 생각해 보라. 예를 들면, 내담자는 자신의 삶을 주도하기 위한 첫 단계를 밟기 시작하면서 상당한 자기 의심과 불편한 수준의 두려움, 수치감, 당혹감, 후회, 그리고 다른 원치 않는 감정을 경험할 수가 있다. 그러한 상황에서 ACT의 성공적인 치료 계획으로는 탈융합과 마음챙김 및 수용을 촉진하는 개입을 통해서 전념 행동의 그러한 잠재적인 경험적 장애물을 다룰 것이다.

변화의 유익

ACT의 관점에서 변화로 인해 내담자가 얻는 확실한 유익은 더욱 활기찬 삶에 이르게 하는 기회다. 불행하게도, 우울한 많은 내담자들, 특히 만성적으로 우울한 내담자에게는 그런 기회가 너무 없어져서 이런 가능성이 더 이상 충분하지 않다. 더구나 이전에 언급한 대로, 어떤 내담자는 자신의 삶에서 고통스런 실망을 너무 많이 경험해서 한때 삶에서 원하던 것에 대해 생각하는 것조차도 적극적으로 피할 수 있다. 내담자가 전념 행동의 잠재적인 유익에 심리적으로 접촉하는 정도를 평가하기 위해서 내담자와 더불어 가치에 대해 더 논의하고 명료화하는 것은 두 가지 점에서 유익할 수 있다.

첫째, 동기 분석을 완수하기 위한 치료자의 임무 중 하나는 내담자가 살고 있는 우울한 삶과 충만한 삶의 모습 간에 존재하는 간격을 재는 것이다. 최근의 우울 관련 행동과 그에게 가능한 변화가 어떻게 그의 핵심 가치와 연관될 수 있는지 생각해 보라. 일찍이 보았듯이, 내담자와 특정한 방식으로 그의 가치에 대해 이야기하는 것도 행동 변화에 대한 욕구를 증가시키는 데 또한 도움이 될 수 있으므로, 내담자와의 대화를 통해서 이를 완수하는 것이 MI(Miller & Rollnick, 2002: 83)에서 또한 필수적이라는 점은 어쩌면 우연의 일치가 아닐지도 모르겠다.

둘째, RFT의 관점에서 보면, 내담자와 함께 그의 가치에 대해 말하는 것은 **동기 확대의** 기능을 할 수 있다(Barnes-Holmes, O'Hora, Roche, Hayes, Bissett, & Lyddy, 2001: 109-110). 즉 사건이 발생할 가능성과 강화물로서 기능하는 어떤 경험을 증가시킨다. 더 일상적인 말로 하면, 원하는 것에 대해 더 많이 말할수록 그것을 더 많이 원한다. 이는 당신이 '원하는 어떤 것'을 일단 지니면, 특히 그럴 수 있다. 예를 들어 적극적으로 돌보는 부모가 되는 것에 가치를 두는 듯 보이는 한 우울한 내담자와의 다음과 같은 가상적인 대화가 이를 예시해 준다.

치료자 당신이 아이들과 함께 어떤 것을 하고, 그들과 진정으로 가깝고 돌보는 느낌을 가지면서 시간을 보냈던 과거의 시간이 있습니까?

내담자 물론 우울해지기 전에는 그랬지만 그 이후엔 많지 않습니다.

치료자 그때 어땠는지, 그리고 아이들과 무엇을 했는지 좀 더 말해 주세요.

내담자 아… 동물원에 데리고 가는 것과 같이, 아이들이 흥미 있어 할 새로운 것을 보여 주고 가르쳐 주었던 것, 그리고 아이들이 코끼리를 처음 본 순간에 얼마나 흥분했는지가 기억납니다.

치료자 아이들과 함께 그런 시간을 얼마나 더 가지길 원합니까? 가능할 수도 있고, 그렇지 않을 수도 있습니다. 그것이 가능하기 위해 필요한 것을 하는 것이 유일한 방법이라고 생각합니다. 가치 있는 어떤 것을 위해 우리 두 사람이 함께 작업하는 것이 가능합니까?

내담자 그렇게 하고 싶습니다.

내담자의 현재 상태(예, '우리가 말해 왔던, 아이들과 함께 대화하는 시간을 보내는 것에 지금은 얼마나 가깝습니까?')와 내담자가 바라는 생활(예, '그런 일이 보다 많이 일어날 수 있도록 하기 위해 무엇을 할 수 있습니까?') 간에 존재하는 간격에 대해 논의하면서 일종의 **불일치 분석**discrepancy analysis을 넣을 수도 있다.

관련된 질문

동기 분석을 마무리하면서 고려할 질문은 다음과 같다.

- 내담자가 이미 노력해 왔지만, 우울증을 통제하는 데 효과가 없었던 것은 무엇인가?
- 내담자는 그러한 노력을 하느라고 얼마나 많은 시간을 들였는가?
- 내담자는 그러한 노력을 하느라고 얼마나 많은 에너지를 쏟았는가?
- 내담자는 그러한 노력을 하느라고 재정적으로 얼마나 많은 대가를 치렀는가?
- 내담자가 우울증과 투쟁하는 동안에, 이미 상실되고 희생된 것은 무엇인가?

- 우울증과의 투쟁이 삶의 질에 매일매일 어떻게 영향을 미치는가?
- 내담자는 우울한 삶의 이야기를 정당화하는 데 얼마나 많은 에너지를 들이는가?
- 내담자는 우울한 자기 개념화에 얼마나 많은 에너지를 들이는가?
- 내담자가 더 이상 우울하지 않다면, 직면해야 할 더 위협적인 다른 심리적 주제(친밀감, 유기, 실패 등에 대한 두려움과 같은)가 있는가?
- 더 이상 우울하지 않다면, 내담자는 무엇을 포기할 것인가?
- 내담자가 좋아짐에 따라서 누구의 '잘못'으로 여겨지겠는가?
- 내담자에게 전념 행동을 가로막는 경험적 장애물은 무엇인가?
- 내담자의 가치는 무엇인가?
- 이러한 가치의 방향으로 움직이기 위해서 내담자의 삶이 얼마나 많이 변화되어야 하겠는가?
- 전반적으로 우울증 때문에 이미 치른 대가와 계속해서 치러야 할 대가에 내담자는 심리적으로 얼마나 많이 접촉하고 있는가?
- 전반적으로 내담자는 가치 지향적인 삶에 전념하기 위해, 경험 통제 의제를 버림으로써 얻는 유익에 얼마나 많이 심리적으로 접촉하고 있는가?
- 내담자가 통제 의제를 버릴 때까지 창조적 절망감 상태를 만드는 데 얼마나 더 많은 작업이 필요하겠는가?

환경적인 장애물에 대한 분석

불행하게도, 심리적 변화와 유연성의 증가에 대한 또 다른 일련의 장애물들은(특성상 경험적이라고 이미 언급한 것과는 별도로) 우울한 내담자의 외부 세계에도 흔히 존재한다. ACT의 철학적 기초에 기여한 기능적 맥락주의 관점에서 보면, 우울증을 포함한 모든 심리적 사건들은 역사적으로 그리고 상황적으로 규정될 수 있는 맥락과 유기체 간의 상호작용에서 기인한다(Hayes, Strosahl, Bunting et al., 2004). 그러므로 우울증의 기능을 철저하게 이해하기 위해서는 역사적으로 우울증이 발생한 경로뿐 아니라 우울증이 지속되도록 유지시키는 현재의 상황적 요인을 고려할 필요가 있다. 그렇게 하면서, 우울증 개선을 방해하는 외적인 수반 요인과 우울의 유지를 강화하는 외적인 수반 요인을 구분하여 평가하라.

우울증 유지에 대한 보상

우울증을 유지하도록 지지하는 수반 요인은 특성상 재정적이고 사회적일 수 있다.

재정적인 수반 요인

실업 수당을 받는 내담자의 경우에는 우울한 채로 남아 있는 가장 분명한 재정적인 이유가 있을지도 모른다. 사실상 우울한 채로 있으면 재정적인 원조를 계속 받을 수 있지만, 우울증이 개선되면 원조가 끝날 것이다. 그러한 경우에는 수입을 얻는 대안적인 수입원(복직, 복학, 직업복귀 서비스 신청하기 등)을 검토하고, 결국에는 이를 추구하는 것이 포괄적인 치료 계획 속에 통합되어야 할 것이다.

사회적인 수반 요인

우울한 행동은 사회적으로 매개된 정적, 부적 강화로 인해 비의도적으로 지지될 수가 있다. 전자의 경우에는, 내담자가 심리적으로 더 유연하고 건강한 방식으로 행동할 때보다 우울한 행동(사회적인 위축, 자살에 대해 말하기 등)을 보일 때 친구나 가족으로부터 더 많은 관심과 동정을 받을 수가 있다.

이에 더하여 우울증 때문에 내담자가 어떤 원치 않는 의무나 책임을 면제받는 경우에는 타인에 의해 부적 강화를 받을 수도 있다. 극단적인 경우에는 그런 주제를 다루는 회기에 내담자에게 동의를 받고서 내담자의 주요 가족원이나 친구가 참석하도록 요청하는 것이 필요할 수도 있다.

우울증 개선에 대한 처벌

우울증과 양립할 수 없는, 내담자의 행동을 약화시키는 재정적이고 사회적인 수반 요인을 구별하는 것도 또한 유용한 듯하다. 대인적 상황과 돈이 관련된 상황으로 인해 내담자가 완쾌되는 것을 실제로 단념할 수 있다. 그러나 서로 독립적으로 작용할 수도 있으므로, 내담자마다 개별적으로 생각해야 한다.

재정적인 수반 요인

실업 수당을 잃을 가능성이 있는 경우는 그렇다 치고, 어떤 내담자는 다른 재정적 수반 요인으로 인해서 심리적으로 보다 더 건강한 방식으로 행동하는 것에 실질적으로 타격을 받을 수가 있다. 예를 들어, 물리적으로 도시의 다른 지역으로 이사하는 것이 내담자에게 치료적이겠지만 비용 때문에 금지된 것이나 다름이 없을 수가 있다. 또 다른 경우에는 무의미한 일을 하면서 돈을 많이 벌고 있는 내담자가, 봉급은 더 적지만 가치에 더 맞는 다른 일을 적극적으로 찾으면서 낙담할 수가 있다.

사회적인 수반 요인

불행하게도, 때로는 내담자의 삶에서 중요한 타인이 내담자가 낫지 못하도록 할 수가 있어서 치료적 진전이 실제로 방해를 받는다. 예를 들어, 우울한 내담자가 '한 단계 아래' 위치에 있어야만 그와 배우자 사이에 차별적인 권력이 유지될 수 있다.

자기 삶의 이야기를 다른 사람들과 폭넓게 나누어 온 내담자의 경우에, 특히 그 이야기에 매우 외상적인 속성이 있을 때에는 치료적 변화를 적극적으로 막을 수 있는 일련의 다른 사회적 수반 요인이 비의도적으로 확립되었을 수도 있다. 그런 상황에서 내담자가 비의도적으로 만든 우울한 사회적 역할에서 나오기 시작하면, 개선을 보이는 내담자에게 다른 사람이 비판적인 말이나 질문을 할 가능성이 있다(예, '당신이 더 이상 우울하지 않다면, 당신이 말한 것만큼 심하게 부당한 학대를 당한 것이 아님에 틀림없다.'). 그런 맥락에서는 우울한 채로 있고 낫지 않는 것이 '정당함' 뿐 아니라 체면을 유지하는, 그래서 사회적인 시선을 피할 수 있는 한 가지 방법이다.

관련된 질문

치료적 변화에 대한 환경적인 장애물에 대한 분석을 마무리하면서 생각할 질문을 다음에 제안한다.

- 내담자가 우울증에 빠져 있도록 유지해 주는 재정적 요인은 무엇인가?
- 내담자는 우울증에 대한 정신의학적 장애 진단을 받고 있는가?
- 그렇다면 내담자가 재정적인 지원을 받는 다른 수단은 무엇인가?
- 우울증이 개선될 때, 내담자가 받을 수 있는 재정적인 대가와 손실은 무엇인가?
- 내담자가 우울증에 빠져 있도록 유지해 주고 있는 사회적 요인은 무엇인가?
- 우울증이 개선될 때, 내담자가 받을 수 있는 사회적인 대가와 손실은 무엇인가?
- 왜 우울한가에 대한 자기 삶의 이야기를 내담자는 얼마나 널리 나누었

는가?

- 우울증이 개선되면, 내담자의 '체면'이 얼마나 많이 손상되겠는가?

심리적 비유연성에 기여하는 요인

심리적 비유연성이 띨 수 있는 여러 형태들에 대해서는 3장에서 더 광범위하게 논의했으므로, 여기서 더 상세하게 설명할 이유는 없다. 사례 공식화와 개념화의 이 부분에서 다룰 점은, 해당 내담자에게 나타나는 심리적 비유연성의 여러 유형들을 단지 목록화만 하는 것이 아니라 그 상대적인 강도를 개별적으로 그리고 전반적으로 평가하는 것이다. 예를 들어, 전부는 아니지만 대부분의 우울한 내담자들은 어느 정도의 이유 대기와 반추를 통해서 자신의 우울증을 이해하고 파악하려고 애쓸 것이다. 그러나 그들이 보이는 심리적 비유연성의 가장 주된 형태는 각기 다를 것이며, 심리적 경직성의 전반적인 수준도 또한 다를 것이다. 각각의 내담자를 위한 고유한 치료 계획을 세울 때, 이 둘을 모두 파악하는 것이 치료자에게 유용할 것이다.

관련된 질문

사례 개념화 형식의 이 부분을 완성하면서 생각해 볼 질문은 다음과 같다.

- 내담자가 보이는 심리적 비유연성의 형태는 무엇인가?
- 내담자에게 가장 우세하거나 선호되는 심리적 비유연성의 형태는 무엇인가?
- 전반적으로 내담자는 규칙, 특히 '~해야 한다should, ought, must'를 얼마나 경직되게 따르는가?

- 내담자는 얼마나 완벽주의적인가?
- 내담자는 경험적인 지식보다 지적인 지식을 얼마나 더 많이 중시하는가?

핵심 과정을 표적으로 삼기

우울한 내담자에 대한 개별적인 평가와 사례 개념화를 수행하는 과정에서 치료자는 그 내담자에 대한 초기 치료 계획의 일부로서, 표적으로 삼을 핵심 과정을 확인하기 위해 지금까지 정보와 분석을 충분히 축적해 왔다. 그렇게 할 때 육각형의 여섯 가지 과정을 따로 생각하기보다는 다음과 같이 세 개의 쌍으로 묶는 것이 더 유용함을 발견할 것이다.

- 탈융합과 수용을 포함하는 과정
- 전념 행동과 행동 변화를 포함하는 과정
- 현재 순간 및 맥락으로서의 자기와의 접촉을 포함하는 공통 과정

필자는 이와 동일한 쌍을 3장에서 제안하였다. 또한 다음의 세 장을 편성하기 위해 이것들을 사용할 것인데, 각 쌍마다 목표를 위한 특수한 개입을 포함시킬 것이다.

사례 개념화 기록지는 치료에서 역점을 둘 핵심 과정 및 관련 ACT 개입을 확인하도록 알려 주지만, 이 시점에서는 후자보다 전자에 우선적으로 초점을 두어야 한다. 일단 각 내담자에게 뚜렷하게 우세한 핵심 과정 쌍을 확인했다면, 전반적인 치료 계획에 가장 적합한 특정 전략과 기법을 더 구체적으로 확인하기 위해서 관련 개입 방법에 관한 장으로 건너뛰는 것이 유용할 수 있다.

대부분의 내담자들은 핵심 과정 중에서 우세한 쌍이 나타나겠지만, 세 쌍의 과정이 모두 나타나며 실제로 동일한 강도로 나타나는 내담자들을 치료자가 만날 가능성이 분명히 있다. 그런 경우에는 치료자가 어느 과정에서든지 편리하게 시작할 수 있으므로, 처음에 생각하듯이 문제가 되지는 않는다. 또한 핵심 과정에 대한 치료자의 평가가 틀려서 '잘못된' 핵심 과정 쌍을 목표로 ACT를 시작하더라도 문제가 되지 않는다. 이전에 언급했듯이, 육각형과 그 내에 쌍으로 묶인 과정들은 자기 발견적 기능이 있어서 실제로 치료자가 잘못 생각할 수가 없다. 더구나 초기에 언급한 것처럼, 핵심 과정은 서로서로를 끌어당겨서 처음에는 더 약한 핵심 과정 쌍에 역점을 둔 치료가 상대적으로 더 강한 과정 쪽으로 끌리게 되는 듯하다. 치료자가 이러한 끌림과 함께 갈만큼 충분히 유연한 경우에 ACT는 근본적으로 자가 교정적이다. 치료의 효율성이 다소 떨어질 수는 있어도 전체적인 효과에서는 부정적인 영향을 받지 않는 듯하다.

관련된 질문

다음은 각 내담자에게 핵심 과정을 확인하면서 검토할 점이다.

- 이 내담자의 경우에 탈융합과 수용을 방해하는 과정의 상대적인 강도는 어떠한가?
- 이 내담자의 경우에 전념과 변화 행동에 반대되는 과정의 상대적인 강도는 어떠한가?
- 마음챙김과 맥락으로서의 자기와 양립할 수 없는 과정의 상대적인 강도는 어떠한가?
- 이 내담자의 경우에는 세 쌍의 핵심 과정 중에서 어느 것이 우세한가?
- 이 내담자의 경우에는 세 쌍의 핵심 과정 중에서 어느 것이 가장 약한가?

내담자의 강점 확인하기

내담자들은 우리 모두와 같이 취약점뿐 아니라 상당한 강점을 지닌다. 포괄적인 치료 계획을 세우면서 취약점에 초점을 맞추는 것은 적절하고 필요하겠지만, 내담자의 강점에 대해 철저하게 고려하는 것을 배제해서는 안 될 것이다. 정서적 고통에 대처하는 순간에 내담자가 극도로 어려워할 수 있다는 것이 과거에도 그가 성공적이지 못했음을 의미하지는 않는다. 우울증을 야기하는 과정이 기능적으로 동일한 두 내담자라도, 그들이 치료에 오게 된 개인적인 장점과 강점으로 인해서 서로 다른 치료 계획이 가능할 수 있다.

아마 내담자의 잠재적인 강점을 평가할 때 고려할 가장 중요한 점은, 이전의 실제적이거나 잠재적인 우울증 일화를 포함한 삶의 어려움과 도전에 대해 상당히 잘 대처할 수 있었던 정도다. 우울증을 촉발하는 공통적인 사건에는 개인적인 상실, 특히 사랑했던 사람의 상실과 같은 몇 가지 유형이 포함된다. 상실의 과정이 비교적 복잡하지 않은 어떤 죽음을 내담자가 겪어야 했는가? 그리고 그는 어떻게 그러한 상실을 성공적으로 대처했는가? 또한 내담자의 효과적인 대처 기술과 심리적 유연성의 정도를 확인하기 위해 일과 자산 그리고 실연을 포함하는 다른 유형의 상실을 어떻게 합리적으로 처리해 왔는지를 고려하라. 요컨대, 내담자의 독특한 대처 기술과 능력을 확인하기 위해 내담자가 쉽게 우울해질 수 있었지만 그렇게 되지 않았던 상황들을 검토해 보라.

전반부에서 필자는 우울증과 물질 남용(의존) 간의 높은 공병률을 언급한 바 있다. 이는 다수의 우울증 내담자들이 이 영역에서 공존하는 문제를 지닐 것임을 의미할 뿐만 아니라, 어떤 내담자는 이미 성공적으로 그 문제를 해결해 왔을 수 있음을 의미하는 듯하다. 만일 그렇다면, 내담자가 어떻게 금주를 달성하고 유지할 수 있었는지를 이야기하도록 격려함으로써 치료에서 유용하게 활용할 수 있는 개인적인 강점을 강조할 수 있을 것이다. 게다가, 일반적으로 12단계 프로그램의 어떤 면과 구체적으로 단주 모임(AA)의 어떤 면 사이에 뚜렷한 유사점이 있기 때문에(Wilson & Byrd, 2004), 다른 한편으로는 ACT에서 수용을 강조하기 때문에(Wulfert, 1994) 그런 치료법에 대해 내담자가 이전에 경험한 것이 성공적이었는지를 아는 것은 특별히 유익할 것이다.

내담자의 강점과 심리적 유연성의 원천을 드러내기 위해 탐색할 마지막 영역은 어려운 목표를 달성한 경험이다. 내담자는 개인적인 상실과 실망에 어떻게 대처해 왔는가보다 삶에서 성공적인 사건을 어떻게 처리했는가에 대해 말하는 것에 더 개방적이고 수용적일 수 있다. 가장 힘든 일을 해내야 했기 때문에 그의 인생에서 어떤 목표를 달성했는지 확인하기 위해서 내담자에게 물어보라. 그런 대화를 하면서, 내담자가 역경을 만나 계속해서 버티기 위해 사용한 특별한 전략뿐 아니라 목표에 연결된 핵심 가치도 밝힐 수 있을 것이다. 예를 들어, 최근에 상담한 필자의 내담자는 우울증과 투쟁하면서 당면하고 있는 어려움을 성공적으로 마라톤을 완주하기 위해 필요한 전념 및 수용의 차원과 관련시킬 수 있었다.

관련된 질문

각 내담자의 고유한 개인적 강점을 분석하면서 대답해 볼 질문의 목록은 다음과 같다.

- 내담자는 어떤 개인적인 상실들에 성공적으로 대처해 왔는가?
- 내담자는 성공적으로 대처하기 위해 무엇을 하였는가?
- 내담자는 중독 행동(알코올, 담배, 다른 약물 등의 사용과 같은)을 성공적

으로 극복한 적이 있는가? 그렇다면, 어떻게 극복하였는가?

- 내담자는 AA와 같은 12단계 프로그램에 대해 좋은 경험을 해 본 적이 있는가?
- 내담자는 명상이나 요가 실습에 대한 사전 훈련이나 경험이 있는가?
- 내담자는 ACT와 모순되지 않는, 불교 또는 기독교 명상과 같은 종교적인 수행에 익숙하거나 경험이 있는가?
- 내담자가 달성한 인생의 어려운 목표는 무엇이며, 어떻게 그렇게 했는가?
- 내담자가 열심히 투쟁하여 삶에서 달성한 목표는 어떤 핵심 가치와 관련이 되는가?
- 치료에서 보이는 내담자의 다른 장점은 무엇인가?

치료 계획의 구성

사례 개념화 기록지의 마지막 부분에서는 ACT의 초기 치료 계획을 세우도록 치료자에게 요청한다. 우세하다고 확인된 핵심 과정의 어떤 쌍이든지 치료를 시작하기 위해 활용하라. 각각의 핵심 과정 쌍을 표적으로 하여 사용할 수 있는 구체적인 개입 방법이나 기법에 대한 제안은 다음에 나오는 세 장에서 제공된다. 필자는 이 장들을 독립적으로 썼으므로, 독자는 그 장들을 연속해서 읽거나 적용할 필요가 없다. 오히려 세 장 중에서 어느 장을 먼저 참조할 것인지를 결정하기 위해서 사례 개념화를 활용하라. 예를 들면, 과도한 반추 및 손상된 개념적 자기와의 융합에 매우 밀접하게 연결되어 있는 듯이 보이는 우울증 내담자와는 8장의 지침을 따라 치료를 시작하도록 추천한다. 반대로, 매우 다양한 형태의 경험 회피와 융합을 보이는 내담자에게는 6장부터 시작하는 것이 더 적합할 수 있다.

ACT의 전략 차원 대 기법 차원

다음에 나오는 세 장에서는 ACT의 기법적인 측면이나 순서를 강조하지만, 넓은 의미에서 ACT는 단지 일련의 치료 절차라기보다 주요 전략과 패러다임적(제11장 참조) 접근으로 생각하는 것이 훨씬 더 유용하다. 이는 몇 가지 이유에서 사실이다. 아마 가장 중요하게는, ACT를 하나의 치료적 접근으로 받아들이는 경우에는 도구상자 속에 있는 도구의 사용법을 결정하는 것보다 심리적 유연성을 증진시키는 전반적인 의제를 상당히 많이 강조한다. 예를 들어, 망치를 언제 그리고 왜 사용하는지를 알면서 망치의 기능을 아는 것은 그것으로 물건을 세게 치는 방법을 아는 것보다 더 유용한 듯하다.

치료자는 심리적 유연성의 강화를 통해 가치 지향적인 삶을 증대시키는 것에 ACT의 전략적인 초점을 둠으로써, 또한 더 능숙하고 창조적이며 유연하게 도구들을 사용하게 될 것이다. 끝으로, ACT의 도구상자에는 다른 심리치료적 접근과 전통에서 가져와서 목적에 맞게 수정한 것뿐 아니라 고유하게 개발된 개입과 기법이 들어 있지만, 더 들어갈 여지가 여전히 많다. ACT가 더 널리 보급되고 실행되면서 ACT에 맞는 새로운 기법과 절차들이 계속해서 개발되고 있다. 기법에 역점을 두는 관점이 아니라 더 전략적이고 기능적인 관점에서 ACT를 보면, 계속해서 확장되고 있는 ACT의 도구상자에 당신 또한 기여할 가능성이 많은 듯하다.

요약

이 장의 목적은 각각의 우울한 내담자에게 맞춤식 치료 계획을 세우기 위해 사례를 개념화하는 과정으로 치료자를 안내하기 위함이었다. 이 장을 마치면서, ACT를 어디서 시작할지 적절하게 할애하는 문제는 언급할 가치가 있다. 예비적인 치료 계획에서 초기의 치료적 초점이 적절하게 제시될 수도 있지만, ACT가 전개되면서는 이것이 덜 유용하다. 예비적인 치료 계획은 치료가 지속되는 전체적인 길을 위한 안내도라기보다 치료의 출발점으로서 제시된 것으로 보라. 예기치 않게 뒤틀리거나 뒤집히는 일이 종종 치료 과정에 걸쳐 일어난다. 그러므로 초기의 치료 계획을 가볍게 잡고 이를 조정하는 데 개방적이기를 권한다. 특히 ACT가 전개되면서 예기치 않은 방식으로 움직일 경우에는, 처음에 세웠지만 지금은 의심되는 치료 계획을 경직되게 따르기보다 내담자의 행동에 따라 보다 더 유연하게 조정한다면, 치료자의 행동이 내담자에게 더 반응적이고 도움이 되기 쉽다. 잘못된 치료 계획은 없을지 모르지만, 어떤 계획은 다른 것보다 확실히 더 유용하며, 더 이상 작동하지 않는 계획을 따르는 것은 의미가 없다. 요컨대, 우리 모두는(내담자와 치료자) 같은 배를 타고 있으며, 그러므로 심리적 유연성을 지원하는 방식으로 치료하는 데 관심을 기울이는 것은 우리 모두에게 적용된다.

제6장

탈융합과 수용을 촉진하는 기법

이 장에서는 경험 통제 의제의 초점이 되었던 우울한 사고와 감정 및 관련 사적 사건에 반응하는 대안적 방법을 내담자에게 가르치는 개입과 기법에 특별히 역점을 둔다. 힘든 생각에서의 탈융합과 원치 않는 감정의 수용을 촉진하는 기법은 이러한 목적에 도움이 된다.

탈융합과 수용의 특성

당신이 ACT를 처음으로 접한다면, 앞으로 이 장에서 논의하게 될 많은 주요 개념과 과정(창조적 절망감과 기꺼이 경험하기 및 수용과 같은)이 감정이나 정서 상태라고 생각하기 쉬울 것이다. 그 이유는 부분적으로, 우리가 행동에 관해 말하면서 동명사('수용하기accepting'와 같은)보다 명사('수용acceptance'과 같은)를 사용할 경우에 우리 자신의 언어에 우리가 걸려들게 되는 방식 때문이다(Zettle, 1994). ACT는 먼저 행동치료임을 상기하라. 따라서 탈융합과 기꺼이 경험하기 및 수용 등은 다른 기술처럼 조성되고 획득될 수 있는 행동이라고 보는 것이 유용하다. 실제로 이들을 사적 사건과 감정 상태라고 생각한다면, 이는 ACT와 정반대인 의제에 적어도 암묵적으로 찬성하는 것이다. 의도적으로 원치 않는 감정 상태(예, 기꺼이 경험하지 않기)라고 추정되는 것을 없애려 하거나 표면적으로만 긍정적인 반대급부(기꺼이 경험하기)를 유도하려고 시도하는 경우에는 여전히 정서를 통제하는 것이므로 결국에는 역효과가 날 것이다. 더구나 정서 상태로서의 **기꺼이 경험하기**willingness는 자유롭게 선택될 수 없는 반면, 어떤 심리적 사건이 나타나더라도 방어 없이 그 경험에 개방하는 행동으로서의 기꺼이 경험하기는 자유롭게 선택될 수 있다.

탈융합과 수용의 습득

원칙적으로 내담자가 탈융합과 수용 기술을 획득하도록 돕는 데 치료자는 두 가지 주요한 전략을 활용할 수 있다. 어떤 새로운 기술은 대부분 직접적이고 체험적인 학습을 통해 적절하게 획득된 후에 강화되는 반면, 다른 기술은 지시적인 관리를 통해서, 즉 내담자가 따를 일련의 규칙이나 지침을 제공함으로써 간접적이긴 하지만 보다 더 즉각적으로 학습될 수가 있을 것이다. 그러나 수반된 결과로 형성된 행동이나 체험 학습을 통해 획득된 행동은 규칙을 적용하거나 일련의 지시를 따라 학습된 행동과 몇 가지 중요한 점에서 다르다는 것이 밝혀졌다(Skinner, 1969). 직접적으로 형성된 반응과는 대조적으로, 예컨대 지시를 따르는 것이 더 이상 원하는 성과를 얻는 데 효과가 없더라도 행동은 쉽게 바뀌지 않는다는 것이 많은 연구에서 비교적 일관되게 발견되었다(Catania, Matthews, & Shimoff, 1982; Hayes, Brownstein, Zettle, Rosenfarb, & Korn, 1986; Shimoff, Catania, & Matthews, 1981). 예를 들면, 처음에는 주어진 과제에서 버튼을 느리게 누르는 것이 빠르게 반응하는 것보다 더 많은 점수를 얻을 수가 있다. 어떤 피험자는 '점수를 얻는 가장 좋은 방법은 느리게 반응하는 것이다'라는 규칙을 받았고, 반면에 다른 피험자는 느리게 반응하는 것이 더 효과적이라는 것을 스스로 발견하도록 놔두었다. 이번에는 갑자기 경고도 없이 그 과제에서 점수 얻는 방법이 버튼을 빨리 누르는 것으로 변경되면, 두 번째 집단의 피험자가 더 빠른 반응 속도로 전환하는 것을 더 쉽게 발견한다. 반면에 느리게 반응하도록 지시를 받은 피험자는 느리게 누르는 것을 더 오래 지속하는 듯하다. 규칙 지배 행동에서 더 큰 정도의 경직성과 심리적 유연성의 부족이 더 전반적으로 나타나는 것을 보면, 지시적인 통제에 반응하는 것이 흔히 응종(Hayes, Zettle, &

Rosenfarb, 1989)을 야기하거나 또는 엉성하게 말하면, 그렇게 하라고 들었기 때문에 단지 들은 바를 행하게 됨을 시사한다. 조금 달리 말하면, 해당 행동이 효과적인 것을 하지 않고 지시를 엄격하게 따르는 식의 통제를 더 자주 받는다. 통제의 두 원천이 일치할 때에는 이 점이 문제가 되지 않는다(예, 두꺼운 옷을 입도록 권고를 받았으며 **그리고** 겨울에 두꺼운 옷을 입음). 그러나 맥락이 바뀌어 둘이 반대인 경우에는 문제가 된다(두꺼운 옷을 입도록 권고를 받은 대로 당신은 두꺼운 옷을 입고 있으며 **그리고** 지금은 여름임).

Hayes 등(1999)의 책에 붙은 『행동 변화에 대한 체험적 접근』이라는 부제를 보면, ACT에서는 내담자에게 탈융합과 수용의 기술을 먼저 습득시키고 더 연마시킴으로써, 규칙 따르기에 의한 학습보다는 **직접적인 조성하기 과정**이나 결과에 의한 학습을 강조한다. 이는 탈융합과 수용을 확립시키는 과정에서 지시나 제언 및 다른 형태의 언어적 행동을 사용하는 것이 치료자에게 전적으로 금지된다는 말이 아니다. 그러나 이는 심리적 유연성을 증진시키고 응종을 피하기 위해서 치료자가 그러한 전략을 최소로 유지하며 신중하게 사용해야 함을 의미한다. 내담자가 언어에 문자적으로 반응하는 것을 막기 위해서 직접적인 형태의 언어보다 비유가 선호된다. 비유도 분명히 언어이긴 하지만 문자 그대로 따를 수 있는 규칙을 말하지 않기 때문이다. 그러나 비유에서 언급되는 동일한 과정을, 배우는 기술에 적용하면 행동 변화와 기술 습득을 기능적으로 안내할 수 있다. 예를 들면, 수영을 배우기 원한다고 하자. 젓기와 발차기, 그리고 호흡하기에 대해 선생님이 설명하는 것을 들으면서 교실에 앉아 있는 것은, 호흡을 잘못할 때 물이 코에 들어오며 자신의 몸과 손발이 물속에서 특정한 방식으로 움직이는 것을 느끼면서 있는 것과는 전적으로 다르다. 할 바를 듣고 있는 것보다 물속에서 움직여 보는 경험(체험적인 학습)이 훨씬 더 빨리 수영하는 법을 배우는(그리고 유지하는) 데 도움이 될 것이다. 보다 더 수용적이 되는 법을 배우는 것은 수영하는 법을 배우는 것과 같다고 치료자가 내담자에게 알려 주면서 이 비유를 사용할 수 있을 것이다.

탈융합과 수용의 기술을 배우는 것은 자전거 조립을 배우는 것보다는 자전거 타기를 배우는 것과 더 비슷하다. 자전거를 조립해야 할 경우에는 문자나 말로 된 설명이 아주 유용할 수 있다. 하지만 자전거 타는 법을 배우기 원한다면, 문자나 말로 된 설명은 (아마 누군가 자전거 타는 법을 당신에게 이야기해 주는 것 말고는) 크게 도움이 되지 않을 것이다. 대신에 (시행착오를 통해 균형 잡기, 페달 밟기 그리고 핸들 조종하기를 배우는) 시도를 한 번 간단하게 해 보아야 한다. 균형 잡기, 페달 밟기 그리고 핸들 조종하기를 시도한 자연스러운 결과를 경험하는 것이 어떻게 하는지를 듣는 것보다 그 기술의 습득과 유연한 적용에 더 중요하다.

행동 결핍 대 과잉

행동적인 관점에서는 탈융합과 수용이 부족한 것을 기술의 결핍이라고 본다. 그렇지만 이는 '제로 비율' 행동, 즉 내담자가 전혀 갖지 않은 행동이라기보다 많은 내담자들에게 어떤 수준의 강점으로 이미 존재할 수도 있음을 기억하는 것이 필요하다. 지난 장에서 말했듯이, 개인적 상실과 인생의 도전에 성공적으로 대처해 온 역사를 지닌 내담자의 경우에는 이미 약한 형태의 탈융합과 수용을 행동 레퍼토리의 일부로 지니고 있을 것이다. 그런 경우에 치료자의 임무는 내담자에게 그 기술을 긁어모아 습득시키는 것이라기보다 그 기술을 깊이 강화하고 조성하는 것이다. 관련된 접근에서 치료자는 반응하는 방식을 약화시키고자 하는데(즉 융합과 경험 회피를 약화시키고자 하는데), 그것들은 탈융합 및 수용과 양립될 수 없다. 창조적 절망감을 필요한 수준으로 유발시켜서 내담자가 자신의 통제 의제를 버리도록 하는 것은 행동 과잉을 약화시키는 이러한 접근의 좋은 예다.

탈융합과 수용의 차이점

탈융합과 수용은 비슷하고 기능적으로 연관된 행동 과정으로서 한데 묶일 수도 있지만, 이 장에서는 둘 간의 차이 때문에 각각을 촉진하기 위한 개입과 기법을 따로 제시한다. 탈융합과 수용은 표적이 되는 원치 않는 사적 사건의 다른 유형에 의해 매우 용이하게 구별된다. 탈융합의 표적은 내담자의 자동적 사고, 이유, 생애 이야기, 그리고 손상된 개념적 자기에의 집착과 같이 문제가 되는 관계 구성의 부산물이다.

[추가로 약간의 설명을 하자면, 언어의 문자적 의미로 인해서 생기는 부정적인 영향을 약화시키려는 목적을 강조하기 위해서 Hayes 등(1999: 150)은 여기서 '탈융합'이라고 언급되고 있는 것을 '탈문자화deliteralization'로 더 자주 언급하였다. 보다 최근에는 '탈문자화'라는 용어를 '인지적 탈융합'(Strosahl et al., 2004)이라는 말로 대체하였다. 앞에서 말했듯이, 우리의 목적을 위해 탈융합에서는 자동적 사고, 이유, 생애 이야기 및 관계 구성의 고통스런 다른 부산물에 내담자가 반응하는 방식을 바꾸려고 하며, 그래서 탈융합을 기술할 때 '인지적'이라는 형용사를 붙여서 사용한다.]

대조적으로, 수용의 대상은 주로 내담자의 감정, 신체 감각, 기억 등과 같은 것이다. 언어가 이런 다른 사적 사건이 작용하는 방식에 어떤 역할도 하지 않는다고 주장하는 것은 아니다. 결국 그런 사적 사건은 '나쁜' '무서운' '참을 수 없는' 등과 같이 평가되거나 그렇지 않으면 내담자가 이를 경험적으로 통제하려고 애쓰는 식으로 규정된다. 이에 대해 보통은 우울한 사고('나는 어리석다.'와 같은)를 표적으로 하는 탈융합 작업을 수행하지만, 그런 생각에 대해 수용하는 것을 진지하게 언급할 수도 있다. 탈융합된 생각은 수용될 가능성이 더 있지만, 반면에 융합된 생각은 계속적으로 회피되거나 억제되거나 다른 방식으로 통제된다.

탈융합 촉진하기

1장에서 논의한 바대로, 융합은 내담자가 부정적인 자기 평가, 우울증에 대한 이유 대기, 생애 이야기 및 다른 혼잣말과 같은 언어적 생성물에 달리 반응하는 방식을 취하지 못할 정도로 이를 받아들일 때 발생한다. 조금 달리 말하면, 융합은 인지적 내용을 '문자적인 사실'로 너무 굳게 믿어서 그에 반응하는 대안적인 방식이 차단되는 것을 의미한다. 반대로 탈융합을 넓게 해석하면, 특정한 부정적인 자동적 사고나 생애 이야기와 같은 융합된 내용에 대해 대안적인 방식으로 반응하도록 유도하고 촉진하는 것을 뜻한다. 그렇게 하면서 혼잣말을 다른 방식으로 크게 표현할 때 단순한 소리나 리듬과 같은 언어 과정과 관련된 다른 심리적 기능이 나타나고 내담자 행동에 영향을 줄 수 있으며, 그래서 그 레퍼토리가 확장되고 심리적 유연성이 향상될 수 있다.

'당신의 마음은 당신의 친구가 아니다' 연습

이 장에 포함시킬 대부분의 탈융합 기법은, 그것이 표적으로 삼는 언어적 구성의 복잡성에 따라 유용하게 구성될 수 있는 반면, 맨 먼저 논의할 기법인 당신의 마음은 당신의 친구가 아니다 연습은 역기능적인 혼잣말의 다른 수준을 넘나들 수 있는 보다 더 일반적인 탈융합 연습으로 간주될 수 있다. 이를 사용하는 치료자의 목적은 두 가지다. ① 자기 비난적인 사고와 다른 부정적인 언어화에 이르게 하는 전반적인 과정을 내담자가 알아차리고 반응하기 시작할 수 있게 하고 ② 그렇게 함으로써 내담자에게 대안(즉, 부정적인 내용을 받아들이고 그것에 융합되는 대신에 그 과정을 관찰하고 반응하는)을 제공하기 위함이다. 예를 들면, 부정적인 자기 평가에 몰두하고 있음을 알아차리면서 관계 구성의 과정을 관찰하는 것은 평가 자체에 단순히 반응하는 것과는 매우 다르다. 생각을 보는 것은 생각으로(또는 생각을 통해) 세계를 바라보는 것과 다르다.

필자는 이 개입(당신의 마음은 당신의 친구가 아니다)을 특별한 유형의 인지적 내용(자동적 사고, 우울증의 이유, 생애 이야기 등)을 표적으로 하는 보다 초점적인 탈융합 기법을 도입하기 위한 준비 단계로서 사용하도록 추천한다. Hayes 등(1999: 151)이 이를 처음 도입하였으며, 필자는 우울증과 싸우는 내담자의 경험에 더 반응적인 형태로 수정해서 아래에 제시하였다. 여기서 사용하고 있는 '마음mind'이라는 용어는 상징적으로 '관계 구성하기'를 가리키는 것이지 인간의 심리적 고통에 대한 어떤 지적인 설명이 아님을 알아야 한다.

이 개입의 초기 목적은 내담자가 마음이 말하는 것을 무엇이든지 전적으로 비난하거나 거절하기 위함이 아니라, 마음의 산물을 보다 가볍게 그리고 건강한 수준으로 회의하면서 지니도록 격려하기 위함이다. 요컨대, 일종의 변별 훈련이다. 이 개입의 궁극적인 목적은 유익한 생각과 그렇지 않은 생각을 내담자가 잘 구별하도록 돕는 것이다. 다음과 같이 말하면서 개입하라.

우리의 마음이 어떻게 작용하는지, 그리고 그것이 항상 우리의 친구인지 아닌지에 대해 말해 봅시다. 여기서 말하는 마음이란 우리 머릿속에서 끊임없이 계속되는 재잘거림을 의미합니다. 우리의 마음은 특히 문제를 탐지해 내고 이를 해결하는 방법을 파악하는 데 유능한 듯이 보입니다. 사실상 생존하는 방법을 파악하도록 돕기 위한 선조들의 마음이 없었다면, 아마 우리 중 아무도 오늘 여기에 존재하지 않을 것입니다. 다행스럽게도 우리 대부분은 다음 끼니를 어디서 얻을 것인지와, 그 과정에서 서로를 죽이지 않고서 식량을 얻는 방법에 대해 더 이상 걱정할 필요가 없습니다. 이것은 좋은 소식입니다.

처음부터 존재하지 않을지도 모르는 문제들을 해결하기 위해 방법을 찾고 발견하며 파악하려고 애쓰는 것이 마음이 작동하는 방식일지라도, 마음은 작동하도록 진화된 대로 계속해서 작동한다는 것이 나쁜 소식입니다. 예를 들어, 때때로 우리의 마음은 걱정할 것이 없는데도 걱정거리에 대해 너무 염려하는 데 아주 익숙합니다. 그래서 우리 마음은 다른 걱정거리를 만들어 냅니다. 다른 경우에는, 우리가 왜 모든 일에 완벽할 수 없는지와 같이 간단히 해결될 수 없는 문제들을 해결하려고 고집스럽게 노력하는 듯합니다. 우리의 마음이 매우 잘하는 또 다른 일은, 탐지하던 문제들로 탓을 돌리는 '비난 게임'입니다. 예를 들면, 어떤 일을 잊은 경우에 자신이 어리석거나 무능함에 틀림없다고 결론을 내립니다. 찾아낸 문제에 대해서 당신의 마음은 얼마나 자주 당신을 비난합니까? 이런 일이 생길 때, 당신의 마음은 단지 모든 마음들이 작동하는 바대로 작동하는(아주 잘 작동하는) 것임을 생각하길 바랍니다. 당신의 마음에게 잘못이 있는 것은 아닙니다. 그러므로 그것을 고치는 것이 우리가 도전할 과제는 아닙니다. 당신은 마음 없이 살 수 없습니다. 하지만 마음은 또한 당신의 친구가 아닙니다. 그러므로 당신의 마음과 더불어서 더 의미 있고 충만한 삶을 사는 법을 배우는 것이 우리가 도전할 과제입니다.

편의를 위해서 여기서는 독백으로 제시하였다. 실제로 연습할 때에는 관련된 질문('당신의 마음이 작동하는 방식처럼, 이 소리는 얼마나 많이 작동합니까?')에 대해 답하도록 내담자에게 권유해서 대화식으로 진행하는 것이 더 유용할 것이다.

관련 기법

대화형 흐름으로 진행할 수 있다면, 몇 가지의 관련 기법을 이 시점에서 소개하는 것이 또한 유용할 수 있다. 그렇지 않다면 다른 기회에 소개할 수도 있다.

제삼자인 마음 기법 치료실에 네 명의 '사람'(치료자, 치료자의 마음, 내담자, 내담자의 마음)이 있음을 지적하라(Hayes et al., 1999: 97-98). 내담자의 마음에 이름(예, '우리 심술꾸러기')을 붙이고 치료 중에 마치 마음이 제삼자인 것처럼 마음에게 대화해 보도록 내담자를 격려할 수 있다.

마음에게 감사하기 기법 자신의 마음과 함께 삶에 참여하도록 내담자를 격려할 수 있는 언어적인 상호작용 중 하나는 마음의 성가신 투입을 인정하는 것이다(Strosahl et al., 2004: 41). 그렇게 함으로써, 내담자의 마음은 기능을 잘하고 있으며 마음이 달리 행하도록 만들기 위해 애쓰는 의제가 효과 없음을 내담자에게 재차 강조한다. 보다 더 유용한 반응은 내담자가 자신의 마음이 매우 잘하는 것을 하고 있음에 대해 인정하며 칭찬하는 것이다. 먼저 구체적인 융합의 예를 가리키면서 이 과정을 시작해야 할 것이다.

> 자, 당신의 마음은 당신이 너무 한심해서 복학하지 못할 것이라고 말합니다. 그에 대해 마음에게 감사할 수 있습니까? 더 나아가서 지금 곧 당신의 마음에게 그것을 크게 말할 수 있습니까?

관계 구성과 혼잣말의 과정을 관찰하는 경험을 더 하면서 내담자에게 '이에 대해 당신의 마음은 무엇이라 말합니까?'라는 질문을 더 전반적으로 물을 수 있다.

자동적 사고에서 탈융합하기

ACT에는 자동적 사고에 대한 탈융합 기법들이 지금까지 아주 많이 축적되어 있어서 이 절에서 그 모든 것을 망라할 수는 없다. 따라서 부정적인 자기 평가에서 탈융합하는 방법에 주로 초점을 둘 것이다. 이러한 자동적 사고는 우울한 내담자에게 매우 힘든 것이다. 자동적 사고에 대한 탈융합 기법과 개입을 총망라하는 목록을 원하면, Strosahl 등(2004, 〈표 2-3〉)을 참조하라.

우유 우유 우유 연습

처음에는 Titchener(1926: 425)가 기술했고 그 후에 Hayes 등(1999: 154-155)이 ACT에서 사용하기 위해 우유 우유 우유 연습으로 수정한 절차인데, 이는 말이 지니는 **추론된 자극 기능**이나 가리키는 대상 혹은 자극과 공유하는 심리적 속성을 말에서 떼어 내기 위해 고안되었다. 여러 가지 감각적 연상을 유발하는 어떤 단어를 빠르게 반복하면서 치료자를 따르도록 요청하라. 일단 유도된 기능이 제거되면, 오직 자극 속성(요컨대, 말의 의미가 아니라 말의 소리)만이 직접적으로 남을 것이다. 이 연습의 명칭은 그것을 시행할 때 주로 사용된 단어(우유)로 알려져 있으나 다른 말이 사용될 수도 있다. 이를 보여 주기 위하여 다음에 나오는 예문에서는 '우유' 대신에 '레몬'을 사용할 것이다.

치료자 당신이 기꺼이 하겠다면 간단한 연습을 같이 해 보고 싶습니다. '레몬'이라고 말해 보세요.

내담자 레몬.

치료자 그렇게 말했을 때 마음에 무엇이 떠올랐습니까?

내담자 노란, 타원 모양의 과일. 아주 크지 않고, 상당히 작은.

치료자 대개 그것을 그렇게 볼 수 있습니다. 그 밖에 다른 것은?

내담자 모르겠습니다.

치료자 냄새는 어떻습니까?

내담자 아, 레몬 냄새가 납니다.

치료자 그 밖에는?

내담자 글쎄요, 레몬 맛…… 아시다시피, 일종의 신맛.

치료자 자, 당신이 '레몬'이라는 말을 했을 때 무엇이 일어났는지 알아차려 보세요. 마치 레몬이 실제로 여기에 있는 것 같습니다. 볼 수 있고 냄새 맡을 수 있으며 맛볼 수 있었습니다. 실제로 레몬은 여기에 없었지만, 그러나 레몬이 여기에 심리적으로 존재했습니다. 이번에는 이 연습의 우스꽝스런 부분입니다. 저를 따라서 '레몬'이라는 말을 가능한 빨리 반복해서 말해 보세요. 단지 그렇게 하면서 무엇이 일어나는지 보세요.

치료자 [내담자와 함께 '레몬'이라는 말을 최소 30초 동안 빠르게 반복한다.] 무엇이 일어났습니까?

내담자 허튼소리 같이, 조금 바보스런 지껄임처럼 들립니다.

치료자 방금까지 여기에 있었던 신맛, 레몬 냄새, 그리고 노란 타원형의 과일에 무엇이 일어났습니까?

내담자 사라졌습니다.

치료자 다른 말을 가지고 같은 것을 시도해 봅시다. 지금까지 몇 차례 당신이 자신을 바보라고 부르는 것을 들은 적이 있습니다.

내담자 맞습니다. 그랬습니다. 내 자신에게 정직하려고 한 것뿐입니다.

치료자 준비됐습니까? 해 봅시다. [내담자와 함께 '바보'를 빠르게 반복한다.]

내담자가 자기를 부정적으로 언급하는 것(예, '실패자, 실패자, 실패자…….')을 포착할 때마다 필요한 만큼 반복하는 것이 유용하지만, 이후에는 실제로 이 연습에 많은 시간을 들일 필요는 없다.

다르게 소리내기 연습

혼잣말이 표현되는 전형적인 방식을 바꿈으로써 부정적인 혼잣말에서 보다 더 탈융합시키는 일련의 연습들을 사용할 수 있다. 전반적인 전략은 빈번한 자기 평가를 전형적이지 않은 방식으로 소리내도록 유도하는 것이다. 예를 들어, 내담자가 '나는 어떤 것도 제대로 하지 못합니다.'라는 말을 각 음

절마다 질질 끌면서 ('나나나나는 어어어어……') 낮은 목소리로, 풍자만화 주인공의 목소리로(예, 도널드 덕과 같은), 노래로(뮤지컬이나 오페라에 나오는), 또는 외국어로(예, 스페인어가 유창하지 않은 내담자에게 'No puedo hacer nada bien') 말할 수 있다. 이렇게 다른 식으로 말하는 것은 부정적인 혼잣말로 인한 부정적인 연상이나 유도된 자극 기능을 줄임으로써 부정적인 혼잣말의 고통과 상처를 줄인다.

카드에 생각 적기 연습

바로 전의 다르게 소리내기 옵션(즉 내담자가 부정적인 자동적 사고를 다른 '언어'로 암송함)을 위해서는, 내담자가 읽기 위해 번역어를 색인 카드 위에 적는 것이 필요할 수도 있다. 다른 언어로 번역하지 않은 생각에도 그와 같은 기법을 사용할 수 있다. 자기 입 밖으로 나오는 생각을 듣는 것과 달리, 종이 위에 적힌 자신의 생각을 읽는 것은 충분히 다른 반응을 일으킬 수 있으므로, 이것도 역시 또 다른 탈융합 방법이 될 수 있다. 카드마다 하나씩 적은 생각을 치료 중에 모으거나 자기 보고식으로 숙제를 내서 완성하게 할 수도 있다. 어떤 방법이든지 간에 내담자에게 자신의 생각을 기록하게 한다. 그저 생각을 적는 것도 다른 반응을 유발하는 또 다른 방법이다. 완성된 카드 묶음은 그 후에 몇 가지 방식으로 활용될 수 있다. 필요한 경우에 각 카드를 천천히 바라보면서 일종의 노출 연습을 주기적으로 반복하도록 내담자에게 지시한다. 예를 들어, 하루 중에 적어도 두세 번씩 카드를 크게 읽도록 내담자에게 요청하라. 그렇게 하는 것은 내담자가 자신의 우울한 사고에 다른 방식으로 반응하게 하므로, 또 다른 탈융합 절차로서 도움이 될 수 있다. 더 흔하게 사용하는 방법은 내담자에게 전념 행동을 할 때 카드를 가지고 다니게 하는 것이다. 그 카드 중에 전념 행동의 장애물로 기능하는 생각이 담긴 것이 있다면, 이 방법은 특히 유익하다. 예를 들면, 더 만족스러운 직업을 찾는 것에 대해 '나는 더 나은 직업을 절대로 구하지 못할 거야.' '운이 좋아서 어떤 일을 찾는다 해도 결국 면접을 망칠 거야.'와 같은 부정적인 생각을 갖고 있는 내담자는 일반적으로 그런 생각을 억압하거나 잊어버리려고 무진장 애쓸지 모른다. 그렇게 하는 대신에 일자리를 구할 때 그런 생각을 인정하면서 의도적으로 그 생각을 지니고 가는 쪽을 택하도록 지시한다.

기록지 작성하기 연습

자동적 사고를 위한 또 다른 탈융합 방법은 카드에 생각 적기 연습과 연결해서 흔히 사용할 수 있는데, 어떤 우울한 사건 직후와 같은 특정한 순간에 즉시 모든 사적 사건을 간단하게 기록하도록 내담자에게 요청하는 것이다(이러한 목적으로 사용될 수 있는 기록지는 부록 B 참조). 이 연습은 회기 중에만 아니라 숙제로도 실행할 수 있다. 그 순간에 경험하는 구체적인 자동적 사고, 감정, 신체 감각, 기억 또는 다른 사적 사건을 각각 기록할 뿐 아니라, 구체적인 범주(예, '나는 무가치하다는 생각을 한다.' '나는 슬픈 감정을 느낀다.' '어깨에 무거운 감각을 느낀다.' 등)를 확인하면서 시작하도록 내담자에게 요청한다. 이 연습은 어떤 사람이 창고 안에 있는 물건의 목록을 만드는 것에 비유될 수 있다. 이 연습을 통해서 내담자는 자신의 반응을 자신으로부터 떨어져 있는 물체로 다루는 기회를 갖게 된다.

자기 평가 대 자기 기술 연습

자기 평가와 자기 기술을 구별하도록 배우는 일종의 변별 훈련은 자동적 사고에 대한 탈융합을 위해 이제까지 논의한 모든 개입과 연습에 내포되어 있다. 부정적인 자기 평가와의 융합이 일어날 때, 내담자는 그러한 혼잣말에 대해 마치 문자 그대로 자기에 대한 기술인 것처럼 반응한다. '나는 착하지 않다.'라고 생각하는 우울한 내담자는 대개는 그것이 단지 자신이 지니고 있는 생각일 뿐임을 알지 못한다. 더구나 자신의 생각이 고정된 자기 기술이라기보다 일시적인 평가임을 알지 못한다. 대신에 그들은 '착하지 않다.'라는 자신의 생각에 대해 자기 존재의 내재된 부분인 것처럼 반응한다.

자기 평가와 자기 기술을 명확하게 구별하기 위해서 보다 명시적인 형태의 변별 훈련을 제공할 수 있다. 물체를 예로 들면서 훈련을 시작하여 혼잣말로 확장해 가라. 다음에 나오는 것은 Hayes 등(1999: 169)이 제공한 나쁜 컵 비유를 수정한 것이다.

치료자 이전에 우리가 당신의 마음이 어떻게 친구가 아닌지에 대해 말한 것을 기억할 것입니다. 이에 대해 좀 더 구체적으로 이야기해 봅시다. 우리의 마음은 그 주변에 있는 것을 평가하는 일에 아주 능숙해서 심지어는 우리 자신을 좋거나 나쁘다, 약하거나 강하다로 평가합니다. 우리 마음이 평가를 너무 많이 하기 때문에, 우리는 종종 어떤 것에 대한 평가와 기술의 차이를 구별하여 말하기가 어렵습니다. 예를 들어, 제가 여기에 있는 이 의자는 '좋은' 의자라고 말한다고 합시다. 그것은 평가일까요, 아니면 기술일까요?

내담자 제 생각에는 평가.

치료자 만일 제가 이 의자는 나무로 만든 것이라고 말한다면 어떻겠습니까? 평가입니까, 기술입니까?

내담자 기술.

치료자 의자는 나무가 아니라 금속으로 되어 있다고 생각하기 때문에 반대를 한다면 어떻겠습니까? 어느 것이 맞는지 판단할 방법이 있습니까?

내담자 제 생각으로는 의자가 무엇으로 만들어졌는지 알아보기 위해 의자를 부수어 보거나 잘라 보고 실험실 같은 데서 분석해 볼 수 있을 것 같습니다.

치료자 좋습니다. 의자에 대한 두 개의 기술은 의자의 속성에 대해 무언가를 말해 줍니다(무엇으로 만들어졌는지). 그러나 둘 다 옳을 수는 없습니다. 자, 저는 의자가 '좋다.'라고 하고, 당신은 '나쁘다.'라고 말한다면 어떻겠습니까? 평가 중 어떤 것이 맞는지 판단할 방법이 있습니까?

내담자 의견 차이처럼 들립니다.

치료자 의자의 '목재성'이나 '금속성'은 의자 안에 존재합니다. 그것은 의자입니다. 그러나 의자의 '좋음'이나 '나쁨'은 어디에 있습니까? 의자 안에 있습니까?

내담자 그것은 의자에 대한 평가임이 틀림없다고 생각됩니다.

치료자 당신의 마음이 '나는 어리석다.'라고 말할 때, 그것은 평가입니까, 기술입니까?

내담자 평가.

치료자 당신의 마음이 당신은 나이가 사십이고 결혼을 해서 두 자녀가 있다고 말할 때, 그것은 평가입니까? 아니면 기술입니까?

내담자 기술.

치료자 당신의 마음이 '나는 어리석다.'라고 말할 때, 어리석음이란 어디에 있습니까?

내담자 동의하고 싶지만, 그것은 실로 진실이 아님을 알 수 있습니다.

치료자 이는 '진실'보다 유용성의 문제일 가능성이 더 큽니다. 어느 경우든지 당신의 마음은 부정되는 것을 좋아하지 않습니다. '나는 어리석다.' 라는 생각이 정말로 기술이라고 고집하는 당신의 마음에게 감사할 수 있습니까? 그리고 동시에 그것은 평가임을 인정할 수 있습니까?

내담자 나는 내가 어리석다는 평가를 하고 있습니다.

치료자 자, '나는 어리석다.'라고 말해 보세요.

내담자 나는 어리석다.

치료자 이 둘은 어떻게 비교가 됩니까?

내담자 그 말을 평가와 같이 말하니 심각하지 않는 듯합니다. 그 말로 인해 그렇게 크게 무거운 느낌이 들지 않습니다.

치료자 그런 식으로 말하는 것이 더 유익하군요.

일단 이 연습을 마치고 나면, 회기 중에 내담자 자신이 제시하는 기회를 가지고 추가적으로 변별 훈련을 할 수 있다. 예를 들어, 내담자가 자동적으로 부정적인 자기 평가를 했을 때 그와 같이(즉 '나는 …라는 평가를 하고 있다.') 명시적으로 말하도록 부드럽게 격려한다.

이유 대기에서 탈융합하기

자동적 사고의 탈융합을 위해 검토한 몇 가지 개입과 연습은 우울증에 대한 이유 대기를 약화시키는 데에도 사용될 수 있다. 예를 들면, 내담자에게 구체적인 이유를 다르게 소리 내어 말하거나 목록화하도록 요청하라. 아주 최근에 필자는 이유 대기에서의 탈융합을 위한 연습도 개발하였다. 이는 그가 추정하는 우울증의 원인에 심히 몰두하는 내담자에게 유용하다.

우울증의 이유 연습

이 연습은 서식(부록 C 참조)을 따르는데, 회기 중에 또는 숙제로 내주어서 활용할 수 있다(제9장, 3회기 참조). 필자는 회기 중에 이것을 상당히 자주 사용하는데, 내담자에게 구두로 지시하고 복사하여 함께 완성할 수 있다. 이 연습은 다음과 같은 단계로 이루어진다.

1. 내담자가 제시한 우울증의 모든 이유들을 초기에 목록화하기
2. 우울증의 이유로 제시될 수 있으나 내담자와 개인적으로 관련이 없는 듯한(해고된 적이 전혀 없는 내담자가 일을 그만둠) '타당한 이유'를 추가로 목록화하기
3. 앞의 두 단계에서 나왔던 이유에 대해 각각 '타당성'을 평정하기
4. 우울해진 '타당치 않은 이유'에 대해 상당히 광범위한 목록을 만들기
5. 이러한 이유의 '비타당성'을 평정하기

내담자가 부딪치는 어려움은 대부분 네 번째 단계를 완성할 때 발생하는 듯하다. 필요하다면, 내담자가 참작하도록 우울증의 이유로서 타당하지 않을 수 있는 이유의 영역을 제안하라. 이는 약간 심각한 것(좋아하는 축구팀이 경기에서 진 것)에서 우습고 보다 유머러스한 것에 이르기까지(예, 그가 경품에 당첨되지 않은 것) 매우 다양할 수 있다. 어떤 내담자는 타당화를 해 주지 않는 것으로 이 연습을 경험할 수도 있는데, 필자에게 그런 경우가 생긴 경우는 한 사례밖에 기억나지 않는다. 이러한 경우가 발생한다면, 이는 이유 대기와 융합된 정도를 더 많이 반영하는 것으로 간주하라(즉, 가장 극단적인 경우에는 이유에 대해 질문하는 것도 개인적인 공격으로 반응할 수 있다.). 이는 탈융합 작업을 더 많이 해야 할 뿐만 아니라 맥락으로서의 자기를 촉진할 필요가 있음을 의미한다.

연습을 다양한 단계로 고안해서 우울증에 대해 내담자가 제시할 수 있는(또는 없는) 광범위하고 다양한 이유들을 잘 살펴보도록 유도한다. 이 연습에서는 우울증에 대해 말하는 것과 우울증 자체 사이에 흔히 존재하는 임의적인 관계를 강조한다. 성공적일 때는 이 연습 자체를 완수하는 것만으로도 대략 효과가 있으며, 이 연습에 대한 반응을 내담자에게 간단히 묻는 것만으로도 대개는 충분하다. 연습을 해도 의도한 효과가 없어 보인다면, 오래 끌기보다는 내담자에게 다음과 같은 질문을 생각해 보도록 요청하라.

- 왜 우울한지에 대한 이유가 떠오를 때, 당신의 마음은 친구 역할을 하고 있습니까?
- 당신이 제시하는 우울한 이유는 유용합니까?
- 당신이 제시하는 우울한 이유는 당신이 계속해서 꼼짝 못하거나 아니면 빠져나오는 데 도움이 될 것 같습니까?
- 빠져나오려면, 당신이 제시하는 우울한 이유가 바뀌어야 합니까?
- 우울한 이유에 대해 확신하는 것이 당신에게 얼마나 유용하고 필요합

니까?

바람 빠진 타이어 비유

방금 논의한 연습을 보충하기 위해 사용할 수 있는 또 다른 탈융합 기법에서는 가치 지향적인 삶을 사는 데 치르는 이유 대기의 대가를 더 강조하려고 시도한다. 다음의 비유를 제시하기 전에, 아이들의 음악 발표회나 업무상 중요한 회의에 참여하는 것과 같이 내담자가 가치를 두는 어떤 활동이나 사건을 확인하라.

치료자 오늘 상담 시간 후에 딸의 피아노 발표회를 보려고 시내로 서둘러 가야 한다고 가정합시다. 여기를 떠나 차에 이르렀을 때, 타이어에 바람이 빠진 것을 발견했습니다. 어떻게 하겠습니까?

내담자 글쎄요, 택시를 부를 수 있겠지만, 아마 너무 오래 걸릴 겁니다. 자동차 보험회사에 연락을 할 수 있겠지만, 아마 그것도 역시 너무 오래 걸릴 겁니다. 급하기 때문에 바로 가서 제 스스로 할 수 있는 한 최선을 다해 그것을 교체해야 할 것입니다. 바람 빠진 타이어를 교체하는 데 능숙하지는 않지만 전에 해 본 적이 있고, 아마 그게 가장 빠를 것입니다.

치료자 왜 타이어에 바람이 빠졌는지 알고 싶지 않겠습니까?

내담자 아마 나중에, 내일이나 모레쯤에. 그러나 지금 당장은 아닙니다.

치료자 왜 아닙니까?

내담자 타이어가 펑펑해진 이유를 이해하려고 노력하기보다는 그것을 교체하는 것이 훨씬 더 중요하기 때문입니다. 왜 바람이 빠졌는지는 실제로 중요하지 않습니다.

치료자 만일 당신이 투쟁해 온 우울증이 그 바람 빠진 타이어와 같다면 어떻겠습니까?

이야기 구성하기에서 탈융합하기

생애 이야기에서 탈융합을 촉진하는 일차적인 개입은 Hayes와 Smith (2005: 91-92)가 ACT에서 사용하기 위해 보다 더 광범위하게 제시한 것을 약간 수정한 것이다. 우울증으로 고생하고 그것과 투쟁하는 데 영향을 준 것으로 보이는 모든 주요한 생활사건과 상황을 확인해서 우울증에 대한 이야기를 쓰도록 초기에 내담자에게 요청하라. 이는 숙제로 부과하는 것이 유용하다(이런 목적을 위해 고안된 서식을 원하면, 부록 D 참조). 일단 서식이 완성되면, 내담자와 함께 이를 검토하고 그 이야기에 담긴 특별한 생활사건과 같은(결혼, 아이의 출생, 직업의 변화, 죽음 등) 개인적인 사실들에 밑줄을 긋고, 각 사건들 간의 시간 순서적인 관계가 드러나도록 그 사건들을 시간선 상에 놓으라. 그러고 나서 똑같은 사실들을 가지고 우울증으로 끝나지 않는 또 다른 삶의 이야기를 적어 보도록 내담자에게 숙제로 요청하라(부록 D에 이 목적으로 사용할 수 있는 서식이 있음).

내담자는 첫 번째 이야기가 사실이고 그 외의 것은 거짓일 것이라고 주장하면서 두 번째 쓰기 숙제에 저항할 수도 있다. 이는 자신의 삶에 대한 이야기에 높은 수준으로 융합되어 있음을 시사한다. 이러한 경우에 필자는, 그 점에 대해 내담자와 논쟁하지 않고 대안적인 이야기를 써 보도록 끈질기지만 부드럽게 요구하는 것이 유용함을 발견하였다. 예를 들면, '당신은 창의적인 작가이며, 당신의 캐릭터에 대해 이 사실들이 주어졌다고 상상해 보세요. 다른 결말을 가진 이야기로 계속해서 써 보겠습니까?' 매우 흥미롭게도 자신의 처음 이야기가 '있던 그대로이고 다른 점은 없다.'고 주장하는 한 내담자가 새로운 사실을 발굴해서 두 번째 이야기를 써 가지고 왔다. 첫 번째 이야기에서는 그녀에게 책임이 있는 이혼으로 인해서 우울증이 촉발되었다. 두 번째 이야기에서는 이혼에 영향을 미친 남편의 간통과 비밀스러운 돈 거래에 대한 새로운 사실들이 드러났다.

첫 번째 삶의 이야기에 과도한 동일시를 보이는 내담자에게는 이야기 쓰기를 한 번 이상 고려해 보는 것이 필요함을 발견할지도 모른다. 방금 전에 기술한 내담자는 대안적인 이야기를 세 번 썼는데, 나중의 두 이야기에서는 그녀의 결혼이 파경에 이르면서 그 무렵 동시에 일어났던 역사적인 사실들(존 에프 케네디 2세의 죽음과 2000년 대선 결과와 같은)을 엮어서 탈융합을 충분히 경험할 때까지 이야기를 만들었다. 그녀는 여전히 처음 쓴 생애 이야기를 조금 더 좋아했지만, 그것이 그녀를 지배하는 정도가 충분히 느슨해져서 치료의 다른 측면에서 진전이 있게 되었다. "당신은 여전히 '이건 내 이야기야, 그리고 그것은 없어지지 않아!'라고 주장하기 원하는 것처럼 들립니다."라고 한 필자의 말에 대해 그녀가 미소를 지으며 반응한 것으로 보아 이를 알 수 있었다.

수용 촉진하기

이 장의 초반부에서 제안한 것처럼, 수용은 강화시켜야 할 행동 결핍으로, 그와 정반대인 경험 회피는 약화시켜야 할 행동 과잉으로 보는 것이 유용하다고 필자는 믿는다. 이 분야의 더 많은 책들에서 추천되는 일반적인 행동수정 전략(Martin & Pear, 2007 참조)은 약화시킬 어떤 행동의 과잉과 양립할 수 없는 새로운 반응을 항상 동시에 강화하는 것이다. 그렇게 하지 않으면, 치료 목표로서 행동 결핍의 제거에 과도하게 초점을 맞춤으로써 '죽은 자의 시험dead-man test'[1)]에 잠재적으로 실패한다. 1965년에 Ogden Lindsley

역자주

1) '죽은 자의 시험'은 1965년에 Ogden Lindsley가 어떤 것이 행동인지를 판단하기 위해 고안한 것으로서, 관심을 갖는 '행동'이 수행될 수 있는지를 확인하는 지침으로 사용된다. 만일 죽은 자가 할 수 있는 것이라면 그것은 행동이 아니며, 죽은 자가 할 수 없는 것이라면 그것은 행동이다.

가 처음 소개했을 때, '죽은 자의 시험'에서는 간단하지만 핵심적인 다음의 질문을 한다. "당신이 내담자에게 행동하기 바라는 것을 죽은 사람은 할 수 있습니까?(Malott, Whaley, & Malott, 1991: 10)" 만일 우울하지 않기 위해 불쾌한 감정에서 벗어나려는 것을 멈추라고 요청하면, 그 질문에 대한 대답은 '예'일 것이다. 왜냐하면 죽은 사람은 불쾌한 감정에서 도망가지 않으며 우울하지 않으니까(우리 생각에는!). 만일 대답이 '예'라면, 내담자의 삶이 가치 지향적인 방향으로 진행되기 위해 강화될 필요가 있는 행동에 역점을 두지 않은 것이므로, 치료의 초점이 잘못된 것이다. 유사하게, 단지 정서적 통제의 노력을 없애는 데 역점을 두기보다는 어떤 수용 기술이 내담자를 촉진하는 데 가장 유용할 것인가에 더 역점을 두는 것이 유익하다. 간단하게 통제 의제를 버리는 것은 물론 중요하지만, 수용에 이르는 것과 동의어는 아니다. 경험 도피나 회피를 약화시키는 것은 수용이 가능한 조건을 조성하므로, 그렇게 하는 것은 수용이 일어나기 위해 필요한 듯하다. 그렇지만 예를 들어, 절망감에서 벗어나려는 행동을 멈추는 것만으로는 절망감의 수용을 자동적으로 유도하지 못한다. '주어진 것을 받아들임'으로써 원치 않는 사적 사건에 반응하는 대안적인 방식인 수용(Hayes et al., 1999: 77)은 그 자체로서 촉진되고 장려되어야 한다.

경험 통제 약화시키기

감정 통제 의제를 약화시키기 위해 ACT에서 가장 흔하게 사용하는 전략은 창조적 절망감의 유발이다. 4장에서 논의한 것처럼, 창조적 절망감의 수준을 적정화하는 것을 고려하도록 추천한다. 즉 적정한 수준의 창조적 절망감을 유발하는 데 필요한 기법을 '처방'할 때 각 내담자마다 적절하게 조정하라. 이는 자살충동이 경험 도피의 형태로서 기능해 온 내담자에게 특히 중요하다고 필자는 느낀다. 창조적 절망감의 투입을 조절하는 한 가지 방법은 제시할 개입과 기법을 선별적으로 선택하는 것이다. 예를 들면, 구덩이에 빠진 사람 비유(Hayes, 1987: 346-347; Hayes et al., 1999: 101-102)는 내담자가 사용하는 경험 도피나 회피의 무용성을 철저하게 검토하고 강조할 수 있으므로, 통제 의제를 엄밀히 공격하는 데 보다 쉽게 이용되는 듯하다. 하지만 어떤 경우에는 '불필요하게 강력한 방법'일 수 있다. 그러므로 이 비유는 경험 통제를 약화시키는 대안적인 방법에 잘 반응하지 않는 내담자와 자살에 관심이 없는 내담자에게 추천된다.

지면상의 한계 때문에, 우울한 내담자에게 구덩이에 빠진 사람 비유를 적용하는 것은 여기에 제시되지 않고, 9장에서 제시될 것이다. 그 대신에 여기서는 창조적 절망감을 적정한 수준으로 유발시키는 데 보다 잘 사용될 수 있는 다른 기법(괴물과의 줄다리기 비유와 모래 늪 비유)을 다룰 것이다. '구덩이' 비유의 일반적인 버전을 원하면 Hayes 등(1999)을 보고, 불안과 투쟁하는 내담자에게 사용하기 위해 수정된 예문을 원하면 Eifert와 Forsyth(2005: 136-138)를 참조하라.

괴물과의 줄다리기 비유

이 특별한 비유(Hayes, 1987: 366; Hayes et al., 1999: 109)는 내담자에게 적정한 수준으로 창조적 절망감을 유발시킬 뿐 아니라, 조금 수정해서 사용하면 통제 의제를 계속적으로 추구하는 것과 관련된 몇 가지 대가를 강조하는 데 유용하다. 이전 장에서 논의한 것처럼, 내담자가 자신의 우울증을 통제하기 위해서 비성공적으로 투쟁하는 동안에 삶에서 놓친 것(즉, 부재의 고통)이 그런 일련의 대가에 포함된다. 가치를 두는 생활에서 적어도 한 가지 영역을 확인했다면(다음에 나오는 예에서는 돌보는 부모 되기), 다음과 같은 방식으로 비유를 제시할 수 있다.

치료자 우울증과의 싸움은 마치 오랫 동안 괴물과 줄다리기를 하는 것과 같았던 것처럼 들립니다. 당신은 밧줄의 한 쪽 끝을 정말로 열심히 당기고 있으며, 우울증 괴물은 다른 쪽 끝을 잡아당기고 있습니다. 당신과 괴물 사이에는 끝없이 깊은 구덩이가 있고, 그래서 당신이 정말로 열심히 당기면 아마 우울증 괴물을 구덩이 가장자리까지 끌어 올 수 있으며, 마지막 한 번의 당김으로 괴물을 구덩이 속으로 끌어넣어서 영원히 거기 있게 할 수 있습니다. 그런데 한편, 이렇게 계속하는 동안에 뒤에서 아이들이 함께 놀자고, 공원이나 동물원에 데려가 달라고 요청하는 것을 들을 수가 있습니다. 당신은 아이들과 함께 시간을 보내기 원하지만, 이 줄다리기에도 열중하고 있고 줄다리기에서 이기기를 또한 매우 원합니다. 아마 당신은 아이들을 큰 소리로 부르고 우울증 괴물을 제거할 때까지만 기다려 달라고 요청할지도 모릅니다. 그러나 당신이 그 밧줄을 잡아당기자, 괴물이 아니라 바로 당신이 바닥 없이 깊은 구덩이를 향해 아주 천천히 당겨지고 있는 것을 상상해 보세요. 그래서 당신은 아마 뒷꿈치를 땅에 박고 버티면서 더 열심히 잡아당길 것입니다. 하지만 잘 안됩니다(당신 자신이 그 구덩이로 점점 더 가까이 당겨지고 있음을 발견합니다.). 당신의 선택은 무엇입니까?

내담자 밧줄 잡아당기는 것을 누군가 도와주러 와 달라고 외칠 것입니다.

치료자 지금까지 그 방법이 당신에게 효과가 있었습니까? 더욱이 이 싸움은 바로 당신과 우울증 괴물 사이에 존재한다는 것을 생각하세요.

내담자 더 열심히 잡아당겨야 할 것이라 생각됩니다.

치료자 당신은 할 수 있는 만큼 열심히 잡아당기고 있지만, 별반 차이가 없다고 상상해 보세요. 그 밖에 당신이 할 수 있는 다른 것이 있습니까?

내담자 밧줄 놓기?

치료자 밧줄을 정말 놓으면 무슨 일이 생기겠습니까?

내담자 여전히 우울증이 있을 것입니다.

치료자 그럴 수도 있습니다. 찾아낸 유일한 길은 밧줄을 놓는 것이라고 생각됩니다. 한 가지 확실한 것은 적어도 당신이 괴물과 싸우지 않게 될 것이며, 손과 발이 자유로워져서 다른 일을 할 것이라는 점입니다. 당신은 무엇을 하겠습니까?

내담자 아이들을 데리고 공원에 갈 수 있을 것이라고 생각됩니다.

여기서 논의하게 될 창조적 절망감을 유발하는 두 비유 중에서 줄다리기가 들어간 이 비유는 경험 통제의 한 형태인 자살충동을 약화시키기 위해서 보다 쉽게 수정될 수 있다. 자살 행동은 내담자가 자신의 우울증을 다루기 위해 시도한 방법 중에서 단지 하나인 만큼, 통제 의제를 버릴 정도로 충분히 창조적 절망감 수준을 유도함으로써 자살 위험성을 조금이라도 유의미하게 감소시켜야 한다. 경험을 도피하는 형태로서 자살을 시도한 적이 있는 내담자에게는 통제 의제를 약화시키는 것이 특히 중요하다. 자살충동을 증가시키지 않으면서 통제 의제를 약화시킬 만큼 충분히 창조적 절망감의 경험을 제공하기 위하여 다음에 나오는 방식으로 비유를 약간 수정하라.

당신이 제게 한 말을 들으니, 당신 삶에서 우울증 괴물에게 구덩이의 가장자리 가까이까지 끌려간 적이 있었던 듯합니다. 그러므로 아마도 당신은 밧줄을 당길 수 있는 만큼 힘껏 더 열심히 당겼을 것입니다. 그러나 잘되지 않았고, 당신은 구덩이 끝으로 점점 더 가까이 당겨졌을 것입니다. 그럴 때는 자신을 죽이는 것이 싸움에서 빠져나오는 그리고 구덩이 속으로 떨어지는 것을 피하는 유일한 방법처럼 보일 수도 있습니다. 계속 잡아당기고 구덩이 속으로 끌려 떨어질 위험에 처하거나 아니면 그런 일이 일어나는 것을 막기 위해 자신을 죽이는 것 말고, 그런 상황에서 당신이 할 수 있는 그 밖의 다른 일이 있습니까? 밧줄을 놓을 수 있겠습니까?

비유로 말해서, 밧줄 놓기를 한 번의 사건 이상으로 보는 것이 치료자와 내담자 모두에게 유익할 것이다. 내담자는 통제 의제로 되돌아 갈 것이고 우울증 괴물은 내담자를 부추겨서 반복적으로 밧줄을 집어 다시 싸우게 할 것이다. 가장 중요한 것은 싸움이 다시 시작되었을 때를 알아차리는 것이며

(즉, '당신은 줄다리기로 돌아갑니까?'), 이는 치료상으로 퇴보가 아니다. 밧줄을 집어 든 만큼 놓을 수 있으며, 우울증을 통제하려는 삶을 사는 것과 가치 지향적인 활동을 추구하는 삶을 사는 것 간의 차이를 경험하게 하는 또 다른 변별 훈련이 각 경우마다 내담자에게 시행된다. 내담자는 매 순간 밧줄을 놓음으로써, 보다 더 긴 기간에 걸쳐서 확장되는 수용이라는 목표에 더 가까이 나아간다.

모래 늪 비유

이 비유(Hayes & Smith, 2005: 3-4)는 경험 통제를 저지하기 위해서 사용할 수 있는 또 다른 비유이긴 하지만, 우울증에 대한 대안적 반응인 기꺼이 경험하기와 수용을 보다 분명하게 조성하는 이점이 또한 있다. 이러한 이유 때문에, 수용을 촉진하기 위한 작업을 계속하는 경우에는 괴물과의 줄다리기 비유보다 아마 더 나은 선택일 수도 있다. 다음의 대화에서 예시된다.

치료자 모래 늪을 개인적으로 경험했는지 모르겠습니다.

내담자 경험해 보지 않았습니다.

치료자 영화나 TV 프로에서 모래 늪에 빠진 사람이 나온 장면을 본 적이 있습니까?

내담자 있습니다.

치료자 모래 늪에 빠진 사람이 빠져나오려고 씨름할 때, 무슨 일이 일어납니까?

내담자 훨씬 더 깊이 가라앉기만 하는 것 같습니다.

치료자 맞습니다. 그가 모래 늪에서 빠져나오려고 애쓰면 애쓸수록 상황은 더 나빠집니다. 그 대신에 할 수 있는 최선은 무엇이라고 생각합니까?

내담자 씨름하지 말라?

치료자 그 이상입니다. 그가 할 수 있는 최선은 등을 대고 떠 있으면서(물 위에 등을 대고 떠 있는 것처럼) 모래 늪에 충분히 접촉하는 것입니다. 우울증이 모래 늪과 같을 수 있다는 것을 생각해 보길 바랍니다. 우울증과 싸우면 그 속으로 더 깊이 가라앉기만 할 수 있으며, 그에 충분히 접촉하도록 자신을 허용하는 것이 또 다른 선택일 수 있겠습니까?

내담자 하지만 그 늪이 나를 그저 삼킬까 봐 두려울 것입니다.

치료자 정말 무서워 보입니다. 그것은 매우 이해할 만한 두려움이며 역점을 두고 다룰 필요가 있는 두려움입니다. 특히 두려움과 싸우는 것이 아니라 그 두려움에 반응하는 다른 방법을 생각할 필요가 있을 것입니다.

내담자는 이러한 말을 주고 받는 가운데 수용에 대한 잠재적인 장애물인 두려움을 확인하였고, 이는 '우울증의 늪'과 싸우는 것을 멈추면 그것이 그를 전부 삼킬 것이라는 두려움을 더 충분하게 경험하는 기꺼이 경험하기를 촉진할 필요가 있음을 시사한다. 그가 통제 의제를 충분히 버리려면 이렇게 해야 한다.

중국인의 손가락 덫 연습

어떤 내담자는 비유보다 체험적인 연습에 더 반응적일 수가 있다. Hayes 등(1999: 105)이 원래 개발한 비유를 수정한 연습인 중국인의 손가락 덫을 내담자에게 제시한다. 손가락 덫은 짚으로 엮은 관인데, 집게손가락을 덫의 양 끝에 끼워 넣는다. Eifert와 Forsyth(2005: 147-149)가 제시한 것을 따르되, 내담자에 맞게 하는 것이 더 좋은 듯하다. 일단 치료자와 내담자 양쪽 다 그 덫을 가지고서 다음과 같이 말한다.

치료자 이제 이것에서 빠져나올 수 있는지 봅시다. 손가락을 바깥으로 잡아당기려고 애쓸 때 어떻게 됩니까?

내담자 되지 않습니다. 덫이 제 손가락을 더 단단하게 조입니다.

치료자 어쩌면 당신이 충분하게 힘껏 당기지 않고 있나 봅니다. 우리 둘 다 정말로 힘껏 당겨 봅시다. 무슨 일이 생겼습니까?

내담자 더 꽉 죄이게 되었습니다.

치료자 우리가 달리 할 수 있는 것이 있습니까? 만일 당신의 양 손가락을 서로를 향해 덫 속으로 더 깊이 민다면, 무슨 일이 생깁니까?

내담자 꽉 죄이지는 않습니다. 적어도 이제는 손가락이 조금 더 괜찮습니다.

치료자 이제 여지가 좀 있습니다. 당신의 우울증도 이와 같다면 어떻겠습니까? 이 점을 생각하길 바랍니다. 당신의 경험으로 보면, 당신이 우울증에서 벗어나려고 애쓸 때 당신의 삶은 얼마나 잘 돌아갔습니까?

내담자 글쎄요, 모두 효과가 그렇게 없었던 것 같습니다. 그렇지 않으면 여기에 있지 않았을 겁니다.

치료자 우울증에 반응하는 또 다른 방법(이 덫에서 빠져나오려고 애쓰기보다 손가락을 안으로 밀어 넣는 것처럼 더 많은 여지가 생길 수 있는 방법)을 기꺼이 생각하고 시도하겠습니까?

덫에서 빠져나오는 방법에 대해 아무것도 설명되지 않았음을 알아차리는 반응을 내담자가 할 것이다. 그렇다면, 덫에서 빠져나오는 문제가 해결이라기보다 문제의 더 많은 부분일 수 있음에 대해 생각해 보도록 요청하라.

당신의 마음은 제가 지금 말하려는 것을 좋아하지 않을 것입니다. 당신이 이를 알아차리고, 제 말을 믿거나 믿지 않는 데 사로잡히지 않을 수 있는지 보세요. 오히려 우울증과 투쟁하면서 당신이 경험하는 것을 주의해서 보세요. 당신이 덫에서 손가락을 빼내려고 애쓰지 않는다면(당신이 좋아하지 않는 생각과 감정 그리고 다른 경험이 없는 삶을 영위하려고 애쓰는 데 역점을 두지 않는다면), 당신의 삶이 어떻게 될지, 그리고 얼마나 효과가 있을지는 알지 못합니다. 그러나 당신이 그렇게 할 때 얼마나 효과가 있었습니까? 당신이 해 오던 것과 아주 다를 수도 있는 어떤 것을 시도하는 데 최소한 개방될 준비가 되어 있습니까? 그것이 작동하는 방식을 좋아하지 않는다면, 덫 바깥으로 당신의 손가락을 잡아당기려고 해 보는 것으로 언제나 되돌아올 수 있습니다.

밧줄을 잡아당기거나 덫에서 손가락을 빼내려고 애쓰는 동안에 내담자는 잠시도 움직일 자유가 없다. 이 첫 비유와 연습의 목표는 여지를 제공하는 것이다. 다음 단계는 내담자가 자신의 우울증에 다르게 반응하고 전진하기 시작하면서 마주칠 수 있는 원치 않는 심리적 경험을 위해 그를 준비시키는 것이다.

기꺼이 경험하기를 촉진하기

이전에 강조한 것처럼, 기꺼이 경험하기는 단지 체험하거나 체험하지 않는 느낌이나 정서 상태라기보다 능동적으로 선택할 수 있는 행동이라고 생각하라. 이렇게 구별할 때, '기꺼움willing'을 '원함wanting'과 동등하게 생각하지 않는 것이 중요하다. 치료자와 내담자 모두는 ACT의 수행과 관련된 결과에 대해 취약함이나 염려 또는 불확실함을 느끼길 **원하지** 않는다. 내담자에게 물을 중요한 질문은 다음과 같다. '우울증에서 벗어나고, 가치를 둔 방향으로 삶을 움직이기 시작하는 데 기꺼이 경험하기가 필요하다면, 원치 않는 것을 기꺼이 경험하겠습니까?' 그리고 치료자에게 물을 중요한 질문은 다음과 같다. '이 과정에 참여하면서 마주치는 것은 무엇이든지 기꺼이 경험하겠습니까?'

원치 않는 심리적 경험이 영구히 사라져 버리고 우리만 남는다면 그것을 일시적으로 기꺼이 마주치겠다고 동의함으로써, 우리 모두는 원치 않는 심리적 경험과 일종의 흥정을 하려고 한다. 이는 기꺼이 경험하기라기보다 기껏해야 견디는 것을 의미하며, 더 큰 경험 회피 전략의 일부로서 결국에는 역효과가 난다. '기꺼이 경험하기'가 우울증의 제거에 따라 좌우된다면 그런 '기꺼이' 경험하기는 경험 통제 전략이며, 따라서 ACT의 목표인 심리적 유연성과 양립할 수 없다. 치료자가 촉진하려는 기꺼이 경험하기는 우울증을 능동적으로 껴안고 그 결과에 상관없이 그것에 개방적이 되는 것이다. 그가 도피하며 회피하려고 매우 열심히 노력해 온 것을 기꺼이 경험하겠는지 내담자에게 묻게 될 것이다. 이는 기꺼이 경험하기 자체를 위해서, 인격을 어느 정도 강화하기 위해서, 또는 아주 확실하게 우울증을 없애기 위해서가 아니라 보다 의미 있고 목적 지향적인 삶을 주도할 수 있기 위해서 필요하기 때문이다.

깨끗한 고통 대 더러운 고통 연습

기꺼움과 원함의 차이를 강조하기 위하여, 그리고 기꺼이 경험하기의 대상을 더 명확하게 하기 위하여 이 시점에서 깨끗한 고통과 더러운 고통의 차이에 대한 작업은 대부분의 내담자들에게 유용할 것이다. 2장에서 논의한 대로, '깨끗한 고통'은 저조한 기분과 같이 건강하고 정상적인 심리적 경험을 가리키지만, 그럼에도 불구하고 내담자는 그것을 원하지 않을 수 있어서 그것은 경험 통제 노력의 대상이 될 수가 있다. 이에 반해 '더러운 고통'은 '깨끗한 고통'을 통제하려는 의제를 비성공적으로 추구한 심리적인 결과다(즉, 저조한 기분이 심화되어 임상적 우울증이 되는 경우).

우울증 지니고 다니기 연습 두 유형의 고통을 구별하기 위해 ACT에서 흔히 사용하는 비유는 두 척도 비유다(Hayes et al., 1999: 133-134). 원래 개발된 비유는 불안과 투쟁하는 데 특정적으로 사용되지만 우울한 내담자용으로 쉽게 수정될 수 있다. 이러한 이유뿐 아니라 비유의 길이 때문에 여기에 그것을 제시하지 않았지만 9장에서 제시할 것이다. 그렇지만 아래에 나오는 체험적인 연습은 두 척도 비유를 보완해 준다. 이 연습을 수행하기 위하여 상당히 무겁고 눈에 잘 띄지 않는 물건(큰 책, 깡통 등)이 소품으로 필요할 것이다.

치료자 우울증의 일부로서 당신이 경험하고 싶어 하지 않는 여러 가지 생각과 감정을 이 깡통이라고 생각해 보세요. 자, 당신의 마음은 그것에 대해서 이런 식으로 생각하실 원치 않는 만큼, 당신은 깡통을 간단히 버릴 수 없으며 그것에서 벗어나 걸을 수도 없다고 합시다. 당신이 그런 선택을 할 수 없다면, 즉 당신이 가는 곳마다 어디든 그 깡통을 가지고 다녀야 한다면, 당신이 할 수 있는 유일한 선택은 그것을 어떻게 지닐 것인가입니다(그 깡통을 내담자에게 건네 주라.). 여기서 당신이 선택할 수 있는 대안들을 검토해 봅시다. 당신은 우울함을 느끼는 것을 분명히 좋아하지 않으며, 이것은 상당히 보기 싫은 깡통입니다. 그러므로 당신이 그것을 가지고 다녀야 한다면, 아마도 당신으로부터 가능한 멀리 떨어뜨리는 것이 최선일 것입니다. 만일 그렇다면, 서서 깡통을 당신으로부터 가능한 멀리 떨어진 채로 지니고서 잠시 동안 이 방 주위를 (또는 필요하다면 복도 바닥으로) 걸어 보세요. 어떻습니까?

내담자 너무 무겁고, 팔이 아프기 시작합니다.

치료자 좋습니다. 이번에는 그 깡통을 마치 아기를 흔들어 재우듯이 당신 가슴에 지니고 주위를 걸어 보세요. 어떻습니까?

내담자 조금 더 쉽습니다.

치료자 당신이 어떻게 지니고 다닐지를 선택한다는 점에서 당신이 싸워 오고 있는 우울증이 이 깡통 같다고 생각해 보세요. 더 가까이 또는 멀리 지니는 것, 당신은 어느 쪽을 선택합니까?

내담자 더 가까이.

치료자 더 가까이 지닐 때에도 여전히 불쾌할 수 있음을 이제 알아차리세요. 이러한 불편감은 우리가 깨끗한 고통(그저 능동적으로 살아 있다는 이유만으로 우리 모두가 삶에서 때때로 경험하는 슬픔, 실망감, 후회)이라고 말하는 것입니다. 깡통을 가능한 멀리 지니고 다니는 것이 얼마나 불편한지, 이 깨끗한 고통과 비교해 보세요. 이는 우리가 더러운 고통(우리가 기꺼이 경험하지 않으려는 깨끗한 고통 위에 쌓이게 되는 부가적인 심리적 고통)이라고 말하는 것입니다. 수차례 되돌아올 질문은, 충만하고 활발한 삶을 주도하면서 생기는 깨끗한 고통을 기꺼이 받아들일 것인가라는 질문입니다. 깡통을 지니고 다니길 원하는지를 묻는 것이 아니라, 기꺼이 그렇게 하겠는지를 묻고 있는 것입니다. '예' 라고 말함으로써 깨끗한 고통이 사라지지 않을 것이라는 점을 매우 분명히 해 두겠습니다. (당신의 삶에서 사랑하는 사람들은 여전히 죽을 것이며, 당신은 목표에 이르는 데 항상 성공하지는 않을 것입니다.) 그렇지만 충만한 삶을 살면서 아주 자연스럽게 오는 슬픔과 실망을 지니고 다니는 쪽을 어떻게 선택하는가에 따라서 당신은 더러운 고통을 최소화할 수 있습니다. 이것이 기꺼이 경험하기가 의미하는 바입니다.

일찍이 언급한 바와 같이, 기꺼이 경험하기는 어떤 행동처럼 조성될 수 있다. 이런 시각에서 보면, 치료자의 목표는 경험 통제 대신에 기꺼이 경험하기와 수용이 일어나는 기간이 더 길도록, 그리고 그런 상황이 더 다양하도록 촉진하는 것이다. 이러한 목적으로 사용할 수 있는 두 개의 마지막 연습에 대해 논의하면서 이 장을 마무리하고자 한다. 두 연습 모두가 원치 않는 감정과 정서의 수용을 구체적으로 촉진하기 위한 기법으로서 제시되겠지만, 자동적 사고와 다른 유형의 힘든 사적 사건에도 확장될 수 있다.

물체화하기 연습

게슈탈트의 치료적 전통에서 가져온 이 연습에서는 내담자가 자신의 우울한 기분 및 그와 관련된 정서에 대해 자신의 외부에 있는 물리적 대상에 대해 반응하는 것처럼 반응하도록 촉진한다(Hayes, 1987: 366-367). 탈융합 기법처럼 이 연습에서도 역시 내담자가 원치 않는 사적 사건에 대해 다르게 반응하도록 유도하는데, 이 경우에는 구체적인 초점을 생각보다는 감정에 둔다. 내담자에게 자신의 우울에 대해 마치 어떤 외부 대상인 것처럼 대하도록 요청함으로써, 그가 투쟁해 온 원치 않는 감정과 그 자신 사이에 더 큰 심리적 거리를 만들기 위해서 고안되었다.

Hayes 등(1999: 170-171)이 원래 제시한 연습을 보완하기 위해, 그리고 내담자와 우울증 사이에 어느 정도 거리를 두는 과정을 보여 주기 위해 다음과 같이 신문 같은 물리적인 소품(Zettle, 2004: 90-91)을 사용하라.

물건을 실재하는 그대로 더 명확하게 보기 위하여 때때로 얼굴 바로 앞에 있는 물건에서 뒤로 떨어지는 것이 편리할 수가 있습니다. 예컨대, 이 신문을 집어 보세요. [신문의 한 면을 내담자의 눈에 아주 가까이 둬서 분간할 수 없이 흐릿해지게 하라.] 읽을 수 있습니까? [그 신문을 정상적으로 읽는 거리 정도로 내담자 눈에서 멀어지게 옮겨 보라.] 지금은 어떻습니까? 우리가 직면하길 싫어하는 감정에 대해서도 같은 일이 일어날 수 있습니다. 그 감정에 너무 빠지고 사로잡혀서 그것을 볼 수 없게 될 수 있습니다. 당신이 기꺼이 그렇게 하겠다면, 아주 잠깐 동안이라도 당신의 우울증을 당신 앞에, 더 잘 볼 수 있고 다르게 볼 수 있는 곳에 두면 어떤지 봅시다. 눈을 감고서 당신의 우울증을 당신 앞에서 몇 피트 떨어진 여기 바닥에 놓는다고 상상해 보세요. 거기에 놓으면 알려 주세요. 자, 우울 감정에 대해 몇 가지 질문을 하겠습니다. 만일 크기가 있다면, 그것은 얼마나 큽니까?

그 '물체'의 색깔, 무게, 밀도, 질감, 온도 등에 대해 추가적으로 기술하는 질문을 하라. 내담자에게 크게 대답하도록 시키라. 첫 번째 탐사 후에, 관련된 물리적 속성이 어떤 식으로 변했는지 보기 위해 처음 질문 중 몇 가지를 반복하라. 예를 들면, '우울증의 크기가 다릅니까?' 그 속성이 변하지 않았다면, 우울증에 대한 반응(좌절, 절망감 등과 같은)을 확인하기 위해 내담자에게 물어보라. 그렇게 하면서 같은 과정을 반복한다. 그 후에 우울증의 느낌에 대해 원래 순서와 같은 질문을 반복하라.

필자의 경험으로는, 이 연습에 대한 내담자의 반응이 전적으로 변하거나 아무것도 변하지 않는 경향이 있다. 예를 들어, 한 내담자는 처음에 자신의 우울증이 어둡고 단단하며, 올라가기 어려운 들쭉날쭉하고 뾰족한 봉우리가 있는 산과 같은 모습이라고 기술하였다. 그러나 연이은 회기에 걸쳐 이 연습을 몇 차례 제시한 후에는, 우울증이 그녀가 통과해서 걸을 수 있는 희미한 안개로 변형되었다. 처음에 이 연습에 반응하지 않는 내담자에게는 이를 강요하지 말되, 어떤 반응을 보고하든지 간에 간단히 인정하고 타당화하라. 치료가 어느 정도 지난 시점에서 이 연습을 다시 제시할 수 있을 뿐 아니라 다음에서 논의할 것에 더해서 또 다른 기법과 연습(Strosahl et al., 2004의 〈표 2-2〉 참조)을 고려할 수 있다.

감정과 함께 앉아 있기 연습

이 마지막 연습은 다소 회의적이다. 이 연습은 간단하게 보이지만, 많은 우울한 내담자들이 상당히 어렵게 느낄 것이다. 내담자가 원치 않는 감정에 대해 습관적으로 반응하는 방식은 반추로부터 주의전환, 경험 회피의 다른 형태, 그리고 절망스런 체념에 이르기까지 다양할 수 있다. 원치 않는 감정과 함께 조용히 앉아 있는 것 말고는 전혀 아무것도 하지 않는 것이 그들에게는 익숙하지 않은 듯하다. 이 연습은 숙제로 부과할 수도 있지만, 회기 중에 대표적으로 내담자를 통제의 투쟁 속으로 끌어당기는 특정한 감정이 나타났을 때 이를 처음 실행하는 것이 매우 유용함을 발견할 것이다. 그런 경우에는 내담자에게 말하는 것을 멈추고 눈을 감고 그 특정한 순간에 그가 경험하고 있는 것이 무엇이든지 간에 '단지 알아차리도록' 요청하라. 기록하는 것에 이미 익숙한 내담자에게는 경험하고 있는 것을 단지 알아차리기보다, 무언가를 하려는 충동을 포함해서 핵심적인 감정뿐 아니라 관련된 생각과 기억 및 신체 감각 등을 조용히 기록함으로써 그 경험의 숨은 형태에 주의를 기울이도록 요청하라.

당신은 원치 않는 어떤 감정과의 싸움에 방금 끌려 들어가고 있는 것처럼 보입니다. 만일 그렇다면, 말하는 것을 멈추고 눈을 감고 가능한 한 제 목소리를 따르길 바랍니다. 먼저 당신이 앉아 있는 의자에 대해 당신의 몸이 어떻게 느끼는지 알아차리면서 잠시 중심을 잡도록 하세요. 이제는 압도되는 감정으로 초점을 옮기세요. 그 감정이 어떤지 그저 알아차리기 위해 잠시 개방적이 될 수 있습니까? 무엇처럼 느껴지는지 알아차려 보세요. 그 감정을 없애 버리기 위해 어떤 충동이나 끌림을 경험하는지 알아차려 보세요. 거기서 손을 떼고, 잠시 동안 그 감정과 함께 그저 앉아 있을 수 있는지 보세요.

이 장에서 검토한 다른 탈융합 및 수용 기술과 더불어, 불편한 감정과 함께 앉아 있는 기술은 조성될 수 있고 연습을 통해 시간에 걸쳐 연마될 수 있는 것이다. 이 목표를 향해 처음에는 회기 중에 상당히 짧은 시간(예를 들면, 1분에서 2분간) 동안 연습을 수행하고, 숙제로 확장하기 전에 점차 그 지속 시간을 늘려 가라. 더 전통적인 행동치료의 관점에서 보면, 이 연습은 일종의 노출이나 습관화 절차로 해석될 수 있을 것이다. 그러나 ACT의 관점에서 보면, 이 연습의 목적은 우울한 감정이 어느 정도 소거되거나 사라지도록 하기 위한 것이 아니다. 오히려 이 연습은, 경험통제를 단념시키고 원치 않는 정서에 반응하는 대안적인 방식인 기꺼이 경험하기와 수용을 내담자에게 적극적으로 강화하기 위해서 사용할 수 있는 또 다른 수단이다. 게다가 이 연습은 마음챙김을 촉진하는 데 더 도움이 되는 ACT의 다른 기법이나 절차와 비슷하다. 따라서 필요하면 그 영역에 보다 더 초점을 둔 작업을 도입하는 데 도움이 될 수 있다.

요약

이 장에서는 우울하게 만드는 혼잣말, 감정, 그리고 다른 원치 않는 사적 사건에 전형적으로 반응하던 방식을 변화시킴으로써 내담자의 심리적 유연성을 증진시키기 위해 고안된 여러 가지 기법, 비유 그리고 연습을 선택적으로 강조하였다. 탈융합과 수용을 촉진시키는 기법은 부정적인 생각 및 그와 관련된 절망감, 무력감, 그리고 우울을 동반하는 압도적인 감정으로 꼼짝 못하게 된 내담자에게 초기에 특히 유용하다. 우울증에 빠지고 사로잡힌 내담자를 대상으로 하는 치료자의 첫 번째 목표 중 하나는 다른 활동이 가능할 정도로 충분히 오랫동안 밧줄을 놓고 줄다리기에서 벗어나도록 유도하는 것이다. 이러한 다른 활동에 포함되는 것이 다음 장에서 다룰 주제다.

다른 우울한 내담자 중에서 어떤 내담자는 전반적으로 더 적극적일 수 있으나, 자신의 가치와 일치하지 않은 목표를 추구할 수도 있다. 그런 경우에는, 탈융합과 수용 개입에서 목표로 하는 핵심 사고와 감정을 피하려는 무모한 투쟁에 몰두하는 중에 내담자가 꼼짝 못하게 된 것일 가능성은 적다. 오히려 내담자가 적극적으로 피해 왔고 그 때문에 가치 지향적인 행동에 장애물로도 기여했던 심리적 경험이 무엇이든지 간에 그것에 대한 탈융합과 수용을 촉진하도록 노력하는 데 역점을 두라.

제 7 장

전념과 행동 변화를 촉진하는 기법

가치 추구와 우울증의 경로

가치를 평가하고 확인하는 직접적인 방법

가치 명료화

가치를 평가하고 확인하는 간접적인 방법

가치 갈등

목표 설정

전념 행동

전념 행동의 장애물

6장이 ACT의 수용 측면을 설명한 것이라면, 이 장에서는 ACT의 나머지 절반인 전념에 관심을 가진다. 내담자와 함께 시작하려는 어떤 전념 행동이 최적의 치료 효과를 얻기 위해서는 그의 가치와 일치해야 하므로, 외현적인 행동 변화를 촉진하기 전에 내담자의 가치를 좀 더 평가하고 확인하며 명료화하도록 돕는 것이 중요하다. 치료자는 가치에 대한 평가를 대체로 따르면서, 내담자가 목표를 향해 움직이기 시작할 수 있기 전에 전념 행동의 장애물을 명료화하고 최소화할 뿐 아니라 그의 가치와 연결된 목표를 구체화할 필요 또한 있을 것이다. 특히, 만성적으로 우울한 내담자의 경우에는 오래 지속된 행동 패턴에 어떤 변화가 있을 때 심리적 유연성이 향상될 가능성이 있다. 우울증을 위한 독보적 치료법인 행동 활성화(Dimidjian et al., 2006)의 성공은, 내담자가 행동적인 습관에서 벗어나도록 돕는 것의 효과를 뒷받침해준다. 하지만 이전에 강조한 것처럼, ACT에서는 전념 행동을 내담자의 핵심 가치와 명시적으로 연결함으로써 행동 변화의 치료적 유익을 극대화하려고 하므로, ACT는 행동 활성화를 능가한다.

가치 추구와 우울증의 경로

2장에서 언급한 것처럼, 내담자의 가치를 명료화함으로써 차후의 목표 설정과 목표 진행을 안내할 뿐 아니라 우울증으로 이끈 다양한 경로를 밝힐 수 있을 것이다. 이는 치료자가 치료 계획과 치료 접근을 내담자의 필요에 더 가깝도록 맞추는 데 도움이 될 것이다. 이 때문에, 우울증에서 가치 추구와 관련될 수 있는 세 가지 다른 경로(처음에 2장에서 논의한 가치와 불일치하는 목표의 추구, 가치와 일치하는 목표 달성의 실패, 가치와 일치하는 목표 추구의 실패)를 간단하게 검토하고 싶다.

가치와 불일치하는 목표의 추구

외양으로만 보면, 어떤 내담자는 '모든 것을 가진'(성공적인 경력, 안정된 결혼생활, 건강한 아이들 등) 것처럼 보일 수 있으나 여전히 우울증과 싸운다. 그가 삶에서 목표를 설정하고 달성하는 것은 상당히 성공적이었을 수 있지만, 그의 활동과 성취는 자신의 핵심 가치와 연결되지 않아서 성취를 공허한 것으로 경험한다. 틀림없이 그런 내담자는 행동상 여전히 적극적이며 수동적으로 보이지 않는다. 그렇지만 그의 활동과 가치 사이에는 단절이 있다. 그런 경우에 치료자의 우선적인 임무는 내담자의 행동적인 수동성과 무활동성을 극복하는 것이 아니라 그의 에너지와 행동을 가치 방향으로 되돌리는 것이다. 이전에 말한 것처럼, 치료자가 이러한 과업을 완수하면서 직면하는 주요한 난제는, 내담자가 피하고 싶은 것에서 벗어나는 쪽으로 움직이기보다 원하는 것을 향해 움직이면서 자신의 가치를 명확히 할 수 있는 치료적 분위기를 만드는 것이다. '성공 우울증'으로 괴로움을 겪는 내담자는 대부분 진정으로 자신의 것이 아닌 가치를 추구해 온 듯하다. 그가 확인하는 어떤 가치가 그 자신의 것이어야 한다는 점이 중요하다. 특히 사회적인 바람직성이나 정치적인 연관성, 치료자가 원한다고 생각하는 것, 혹은 이와 비슷한 요인에 의해 강력하게 영향을 받을 수 있는 가치를 경계하라. 이러한 이유 때문에, 보다 더 간접적으로 가치를 측정하고 확인하는 방법이 더 나음을 발견할 것이다. 특히 내담자가 다른 사람(치료자를 포함한)을 만족시키려는 가치를 제시하려고 시도하는 것은 응종의 한 형태인데, 이를 최소화하기 위한 단계가 치료자에게 필요할 것이다. 이러한 방법 중에서 몇 가지는 4장에서 이미 언급되었으며, 이 장에서는 그 방법에 대해 조금 뒤에서 더 언급할 것이다.

가치와 일치하는 목표 달성의 실패

치료자는 또한 가치를 반영하는 목표에 이르려고 시도하다가 막히고 좌절되는 경험을 하면서 우울증으로 발전한 내담자를 틀림없이 만날 것이다. 성공 우울증을 겪는 내담자와 달리 이런 내담자의 경우에는 가치를 발견하기 위해서 탐색할 필요가 없을 수도 있다. 그럼에도 불구하고, 당신은 그의 가치를 확인하는 것이 유용함을 발견할 것이다. 주요 문제는 이 내담자가 자신의 가치에 대해 명료함이 부족한 것이 아니라 전념 행동을 시작하는 동기가 부족한 것이다. 가치 지향적인 목표를 추구하기 위한 노력이 막힌 것이다. 때때로 이러한 장애물은 특성상 심리적이기보다 외부적인 것이다(예, 재정 자원이 부족하기 때문에 교육에 가치를 두는 내담자가 더 이상 나아갈 수 없음). 이러한 종류의 장애물은 상당히 직접적인 문제 해결 방법으로 접근하라. 동시에 기저에 심리적 장애물이 있는지를 검토하라(예, 거절당하는 것이 두려워서 교육비 지불에 도움이 될 임금 인상 요청을 어려워함). 치료자는 이와 같은 장애물을 ACT에 맞게 목표로 삼을 수 있다. 이전 장에서 제안한 것처럼, 탈융합과 수용을 촉진하는 개입을 통해서 가치와 일치하는 목표의 달성을 가로막는 심리적 장애물을 다루라.

가치와 일치하는 목표 추구의 실패

내담자의 우울증에서 가치 추구와 관련될 수 있는 마지막 경로는 핵심 가치와 일치하는 목표를 찾는 데 실패하는 것과 밀접하게 관련된다. 아주 극단적인 경우에는, 내담자가 다양한 외상적 생활 사건을 겪으면서 중요한 목표를 성공적으로 달성하는 데 너무 좌절했기 때문에 어떻게 하든지 그렇게 하려는 열망이나 희망을 모두 버릴 수 있다. 이러한 내담자에게 그의 가치에 대해 직접적으로 물으면, 가치를 전혀 갖고 있지 않다고 주장할 수도 있다. 이러한 형태의 경험 회피는 실망과 심리적 고통을 더 겪지 않도록 막아 준다. 가치 지향적인 목표를 달성하는 데 지장을 받는 내담자와는 달리 이러한 내담자는 가치 추구에 아주 조금 참여하는 것조차도 동기화가 되지 않으며, 관련된 가치를 확인하고 평가하고자 직접적으로 시도하는 것이 효과가 없다. 더 이상 어떤 가치도 갖고 있지 않다고 하는 우울한 내담자의 말을 심각하게 받아들이지 말라. 오히려 그것을 경험 회피로 보라. 가치를 찾기 위해서는 대개 간접적인 수단을 사용할 필요가 있겠지만, 이러한 내담자도 여전히 가치를 지니고 있다.

가치를 평가하고 확인하는 직접적인 방법

내담자의 가치를 공식적으로 평가하기 위해서 Hayes 등(1999: 226-227)의 책에서 세 가지 도구(가치 이야기 기록지, 가치 평가지, 목표-행동-장애물 기록지)를 이용할 수 있다. 게다가 4장에서 언급하고 〈표 4-2〉에 기록한 것처럼(제4장 참조), 적어도 두 개의 지필검사가 최근에 개발되어서 내담자의 가치를 평가하는 데 또한 사용될 수 있다. 개인적 가치 질문지Personal Values Questionnaire: PVQ (Blackledge & Ciarrochi, 2005)와 삶의 가치 질문지Valued Living Questionnaire: VLQ (Wilson & Groom, 2002)의 개발 과정을 보면, 한 가지만을 다른 것보다 더 많이 사용할 이유는 없는 듯하다. 더구나 그 도구들은 서로 조금씩 다른 가치의 차원들을 측정하므로, 가치 지향적인 목표를 추구하면서 좌절을 경험한 내담자에게 특히 보완적인 방식으로 함께 사용할 수 있다. 이미 제언한 것처럼, 가치와 불일치하는 목표를 추구하고 있는 듯한 내담자와, 가치가 거의 없거나 전혀 없다고 주장하는 내담자에게는 주로 간접적인 평가 수단을 사용하는 것이 더 유용한 듯하지만, PVQ와 VLQ는 그런 내담자에게도 실시할 수 있다.

PVQ와 VLQ는 각각 부록 E와 부록 F에 제시되어 있다. 두 도구 모두 동일한 아홉 가지 생활 영역을 평가하며(가족 관계, 친구나 사회적 관계, 결혼 및 친밀한 관계, 일이나 직업, 교육, 레크리에이션, 영성, 지역사회나 시민생활, 건강), VLQ는 양육의 가치도 평가하고 있다. 두 도구에서 고려하는 시간 구성이 서로 다르긴 하지만, 둘 다 내담자에게 각 가치 영역의 중요도를 평가하고 각 가치와 행동의 일치도를 평가한다. PVQ에서는 지난 달에 가치와 일관되게 행동한 정도를 평가하도록 하는 반면, VLQ에서는 한 주마다 일일이 기입한다. 따라서 가치와 전념 행동이 가장 크게 불일치하는 생활 영역을 확인함으로써 치료를 안내하는 데 두 도구 모두를 활용할 수 있는데, 치료 과정 전반에 걸쳐서 탐색하기에는 VLQ가 조금 더 유용하다.

이 도구 중에서 하나만 사용하려고 선택할 경우에 VLQ에 비해 PVQ가 지닐 수 있는 이점이 있다면, PVQ는 아홉 개의 각 평가 영역에 대한 가치를 내담자에게 상술하도록 요청하며 가치 추구를 동기 상으로 지배하는 원천을 확인하고자 한다는 점이다. 예를 들어, 각 영역에서 내담자가 가치를 두는 것에 대해 '다른 누군가가 내게 …를 원하기 때문에'와 '이 일을 하는 것이 내 삶을 더 좋게, 더 의미 있게, 그리고(또는) 더 활기차게 만들기 때문'인 정도를 표시하도록 내담자에게 요청한다. 그러나 그러한 평가는 단지 언어적 행동의 형태여서 응종을 만들어 낼 수도 있으므로(즉, 주어진 가치를 더 높게 생각하는 실제 이유보다는 '정당한' 이유를 평가할 수 있음), 그러한 평가 자체가 가치에 대해 내적으로나 외적으로 동기화된 정도를 나타내는 타당한 지표는 아닌 듯하다. 그런 문항들을 포함시킴으로써 얻는 일차적인 이점은, 내담자와 대화를 터서 그가 자신의 가치라고 말한 것이 자신의 선택인지 아니면 이러저러한 이유 때문에 그 가치를 '지녀야' 한다고 생각하기 때문인지를 밝혀 준다는 것이다.

가치 명료화

일단 핵심 가치를 확인했다면, 특히 그렇게 하기 위해 보다 직접적인 도구를 사용했다면, 내담자가 가치에 관해 밝힌 것이 그의 부모나 사회(문화) 또는 치료자가 원한다고 생각하는 것에 영향을 과도하게 받지 않았는지를 확인하기 위해 추후에 일련의 질문을 하라. 가치를 평가하고 확인하며 명료화하는 전체적인 과정의 이 중대한 시점에서는 특히 내담자의 언어적 행동에 대한 강화를 최소화하는 것이 중요하다. 따라서 내담자가 자신의 가치에 대해 말해야 하는 것을 승인하거나 비승인하는 표시로 받아들여질 수 있는 어떤 비언어적인 반응뿐 아니라, '좋아요'나 '오케이' 또는 '글쎄요' 등과 같은 어떤 언급조차도 가능한 피하라.

부모의 지배

내담자가 자신의 가치라고 제시한 가치에 부모가 과도하게 미칠 수 있는 영향은 두 가지 형태를 띨 수 있다. 즉 응종pliance과 반항counterpliance이다. 응종의 경우에는 부모가 기대하는 가치이기 때문에 그 가치를 따르면서 부모와 동일한 가치를 수동적으로 채택할 수가 있다. 이와 반대로 반항의 경우에는 내담자가 부모의 가치에 반대해서 적극적으로 반항을 한다.

응종

둘 중에 가장 뚜렷한 것은 응종인데, 이 경우에 내담자의 가치는 그의 부모나 부모 같은 인물의 가치를 반영한다. 이것은 내담자가 그의 부모와 동일한 가치를 진정으로 '지니고 있지' 않음을 의미한다. 그러나 그러한 경우라고 단순하게 가정하기보다 조금 더 명료화해 봄으로써 이를 결정할 필요가 있을 것이다. 그렇게 하기 위해 다음과 같이 질문해 보라.

당신은 자녀를 사랑하는 부모가 되는 것을 중시한다고 말합니다. 만일 당신의 부모님이 당신에 대해 전혀 모른다면 어떻겠습니까? 여전히 그것이 당신에게 중요합니까? 당신이 자녀를 더 많이 사랑하고 돌볼수록, 부모님은 당신이 자녀를 돌보지 않고 사랑하지 않는다고 보는 경우에는 어떻겠습니까? 당신은 무엇을 하겠습니까?

치료자가 묻는 질문은 가설적인 맥락을 반영하는 것이긴 하지만, 내담자가 제시하는 가치가 내담자 자신의 것인지 뿐 아니라 다른 어떤 가치를 위한 목표로서 기능하지 않는 진정한 가치인지를 명확하게 하는 데 유용할 것이다. 방금 인용한 예에서는, 사랑하는 부모가 되기 위해 헌신하는 것이 그 자체를 위한 것이기 보다는 체면을 유지하는 데 더 중요할 수도 있다. 이 점에 대해서는 잠시 후에 더 언급하겠지만, **목표**란 목적을 위한 수단인 반면, **가치**는 그 자체로서 목적이다. 목표와 가치를 구별하기 위해서 '이것[가치]은 무엇에 도움이 됩니까?'라는 질문을 반복해서 하라.

반항

더 일반적으로 응종은 반항의 형태를 띨 수도 있는데, 듣는 사람이 말하는 사람의 요구와 정반대로 하는 경우다(Zettle & Hayes, 1982). 예컨대, 말을 잘 듣는 아이들은 부모가 '무엇을 하든지 불만을 보이지 마라!' 고 요청할 때 불만을 나타내지 않는 반면, 말을 안 듣는 아이들은 불만을 나타낸다. 내담자의 가치를 명료화하는 데 적용해 보면, 어떤 내담자는 부모나 다른 권위자의 가치에 뚜렷하게 반항하기 때문에 주로 어떤 고정된 가치를 고수하는 것을 발견할 수도 있다. 이런 경우는 아마 주변이 정치적이고 종교적인 관계, 태도 및 신념으로 둘러싸인 젊은 내담자들에게 매우 흔하게 발생하겠지만, 가치는 모든 내담자들에게 일종의 반항적인 행위로서 기능할 수 있는 가능성을 적어도 고려하라. 이를 위해, 소수의 뒤틀린 사람들에게 응종을 확인하는 데 사용되는 유사한 유형의 질문을 하라(예, '만일 부모님이 당신을 개종시킨다면 어떻겠습니까?').

사회적(문화적) 지배

응종하는 가치와 반항하는 가치를 만들어내는 데에는 부모보다 사회적이고 문화적인 영향이 더 넓고 강력할 수 있다. 아마 이런 과정이 가장 흔하게 나타나는 경우는 내담자가 기존의 문화적 맥락에서 매우 인정받고 승인받는, 사회적으로 바람직한 가치를 언급하는 때다. 당신이 '지역사회에 기여하기'와 같은 가치를 버려야 한다고 필자가 다시금 권하고 있는 것은 아니다. 실제로 행동적인 관점에서 보면, 기능적인 지역사회와 사회는 그런 사회조직의 생존에 기여하는 방식으로 행동하도록 구성원들을 유도한다. 그렇지만 그 이상으로 명료화하는 것은 미루어 두고, 특정한 사회 문화적인 배경에서 매우 호평을 받는 내담자의 가치에 대해 처음에는 건전한 정도의 의구심을 가지고 보라.

가치와 일치하는 행동에 대한 사회나 지역사회의 인식과 인정을 중심으로 해서 일련의 가설적인 핵심 질문을 하라(예, '당신이 지역사회에 재정적인 기부를 많이 할 수 있다면, 무명이나 기명으로 하는 것 중에서 어느 쪽을 더 선호하겠습니까?').

또한 PVQ나 VLQ에서 얻은, 가치와 행동이 불일치하는 문항을 더 자세히 살펴보라. 그리고 관련된 질문을 하라. 예를 들어, 내담자는 전념 행동에 대한 심리적 장애물 때문에 시민의식을 중시하는 수준과 관련 행동 수준 간에 '실제로' 큰 차이를 보일지도 모른다. 내담자에게 그것에 관해 직접적으로 물어봄으로써, 크게 불일치하는 특성을 보다 명확히 하라(예, '당신은 지역사회에서 문맹을 퇴치하는 것이 중요한 가치라고 평정했지만, 그 일을 돕는 것을 최근에는 거의 하지 않고 있습니다. 그에 대해 설명해 줄 수 있습니까?'). 탈융합이나 수용의 개입 과정에서 확인한 장애물들을 표적으로 삼으라. 만일 치료적인 노력이 성공적이지 않다면, 이는 문제의 가치가 내담자의 것이 아님을 의미한다. 그 대신에 사회적으로 바람직하다는 이유로 언급했을 가능성이 있다. 만일 추측되는 가치와 일관되게 높은 활동 수준을 보인다면, 그런 행동의 특성에 대해 물어보라(예, '지역사회의 문맹퇴치를 돕기 위해 지난달에 당신이 한 일은 무엇입니까?').

치료자의 영향

내담자가 추구하는 가치에 대해 평가하고 확인하며 명료화하는 일은 치료 관계에서 일어나기 때문에, 치료자는 내담자가 제시하는 가치에 부적절한 영향을 미치는 가장 즉각적인 원천일 가능성이 있다. 통제 변인으로서의 치료자 영향을 측정하기 위해 가설적인 질문을 하라. 예를 들어, 치료자가 내담자의 가치를 모르거나 그의 가치에 동의하지 않는다면, 확인했던 자신의 가치가 변하겠는지 내담자에게 물어보라(예, '당신이 지역사회 문맹퇴치를 위해 일하는 것을 제가 시간 낭비라고 말한다면 어떻겠습니까?').

가치를 평가하고 확인하는 간접적인 방법

내담자의 가치를 확인하기 위해 적어도 두 가지의 간접적인 방법을 4장에서 이미 검토하였다(심리적 고통을 추적하기 및 치료 목표 설정하기). 그러므로 여기서는 그것에 대해 간략하게만 다시 살펴볼 것이며, 대신에 몇 가지 대안적인 방법들에 대한 논의를 더 확대할 것이다.

심리적 고통을 추적하기

도노반(Leitch, 1973)이 감상적으로 말한 것처럼, "인생의 기쁨과 고통은 서로 손잡고 걷고, 서로를 친구 삼는다." 심리적 고통과 관련된 가치를 밝히는 것은 개인적인 꿈이 더 이상 없다고 말하는 내담자에게 특히 유용할 수 있다. 예를 들면, 인간관계에서 받은 거절로 외상을 경험한 적이 있는 내담자에게는 돌보는 관계에 적극적으로 참여하는 것이 핵심 가치일 수 있다. 가치는 고통이 존재하는 곳에서 발견될 수 있고, 가치가 없다고 말하는 내담자의 경우에는 심리적 고통이 오랜 기간에 걸쳐서 심한 수준으로 지속되어 왔을 듯하다. 역설적으로, 가치를 위반함으로써 심리적 고통이 생길 뿐 아니라 가치로 인해 심리적 고통이 일정하게 제한된다. 이 점에 대해서는 내담자에게 '우울증과의 투쟁이 더 심해지는 것을 막아 준 것은 무엇입니까?'라고 물어보라. 예를 들어, 친구나 가족이 어떻게 반대 영향을 미칠지에 대해 염려하는 기색이 보일 경우에는 내담자의 핵심 가치인 듯이 보이는 것을 반사적으로 인정하는 반응을 하라(예, '당신은 다른 사람에 대해 신경을 많이 쓰는 것처럼 들립니다.').

치료 목표의 설정을 통해

치료자 편에서 어느 정도 인내력을 가지고, 내담자가 치료의 목적이라고 상술하는 목표를 또한 종종 따라가서 기저에 있는 가치로 들어갈 수 있다. 이전에 언급했듯이, 처음에는 많은 내담자들이 치료에 오게 된 목적으로서 정서적인 해방이나 조절을 언급할 것이다. '그것이 무엇에 도움이 되겠습니까?' 또는 '그러면 당신은 무엇을 하겠습니까?'와 같은 질문을 함으로써 관련된 목표와 가치로 안내할 수 있는데, 동일한 질문을 반복함으로써 목표와 가치가 각각 구별될 수 있다. 예를 들어, '더 좋게 느끼기'는 내담자가 그의 가족과 더 많은 시간을 보내는 데 기여할 수도 있지만, '가족과 보내는 시간'이 늘어나는 것 자체가 단순히 또 다른 목표인지 아니면 가치 자체인지를 판단하기 위해 질문을 반복하라.

어린 시절의 소원 회고하기

삶에서 너무 심하게 그리고 반복적으로 낙심을 해 왔기 때문에 가치를 전혀 갖지 않거나 자신이 가치를 두는 것이 무엇인지 더 이상 모르겠다고 말하는 내담자라도 어느 시기에는 희망과 꿈과 열망을 품고 있었을 것이다. 심리적 고통과 가치의 관계에 대한 ACT의 관점에서 보면, 참으로 그런 외상 경험은 내담자의 가치가 침해당하는 배경에서 일어났음이 분명하다. 어떤 내담자의 경우에는, 치료자가 외상적인 생활사건이 시작되기 이전의 시기를 확인하기 위해 어린 시절로 거슬러 올라가야 할 수도 있다.

앞서 언급한 대로, 내담자가 어떤 가치도 확실하게 표현할 수 없다고 주장할 때에는 이를 경험 회피로 보라. 그가 삶에서 원하던 것과 실제 삶의 모습이 불일치하는 데서 오는 심리적 고통에 접촉하는 것을 피하기 위해서 이렇게 주장하는 것일 듯하다. 오랫 동안 버려진 꿈을 되묻는 것만으로도 고통스러울 수 있으므로, 더 진행하기 전에 내담자에게 허락을 구하라.

> 당신이 생각하기만 해도 고통스럽고 불쾌할 수 있는 어떤 것에 대해 생각해 보도록 요청하고 싶습니다. 만일 그렇게 하는 것이 결국에는 도움이 된다고 믿지 않는다면 당신에게 이를 요청하지 않을 것입니다. 나와 함께 기꺼이 그리로 가 보겠습니까?

이전에 지녔던 가치를 검토하기 전에, 나타날지 모르는 원치 않는 생각이나 감정에 대한 반응을 내담자에게 준비시키기 위해 약간의 탈융합과 수용 및 마음챙김 작업을 하는 것이 유용함을 또한 발견할 수도 있다.

> 당신은 한때 스스로 지녔던 꿈이나 희망을 더 이상 갖지 않고 포기했다고 말합니다. 그 희망과 꿈이 무엇이었는지 말해 줄 수 있습니까? 필요하다면 어린 시절로 거슬러 갈 수 있는데, 당신이 세상을 보고 거기에 맞는 어떤 희망과 꿈을 가졌던 때를 기억할 수 있습니까? 그 꿈은 무엇과 같았으며, 그 시절에는 당신의 삶이 무엇과 같기를 원했습니까?

이상적으로는, 오늘도 여전히 가슴 떨리는 가치와 관련 목표를 내담자가 확인할 것이다. 예를 들면, 어떤 내담자는 자신이 소녀였을 때 선생님이 되길 원했지만 그렇게 되지 못했다고 말할 수 있다. 필요하다면, 여전히 실행 가능하고(예, 다른 사람이 배우는 것을 돕기) 전념 행동(자원봉사 선생님이 되기와 같은)을 이끌도록 도울 수 있는 가치를 밝히기 위해, '그것이 무엇에 도움이 되겠습니까?'라고 반복해서 물어보라. 여전히 가슴 떨리는 특정한 가치가 확인되지 않더라도, 내담자의 삶에 활력과 의미를 더해 주는 보다 일반화된 과정인 가치 추구에 그를 다시 연결시키는 데 유용한 연습을 발견할 수도 있다.

누구의 삶을 존경하는가

우리 대부분은 존경스런 삶을 살았던 다른 사람을 알았거나 지금 알고 있다. 때때로 우리의 영웅은 보다 더 개인적이며, 가족과 친구 심지어는 그저 아는 사람들의 부류에서 나온다. 다른 경우에는 국가적이거나 국제적 수준의 인물이다. 자신의 삶이 어떻게 실현되기를 원하는지에 대해서는 말하기를 꺼릴 수 있는 내담자가, 존경했던 다른 사람의 삶을 살펴보는 데는 좀 더 개방적일 수도 있다. 처음에 내담자에게 그런 인물을 찾도록 요청한 후에 개인적으로 존경하는 영웅의 삶에서 나타나고 구현된 가치가 무엇인지에 대해 이야기를 나누라(예, '당신이 무척 존경하는 마틴 루터 킹 2세와 관계된 가치는 무엇입니까? 그의 삶에서 실현된 것은 무엇이었습니까?').

논의 과정을 좀 더 거치면서, 치료자는 대개 내담자가 존경하는 영웅의 삶에서 나타난 핵심 가치를 적어도 하나는 확인할 수 있을 것이다. 위에서 나온 마틴 루터 킹 목사의 예에서, 그것은 시민의 권리와 정의에 대한 킹 목사의 투신 또는 '자기 확신에 대한 용기' 그리고 역경에 직면해서 지속적으로 인내하는 개인적인 통정성일 것이다. 일단 공유된 핵심 가치가 확인되면, 치료자와 내담자는 목표 및 관련 행동을 명확하게 구성할 수 있는 지표로서 그것을 활용할 수 있다.

당신의 삶이 어떻게 실현되기를 바라는가 연습

이 연습은 Hayes 등(1999: 215-217)의 책에 나오는 것인데, 내담자의 가치를 간접적으로 평가하고 확인하는 아마 가장 공통된 방법일 것이다. 원래 제시된 대로, 내담자가 죽어서 자기 자신의 장례식에 참석하는 상상을 하도록 그에게 요청한다. 우울한 내담자들 중에서 최소 몇 명에게는 죽음 자체가 포함되지 않도록 이를 수정함으로써 연습의 심각성과 우울한 특성을 줄일 수도 있다. 예를 들어, TV 프로인 〈로스트〉 풍으로(Abrams, Lindelof, Cuse, Bender, Pinkner, & Burke, 2006) 내담자에게 다음과 같은 상상을 하도록 요청한다. 즉 그가 얼마 동안 실종이 되어서 가족과 친구들은 사실상 그가 죽은 것으로 추정하였고, 그가 자신의 장례식에 참석할 때에 맞춰서 집에 돌아왔으나 다른 사람들에게는 그의 생존이 알려지지 않았다(추가로, 이 변형된 연습은 ACT 리스트서브Listserv[1] 포스팅에서 제안된 것임을 밝힌다. 안타깝게도 포스터가 누구의 것인지를 기억하지 못해서 정확하게 인용하지는 못한다.) 다음과 같이 제시하라.

당신이 그렇게 하겠다면, 삶이 어떻게 되기를 바라는지를 명료화하도록 도울 수 있는 연습에 저와 함께 참여하기 바랍니다. 눈을 감고 잠시 동안 주의를 기울이기 바랍니다. 이제 당신의 가족과 친구들은 당신이 죽은 것으로 잘못 알고 있다고 상상하길 바랍니다. 아마 당신은 TV 프로 〈로스트〉에 나오는 인물들처럼 비행기 추락 사고에서 생존하여 자신의 장례식에 참석할 때에 맞춰 집에 돌아올 것입니다. 그곳에 가서 추모하는 사람들이 당신이 거기 있음을 알지 못하도록 뒤에 있거나 변장을 하고 있다고 상상해 보세요. 이 사람들이 당신을 어떻게 기억하기를 바라겠습니까? 당신의 아내 혹은 남편의 눈에 당신이 어떻게 기억되기를 바라겠습니까? 그녀 혹은 그가 당신에 대해 무엇이라고 말하기를 바라겠습니까?

또한 다른 가족(부모, 형제, 아이들)과 가까운 친구처럼 내담자의 삶에서 중요한 다른 인물에 대해서도 비슷한 질문을 하라. 그 이후에 적어도 몇 분 동안 이 연습에서 어떤 핵심 가치가 나타나는지 요약해 보라.

묘비문 연습

가치를 간접적으로 확인하는 마지막 방법에서는 내담자에게 자신의 묘비문을 핵심적으로 쓰도록 요청한다. 치료자는 이전의 연습(Hayes et al., 1999: 217-218)과 연결해서 그것을 사용하거나 그것만(Eifert & Forsyth, 2005: 154-155) 따로 사용할 수 있다.

역자주

1) 리스트서브: 메일링 목록을 자동으로 관리해 주는 프로그램의 그룹으로서 목록에서 우송된 메시지를 처리하고 회원의 가입과 탈퇴 등 회원 관리를 처리한다.

당신의 유품들이 묻힐 무덤을 보면서 이제 장례식이 진행되는 것을 상상해 보세요. 무덤 앞에는 당신의 묘비가 있습니다. 그 위에 무엇이 쓰인 것을 보기 원합니까? 뭐든지 가능하다면, 다른 사람들이 당신의 삶에 대해 어떠했다고 기억하기를 바라겠습니까?

내담자의 가치를 평가하고 확인하기 위한 간접적인 방법: 요약

우리는 내담자의 가치를 평가하고 확인하는 다수의 간접적인 방법을 검토하였다. 이 연습과 기법을 내담자마다 모두 실행하라고 추천하지는 않는다. 어떤 것은 다른 것보다 더 유용할 수 있으며, 각각을 여러 번 시도한 후에 치료자가 개인적으로 선호하는 한두 개를 확정할 것이다. PVQ나 VLQ와 같이 가치를 보다 더 직접적으로 측정하는 도구뿐 아니라, 치료자가 따르는 각각의 특정한 간접적 평가 절차를 통합하는 것이 더 중요하다. 이러한 통합을 통해서, 최종적으로 전념 행동에 이르게 할 치료 과정의 다음 단계(목표 설정하기)로 이끌 수 있는 내담자의 핵심 가치에 대한 그림을 그릴 수 있게 될 것이다.

가치 갈등

목표 설정을 논의하기 전에 가치 갈등의 가능성에 관해 몇 가지 말하고 싶다. ACT에서 가치 작업을 하면서 겪을 수 있는 한 가지 어려운 과제는, 가치 간에 갈등이 있다고 잘못 믿고서 곁길로 빠지지 않는 것이다. 가치는 사물이 아니며, 오히려 '언어적으로 이해된, 바라는 삶의 전반적인 결과들' (Hayes et al., 1999: 206)로 보는 것이 더 유용함을 기억하라. 즉 가치는 내담자가 삶에서 가장 바라는 것을 나타낸다. 이러한 관점에서 보면, 가치의 차원에서는 갈등이 가능하지 않다.

'갈등'이라는 말은 반대되는 힘이나 존재 사이에 결판을 내기 위한 싸움, 즉 갈등을 해결하기 위해 한쪽이 항복해야 하거나 다른 쪽이 정복해야 할 싸움을 의미한다. 그러나 가치는 상호 배타적이지 않으며, 한 영역의 가치가 왕성하거나 실행 가능하기 위해서 또 다른 영역의 가치를 바꾸거나 타협할 필요는 없다. 예를 들어, '돌보는 부모 되기'와 '헌신적인 고용인 되기'라는 가치는 본래 양립 불가능하거나 갈등적이지 않다. 둘 다 공존할 수 있다.

이에 관해서 가치는 바뀌지 않는다거나 가치와 관련된 갈등이 없다고 주장하는 것은 아니다. 그렇더라도 그런 갈등은 가치 자체보다는 목표와 관련된 활동에 포함되어 있으며, 매우 중요하게는 그런 갈등을 해결하기 위해서 내담자의 가치가 바뀔 필요는 없다. 예를 들면, '아이들을 동물원에 데려가기'와 '초과 근무하기'는 각각 '돌보는 부모 되기'와 '헌신적인 직장인이 되기'라는 가치와 상당히 일치하는 행동일 수 있다. 아이들과 동물원에 가서 시간을 보내기로 이미 계획을 했는데, 상사가 내담자에게 시간외 근무를 요청했다면 갈등이 생길 것이다. 그 두 활동을 동시에 할 수는 없으므로 다른 쪽을 제치고 한쪽을 선택해야만 한다. 그렇더라도 선택하지 않은 행동과 관련된 가치가 그 과정에서 경감되지 않는다. 시간외 근무를 하는 대신에 아이들을 동물원에 데려가는 것이 '헌신적인 직장인'이라는 가치가 작아진 것을 의미하지 않으며, 초과 근무를 하는 것이 '돌보는 부모 되기'에 투신하는 것을 감소시키지 않는다. 다른 때에 아이들을 동물원에 데리고 갈 수 있고, 돌보는 부모가 되는 데 기여하는 다른 활동(퇴근하고 집에 와서 아이들과 특별한 활동을 하는 것과 같은)에 참여할 수도 있다. 비슷하게, 초과 근무 외에도 헌신적인 직장인이라는 그녀의 가치대로 살 수 있는 추가적인 방법을 찾을 수 있다.

만일 내담자가 '가치 갈등'이라는 것을 호소한다면, 특히 상당히 긴급한 느낌으로 호소한다면, 이는 경험 회피의 또 다른 지표일지도 모른다. 내담자가 자신의 삶을 가치 방향으로 움직이기 위해서는 표면적으로 그러한 '갈등'이 해결되어야 한다(이런 경우에 '책임감responsibility'이라는 말은 비난을 의미하기 위해 사용하는 것이 아니라 자신의 가치에 대해 다르게 반응하는 능력을 강조하기 위해 사용한다. 즉, '반응할 수response-able 있음'이다). 목표 지향적인 행동의 수준에서 적절하게 지닌 갈등조차도 내담자는 상당히 불편할 수 있고, 따라서 그것을 해결하기 위한 상당한 압박감 속에 있다고 당연히 호소할 수도 있다. 예를 들어, 병든 부모를 돌보느라고 친구들과 함께 활동할 시간을 빼앗길 수도 있다. 특히, 다른 대안을 제치고 한 대안을 재빨리 선택함으로써 그러한 불편을 대체로 도피하는 내담자(즉 갈등에 대한 긴장을 끝내는 것이 어떻게 끝나는지보다 더 중요함)에게는 선택적이고 주의 깊은 방식으로 갈등에 접근하도록 돕는 것이 치료적으로 유익함을 발견할 수 있다. 예를 들면, 갈등과 함께 앉아서 잠시 멈추고, 어떤 생각과 감정 그리고 신체 감각 및 다른 사적 사건이 나타나든지 간에 그저 알아차리도록 내담자에게 요청할 수 있을 것이다. 그러면 그런 반응은 탈융합과 수용 작업의 초점이 될 수 있다.

목표 설정

ACT의 관점에서, 필요성이라는 목표는 가치와 관련이 있으나 가치 자체와는 구별될 수 있고 구별되어야 한다. 필자가 앞서 말한 바와 같이, '그것이 무엇에 도움이 됩니까?'라고 내담자에게 묻는 방식으로 목표와 가치를 아마 가장 편리하게 구별할 것이다. 목표는 목적에 이르는 수단이므로 가치에 기여하는 반면, 가치는 그 자체가 목적이며 결과적으로 그 자체에 기여한다.

또한 목표와 가치를 구별하기 위해서 목표를 결과라고 생각하고 가치를 과정과 관련된 것으로 생각하라. 결과로서의 목표는 그것이 달성되느냐 달성되지 않느냐와 같이 명확한 특성을 지니는 반면, 가치는 진행 중이고 종착점이 없으므로 명확하지 않다. 예컨대, 대학 학위의 취득은 교육에 가치를 두는 데 도움이 되는 많은 목표들(외국어를 배우는 것은 또 다른 목표임) 중에 하나다. 학위 취득에는 종착점이 있으나, 배울 것은 항상 더 있으므로 '교육을 잘 받는 것'에는 끝이 없다. 우리는 지속적으로 목표를 설정하고 추구하는 행동을 통해서, 달성되지 않더라도 진행 중인 가치 지향적인 과정에 참여하며, "결과란 과정을 통해서 과정이 결과가 되는 과정"(Hayes et al., 1999: 219)이라고 ACT에서 말하는 데에 이르게 된다. 교육에 가치를 두는 내담자가 끝내 학위를 받지 못한다 하더라도, 그것을 얻기 위해서 거친 과정은 교육을 받는 것에 여전히 도움이 된다. 결과는 실현되지 않았지만, 내담자는 자신의 가치에 여전히 충실하였다. 내담자가 교육과 관련된 목표를 충분하게 추구한다면, 더 좋은 교육을 받는 과정이 실현될 것이다.

나침반 비유

치료자와 내담자 모두에게 유용하다고 예상할 수 있는 목표와 가치를 구별하는 마지막 방법은, 가치를 삶에 방향을 제시하도록 도움을 주는 나침반 위의 점으로 비유하는 것이다(Hayes et al., 1999: 209). 내담자에게 이를 보여 주기 위해서 다음의 비유를 제시하라.

> 우리의 가치는 나침반 위의 점과 같습니다. 만일 당신이 길을 잃었는데 나침반이 있다면, 실제로 당신이 원하던 방향으로 움직이고 있는지를 보기 위해 그것을 사용할 수 있을 것입니다. 예를 들어, 남쪽으로 가는 것이 중요하다고 가정합시다. 당신은 먼저 남쪽으로 향하고 있는지를 확인하기 위해 나침반을 사용할 것이며, 그다음 목표로서 남쪽 지평선에 있는 산봉우리와 같은 목표를 가리킬 것입니다. 계속해서 봉우리가 시야에 보인다면, 남쪽 방향으로 움직이고

있는지를 알기 위해서 나침반을 사용할 필요가 없을 것입니다. 이제, 당신이 그 산 정상에 도착했을 때 실제로 무슨 일이 일어나겠습니까? 당신은 지금 남쪽에 있습니까? 아니면 당신이 나아갈 남쪽은 여전히 당신 앞에 더 있습니까? 남쪽으로 움직이는 것이 돌보는 부모 되기[또는 내담자의 다른 어떤 가치]와 같다면 어떻겠습니까? 당신이 돌보는 부모가 될 수 있는 길은 많이 있습니다(그 방향으로 나아가게 하는 다른 목표를 설정할 수 있을 것입니다). 그러나 그것은 결국에 끝이 납니까?

'삶에서 해야 할 일 목록'에서 돌보는 부모 되기를 끝낼 수 있는 시간이 옵니까, 아니면 그것은 계속됩니까? 그것이 삶에서 실현되기 원하는 핵심적인 부분이라면, 살아 있는 한 그렇게 계속할 수 있습니까? 당신이 모든 자녀들보다 오래 산다고 해도 여전히 그 가치를 중시할 수 있습니까?

점진적인 목표 설정

인지치료(Beck et al., 1979)에서 점진적으로 숙제를 부과하는 것과 비슷하게 점진적이고 연계적인 방식으로 목표 설정에 접근하라. 각 내담자의 핵심 가치와 연관된 여러 가지의 장기 목표뿐 아니라 단기 목표를 확인하라. 필요하면, 내담자의 현재 지점과 해당 목표가 달성될 지점 간의 간격이 얼마나 큰가에 따라서 대학 학위 취득과 같은 더 크고 장기적인 목표를 일련의 작은 단계들로 나누라. 가장 기초적인 수준에서 '남쪽으로 향하기'의 첫 번째 목표는 다른 걸음에 앞서 한 걸음을 간단하게 내딛는 것이며, 가치를 향해 전혀 움직이지 않는 내담자에게는 이것이 적절한 시작점이다.

제일 좋은 해법은 회기 사이의 기간(대부분의 경우에 한 주) 중에 달성할 수 있는 가치와 목표를 연결하는 것이다. 움직이지 않던 내담자에게는 이 기간을 매일의 목표로 계속해서 더 쪼개라. 필요하다면, '대학 학위를 얻기 위해 필요한 첫 번째 일은 무엇입니까?'와 같은 질문은 내담자와의 협력관계 속에서 묻고 답할 유용한 질문이다. 첫 번째 목표가 이루어졌을 때와 다음 회기 이전에 합리적으로 이룰 수 있는 추가적인 단계들은 무엇인지(예, '전자공학으로 대학에 지원할 수 있는지 언제 알아볼 수 있습니까? 그리고 일단 이를 알아보고 나서 다음 단계는 무엇입니까?') 생각하면서 답을 계속 따라가라. 숙제 부과와 관련된 구조화를 도울 뿐 아니라 목표 및 관련 행동과 다른 적절한 정보를 기록하는 데 사용할 수 있는 목표-행동 기록지가 부록 G에 있다. 이는 Hayes 등(1999: 227)의 책에 있는 유사한 형태를 수정한 것이다.

목표가 단기적이든 장기적이든 간에 목표를 명시하라. 그러면 그것이 이루어졌는지 아닌지를 판단하는 것이 쉽다. 예컨대, '대학에 입학하기' 또는 '사람들에게 더 친절하기' 등은 너무 모호하다. '입학원서 입수하기'와 '매일 최소 네 명의 다른 사람들에게 안부 인사하기'와 같이 목표를 좀 더 유용하게 다시 명시할 수 있다. 가능하면, 내담자에게 구체적인 목표를 세우게 하라. 그러나 그것이 핵심 가치와 밀접하게 관련되는지, 분명하게 명시되었는지, 그리고 가치를 추구하는 장기 목표에 이르는 더 큰 연속성 안에서 적절하게 연결되는지를 명확하게 하기 위해서 치료자가 협력적으로 개입하는 것이 필요할 수도 있다. 더 긴 사슬 안에 있는 하나의 목표가 달성되었을 때에는 다음 단계로 초점을 옮겨라(예, 입학원서를 구했으면 완성해서 제출하기 등).

가치 우선순위 정하기

목표는 가치와 관련되기 때문에 목표 세우기에서 생기는 논리적인 의문점은 다음과 같다. '어떤 가치가 다른 가치에 비해 우선되어야 하는가?' 가치를 평가하고 확인하며 명료화하는 과정의 결과로서, 다양한 삶의 영역의 상대적인 중요성과 각 영역에서 가치와 일치된 행동을 하고 있는 정도에 대해 치료자와 내담자가 이제는 어느 정도 인식해야 한다. PVQ와 VLQ를 사용하게 되면 이러한 정보를 보다 직접적으로 제공받지만, 가치 평가를 간접적인 방법에만 의지하는 경우에도 그런 의문은 생길 수 있을 것이다.

목표 설정을 시작하려는 가치 영역에 대해 치료자와 내담자 간에 여전히 명료화가 되지 않는다면, 내담자에게 선택하도록 요청하라. 그런 경우에는 선택의 타당성에 대해 확인해 주라. 잘 안 될 경우에는, 가치와 관련된 행동이 가장 부족해 보이는 삶의 가장 중요한 영역을 가지고 시작하기를 제안한다. 이러한 선택을 미루는 내담자의 경우에는 그를 위해서 결정해 주기보다 어디부터 시작할지 선택하도록 함께 작업하라. 어느 경우이든지 간에 내담자가 가치 방향으로 조금이라도 움직인다면 이를 치료적이라고 보라. 어디서부터 시작할지와 같이 잠재적으로 어려운 문제를 해결하는 것보다 단순하게 출발하는 것이 더 중요하다.

일단 한 가치 영역에서 충분히 진전이 되고 계기가 만들어지면, 다른 영역에서 목표 설정 및 관련된 전념 행동을 시작하라. 가치 추구는 하나의 과정이기 때문에 하나가 시작되기 전에는 다른 하나가 달성될 수 없다. 더구나 가치와 관련된 목표는 장기적일 수 있으므로(대학 학위를 얻는 것과 같이), 장기적인 목표가 달성될 때까지 다른 영역의 행동을 연기하는 것은 현실적이지 않다. 예를 들어, 교육을 잘 받는 것과 더불어서 돌보는 부모가 되는 것에 가치를 두는 내담자는 그 영역에서도 활동적일 수 있으며, 학위를 얻을 때까지 그런 가치 활동들을 정지할 필요는 없다. 가치 자체는 다른 것들과 갈등을 일으키지 않으며, 순차적으로보다는 동시적으로 가치를 따라 살 수 있다.

전념 행동

가치 지향적인 행동을 촉진하는 과정의 세 번째이자 마지막 단계는 전념 행동이다. 즉, 내담자가 자신의 목표를 이루는 데 필요한 활동에 진지하게 참여하게 하는 것이다. 더 크게 가치를 두는 목표 및 그 구체적인 특성과 관련해서 특정 목표가 어디에 해당하는지에 따라서 전념 행동과 그것이 이루고자 하는 목표는 실제로 분리되기 어려울 것이다(예, 친구를 방문하기). 다른 목표들은 그것을 달성하게 해 줄 수 있는 관련 행동들의 폭넓은 배열로 달성된다. 이러한 경우에는 목표 달성에 필요한 상세 목표와 행동을 구별하는 것이 더 의미가 있다. 예를 들면, 학사 학위 취득이라는 긴 과정의 첫 단계인 대학 입학원서 입수는 많은 방법을 통해서 이룰 수가 있다(즉 신청서를 온라인으로 접근할 수도 있고, 개인이 가지러 가거나, 전화나 보통 우편 또는 전자 우편으로 신청할 수 있음). 많은 목표들이 동일한 가치에 기여하듯이, 해당 목표는 여러 가지 구체적인 행동들을 통해서 잠재적으로 도달될 수가 있다.

숙제 부과를 위해서 치료자는 내담자가 각각의 목표에 도달하기 위해 해야 하는 구체적인 행동 목록에 따라 목표-행동 기록지에 목표를 기록할 수 있다. 필요하면 각각의 목표와 관련하여 다음과 같은 질문을 하라. '당신은 이 목표를 달성하기 위해서 구체적으로 무엇을 할 것입니까?' 해당 목표를 달성하기 위해서 관련 행동 열에 기록한 행동들이 꼭 필요한지 주목하라. 그러나 그것들이 충분하지 않을 수도 있다. 그런 어떤 숙제를 부과하는 데 있어서 주된 초점은 목표 자체의 달성이 아니라 관련 행동에 참여하는 전념에 있다. 즉, 내담자는 (직접적으로 그 또는 그녀의 통제하에 있는) 목표 지향적 행동에 참여하는 과정에 전념하는 것이지 (그 또는 그녀의 통제하에 직접적으로 있지 않은) 결과에 전념하는 것이 아니다. 예를 들어, 더 많은 돈을 버는 것이 돌보는 부모가 되는 데 도움이 되는 목표일 수도 있고, 봉급 인상을 요청하는 것이 돈을 얻는 데 필요할 수도 있다. 하지만 요청하는 행동만으로 받는 것이 보장되지는 않는다. 능숙하지 않은 관련 행동을 반복하거나 목표를 달성하는 다른 방법들을 시도해 볼 수도 있다(급여가 더 높은 다른 직업을 찾기와 같이).

전념의 특성

전념은 우리가 어떤 일을 할 것이라고 말하는 것뿐 아니라, 더 중요하게는 그것을 행하는 것을 의미한다. 우리는 때로 첫 번째 시도에서 목표를 달성하고, 다른 때에는 노력하고 다시 노력해야 성공적으로 목표를 이룬다. 이 문제에 대해 언급하는 마크 트웨인의 인용문을 내담자에게 상기시키는 것이 유용함을 필자는 가끔씩 발견한 바 있다.

> 담배를 끊는 것이 세상에서 가장 쉬운 일이다. 나는 수천 번 금연을 해 봤기 때문에 안다(Mark Twain 인용, 날짜 불명확).

심리적 유연성 증대시키기

많은 내담자들은 목표를 달성하려는 한두 번의 비성공적인 시도를 습관적으로 하고 나서 더 이상 노력하는 것을 포기한다. 마크 트웨인과 달리, 그들은 금연을 천 번씩 포기하지 않는다. 그러나 대신에 한두 번씩만 금연을 포기한다. 그러고 나서 아예 더 이상의 금연 시도를 포기한다. 이는 더 이상 어떤 가치도 갖고 있지 않다고 주장하는 내담자의 경우에 흔하다. 추구하는 가치가 없으면 목표 추구의 실패에 대한 실망을 효과적으로 회피할 수 있다. 그런 내담자에 대해 치료자가 수행할 어려운 과제는 전념 행동에 대해 확립된 오래된 방법을 약화시키고 더 유연한 반응 방식을 촉진하는 것이다. 이러한 경우에, 가치 지향적인 삶에 계속 전념하는 것을 훼손시키는 실망과 초기의 실패 및 다른 경험적 장애물 등에 직면해서 견디는 것은 심리적 유연성이 증진되었음을 나타낸다. 전념 행동에 대한 환경적인 장애물과 심리적인 장애물을 모두 설명할 수 있는 방식으로 좀 더 간략하게 언급할 것인데, 그렇게 하기에 앞서 전념 행동 촉진하기에서 몇몇 심도 있는 주제들을 선보이고 싶다.

내담자와 함께 목표를 점진적인 방식으로 설정하면, 목표 달성의 초기 노력에서 성공할 가능성이 극대화된다. 하지만 때로는 숙제 부과에 동의한 행동을 시도하는 것조차 실패할 것이다. 이러한 경우는 전념에 반응하는 경직되고 역기능적인 오랜 방식을 깨도록 내담자를 돕는 특별히 값진 치료 기회를 치료자에게 제공한다. 특히, 전념에 접근하는 내담자의 전형적인 방식(예, 무언가를 한다고 말하고 하지 않으며, 죄책감과 실패감을 느끼고 다시 하겠다는 말을 피하며, 포기하고 심지어는 실패한 것처럼 느끼는)과 대안적인 다른 반응 방식을 구별하라. 전념 행동의 심리적 장애물로서 확실히 기능하는 실패감과 죄책감에 역점을 두고 다루기 위해 탈융합과 수용 및 마음챙김 작업을 맡아서 진행한다. 더 중요하게는, 대안적 행동의 연쇄고리를 만들고 지지하는 방법으로서 재전념을 기꺼이 하겠는지 내담자에게 물어보라(특히, 죄책감을 느끼고 실패한 것처럼 느끼는 경우에는 다시금 어떤 것을 하겠다고 말하고 그것을 하라). 전념이란 말에서 떨어지는 것과 같다. 즉, 가능한 빨리 말에 다시 타도록 잘 권면한다.

성공을 재해석하기

이전에 지적한 바와 같이, 가치를 향한 어떤 목표는 그것을 달성하기 위해 필요한 행동(금연과 같이)과 분리될 수 없으며, 반면에 다른 목표는 그렇지 않다. 전자와 같은 유형의 목표는 관련된 행동에 참여하는 것만으로도 성공적으로 달성된다. 이러한 경우에 치료자의 주요한 난제는 내담자가 자신의 행동을 바꾸도록 그를 지지하는 것이다. 목표와 관련 행동이 같지 않을 때 치료자는 다른 난제에 부딪치는데, 해당 목표를 이루려고 반복적으로 노력하는 것이 성공적이지 않으면 내담자가 낙담하고 포기하게 될 수도 있기 때문이다. 가치는 다양한 방법으로 실행될 수 있다. 물론, 하나의 옵션은 동일한 가치와 관련된 좀 더 달성 가능한 대안적 목표를 간단히 선택하는 것이다(예, 급여가 더 좋은 직업을 구하거나 파트타임 일을 추가하는 것은 급여 인상을 반복적으로 요청하는 것보다 수입을 늘리는 데 더 효과적일 수 있다). 또 다른 옵션은 가치 지향적인 목표의 달성보다 그것을 추구하는 과정을 더 많이 강조하기 위해서 성공의 구성 요소를 재명명하는 방법이다. 예를 들면, 내담자가 영웅시하는 사람이나 존경할 만한 삶을 영위했다고 동의하는, 적어도 어느 정도 주목할 만한 인물 중에서 한 사람을 치료자가 언급할 수 있다.

치료자 당신은 마틴 루터 킹 목사를 존경한다고 말했습니다. 당신이 보기에 그의 삶은 어떠했습니까?

내담자 이 나라에서 소수자들을 위해, 그들도 똑같은 시민의 권리를 얻는지, 그리고 다른 모든 사람들과 똑같은 대우를 받는지 보기 위해서 일어섰습니다.

치료자 그는 그것을 이루었습니까? 예를 들어, 킹 목사로 인해 이 나라의 흑인이 백인과 똑같은 대우를 받습니까?

내담자 아니요, 아직까지 전적으로 그렇지는 않습니다.

치료자 그러면 킹 목사의 삶이 실패였다고 생각해야 합니다. 그는 결코 그의 목표를 이루지 못했습니다.

내담자 아니요, 할 일이 더 많이 있긴 하지만, 그는 진보를 이루었습니다.

치료자 그러면 당신은 성공에 대해 적어도 두 가지 다른 방식으로 생각한다고 짐작됩니다. 성공을 정의하는 하나의 방식은 어떤 목표의 성취를 통해서 정의하는 방식입니다(소수자들을 위한 시민의 권리를 확실히 하는 것과 같은). 성공에 대해 생각하는 또 다른 방식은 킹 목사의 '내게는 꿈이 있습니다' 라는 연설처럼, 비록 당신이 거기에 결코 이르지 못한다 하더라도 꿈과 가치 및 비전을 따르는 것을 성공으로 보는 것입니다. 성공에 대해 생각하는 어떤 방식이 당신에게 더 유용한 것으로 보입니까?

내담자 두 번째 방식입니다.

치료자 성공에 대해 생각하는 이와 같은 방식을 당신 삶의 중요한 가치와 목표에 적용할 수 있겠습니까?

노력하기 대 행하기 연습

목표 지향적인 행동을 포함하는 행동 숙제를 일방적으로 부과하지 말라. 그러나 일단 치료자와 내담자가 숙제를 위해서 목표-행동 기록지에 기록할 특정한 목표와 관련 행동을 협력적으로 확인했다면, 기꺼이 전념을 약속하겠는지에 대해 직접적으로 물어보라(예, '지금부터 다음 회기 사이에 상사에게 급여 인상을 기꺼이 요청하겠습니까?'). '노력하겠습니다.'라는 상당히 흔한 내담자의 반응은 전념 행동을 훼손한다. 그러므로 치료자 편에서 반드시 반응을 하라. 한 가지 반응은 질문을 고쳐서 말하는 것이다. 즉 '상사에게 급여 인상을 요청하도록 **노력**할 것인지를 묻는 것이 아닙니다. 당신이 상사에게 급여 인상 요청을 **할** 것인지를 묻는 것입니다.' 차이를 더 강조하기 위해서 이런 체험적인 연습을 제시하라. 내담자가 손쉽게 닿는 범위 내에 펜과 같은 물체를 놓은 후에 다음과 같이 말하라.

> 당신 옆에 있는 탁자 위에 놓인 펜을 집도록 노력하세요(대부분의 내담자들은 그것을 집을 것이다). 아니요, 펜을 집으라고 말하지 않았습니다. 펜을 집도록 노력하라고 말했습니다. 다시 펜을 집도록 노력하세요(이 지점에서 내담자들은 다시 펜을 집거나 마치 자신의 손이 마비된 양 주저하면서 자신의 손을 그 가까이로 움직인다). 아니요, 펜 쪽으로 손을 움직이라고 말하지 않았으니 멈추세요. 펜을 집도록 노력하라고 말했습니다. 그렇게 할 수 있습니까? 아니면 당신이 단지 펜을 집는 것을 선택하거나 집지 않는 것을 선택하는 것입니까?

만일 급여 인상에 대해 당신의 상사에게 요청하도록 노력하는 것이 펜을 집도록 노력하는 것과 같다면 어떻겠습니까?

이 지점에서 치료자는, 수련감독을 받고 있는 ACT 치료자인 Yoda가 언급했던 바를 내담자에게 또한 상기시킬 수 있다.

아닙니다! 노력하지 마세요. 행하세요. 그렇지 않으면 행하지 마세요. 노력하기란 없습니다(Yoda 인용, 날짜 불명확).

"야구에는 눈물이 없는"[2](Marshall, 1992) 것처럼, ACT에 노력하기란 없다.

부분적인 전념 대 온전한 전념

내담자가 전념의 실패를 피할 수 있는 또 다른 방법은 일을 반쯤만 하는 것이다. 이미 논의했듯이, 치료자는 점진적인 방식으로 내담자의 목표를 구성하는 것이 유용함을 알겠지만, 이는 개별적인 목표를 달성하는 데 필요한 구체적인 행동에는 동일하게 적용되지 않는다. 전념 행동은 뛰어내리는 것과 같으며, 전부 하거나 아무것도 안 하는 식으로 되어야 한다. 내담자는 급여 인상을 요청하거나 하지 않는 것을 선택할 수 있을 뿐 그 중간을 선택할 수는 없다.

점프 연습 전념 행동의 이러한 차원을 촉진하기 위해서 Hayes 등(1999: 240-241)이 제시했던 점프 연습을 변형해서 사용하라.

역자주

2) 페니 마샬 감독(톰 행크스 주연)의 〈그들만의 리그(A League Of Their Own)〉(1992)에 나오는 명대사다.

전념을 유지하는 것이 점프를 하는 것과 같다면 어떻겠습니까? 당신은 여러 가지 물건에서 뛰어내릴 수는 있지만, 어떤 것에서도 반쯤만 점프할 수는 없습니다. 당신은 뛰어내리는 것만 선택할 수 있습니다. 때때로 그것은 이 책처럼 땅바닥에서 매우 가까운 물건일 수 있습니다. (책을 가지고 그 위에 선 다음에 뛰어내려 보세요.) 다른 때에는 비행기에서 스카이다이빙을 하는 것과 같이, 수천 피트 높이의 공중에 있는 어떤 것에서 뛰어내릴 수 있습니다. 지금 당신이 스카이다이빙을 하러 가는 것을 상상해 보세요. 그러나 비행기에 타서 뛰어내릴 때가 되었을 때 당신은 무서움을 느꼈고 그래서 조금만 뛰어내리기로 결심했습니다. 그것은 당신이 할 수 있는 선택입니까? 당신은 뛰어내리는 것을 선택할 수 있습니다(그것이 책이냐 혹은 비행기냐). 그리고 당신은 뛰어내릴 것이냐, 그렇게 하지 않을 것이냐를 선택할 수 있습니다. 그러나 조금만 뛰어내리는 것을 선택할 수 있습니까? 전념을 유지하는 것이 그와 같다면 어떻겠습니까?

필요하다면, 추후 작업으로서 점진적인 목표 설정을 뛰어내릴 물건의 지상 높이를 다양하게 하는 것에 비유하라.

우리는 이 책과 같이 땅에 가까운 물건에서 뛰어내리는 것을 가지고 시작할 수 있습니다. 그것은 당신이 학교에 지원할 수 있도록 원서를 입수하는 것과 같습니다. 그러나 당신은 대학 학위를 받는 것과 같은 더 높은 목표를 겨냥하겠다고 말했습니다. 그것은 비행기에서 뛰어내리는 것과 더 유사할 것입니다. 그것은 분명히 더 높은 점프이며 앞으로 진행될 일입니다. 책에서 뛰어내리는 것이 그 방향으로 나아가는 한 단계일 수 있습니까?

전념은 누구에게 일어나는가

이제 치료자가 내담자에게 자신의 목표를 행하도록 격려할 때 부딪힐 수 있는 마지막 난제를 논의하자. 이 어려운 과제는 치료자나 내담자가 전념의 대상(즉, 전념이 누구에게 일어나는 것인지)을 혼동할 때 일어난다. 전념은 치료자에게가 아니라 내담자 자신에게 일어난다는 것을(치료자 자신과 내담자 자신에게) 분명히 하라. 행동에 전념하는 것은 내담자의 가치 지향적인 목표 달성에 필요하므로, 이전에 논의한 대로 내담자가 진정으로 지닌 가치를 확인하는 조치를 통해서 그러한 혼란을 최소화해야 한다. 필요하다면 이 점을 분명하게 다시 강조하라. 예를 들면, '여기서 중요한 것은 당신에게 중요한 것입니다. 당신이 행하고 유지하는 전념은 당신을 위한 것이지 저를 위한 것이 아닙니다. 제 임무는 당신이 스스로 원하는 삶의 모습을 더 온전하게 영위하도록 돕는 것입니다.' 와 같이 말함으로써 이를 강조하라.

내담자가 자신의 유익보다 치료자의 승인을 위해서 행동한다면 치료 바깥의 자기 삶에서 전념 행동을 아마 덜 통합시킬 것이다. 그래도 내담자가 작정한 행동을 치료라는 대인관계 맥락에서 소리 내어 말하도록 유도하면, 스스로 행동에 전념할 가능성이 증가할 것이다(Zettle & Hayes, 1983). 하지만 내담자의 전념 행동이 치료자의 존재에 의해 과도하게 영향을 받지 않고 내담자 자신의 가치에 적절하게 연결되어 있다면, 내담자가 자신이 작정한 전념 행동을 분명하고 뚜렷하게 표시하도록 치료자가 주장하기를 권한다.

내담자의 많은 핵심 가치들이 가족 관계(예, 돌보는 부모되기)와 친구 관계(예, 의존할 수 있는 친구 되기)를 가리킬 듯하다. 따라서 그러한 가치에 도움이 되는 전념 행동은 내담자에게는 물론 그의 삶에서 중요한 개인에게 또한 유익을 줄 것이다. 하지만 이러한 상황에서 행하는 전념은 여전히 가족과 친구보다 내담자 자신이 하는 것으로 보라. 한 가지 예가 있다면, 전념 행동의 목적이 다른 사람들로부터 무언가 보상을 얻기 위한 경우다(예, 연로하신 부모님을 돌보는 아들이 되는 것이 부모님의 인정을 얻는 목적을 위해 행해질 때). 이러한 경우에는 만일 부모님이 그러한 노력을 계속적으로 무시한다 하더라도 부모님을 돌보는 식으로 계속해서 행동하겠는지 내담자에게 물어보라.

전념 행동의 장애물

5장에서 제안한 것처럼, 더 구체적으로는 전념 행동의 장애물, 더 광범위하게는 심리적 유연성의 장애물은 환경적이고 심리적인 장애물로 구성되어 있을 수 있다. 이 절에서 우리는 주로 전념 행동의 경험적인 장애물을 관리하는 데 역점을 두지만 명백한 환경적 장애물에도 또한 주의를 기울여야 한다.

환경적인 장애물

심리적 장애물이 환경적인 장애물로 가장할 수도 있기 때문에, 전념 행동을 방해했다고 내담자가 언급하는 어떤 외부적인 환경을 면밀히 검토해 보라. 예를 들어, 자신의 컴퓨터가 다운되었기 때문에 대학 입학원서를 구하는 숙제를 완수하지 못했다고 내담자가 말한다면, 이는 경험 회피일 가능성이 있다. 다른 방법으로 신청서를 얻거나(전화로 신청하기와 같이) 아니면 친구에게 컴퓨터를 사용하게 해 달라고 부탁할 수도 있었을 것이다. 후자의 방법을 생각하긴 했지만, 거절당하는 두려움이나 성가신 사람으로 보일 것이 두려워서 이 계획을 배제했을 가능성이 있다. 그런 경우에는 전념 행동의 심리적 장애물에 대해 더 일반적으로 반응하는 방법을 활용하라. 대안적으로는 브레인스토밍과 같이, 적합해 보이는 문제 해결 전략으로써 환경적인 장애물에 접근하라(Osborn, 1953).

경험적인 장애물

목표-행동 기록지에는 목표를 지향하는 행동을 할 때 극복해야 하거나 또는 그 행동의 완수를 방해하는 심리적 장애물을 기록하는 여백이 있다. 이후의 전념 행동에 대해 이와 유사한 장애물들을 최소화하는 예방적인 노력을 유도하기 위해, 숙제를 완수하면서 내담자가 극복해 낸 경험적 장애물에 대한 정보를 활용하라. 예를 들어, 내담자가 한 가지 숙제를 완성하면서 성공적으로 극복했던 실패에 대한 두려움과 당혹스러움에 대한 염려 그리고 자의식적인 불편감이 다른 행동을 시도할 때 다시 나타날 가능성이 있다. 일단 그렇다면, 그런 경험적인 장애물을 최소화하기 위해서 탈융합과 수용 및 마음챙김을 촉진하는 개입을 사용함으로써 치료자와 내담자가 함께 작업할 수 있다.

버스에 탄 승객 비유

내담자가 경험하는, 전념 행동의 완수를 실제로 방해하는 심리적 반응은 분명히 문제가 더 많이 되며, 융합과 경험 회피를 약화시키는 데 더 역점을 둔 작업이 필요하다. 다소 곤란하게도 치료자는 종종 그런 장애물들을 의외로 빨리 확인할 수 있다. '숙제를 완수할 때 어떤 종류의 생각이나 감정, 또는 다른 반응들이 당신에게 올라오는지 알 수 있습니까? 무엇이 숙제하는 것을 방해할 수 있겠습니까?' 라고 내담자에게 물어보라. 다른 경우에는 전념 행동의 경험적인 장애물이 곧바로 예측되지 않을 수도 있지만, 숙제를 완수하지 않은 경우에는 목표-행동 기록지에 있는 적절한 여백을 완성함으로써 드러나고 확인될 수도 있다.

ACT에서 자주 언급되는 버스에 탄 승객 비유(Hayes, 1999: 157-158)는, 전념 행동을 약화시키는 사적 사건을 다루는 데 특히 유용한 탈융합 기법이다. 다음과 같이 말하라.

> 당신이 중시하는 목표를 추구하는 데 방해가 되는 듯한 생각과 감정이, 당신이 운전하는 버스에 탄 난폭하고 비협조적이며 무례한 승객과 같다고 상상해

보세요. 버스에는 유쾌한 승객도 있지만, 불쾌한 승객이 당신을 가장 힘들게 만드는 듯하니 당신이 그들에게 어떻게 반응하는지에 대해 말해봅시다. 이제 버스 운전사인 당신은 버스가 어디로 갈 것이며 거기에 어떻게 이를 것인지 선택하게 됨을 알아차려 보세요. 그러나 당신이 원하는 방향으로 버스를 운전하더라도 어떤 승객들과는 제대로 함께 앉아 있지 못할 것입니다.

당신은 잘 교육받는 것을 중시한다고 말했습니다. 당신이 버스를 운전할 때, '잘 교육받기'라고 왼쪽을 가리키는 표지판과 '그 밖의 다른 것을 하기'라고 오른쪽을 가리키는 표지판이 있는 갈림길에 이릅니다. 당신이 좌회전을 하기 시작하자 승객들이 뒤에서 소리를 지르기 시작합니다. 그들은 당신을 야단치며 비난합니다. '우리가 왜 이 길로 가고 있습니까? 당신은 자신이 무얼 하고 있는지 모르는군요! 당신은 제대로 알지 못해요! 우리 모두가 길을 잃겠어요! 이건 시간 낭비입니다!' 등등. 여기서 당신의 선택을 살펴봅시다. 한 가지 선택은 교육을 잘 받는 방향으로 그저 계속해서 가는 것인데, 승객들은 더 많이 요구하고 불쾌해합니다. 그것이 원하는 방향으로 가는 패키지 여행의 일부라면, 당신은 기꺼이 그 승객들을 태우고 계속해서 가겠습니까?

또 하나의 다른 선택은 버스를 세우고 승객들과 거래하려고 애쓰는 것입니다. 예를 들면, 버스에서 내리도록 설득하려고 애쓸 것입니다. 그러나 그들은 당신보다 더 많습니다. 그리고 무례하게도 그들이 '우리는 내리지 않을 것이고, 당신은 우리를 내리게 할 수 없어요!'라고 말한다면 어떻겠습니까? 입을 다물고 점잖게 굴 때까지는 아무 데도 가지 않을 것이라고 그들에게 말하면서, 당신은 그들과 또 다른 유형의 거래를 시도할 수 있다고 생각합니다. 그렇긴 하지만 당신이 원하는 곳으로 가게 될지 아닐지를 결정할 힘이 누구에게 있는지 이제 알아차려 보세요. 그들이 결코 입을 다물지 않는다면 어떻겠습니까? 삶의 고속도로 갓길에 머물면서 당신의 남은 삶을 보내겠습니까?

마지막 선택은 당신이 중시하는 방향으로 좌회전을 하는 대신에 우회전을 하는 것이라고 생각됩니다. 아마 그렇게 하면, 적어도 잠시 동안은 승객들을 달랠 것입니다. 그러나 그 과정에서 당신은 무엇을 포기하겠습니까? 당신이 얻을지도 모르는 것(좋아하지 않는 생각과 감정에서 잠시 동안 유예됨)은, 삶에서 매우 중요한 것에 더 가까이 가기보다 거기서 더 멀리 벗어나는 대가를 치를 만한 가치가 있겠습니까? 선택은 당신의 몫입니다. 당신은 버스에 있는 승객들에게 어떻게 반응하겠습니까?

이 비유를 통해서 대부분의 내담자들은 가치 방향으로 자신의 삶을 전진하는 데 전념하는 것을 재확인하는 반응을 보이지만, 그럼에도 불구하고 치료자는 그렇게 하지 않는 쪽을 선택하는 내담자에 대해 반응할 준비를 해야 한다. 대단히 중요하게도, 그것이 버스 승객에게 지배를 받은 결정이기보다 자유롭게 내린 내담자의 선택을 나타내며 변화될 수 있는 선택으로 생각된다면, 이를 치료의 실패로 보지 않는 것이 유익하다. Hayes 등(1999: 260)이 제안한 바대로, 그러한 상황에서는 다음과 같이 말하면서 내담자의 경험을 타당화해 주고, 내담자가 내린 어려운 선택에 대해 존중하는 방식으로 반응하라.

제가 당신이라면(당신이 승객을 태우고 버스를 운전하고 있다면), 인생의 이 지점에서 당신이 직면한 선택이 얼마나 하기 어려운 선택인지 알 수 있습니다. 그런 상황이라면, 저 또한 당장 앞으로 나가지 않는 쪽을 선택할 수 있을 것입니다.

요약

이 장에서는 가치 지향적인 목표를 추구하는 것에 더욱더 전념하는 데 활용할 수 있는 ACT의 몇 가지 주요한 기법들에 역점을 두었다. 관련된 다른 기법과 비유 및 연습(조금 전에 언급한 선택하기와 결정하기의 차이와 같은)은 9장에서 다룰 것이다. 또한 탈융합과 수용을 촉진하는 기법의 경우처럼, 가치와 일관된 행동을 구체적으로 촉진하는 기법 및 절차의 사용을 더 광범위한 치료 과정의 특정 시점과 관계없는 일회적인 사건으로 간주하지 말라. 가치 지향적인 행동을 촉진하는 것이 ACT의 초기 단계에서 주된 초점일 때라도 치료자는 관련 개입들을 필요에 따라 재차 적용할 필요가 있을 것이다.

특히, 치료 과정에 걸쳐서 나타나는 치료자와 내담자의 외현적인 행동상의 어떤 주요한 변화(직업, 생활 계획, 친밀한 관계 등과 같은)를 개인적 가치라는 렌즈를 통해서 협력적으로 관찰하기를 권한다. 이 장에서 논의한 것처럼, 그런 행동상의 변화에는 내담자에 의해 자발적으로 시작된 행동뿐만 아니라 각 내담자를 위한 포괄적인 치료 계획의 통합적인 부분으로서 전략적으로 유발될 수 있는 행동도 포함되어야 한다. 일련의 두 상황 모두에서 내담자가 보이는 그런 행동상의 변화를 평가하면서 동일한 핵심 질문을 고려하라. 즉, 내담자는 해당 행동을 통해 그가 매우 중시하는 것으로 더 가까이 나아가는가 아니면 더 멀리 벗어나는가? 가치 지향적인 삶을 영위하는 데 도움이 되지 않는 외현적 행동상에 어떤 실질적이고 실제적인 또는 예상되는 변화가 있다면, 이는 치료자와 내담자가 가치 명료화, 목표 설정, 그리고 목표와 관련된 전념 행동의 촉진을 더 수행할 필요가 있음을 의미한다.

제 8 장

현재 순간과의 접촉 및 맥락으로서의 자기를 촉진하는 기법

현재 순간과의 접촉을 증진하기

마음챙김 촉진하기의 고려 사항

마음챙김 개입을 점진적으로 제시하기

맥락으로서의 자기를 촉진하기

이 장에서는 내담자가 초월적인 자기 인식을 더욱 발달시키면서 깨어 있는 삶을 살도록 촉진할 수 있는 방법에 대해 논의한다. 이전에 언급한 바대로, 현재 순간 및 맥락으로서의 자기에 접촉하도록 촉진하기 위해서 내담자와 함께 작업할 때에는 ACT의 수용과 전념이라는 두 측면 모두에 똑같이 기여하는 두 개의 핵심 과정에 역점을 두고 다룬다. 하지만 이미 논의한 다른 두 쌍의 핵심 과정(한편으로는 탈융합과 수용, 그리고 다른 한편으로는 전념과 행동 변화를 다루는 과정)을 촉진하는 것과 더불어서, 현재 순간에 사는 것을 지원하는 개입들이 또한 더 집중적이고 전략적으로 적용될 수 있다. 특히, 반추에 많이 몰두하는 내담자에게 특별히 효과적인 전략인 마음챙김의 조성과 촉진을 활용하라(Broderick, 2005).

현재 순간과의 접촉을 증진하기

반추를 하는 한 후회스런 과거와 두려운 미래에 사로잡혀서 지금 여기에서 살지 못하므로, 현재 순간에 접촉하는 것을 강화하려고 노력하려면 언어적으로 구성된 과거나 미래에 머물러 있는 것을 동시에 약화시켜야 한다. 따라서 '죽은 자의 시험'(제6장 참조)에서와 같이 단지 반추적인 행동만을 약화시키기보다 내담자가 현재 순간을 자각하도록 촉진하는 것이 치료자의 임무다. 마음챙김이 과거나 미래에 고착되는 것을 막아 주긴 하지만, 단지 반추가 없는 것이 지속적인 경험의 흐름을 비판단적으로 자각하는 것과 같은 것은 아니다.

탈융합 및 수용과 마음챙김의 관계

적어도 이 장의 목적을 위해서, 우리는 '현재 순간에 접촉하기'와 '마음챙김'이라는 용어를 동의어로 사용할 것인데, **마음챙김**은 '특정한 방식으로(의도적으로, 현재 순간에, 비판단적으로) 주의를 기울이기'라고 정의된다(Kabat-Zinn, 1994: 4). 많은 내담자들이 '마음챙김'이라는 말을 들어 보았을 수도 있지만, 아마도 대부분은 현재 순간에 접촉하기를 촉진하는 연습이나 명상과 관련된 형식을 실행해 본 적이 별로 없을 것이다. 내담자가 불편한 생각, 감정, 신체 감각, 이미지, 기억 등에 반응하는 것을 배우는 대안적인 방법을 마음챙김에 의해 갖춘다면, 마음챙김을 촉진하는 기법은 탈융합의 기능도 또한 촉진한다. 마찬가지로, 6장에서 논의한 많은 탈융합 기법들, 특히 카드에 생각 적기와 기록지 작성하기는 현재 순간에 대한 자각을 또한 촉진할 수 있다.

Kabat-Zinn(1994)이 말한 대로, 마음챙김은 지금 여기에서 전개되는 어떤 심리적 사건이라도 의도적으로 그저 자각하는 것뿐 아니라 그런 경험과 비판단적인 방식으로 관계하는 것을 또한 포함한다. 그러므로 6장에서 논의한 수용을 촉진하는 기법과 마음챙김을 촉진하는 기법 간에는 상호의존적이고 상호 교환적인 관계가 또한 존재한다. 예를 들어, 감정과 함께 앉아 있기 연습이라는 수용 연습에서는, 올라오는 정서적 반응 및 관련된 사적 사건이 무엇이든지 간에 내담자에게 이를 '그저 알아차리게' 함으로써 그런 경험에 대한 비판단적인 자각도 촉진할 수 있다. 특히, 이는 수용의 대상인 감정과 관련되어 일어나는 어떤 평가적인 유형의 생각과의 싸움에 빠져 들지 않고 그저 그것의 존재를 인정할 수 있는 수준까지인 듯하다. 또한 다른 대상이나 존재뿐 아니라 개념적 자기(제6장 참조)에 적용된 대로, 내담자가 평가와 기술 모두에 마음챙김으로 반응한다면, 이 둘 간을 구별하는 것이 더 가능할 듯하다.

마음챙김 촉진하기의 고려 사항

탈융합과 기꺼이 경험하기처럼, 마음챙김은 조성되고 습득될 수 있는 숙련된 행동이다. 조성 과정에서와 같이, 어디서 시작할 지를 결정할 때, 원하는 반응이 내담자의 레퍼토리에 약하고 초보적인 형태라도 이미 존재하는지를 알면 도움이 될 것이다. 내담자의 강점을 평가하면서 5장에서 언급한 것처럼, 이미 공식적인 명상 훈련이나 요가(Kabat-Zinn, 1990: 제6장)를 경험한 적이 있는 사람은 특히 그것이 실제로 긍정적이었을 경우에, 그런 경험이 없는 내담자에 비해 출발선이 다를 것이다. 전자의 집단에 속하는 내담자에게 현재에 대한 자각력을 증진시키는 경우에 치료자의 임무는 주로 이미 어느 수준이라고 추정되는 마음챙김 기술을 더 강화하고 조성하며 확장하는 것이다. 유사한 역사가 없는 후자 집단에 속하는 내담자에게는 처음부터 시작할 것이며, 그런 내담자는 적어도 초기에는 어느 정도 조심성과 회의를 갖고 마음챙김 연습에 반응할 가능성이 높다.

내담자와 더불어 마음챙김을 촉진하는 출발 수준과 관계없이, 바람직한 최종 반응은 이제까지 경험적으로 통제해 온 심리적 사건을 비판단적으로 자각하는 것이다. 원치 않는 생각과 감정 그리고 이전에는 도피하고자 했던 다른 사적 사건을 내담자가 침착하게 그저 알아차릴 수 있을 때, 치료자는 현재에 깨어서 살아가는 내담자의 목표를 성공적으로 달성할 수 있다. 앞으로 보겠지만, 불편한 심리적 경험에 대해 수용적인 방식으로 반응할 수 있는 것은 특정적으로는 초월적 자기 인식의 발달에, 그리고 보다 일반적으로는 충만하고 가치 지향적인 삶을 주도하는 데 필요한 심리적 유연성에 도움이 된다.

마음챙김 개입의 유형

다양한 유형과 형태의 명상은 현재 순간에 대한 자각을 증진시키는 보다 흔한 몇 가지 방법이긴 하지만(Kabat-Zinn, 1990, 1994, 2005), 마음챙김을 촉진하기 위해서 치료자가 사용할 수 있는 개입이 이것들에 반드시 국한되는 것은 아니다. 이미 말했듯이, 치료자는 기록지 작성하기 및 감정과 함께 앉아 있기(제6장 참조)와 같이 탈융합과 기꺼이 경험하기를 촉진하는 다수의 연습과 기법들을 또한 사용할 수 있다. 이 장에서 주로 역점을 두려는 것은 공식적인 명상과 비명상적인 절차를 포함해서 마음챙김을 촉진하기 위해 보다 더 확실하게 입증되고 개발된 연습과 기법을 발전시키는 것이다.

시냇물 위의 나뭇잎(Strosahl et al., 2004: 44)과 행진하는 군인 연습(Hayes, 1987: 367; Hayes et al., 1999: 158-162)과 같이 현재 순간에 대한 자각을 강화하기 위해 개발된 몇몇 표준적인 기법들이 ACT에 있지만, 특히 내담자와 함께 마음챙김을 발달시키는 초기 과정에서는 명상의 어떤 형태나 마음챙김을 유도하는 다른 개입들을 추가하도록 권한다. 이 책에는 마음챙김에 기반을 둔 매우 다양한 접근들(Baer, 2003, 2006)과 실행 가능한 명상의 형태들이 있으므로, 치료자는 현재 순간에 대한 접촉을 촉진하기 위해서 이들 중 어느 것이라도 선택할 수 있다. 예를 들면, 최근 판 위키피디아[1]에 '명상'이라는 표제어로 14개의 다른 유형이 실려 있다(Meditation, n.d.).

선택 지침

불행하게도, 다양한 명상법을 직접적으로 비교한 기존의 연구들(Fling,

역자주

1) 위키피디아(Wikipedia)는 모두가 함께 만들어 가며 누구나 자유롭게 쓸 수 있는 다국어판 인터넷 백과사전이다.

Thomas, & Gallaher, 1981; Valentine & Sweet, 1999; Yuille & Sereda, 1980)은 비임상적인 집단에서 이루어졌으므로, 경험적인 기반만으로 다른 유형의 명상 중에서 한 가지를 고르는 것이 쉽지 않음을 발견할 것이다. 개념적이고 방법론적인 이유(Caspi & Burleson, 2005) 때문에, 서로 다른 유형의 명상이 임상 관련 행동에 미치는 영향을 비교한 논문(Delmonte & Vincent, 1985; Perez-De-Albeniz & Holmes, 2000) 중에서 필자가 아는 확실한 연구 결과는 없다. 지침으로 사용할 광범위한 비교경험 연구 결과가 없기에 이 장에서 필자가 제안하는 현재 순간에 대한 자각을 향상시키는 다양한 명상 훈련 및 관련 기법은 John Kabat-Zinn과 그의 동료들(Kabat-Zinn, Lipworth, & Burney, 1985; Kabat-Zinn et al., 1992; Miller, Fletcher, & Kabat-Zinn, 1995)이 개발하여 효과를 입증한 것에서 가져온 것이다. '마음챙김 명상'의 이런 다양한 형태들은 마음챙김에 기반을 둔 인지치료MBCT(Segal et al., 2002)의 기초가 될 뿐 아니라(따라서 이 방법에 대해 우호적인 연구로부터 추가적으로 경험적인 뒷받침을 받았음) 다른 ACT 논문들에도 삽입되어 있다(예, Eifert & Forsyth, 2005; Hayes & Smith, 2005 참조).

전에 언급한 대로, 상대적으로 ACT는 MBCT에 비해 마음챙김을 증진하는 기법을 덜 강조한다. 그리고 필자는 마음챙김 명상을 촉진함에 있어서 내담자와 함께 사용할 수 있는 추가적인 절차와 연습을 위해서 Kabat-Zinn(1990, 1994, 2005)과 Segal 등(2002)이 이 접근에 대해 쓴 책을 참고하도록 추천한다. 가장 좋은 마음챙김 접근은 실행하는 것이며, 여기서 강조되지 않은 추가적인 기법은 여기서 살펴볼 기법에 반응하지 않는 내담자에게 유용한 대안이 될 수도 있다. 추가로, 치료자는 여기에 제시될 기법을 보충하기 위해서 다른 마음챙김 절차를 또한 사용할 수 있다.

조성하기와 감퇴하기의 역할

초기에 언급했듯이, 하나의 기술인 마음챙김은 다른 형태의 조작적 행동을 수정하는 데 적용될 수 있는 **조성하기**shaping와 **감퇴하기**fading와 같이 점진적인 변화 절차를 사용함으로써 점진적으로 형성되고 강화될 수 있다(Martin & Pear, 2007). 조성하기는 마음챙김을 처음 획득하는 데뿐 아니라 좀 더 긴 기간에 걸쳐 유지되도록 하는 데 도움이 될 수 있다. 조성하기는 자극이 동일하게 남아 있는 동안에 반응의 점진적인 변화를 수반하는 반면, 감퇴하기는 반응이 변하지 않고 유지되는 동안에 자극의 점진적인 변화를 수반한다(Martin & Pear, 2007). 자극의 외부적인 원천에 의해 제공되는 최초의 감각적 경험으로부터 힘든 생각과 감정 및 다른 사적 사건으로 내담자의 비판단적인 자각(이 경우에는 '반응')의 초점(이 경우에는 '자극')을 점차 옮겨가면서 감퇴하기를 사용하라.

관련된 오류

조성하기와 감퇴하기에는 일반적으로 두 가지 유형의 오류가 있다. 즉 너무 느리게 진행되어서 과정의 초기 단계에 고착이 되어 다음 단계가 확립되기 전에 고착에서 벗어나게 해야 하거나, 또는 너무 빠르게 진행되어서 과정 중에 초기 단계가 상실되고 최종 목표의 달성이 불필요하게 지연된다. 내담자가 마음챙김을 '지나치게 실행'하거나 일시적인 형태에 고착될 가능성은 없으므로, 두 가지의 오류 중에서 첫 번째 오류는 마음챙김을 촉진하는 데 오히려 해당되지 않는 듯하다. 예를 들어, 호흡 명상을 실행하고 훈련하는 데 너무 많은 시간을 들인다고 해서 주의를 원치 않는 생각과 감정으로 전환하는 데 지장이 되지는 않는 듯하다. 감퇴하기 과정으로서의 마음챙김 훈련은 흔히 내부보다는 외부로 초점을 두면서 시작한다. 마음챙김 호흡하기는 초점을 외부 자극(음악 듣기와 같은)에서 사적인 사건으로 점차 이동하는 단계다. 그래도 사적인 사건으로 전환하기 전에 호흡에 대한 마음챙김에 너무 많은 시간을 들이는 것에 대해 염려할 필요는 없는 듯하다. 그러나 다른 유형의 감퇴하기에서는 이런 식으로 너무 느리게 진행하면 행동이 고착되거나 훈련의 초기 단계에 고정될 것이다. 이는 '신속한 의존prompt dependence'이라고 알려진 것에서 흔히 나타난다. 당신은 손짓만으로 아이를 일어서게 하기 원한다. 이를 달성하기 위해서 명령은 차츰 줄이고 몸짓은 점차 분명히 하려는 목적으로 언어적인 명령을 먼저 사용해야 한다. 언어적 명령으로 너무 많은 훈련을 하면(너무 느리게 진행함), 행동이 그 명령에 의존하게 되어서 손짓으로 조정하도록 전환하는 것이 훨씬 더 어려워진다. 마음챙김 훈련에서는 이와 같은 현상을 염려하지 않아도 되는 듯하다.

내담자가 힘든 사적 사건에 대해 주의 깊게 알아차리기를 치료자가 기대하면서 너무 빠르게 진행하는 것은 매우 우려스럽다. 따라서 제일 유용한 해법은 인내심을 가지는 것이다. 그리고 내담자와 함께 마음챙김 기술을 연습하면서 너무 빠르게 보다는 오히려 매우 느리게 진행하는 우를 범하는 편이 낫다. 일단 원치 않는 생각과 감정과 함께 내담자가 비판단적으로 존재할 수 있게 되면, 마음챙김 기술은 강화되어서 광범위한 심리적 경험에 충분히 적용될 수 있을 것이다.

마음챙김 기법의 이론적 근거를 제시하기

현재 순간에 개방적으로 접촉하도록 내담자를 훈련시키면서(그리고 숙제 부과를 통해서 이 기술을 더 연마하면서) 겪게 될 수 있는 하나의 난제가 있다면, 그것은 내담자가 마음챙김 기법을 정서 통제의 형태로 사용하고자 시도할 수 있다는 것이다. 이전에 이미 다른 유형의 명상 경험이 어느 정도 있는 내담자에게 마음챙김 기술을 간단히 강화시키는 것은 더 쉬울 수도 있지만, 그런 내담자와 함께 작업하면서 그 기술을 ACT와 일치하는 방식으로 사용하는지 살펴보는 것은 좀 더 어려운 과제일 수도 있다. 명상과 요가 및 연관된 수행들이 흔히 명시적으로나 적어도 암시적으로 스트레스 감소와 기분 조절 또는 사적 사건을 통제하는 방법으로서 제공된다. 내담자에게 그러한 체험들을 통제의 방편으로서 제시하는 것이 아니더라도, 내담자가 이를 정서 통제의 수단으로 찾거나 적어도 그렇게 볼 가능성이 상당히 많다.

원치 않는 사적 사건을 통제하는 하나의 방법으로 명상 및 유사 경험들을 이전에 사용했던 내담자의 경우에는 필자가 여기서 예고하는 우려가 더 크지만, 그런 경험이 부족한 내담자의 경우에도 우려는 있다. 그런 내담자는 마음챙김 명상을 절망적으로 빠져 있는 경험 통제의 구덩이에서 나오는 데 사용했던 또 하나의 다른 삽으로 보거나 우울증 괴물과의 줄다리기에서 이기는 대안적인 방법으로 여길 수도 있다.

모든 내담자들에게 마음챙김 기법을 소개하면서 해석을 뒤이어 제공하라. 그리고 필요한 만큼 반복하도록 준비해 두라. 아래의 인용문은 괴물과의 줄다리기 비유에 대한 설명으로 만든 것이므로, 치료자는 또한 이 비유에 익숙하지 않은 내담자에게 이를 제시할 필요가 있을 것이다.

당신이 기꺼이 하겠다면, 지금껏 투쟁해 온 생각과 감정에 반응하고 관계하는 다른 방식을 탐색하고 개발하도록 도울 수 있는 조금 다른 연습을 해 보도록 시작하고 싶습니다. 이 연습은 흔히 마음챙김 연습이라고 일컫습니다. 그 중에서 여러 가지를 여기서 먼저 시도해 보고 나서 숙제로 더 연습할 수 있습니다. 이 연습이 무엇을 하려고 고안되었으며 무엇을 하려고 고안된 게 아닌지에 대해 명확히 밝히자면, 이는 우울한 생각과 감정을 없애려고 고안된 것이 아닙니다. 마음챙김 기술이 더 강화되면서 우울한 생각과 감정이 사라질 수도 있고 그렇지 않을 수도 있지만, 그것이 마음챙김 기술의 목적은 아닙니다. 이 연습은 우울증 괴물과의 줄다리기에서 당신이 이기도록 밧줄을 당기는 새롭고 더 나은 방법을 가르치기 위해 고안된 것이 아닙니다. 이 연습의 목적은 우울증 괴물을 죽이기 위한 것이 아니라(거기에 여전히 존재하는 것은 당연합니다), 당신이 그 괴물과 관계하고 반응하는 새로운 방법을 개발하는 것이 가능한지를 보기 위한 것입니다. 이 새로운 방법에는 밧줄을 고르는 것이 포함되지 않으며, 대신에 우울증 괴물로부터 빠져나오는 것과 삶이 원하는 대로 되기 위해 당신이 할 수 있는 것에 역점을 둡니다.

이 설명은 마음챙김 연습을 경험 통제 전략으로 사용하는 것을 단념시킬 뿐 아니라 현재 순간에 대한 자각이 증대된 결과를 ACT의 관점에서 자연스럽게 강화하고 강조함으로써 동시에 자각을 증가시키기 위해 마련된 것이다. 대략적으로 말하면, 이런 방식으로 마음챙김을 소개함으로써 원치 않는 생각과 감정을 얼마나 잘 줄이느냐로 내담자가 마음챙김 경험을 평가할 가능성이 감소되고, 대신에 곤란한 사적 사건과의 투쟁으로부터 얼마나 스스로 자유롭게 되느냐를 근거로 마음챙김 훈련을 평가할 가능성이 더 증가하게 될 것이다. 적어도 초기에 칭찬과 다른 격려의 말로써 마음챙김 연습을 실행하는 내담자의 행동을 임의로 강화하도록 준비하라. 하지만 최종적으로는 마음챙김 연습의 자연적인 결과로서 그 연습이 유지되어야 한다.

마음챙김을 촉진하는 하나의 자연스러운 잠재적인 결과는 원치 않는 사적 사건의 감소와 관련된 부적 강화에서 생긴다. 즉, 우울한 사고와 감정이 덜 자주 발생한다. 위의 설명에서는 이런 가능한 결과를 명시적으로 언급하지만 그것을 덜 강조하기 위함임을 알라. 마음챙김 훈련의 목적이 불쾌한 생각과 감정을 없애기 위한 것이 아니라고 내담자에게 특별히 말하는 것은 그가 그런 결과를 가지고서 마음챙김의 가치를 평가하는 데 사용할 가능성을 줄이기 위함이다. 그 대신에 보다 가치 있는 삶을 영위하도록 내담자를 자유롭게 하는 장기적인 목표가 마음챙김을 실행하는 정적 강화 요인이 될 것이다. 이러한 관점에서 보면, 마음챙김 기술을 검토하면서 이러한 설명을 하는 목적은 활력을 주는 나중의 그 결과에 내담자를 적응시키고 민감하게 하며 경험 도피의 단기적인 결과에서 벗어나게 하기 위함이다.

마음챙김 개입을 점진적으로 제시하기

감퇴 전략(즉, 반응이 변하지 않고 유지되는 동안에 자극이 점차 변화되는)과 일관되게, 내담자에게 마음챙김을 촉진하기 위한 연습과 기법을 점진적인 순서로 제시하라. 훈련의 최종적인 목표는 이전에는 반추를 했거나 다른 형태의 경험 통제로 반응했을 우울한 사적 사건에 대해 내담자가 비판단적으로 주의를 기울일 수 있는 것이다. 구체적으로는, 점차적으로 직접적인 자각의 초점을 ① 음식 맛보기, 씹기 그리고 삼키기에서 ② 일상적인 매일의 활동과 관련된 자극으로 ③ 호흡과 관련된 감각으로 ④ 원치 않는 생각, 감정 및 다른 사적 사건으로 옮기는 일련의 회기 내 마음챙김 연습을 제안한다.

1단계: 건포도 명상

이 첫 번째 연습은 Kabat-Zinn(1990: 27-29)의 스트레스 클리닉에 참가하는 내담자에게 마음챙김 명상을 소개하는 방법으로서 맨 처음 논의되었다. 그 이후에 그것은 MBCT(Segal et al., 2002: 103-104)와 ACT(Hayes & Smith, 2005: 110-111)에서 사용하기 위해 수정되었다. 필자는 명상 및 관련된 수행에 대한 사전 경험이 전혀 없는 내담자에게 마음챙김 작업을 시작하는 출발점으로서 이 연습을 추천한다. 이 연습을 포함함으로써 생기는 불리한 점은 없는 듯하지만, 그런 경험이 없는 내담자에게 치료자가 임의로 그 연습을 그냥 지나치기를 원할 수도 있다.

이 연습은 흔히 건포도 명상으로 언급되지만, 팝콘이나 젤리콩 또는 크래

커와 같은 작은 식품이면 어떤 것이든지 사용할 수 있다. 어떤 경우에는, 내담자가 대체로 얼마나 정신없이 먹는지 그리고 이 연습에서는 얼마나 침착하고 주의 깊게 먹는지, 그 차이를 강조하기 위해서 내담자에게 익숙한 식품을 사용하는 것이 더 좋을 수도 있다.

다음의 지시문은 그 식품에 대한 의도적인 주의를 증진시키기 위해 내담자가 해당 식품(이 예에서는 건포도)과 일상적으로 상호작용하는 방식을 천천히 하도록 의도적으로 고안되었다. 구체적인 지시 사이에 10~15초 정도 멈추면서 다음과 같이 천천히 지시한다.

지금 당신 앞에 있는 물체를 이전에 당신 삶에서 전혀 본 적이 없던 것처럼 생각해 보길 바랍니다. 마치 그것을 처음 보고 있는 것 같습니다(당신에게 완전히 새롭고 낯선 듯합니다). 그것 중에서 하나를 집어 손바닥에 놓으세요. 매우 자세히 보세요. 천천히 탐구하면서 호기심을 느껴 보세요. 빛이 비추고 반사되면서 어떤 부분은 색깔이 더 밝고, 다른 부분은 더 어두운지 보세요. 그 외형과 주름을 검토해 보세요. 어떤 곳은 불룩하고 다른 곳은 가라앉아 있습니다.

다른 쪽 손의 한 손가락으로 결을 알아차리면서 천천히 문질러 보세요. 어떤 느낌인지 탐색해 보고 손가락이 이를 얼마나 정확히 아는지 알아차려 보세요.

그 물체가 손바닥 어디에 놓여 있는지 알아차려 보세요. 손의 어디에 닿는지, 그리고 어떤 느낌과 같은지에 초점을 두세요. 피부에 접촉하는 것을 느끼면서 그 무게를 알아차려 보세요.

이제 그 물체를 천천히 집으세요. 당신 손가락 사이에서 그것을 느껴 보세요.

천천히 그 물체를 가지고 당신 코 쪽으로 올려 보세요. 이제 그 냄새를 맡아 보세요. 주의 깊게 그 냄새를 알아차리면서 그것을 코 한쪽에 놓고 다른 쪽 코로 천천히 그리고 깊이 숨을 들이마셔 보세요.

이제 그 물체를 천천히 입으로 움직여 보세요. 입과 손이 하는 것을 얼마나 정확히 아는지 알아차려 보세요. 부드럽게 입을 열고 그것이 어떻게 느껴지는지 알아차리면서 입 안에 넣으세요. 그 물건의 표면을 혀로 천천히 훑어 보세요. 무엇처럼 느껴지는지 알아차려 보세요. 무슨 맛과 같은지 주의 깊게 알아차려 보세요.

이제는 그 맛의 변화를 알아차리면서 매우 천천히 그리고 부드럽게 그 물체를 깨물어 보세요. 천천히 그 물체를 씹으세요. 그것이 당신의 이에 닿는 느낌과 입 안에서 맛을 변화시키는 침을 느껴 보세요.

끝으로, 준비가 되면 그것을 천천히 그리고 의도적으로 삼킬 수 있는지 보고, 그것이 위 속으로 들어가는 것을 알아차려 보세요.

연습 후에는 내담자에게 경험한 것에 대한 반응을 요청하고, 그가 말한 것에 대해 더 분석하지 말고 개방적인 방식으로 이를 타당화해 주라. 이 연습은 내담자의 내면과 외면에서 진행되는 것을 더 잘 자각할 수 있도록 고안되었으며, 마음챙김은 어떤 기술처럼 더 연습함으로써 강화될 수 있다는 점을 재차 강조하면서 연습을 끝맺으라.

관련된 연습과 숙제 부과

내담자는 건포도 명상에서 '실패할' 수 없으므로, 이 연습 후에는 관련된 연습을 숙제로 부과하는 것이 적절하다. 내담자는 얼마나 오랫동안 실행했고 어떻게 반응했는지에 대해서 구체적인 활동이나 연습을 기록하는 마음챙김 연습 일지(부록 H 참조)를 활용할 수 있다. 내담자가 다음 회기 전에 건포도 명상과 같은 마음챙김 숙제를 적어도 매일 한 번씩 완수하고, 치료자와 함께 검토하기 위해서 그때 작성한 일지를 가지고 오도록 필자는 권한다.

이 연습을 구조화하는 가장 쉬운 방법은 내담자가 먹을 음식이나 음료를 매일 적어도 한 가지씩 선택해서 마음챙김 방식으로 먹게 하는 것이다. 보다 자극적인 품목이 더 좋긴 하지만, 당근이나 감자칩 같은 간단한 식품이나 음료(물이나 우유 같은)면 충분할 것이다. 예를 들어, Hayes와 Smith(2005:

111-112)는 마음챙김으로 차를 끓이거나 마시는 것을 권하였다. 마음챙김으로 야채 수프를 준비하고 먹는 것도 또 하나의 즐거운 제안이다. 어떤 연습을 완수하는 데 필요한 총시간이 상당히 짧더라도(아마도 5분에서 10분 정도), 그때 관련된 경험에 자세히 주의를 기울이면서 매우 천천히 하는 것이 중요함을 내담자에게 인식시키라.

마음챙김 먹기와 마시기 대신에 상당히 자극적인 다른 체험을 사용할 수 있다. Hayes와 Smith(2005: 113-114)는 또한 클래식 음악을 주의 깊게 듣는 것을 제안한다. 음악 속에 있는 다양한 악기나 목소리를 따라 주의를 옮기는 것이 가능하다면, 다른 유형의 음악에 초점을 맞춰서 듣는 것도 효과가 있을 것이다. 또한 그림 속에 나타나는 색상과 톤 및 색조의 변화와 다른 필치를 주의 깊게 그리고 의도적으로 검토하는 것도 마음챙김 연습의 유사한 유형이 될 수가 있다.

2단계: 일상적인 활동을 마음챙김으로 수행하기

내담자가 숙제를 완수했다면, 일반적으로 치료자는 건포도 명상에 이은 다음 회기에서 마음챙김 연습의 두 번째 단계를 도입할 수 있다. 숙제를 완수하지 않았다면, 더 진행하기 전에 다른 식품이나 음료를 사용해서 회기 중에 또 다른 연습을 실행하라. 이전 단계에서와 같이, 어떻게 마음챙김을 확장하여 매일의 활동에서 수행할 수 있는지를 설명하기 위해 회기 중에 연습을 제공하라. 그렇게 하면서, 먹기나 마시기보다 능동적이고 노력이 들며 정상적인 속도로 쉽게 수행할 수 있는 한 가지 활동을 선택하라.

걷기 명상

걷기는 내담자와 함께 옥외, 혹은 필요하면 날씨와 다른 상황에 따라 치료실 내에서 할 수 있는 활동의 좋은 예(Kabat-Zinn, 1990: 제7장)다.

다음과 같이 말하면서 연습을 소개하고 실행하라.

지난주에 연습한 몇 가지 마음챙김 연습을 우리 모두가 매일 행하는 다른 활동으로 더 확대할 준비가 되었다고 생각합니다. 당신이 기꺼이 그렇게 하겠다면, 우리 두 사람이 함께 조금 걸어 보기를 원합니다. 지난 회기에 우리가 한 연습 및 지난주에 당신이 숙제로 실행한 연습과는 달리, 당신이 보통으로 걷는 것보다 더 천천히 걸을 필요는 없습니다. 일상적인 걸음걸이로 걸으세요. 하지만 가능한 마음챙김으로 걷기를 바랍니다. 그렇게 함으로써 걷기 경험 자체에 자세히 주의를 기울이기 바랍니다. 걷기 시작합시다. 당신의 발과 다리에 있는 감각에 주의를 기울이세요. 당신이 다리와 발을 지켜보지 않고 내려다보지 않아도, 또는 어떻게 움직이는지를 말하지 않아도 당신의 다리와 발이 움직이는 방식을 어떻게 아는지 주목해 보세요. 다리와 발이 움직이면서 한 쪽 발이 올라가면 다른 쪽 발은 땅[혹은 바닥]에 닿으면서 내려가는 것을 자각하세요. 당신의 발이 내려갈 때 발뒤꿈치에서 약간의 압력이 느껴짐을 알아차려 보세요. 동시에 다른 쪽 발이 올라가면서 그 발의 앞부분과 발가락에 느껴지는 약간의 압력을 자각해 보세요. 또한 다리를 앞뒤로 움직이면서 다리의 움직임을 알아차려 보세요. 움직이면서 당신의 몸 전체가 어떻게 느끼는지 자각해 보세요. 발이 아니라 앞을 주시하도록 주의를 모으세요. 당신의 마음과 주의가 방황하기 시작하는 것을 발견하면 그것을 알아차리고 발에 집중하는 것으로 부드럽게 되돌리세요.

이 연습은 길 필요가 없으며(5~10분 정도면 충분할 것임), 지속하는 동안에 계속해서 지시를 할 필요가 없다. 끝마친 다음에 건포도 명상 후에 권했던 것과 비슷하게, 잠시 숙고하는 토의 시간을 가지라.

관련된 연습과 숙제 부과

숙제를 준비할 때, 순간 순간의 자각력을 증진시키는 또 다른 방법(Kabat-Zinn, 1990: 제9장; Segal et al., 2002: 123 참조)으로서 내담자가 마음챙김으로 몰두할 수 있는 다른 일상적인 활동(샤워나 목욕하기, 양치질하기, 옷 입기와 옷 벗기, 혹은 심지어 설거지나 세탁과 같은 가정의 잡일)을 확인하기 위해 내담자와 협력하라. 그런 연습을 마음챙김 연습 일지에 기록하고 기록지를 완성하면서 다른 것을 추가해서 기록하도록 내담자에게 요청하라. 다음 회기 전에 적어도 한 가지 일상 활동을 마음챙김으로 실행하도록 내담자에게 지시한다. 또한 이런 마음챙김 활동에 대해 그가 지니는 반응이나 관련된 설명이 있으면 마음챙김 연습 일지에 기록하게 한다. 가능하면, 내담자에게 매일 다른 활동을 선택하게 한다. 하지만 어떤 활동이든지 매일 마음챙김으로 하는 것이 다양함보다 더 중요하다.

3단계: 마음챙김 호흡하기 연습

다음 단계에서는 내담자에게 자신의 호흡에 주의를 기울이는 법을 가르치는 좀 더 공식적인 명상 훈련으로 마음챙김 연습을 확장한다(Hayes & Smith, 2005: 118; Kabat-Zinn, 1990: 제3장; Segal et al., 2002: 150-151). 마음챙김 체험의 진행에서 이런 특정한 요점은 몇 가지 이유로 인해 중요하다. 진행 중인 자연스럽고 규칙적인 호흡과 관련된 내적 자극으로 자각의 초점을 순간 순간 옮기고, 외적인 자극(식품 및 외부 대상과 활동)에 의한 것에서 벗어난다. 주의의 새로운 초점인 호흡이 지속적으로 이루어지기 때문에, 내담자는 그의 마음이 방황할 때 초점과 중심을 다시 잡도록 도와주는 닻 내린 지점으로 언제나 돌아올 수 있다.

이전의 두 단계에서 마음챙김 연습을 소개했던 것처럼, 먼저 다음과 같이(특별히 지정하지 않고 쉬면서 15~30초 동안 지속함) 말하면서 내담자가 회기 중에 마음챙김 호흡하기를 실행하게 한다.

이제 우리는 마음챙김 연습을 호흡에 주의를 기울이는 것으로 확장하려고 합니다. 호흡은 우리가 거의 아무런 생각 없이도 지속적이고 자연스럽게 그리고 일상적으로 하는 일입니다. 당신이 기꺼이 하고자 한다면, 눈을 감고 제가 당신에게 말하는 동안에 제 목소리를 따르기 바랍니다. 먼저 편안한 자세로 앉도록 잠시 자세를 바로잡아 보세요. 등은 의자 등받이에서 약간 떨어지게 하고, 발은 바닥에 평평하게 놓으세요. 다리는 꼬지 말고, 팔과 손은 의자 손잡이 위에 놓아도 좋습니다. 잠시 시간을 가지면서 의자와 접촉하고 있는 몸의 부분을 알아차려 보세요. 엉덩이와 다리가 의자를 누르는 것이 느껴지는 곳과 팔과 손이 의자에 닿는 곳, 그리고 발이 바닥에 닿는 곳을 알아차려 보세요. 당신 몸속으로 들어갈 수 있으며 크레용으로 의자와 마루에 접촉하고 있는 몸의 부분을 칠한다고 상상해 보세요. [1분 동안 멈추라.] 이제 주의를 호흡에 기울이고 이를 자각해 보세요. 편안하게 호흡을 하면서 숨이 콧구멍으로 들어오는 것을 알아차려 보세요. 숨이 당신의 콧구멍으로 들어오는 순간에 숨을 알아차릴 수 있는지 보세요. [멈춤] 숨이 안으로 들어오면서 가슴과 복부에서 일어나는 감각의 변화를 알아차리세요. 숨이 몸으로 들어오면서 가슴이 어떻게 위아래로 부드럽게 움직이는지에 주의를 기울이세요. [멈춤]

몸속으로 숨이 들어오는 내내 이를 따라갈 수 있는지 보세요. [멈춤] 숨이 멈추는 지점을 알아차려 보세요. 숨이 멈추고 나서 몸 바깥으로 나오는 과정이 시작되는 정확한 지점에 자각을 모으세요. 숨을 내쉬면서 내쉬는 그 지점부터 콧구멍을 떠나는 바로 그 순간까지 숨을 따라갈 수 있는지 보세요. [멈춤] (가슴이 다음 호흡을 기다리기 위해 편안한 휴식의 지점으로 부드럽게 되돌아올 때) 숨을 내쉬면서 가슴과 복부에서 변화되는 감각에 자각을 집중하세요. 숨을 내쉬고 들이마시는 매 호흡 사이의 시간을 알아차릴 수 있는지 보세요. 그 끝점(다음 숨을 들이마시기 직전의 그 순간)에 주의를 기울이세요. [멈춤]

당신의 마음이 어느 지점에서 방황을 한다면, 이를 알아차릴 수 있는지 보고 당신의 주의를 호흡으로 부드럽게 가져오세요.

첫 회기 중에 이 연습에서 내담자가 자신의 주의를 호흡에 두는 것과 자동적인 생각이나 감정 또는 산만하게 만드는 다른 요인 등에 의해 중단되는 것의 차이를 경험할 정도면 대개 충분하므로, 5~10분을 넘길 필요는 없다. 끝난 후에 산만해졌던 순간에 대해 내담자가 자발적으로 언급하지 않는다면, 그런 순간을 탐사해 보라. 이러한 기회를 활용해서 치료자 자신의 연습 경험을 나누고, 거의 모든 사람들이 특히 처음에는 어려움을 느끼지만 이 연습은 실패할 수 없는 연습이라고 안심시켜 준다. 자신의 주의가 방황하는 것을 발견할 때마다 그것을 알아차리고, 산만하게 만들었던 것을 인식하며 자신의 자각을 부드럽게 호흡으로 되돌리는 또 다른 기회로 활용하도록 이 시점에서 강조하라.

관련된 연습과 숙제 부과

마음챙김 호흡하기는 추가적인 연습을 통해 더 연마될 수 있는 기술임을 강조하되, 마음챙김 진행의 처음 두 단계와 관련된 연습에서 더 많이 강조하라. 이 연습을 소개한 다음 주에는 적어도 일주일에 두 번씩 점점 더 긴 시간 동안 연습을 실행하라고 요청하라. 필자는 첫날에는 마음챙김 호흡하기를 5분으로 시작하도록 내담자에게 제안한다. 다음날에는 마음챙김으로 호흡하기를 2분에서 3분씩 연장하도록 노력해야 한다. 다음 회기까지 적어도 15분간 마음챙김 호흡하기를 실행하는 것이 목표다. 마음챙김 연습 일지를 매번 완성해 오도록 내담자에게 상기시키라. 그래야 치료자와 내담자 모두 이 조성 과정을 추적할 수 있다.

많은 내담자들이 처음 두 단계의 연습보다 마음챙김 호흡하기가 더 어려운 과제임을 알게 될 것이므로, 이를 숙제로 실행하도록 안내하는 지시와

구조화를 내담자에게 조금 더 제공하라. 이러한 목적을 위해서 부록 I에 나오는 유인물을 활용할 수 있다. 또한 연습에서 치료자가 내담자에게 말하는 것을 테이프나 CD로 만들 수도 있다. 다른 형태의 마음챙김을 위한 테이프나 CD는 Kabat-Zinn(1990)을 통해 이용 가능하다. 처음에 연습을 안내할 때에는 유인물이나 테이프가 유용하지만, 내담자가 호흡하기 연습에 더 능숙해지면 그것에 의존하는 것을 줄이기 위해 이를 없애도록 권한다. 종국에는 현재 순간에 접촉하는 것이 유용한 여러 상황에서 내담자가 유연하게 그리고 마음챙김으로 호흡하는 것이 목표다. 유인물이나 CD, 녹음 테이프 등에 의존하지 않고서 그렇게 할 수 있는 것이 중요하다.

4단계: 마음챙김 생각하기와 느끼기

현재 순간의 자각에 대한 기술을 조성하고 강화하는 마지막 단계에서는 호흡에 대한 초점은 희미해지고 생각과 감정 및 다른 관련된 사적 사건에 대한 초점은 뚜렷해진다. 내담자는 마음챙김 호흡하기 숙제를 하면서 생각이 산만해지는 경험을 이미 했을 것이다. 이런 많은 침투적인 생각과 관련 감정은 원하는 바가 아니며 우울한 속성을 지닐 가능성이 크다. 따라서 마음챙김 훈련에서 이 마지막 단계의 목표(내담자의 비판단적인 주의를 원치 않는 사적 사건으로 확실하게 옮기는 것)는 그렇게 큰 도약이 아니다.

이 지점에서 치료자의 주요 난제는 계속해서 흐르는 생각과 감정에 순간순간 접촉하는 것을 촉진하도록 고안된 연습이 반추로 되돌아가지 않도록 확고히 하는 것이다. 아마도 이는 지나가는 생각(예, 이전의 로맨틱한 관계에 대해)을 내담자가 마음챙김으로 먼저 알아차릴 때 일어날 수 있는데, 그 후에 그것과 연관된 다른 생각과 감정에 빠지거나 융합이 된다(그가 얼마나 실패했고, 옳은 일을 할 수 없으며, 실패자처럼 느끼는지 등). 이를 최소화하기 위해, 어떤 생각이 관련된 생각과 감정의 줄기를 이끌 수 있으며 내담자의 과제는 그 전체 과정, 특히 반사적인 평가적 생각('그건 나쁜 기억이야.' '나는 어리석어.' 등과 같은)을 단지 알아차리는 것이라고 강조하라. 모든 원치 않는 사적 사건은 마음챙김이라는 맷돌에 넣을 곡식일 뿐이며, 충분한 연습을 통해서 부정적인 자기 평가와 같은 사적 사건이라도 비판단적으로 주의를 기울일 수 있는 목표가 달성될 수 있다.

하지만 치료자가 최선으로 노력함에도 불구하고, 내담자는 틀림없이 자신이 어떤 곤란한 생각에 가끔씩 빠져 듦을 발견할 것이다. 치료자의 목표는 그런 경우가 발생하는 것을 완전히 없애거나 막는 것이 아니라 평가적이고 융합된 생각이 일어날 때 내담자가 그것을 있는 그대로 무심하게 인정할 수 있도록 하는 것이다. 이를 통해서 내담자가 부정적인 생각에서 해방되도록 돕게 될 것이다. 호흡하기 연습에서와 같이, 내담자의 주의가 융합된 생각에 사로잡히는 것을 실패로 보지 말고, 진행 중인 의식의 흐름으로 자신의 자각을 되돌림으로써 마음챙김 기술을 더 강화하는 값진 기회로 보라.

이 장의 앞부분에서 언급한 것처럼, ACT에서는 행진하는 군인(Hayes et al., 1999: 158-162)과 시냇물 위의 나뭇잎(Strosahl et al., 2004: 44)을 포함하여 몇 가지 연습들이 개발되어서 치료자는 마음챙김 훈련의 이 시점에서 소개할 수 있다. 세 번째는 마음 기차 바라보기 연습(Hayes & Smith, 2005: 66-68)이다. 세 연습 모두가 현재 순간에 펼쳐지는 어떤 심리적 경험이라도 그저 한 걸음 물러나서 비판단적인 시각으로 그저 알아차리기만 하도록 내담자에게 요청하는 공통된 요소를 다 공유하고 있다.

구름 지켜보기 연습

필자가 치료하던 몇몇의 우울증 내담자가 즐겨 사용하던 또 다른 연습은 구름 지켜보기다. 이는 Linehan(1993b: 67)이 처음 제안하였으며, 여기서는 예시의 목적으로 사용할 것이다. 치료자는 네 가지 연습(구름 지켜보기와 더불어 이전 단락에서 언급한 것)을 모두 다 실험해 보고 내담자에게 각각을 설명하며 숙제와 회기 중에 어느 것을 먼저 연습할지 선택하길 원할 것이다.

이제 우리는 마음챙김 작업을 아주 어려운 영역(우리 자신의 생각, 감정, 기억 등)으로 확장하려고 합니다. 우리는 종종 많은 생각과 감정 그리고 기억으로 괴로워짐을 압니다. 그것과 씨름하는 것에 걸려 들지 않고 그것을 단지 관찰하는 것은 어렵습니다. 당신이 기꺼이 그렇게 하겠다면, 좋아하지 않는 생각과 감정에 대해 반응하는 또 다른 방법을 제공할 수 있는 새로운 연습을 소개하고 싶습니다.

눈을 감고 잠시 동안 중심을 잡으세요. 당신의 몸이 의자에 접촉하고 있다고 느끼는 부분을 알아차려 보세요. [10초에서 15초 멈춤]

지난 한 주 동안 연습했던 바와 같이, 이제 잠시 동안 당신의 주의를 호흡에 기울여 보세요. [15초에서 30초 멈춤]

이제 제 목소리를 따르는 쪽으로 당신의 주의를 기울이길 바랍니다. 따뜻한 봄날을 상상해 보세요. 당신은 구름이 하늘 사이로 천천히 떠다니는 것을 지켜보면서 풀밭에 등을 대고 편안하게 누워 있습니다. 거기에 누워 있으면서 하늘 사이를 느리게 움직이는 구름이 당신의 생각을 데려가는 것을 상상해 보세요. 당신이 지닌 생각(당신이 그것을 지니고 있는 대로)이 하늘에서 구름 위로 느리게 그리고 힘들지 않게 떠다니면서 지나가는 것을 보세요. 하나의 구름이 떠다니며 지나가는 것처럼 또 다른 구름이 다음 생각을 싣기 위해서 옵니다.

그냥 누워서 생각이 떠다니며 지나가는 것을 지켜보세요. 어느 시점에서 자신이 빗나가는 것을 발견한다면(더 이상 자신이 풀밭뿐 아니라 구름 자체나 어디에도 누워 있지 않음을 발견하면), 조금 뒤로 갈 수 있는지 그리고 그것이 일어나기 전에 행하던 것을 알아차릴 수 있는지 보세요. 그러면 잠시 호흡에 초점을 기울이면서 중심을 다시 잡고, 준비가 되면 풀밭으로 되돌아가서 생각이 구름 위에서 떠다니며 지나가는 것을 지켜보세요. 하나하나씩 그냥 누워서 생각의 흐름을 관찰하세요. 어느 시점에서 이 연습이 바보 같다거나 떠오르는 어떤 생각이 싫다는 생각을 할 수도 있습니다. 만일 그렇다면, 그 생각을 잡아서 구름 위에서 떠다니게 할 수 있는지 보세요.

5분에서 10분 후에 연습을 마치고 이 연습에 대한 내담자의 반응과 경험을 검토하라. 필요하다면, 연습이 멈춘 경우를 내담자에게 물어보면서 그가 이 연습에서 실패하는 것은 불가능함을 재차 강조하라. 그런 순간을 활용해서 내담자가 생각에 대해 마음챙김으로 반응하는 것과 융합된 방식으로 반응하는 것을 뚜렷하게 구별하도록 연마할 뿐 아니라, 특별히 곤란한 사적 사건을 확인해서, 필요하다면 관련된 탈융합과 수용 작업을 통해 다룰 수 있도록 하라.

관련된 연습과 숙제 부과

이 단계에서 부과한 숙제는 마음챙김으로 호흡하기와 관련된 숙제와 그 목적이 같다. 이는 자각의 초점이 덜 괴로운 생각과 기억 등에서 더 괴로운 사적 사건으로 뚜렷해지도록 촉진할 뿐 아니라 내담자가 현재 순간에 진행되는 생각에 더 오랫동안 주의를 기울이도록 돕기 위해 고안되었다. 숙제에서 내담자를 안내하도록 돕는 유인물(부록 J 참조)이나 CD 또는 오디오 테이프를 제공하라. 처음에는 일주일에 두 번씩 적어도 5분 동안 연습 중에 하나를 실행하는 스케줄을 따르도록 요청하라. 또한 매일 2~3분씩 연습을 늘리면서 어떻게 실행했는지를 기록하는 **마음챙김 연습 일지**를 사용하도록 내담자에게 요청하라. 목표는 다시 다음 회기까지 매일 두 번씩 적어도 15분 동안 연습을 실행하는 것이다.

숙제로 내준 연습을 완수할 때, 내담자가 마음챙김으로 주의를 기울일 자동적 사고 및 관련 사적 사건들 중 다수는 아마도 대부분 이전에 정서적 도피와 회피를 추구했던 것에서 나올 것이다. 내담자가 숙제에서 경험한 것을 검토하면서 그러한 정도를 확실하게 판단하라. 그렇다면 마음챙김으로 주의를 기울이는 초점을 그런 구체적인 심리적 경험에 전략적으로 옮김으로써 치료자가 감퇴하기 과정을 완성하는 데 도움이 될 것이다. 이 시점에서 내담자가 생각과 감정 및 다른 사적 사건과 투쟁하는 자신을 발견할 때마다, 숙제 중 일부로서 네 개의 연습(행진하는 군인, 시냇물 위의 나뭇잎, 마음 기차 바라보기, 구름 지켜보기) 중에서 어느 연습이든 대체로 유용해 보이는 연습을 선택해서 실시하도록 내담자를 격려하라. 매우 중요하게도, 내담자가 회기 중에 우울한 생각과 감정에 압도되거나 빠져 드는 결정적인 순간에 마음챙김 기술을 사용하도록 촉구하라.

마음챙김 연습의 진행: 요약

방금 말한 마음챙김 연습의 진행은 4주간의 치료 회기에 걸쳐서 전개될 것이다. 그러나 이 한 달이라는 시간을 가볍게 유지하고, 내담자의 특정한 필요에 따라 줄이거나 늘여도 좋다. 예를 들어, 이미 어느 정도의 명상 기술을 지닌 듯 보이는 내담자에게는 두 주에 걸친 일련의 마음챙김 훈련을 제시하기 위해 제3단계와 제4단계뿐 아니라 제1단계와 제2단계를 합칠 수 있다. 특히, 반추하기 쉬운 내담자에게는 여기에 제시한 것보다 더 느리고 정교한 속도로 진행하는 것이 필요함을 발견할 수도 있다. 어떤 경우이든지 간에 치료자가 따르는 일정표를 치료자 임의로 결정하지 말고 연습에 대한 내담자의 반응에 따라서 결정해야 한다.

맥락으로서의 자기를 촉진하기

현재 순간의 자각을 증진하기 위한 특정한 개입과 초월적인 자기 인식을 촉진하기 위해 고안된 ACT의 연습과 기법은 서로 보완적이므로, 둘을 동시에 또는 앞뒤로 제시할 수 있다. 하지만 많은 마음챙김 연습들은 맥락으로서의 자기를 간접적으로 촉진하기도 하므로, 먼저 내담자에게 마음챙김 연습을 하는 것이 다소 유리할 수 있다. 왜냐하면 모든 마음챙김 연습에서는 주의를 두는 초점이 특별함에도 불구하고 결코 바뀌지 않는 동일한 관점에서 자신의 경험을 반복적으로 보는 기회를 내담자에게 제공하기 때문이다. 예를 들면, 시냇물 위의 나뭇잎처럼 표류하는 생각을 알아차리게 해 주는 자신의 일부(특히, '관찰자 당신')가 있었다는 점과 다음에서 하게 될 연습은 이 상위 지점을 경험적으로 향상시키기 위해 고안된 것임을 내담자에게 강조하라.

이제까지 당신은 순간 순간의 경험을 비판단적인 방식으로 그저 알아차리는 연습을 상당히 해 왔습니다. 이를 할 수 있기 위해서는 생각과 감정이 계속해서 일어나는 대로 그것을 관찰할 만큼 충분히 뒤에 있을 수 있는 당신의 일부가 있어야만 함을 또한 알아차려 보세요. 당신이 기꺼이 그렇게 하겠다면, 작업을 여기서부터 조금 옮겨서 당신이 씨름해 왔을지 모르는 생각과 감정 및 다른 경험 위에서 그리고 그것으로부터 떨어져서 확고하게 위치할 수 있는 장소를 발견하는 것이 가능한지 보세요. 마음챙김 연습처럼, 다음에 우리가 하는 것은 어떻게든지 우울 괴물을 파괴하기 위해 만든 것이 아닙니다. 오히려 그 목적은, 충만하고 의미 넘치는 삶을 영위하는 것이 밧줄 당기기로 위태롭게 되지 않는 방식으로 우울 괴물과의 관계에서 자신의 입장을 취할 수 있는 여지를 발견할 수 있는지 보는 것입니다. 저와 함께 기꺼이 이를 탐색하겠습니까?

가치 추구 및 전념 행동과 맥락으로서의 자기의 관계

과학적인 관점은 아니지만, 내담자의 가치와 자유롭게 선택된 행동인 목표 추구를 존중하는 것이 임상적으로 유용하다. 그러나 ACT의 관점에서 보면, 자유로운 선택이란 변하지 않는 자기 인식의 지점(즉 변치 않는 자기 인식)에서만 가능하다. 다른 대안은 '버스 운전사'와 같은 맥락으로서의 자기가 자유롭게 선택하기보다 생각과 감정 및 다른 '버스 승객들'이 잠재적으로 삶을 바꾸는 행동을 결정하고 결심하는 것이다.

초월적인 자기 인식을 촉진하는 개입은 탈융합과 수용의 촉진에도 또한 확실히 도움이 되는데, 그것이 전념 행동과 행동 변화를 촉진하는 데 기여하는 역할은 더 뚜렷할 수도 있어서 강조할 만한 가치는 여전히 있다. 맥락으로서의 자기를 촉진하는 ACT의 기법이 성공적으로 사용될 때, 내담자가 씨름하는 생각과 감정의 중압감으로부터 자유롭도록 돕는다. 이러한 목적에 사용될 수 있도록 일련의 개입들이 개발되었다(Strosahl et al., 2004: 〈표 2-5〉 참조). 공간적인 제한 때문에 두 개만(체스판 비유와 관찰자 연습) 여기에 상술될 것이다. 다른 것은 다음 장에서 적절할 때 논의될 것이다.

체스판 비유

이 개입은 Hayes(1987: 359-360)에 의해 처음 제시되었고, 여기서는 우울증을 겪는 내담자의 경험에 더 맞도록 조금 수정되었다. 이 비유나 집 안의 가구 비유(Strosahl et al., 2004: 46)와 같은 관련 비유들의 목적은 지속적인 과정이나 관점으로서의 의식과 의식의 내용을 구별하도록 돕는 것이다. 비유 자체를 많이 만들 필요는 없으며, 다음과 같이 말하면서 제시할 수 있다.

> 체스를 둔 적이 많이 있는지 모르겠지만, 해 본 적이 없더라도 색칠된 말로 이루어진 다른 군대끼리 싸우는 전투 같은 것이라는 정도는 알 만큼 아마 익숙할 것입니다. 흰 말의 목표는 검은 말을 없애는 것이며, 검은 말의 목표는 흰 말을 이기는 것입니다. 한없이 크고 모든 방향으로 끝없이 펼쳐진 체스판을 잠시 상상해 보길 바랍니다. 체스판 위에는 수천 개는 아니더라도 수백 개의 검은 말

과 흰 말이 있습니다. 보통의 체스 게임에 참여하는 말보다 더 많은 말입니다. 흰 말은 검은 말과 싸우기 위해 기를 내걸고 서로 단결하며, 검은 말도 또한 흰 말에 대항해서 서로 단결합니다.

당신의 생각, 감정, 기억 그리고 신념을 체스판 위에 놓인 말이라고 생각해 보세요. 당신은 당신의 생각과 기억 중에서 어떤 것은 좋아할 것입니다. 예를 들어, 함께 단결하는 흰 말처럼 당신은 축적된 어떤 기억에 대해 즐거운 생각과 감정을 지닐 것입니다. 그러나 체스판 위에는 검은 말도 많이 있습니다. 그것들은 '내 인생은 희망 없는 쓰레기 더미야.'와 같은 우울한 생각과 거기 있길 바라지 않는 당신 자신에 대한 부정적인 감정(예, 당신은 어리석거나 사랑스럽지 않다는)이라고 생각해 보세요. 우리가 말했던 바와 같이, 체스 게임을 하는 방법은 흰 말과 검은 말이 서로 싸우는 것(죽을 때까지 서로 싸우는 것)임을 주목하세요. 사실상 그것들은 공존할 수 없는 것처럼 보일 것입니다. 어떤 흰 말은 당신이 괜찮다고 말하지만, 여기에는 당신이 괜찮지 않다고 말하는 검은 말이 반대편에 있습니다. 그래서 게임을 통상적으로 하는 방식은 그것 중 한 편이 다른 편을 이겨야 합니다. 이제 이 싸움에서 누가 이기는지에 이해관계가 아주 뚜렷하게 달린 경우가 아닌지를 검토하고 관찰해 보세요(저에게 크게 대답할 필요는 없습니다만, 당신 자신에게 정직하기를 바랍니다).

이는 마치 흰 말이 이기는 게 너무 중요해져서 흰 말이 검은 말을 대항하도록 조직하기 위해 당신과 나, 그리고 실제로는 우리 모두가 판 수준으로 내려가는 데 빠져들게 되는 것과 같습니다. 이는 자기 의심과 무가치감 그리고 우울과 같은 검은 군대에 대항하는 싸움에서 다른 흰 말을 조직하고 이끌기 위해 우리가 흰 기사의 등에 올라타는 것과 같습니다.

이제 이런 일이 일어날 때 무엇이 일어난 것인지 잠시 생각해 보기 바랍니다. 당신이 거기 판 위에 내려가 있을 때, 검은 말이 더 크고 더 위협적으로 보입니까 아니면 덜 위협적으로 보입니까? 자, 그것들이 당신만큼 크기 때문에 더 위험하고 위협적입니까?

또한 판은 끝없이 계속됨을 기억하세요. 당신은 가능한 열심히 노력하고 있으니까 당신이 좋아하지 않는 검은 말을 판에서 차 버릴까요? 아니면 당신이 하는 것에 상관없이 그것은 여전히 거기에, 아마도 판의 다른 곳에 있습니까? 당신이 더 이상 생각하기 원치 않는 나쁜 기억을 스스로 없앨 수 있었던 적이 있습니까? 제가 말하고 있는 것을 믿으라고 요청하는 것이 아니라, 여기서 우리가 말하고 있는 것에 대해 당신의 우울증 경험이 말하는 것을 생각해 보도록 요청하는 것입니다. 우울증과의 투쟁이 이길 수 없는 전쟁을 하는 것과 어느 정도로 비슷했습니까?

대략 이 지점에서, 치료자 혼자만의 독백을 관점으로서의 자기 인식에 대해 생각해 보는 대화로 바꾸라.

치료자 이 비유에서 우리는 당신의 생각과 감정이 체스판 위의 말과 같다고 말했습니다. 당신은 누구입니까?

내담자 말?

치료자 어떻게 체스 말이 당신이면서 동시에 당신의 생각과 감정일 수 있습니까? 당신은 차를 가진 것처럼, 또한 생각과 감정을 지닙니다. 하지만 차가 당신입니까? 그러면 이 예에서 당신은 누구입니까?

내담자 게임하는 자?

치료자 글쎄요, 당신이 게임하는 자가 되려고 어떻게 애써 왔는지, 그리고 말을 움직이려고 애쓸 때 무슨 일이 일어나는지에 대해 이야기했습니다. 당신이 게임하는 자 외에 다른 무언가일 수 있다고 가정해 보세요. 남은 것은 무엇입니까?

내담자 판?

치료자 당신 자신을 게임하는 자보다 판으로 보는 것이 더 유용합니까? 판 없이는 말이 말로서 기능할 수 없음을 알아차려 보세요. 판은 말을 지탱하고 있으며, 말이 말 될 수 있는 맥락을 제공합니다. 이는 이상한 질문 같이 보이겠지만, 당신

없이 당신의 생각이 존재합니까? 당신이 그것을 생각하지 않고 있을 때, 그것은 다른 어딘가로 사라집니까?

내담자 그렇게 생각지는 않습니다.

치료자 우리가 확실하게 알 수는 없지만, 당신 없이 그것들이 존재한다고 생각하는 것은 유용하지 않은 듯합니다. 만일 당신이 판이라면, 어느 편이 되지 않고도 말들 사이에서 벌어지는 싸움을 지켜볼 수 있음을 알아차려 보세요. 그러나 만일 당신이 게임하는 자로서 당신 삶을 주도한다면, 그것은 가능하지 않습니다. 당신은 싸움을 단순하게 지켜볼 수 없습니다(당신은 그것의 일부이며, 그것은 마치 당신의 삶 자체가 어느 편이 이기는가에 달린 것과 같습니다). 판에게는 이기고 지는 것이 별 차이가 없으므로, 판으로서의 당신은 어느 편이 이기는지와 상관없이 말을 지탱할 수 있다고 말했습니다. 또한 판이 할 수 있는 또 다른 한 가지 일을 생각해 보기 바랍니다. 그것은 앞으로 움직이는 것입니다(흰 말과 검은 말 모두, 모든 말들을 데리고 판으로서의 당신이 가기로 선택한 어떤 방향으로 가는 편을 선택합니다).

이 비유는 여기에서는 주로 맥락으로서의 자기를 촉진하기 위한 것으로 제시되고 있지만, 탈융합(생각을 외부 물체에 비유함으로써)과 전념 행동(선택한 방향으로 움직이는 판의 능력을 강조함으로써)을 동시에 촉진하는 것이 분명하기를 기대한다. 따라서 ACT의 수용과 전념이라는 두 측면 모두에 잠재적으로 영향을 준다. 이 비유를 제시한 후에 곧바로 비유를 다룰 필요는 없다. 하지만 치료의 다른 시점에서 그것을 종종 다시 언급하는 것이 유용함을 발견할 것이다. 특히 내담자가 압도되고 집착된 것으로 보이는 결정적인 순간에(예, '당신의 체스판 위에 있는 말에 대해 지금 판으로서 반응하고 있습니까, 아니면 게임하는 자로서 반응하고 있습니까?').

관찰자 연습

이 개입은 체스판 비유를 제시한 다음에 한다. 물론 그 순서를 바꿀 수 있지만, 관찰자 연습은 체스판 비유보다 상당히 더 길며 내담자에게 더 깊고 강한 정서적 반응을 일으키는 경향이 있다. 이러한 이유로 인해 체스판 비유는 관찰자 연습을 위한 워밍업이나 길잡이로 사용하기를 권한다.

이 기법은 원래 Assagioli(1965: 116-119)의 정신통합psychosynthesis의 일부로서 개발된 '탈동일시 연습exercise in dis-identification'에서 유래를 찾을 수 있다. ACT에서 사용하기 위해 Hayes(1987: 360-361)가 처음으로 수정하였으며, 그 후에 좀 더 확대되었다(Hayes et al., 1999: 193-195). 체스판 비유처럼, 여기에 제시된 버전은 우울증과 투쟁하는 내담자의 경험에 더 맞도록 약간 수정되었다. 특히, 필자는 내담자의 삶에서 우울증을 겪지 않던 특별한 때(필요하다면, 어린 시절로 되돌아가서)가 언제인지 생각해 보도록 연습 중에 요청하는 것이 유용함을 발견하였다. 그렇게 함으로써 맥락으로서의 자기가 지닌, 우울증을 초월할 수 있는 능력과 그 연속성을 강조할 뿐만 아니라, 동일한 '자기'가 그때도 있었고 지금 여기에도 여전히 존재함을 내담자가 파악할 수 있게 해 준다.

물론 어떤 내담자는 삶에서 우울하지 않았던 때가 전혀 기억나지 않는다고 말할 수도 있다. 그런 경우에는, 그 시절에 우울증 같은 것이 없었음을 강조하지 말고 그래도 초기 생활사건을 회상하도록 요청한다. 이 시점에서 치료자는 내담자가 이전에 말한 자신의 생애 이야기에서 이런 필요한 정보를 얻는 듯하다. 아니면 이 연습을 제시하기 전에 우울증을 경험한 시기의 전후 관계를 명확히 하도록 내담자에게 요청하라.

다음에 나오는 예문에서는, 사춘기 이후에 계속해서 상당히 우울했으나 어린 시절에는 우울하지 않았다고 이야기하는 성인 여자 내담자에게 이 연습을 어떻게 제시할 수 있는지 보여 준다. 어떤 내담자는 이 연습을 최면술로 오해할 수 있으므로, 시작할 때 이 문제를 명확하게 설명하고 진행하기 전에 참여에 대해 동의를 받으라.

당신이 기꺼이 하겠다면, 체스판으로서의 당신과 체스말로서의 생각 및 감정 간의 차이를 명확히 하는 데 도움이 될 수 있는 연습에 참여시키고 싶습니다. 이는 체스판 위에 새로운 말을 더 놓거나 만들기 위해 고안된 것이 아니라, 오히려 체스판으로서의 당신이 모아 온 모든 말을 보기에 좀 더 쉬운 장소를 찾을 수 있는지 보기 위한 것입니다. 연습 중에 눈을 감고 제 목소리를 따라서 삶의 어떤 경험을 상상하고 회상하도록 요청할 것입니다. 하지만 이 연습은 최면술이 아니며, 어느 때에라도 중단할 자유가 있습니다. 질문이 있습니까?

이 연습에 기꺼이 참여하겠다면, 눈을 감고 의자에 편히 앉으세요. 등은 의자 등받이로부터 떨어져서 곧게 세우고, 다리는 꼬지 말며, 발은 바닥에 평평하게 대고, 팔과 손은 의자 위에 놓은 채로 앉으세요. 당신의 몸이 의자에 닿아 있는 부분을 느낄 수 있는지 알아차리면서 잠시 동안 중심을 잡도록 하세요. 이제 숨을 들이쉬고 내쉬면서 호흡을 자각하도록 하세요. [15초에서 30초 멈춤]

이제, 잠시 제 목소리에 초점을 맞춰 보세요. 연습 도중에 언제라도 당신 마음이 방황하기 시작함을 알아차린다면, 제 목소리로 자신을 그저 부드럽게 되돌리세요. 이 방 안에 있는 당신 자신에게 주의를 기울이는 시간을 잠시 가지세요. 마음의 눈으로 이 방을, 그리고 이 방의 나머지 부분과 관련되어 당신의 의자를, 그리고 그 의자에 앉아 있는 자신을 그려 보세요. 당신이 의자에 어떻게 앉아 있는지 알아차려 보세요. 잠시 자신 내부로 들어가서 의자와 접해 있는 몸의 부분에 접촉해 보세요. 당신 몸이 의자를 누르고 있음을 느끼는 그 지점을 크레용으로 색칠하는 상상을 해 보세요. 다른 신체 감각이 있는지 알아차려 보세요. [10초에서 15초 멈춤]

또한 당신이 지니고 있는 어떤 생각을 알아차리는 시간을 잠시 가지세요. 그것이 계속적으로 움직일 때 그대로 인정하기만 하세요. 이제는 어떤 감정을 지

니고 있는지 알아차리고, 잠시 동안 그것을 그냥 지켜보기만 하세요. [10초에서 15초 멈춤]

이제 그 밖에 다른 것, 즉 당신의 몸이 어떻게 느끼는지를 알아차리고 당신의 생각과 감정을 관찰하면서 당신의 한 부분이 그것들을 알아차리는 것을 알아차릴 수 있는지 보기 바랍니다. 당신은 몸이 어떻게 느끼는지, 무엇을 생각하고 있는지, 그리고 정서적으로 어떻게 느끼고 있는지를 알아차렸습니다. 이렇게 알아차리는 당신의 이 부분을 '관찰자 당신'이라고 부르기로 합시다. 어떤 깊은 의미에서 이 관찰자 당신은 당신이 '당신'이라고 부르는 당신입니다. 당신은 당신 삶 전체에서 당신이었습니다. 지금 여기 당신 눈 뒤에서 제가 말하고 있는 것을 알아차리고 있는 당신은, 당신이 당신이었던 동안에 당신이었던 당신과 동일합니다. 제가 말하고 있는 것을 믿으라고 요청하는 것이 아니라, 제가 말하고 있는 것이 당신 존재에 대한 자신의 경험과 어떻게 일치하는지를 그저 보도록 요청하고 있습니다.

이를 조금만 더 탐색해 봅시다. 작년 이맘때쯤 일어났던 어떤 일을 기억해 보기 바랍니다. 그것이 무엇인지 소리 내어 말할 필요는 없지만, 마음에 무언가가 떠오를 때 오른쪽 집게손가락을 올려 주세요. [내담자가 오른쪽 집게손가락을 올릴 때까지 멈추라.] 좋습니다. 이제는 눈을 감되, 그때 진행되고 있던 것을 둘러보길 바랍니다. 당신은 어디 있었으며 당신 외에 누가 거기 있었는지 알아차려 보세요. 당신이 느끼고 생각하던 것을 기억해 보세요. 당신 주위의 광경과 소리를 인식하세요. 그리고 그렇게 하면서 당신이 그때 거기 있었음을 알아차릴 수 있는지 보세요(우리가 관찰자 당신이라고 부르고 있는 당신의 일부를). 지난해에 존재했던 당신과 오늘 여기 있는 당신 사이의 근본적인 연속성을 알아차리는 것이 지나가는 순간만이라도 가능한지 보세요. 삶 전체에서 당신은 당신이었음(수년간 당신의 삶이 아무리 많이 변했다 하더라도, 당신이 당신이라고 부르는 당신은 변하지 않았음)을 경험하도록…….

당신 삶의 또 다른 때로 가 봅시다. 이제는 당신이 십대였을 때 일어났던 어떤 일을 기억해 보기 바랍니다. 마음에 무언가 떠오를 때 다시 손을 들어 주세요. [내담자가 손을 들 때까지 멈춤] 좋습니다. 그때 일어나고 있었던 것을 회상하는 시간을 잠시 가져 보세요(무슨 일이 일어나고 있었고, 당신은 어디에 있었으며, 무엇을 하고 있었는지, 그리고 다른 누군가가 거기에 있었는지). 주위의 모든 광경과 소리를 알아차려 보세요. 그때 당신이 생각하고 느끼던 것을 의식할 수 있는지 보세요. 그리고 그 당시 당신이 그것을 보았을 때 세상은 무엇처럼 보였는지를 회상하면서, 그 당시 눈 뒤에서 세상을 보고 있던 동일한 십대가 지금 이 방 안 여기에 있는 사람과 같음을 알아차릴 수 있는지 보세요. 당신은 십대 적에도 거기 있었고 그리고 지금 여기에 있습니다. 당신은 당신의 삶 전체에서 당신이었습니다. 이를 믿는 것이 아니라 경험할 수 있는지 보세요.

다음에는 당신 삶에서 더 어릴 적으로 가 봅시다(우울을 느끼지 않았으며, 어른으로서 가지는 걱정이나 염려로 무겁지 않다고 말했던 그때). 당신이 어린 아이였던 때, 즉 일곱 살이나 여덟 살, 인생이 당신에게 아주 다르게 보였을 때, 걱정이 더 없던 그 시절을 기억해 보길 바랍니다. 그 나이의 어린아이로서 당신이 회상할 수 있는 즐겁고 행복한 사건을 기억해 보길 바랍니다(아마, 예를 들어서 생일 파티라든가 축제일). 잠시 시간을 가지고 무언가 떠오를 때 다시 한 번 손을 들어 주세요. [내담자가 손을 들 때까지 멈춤] 당신은 어디 있었는지, 무엇을 하고 있었는지, 그리고 당신 외에 거기에 누가 있었는지 알아차려 보세요. 주위의 모든 광경과 소리, 그리고 그 어린아이인 당신이 그때 생각하고 느끼던 것을 기억해 보세요. 이 모든 것을 알아차리면서 그때 거기에 있던 근심 없는 동일한 아이가 지금 여기에 여전히 있음을 (몇 초 동안만이라도) 알아차릴 수 있는지 보세요. 당신은 당신 삶 전체에서 당신이었습니다. 잠시 시간을 가지고 당신의 경험을 검토해 보고, 당신이 자각하고 있는 것을 자각하는 동일한 사람은 지금 여기에도 있고 그때 거기에도 있었던 것이 아닌지 보세요.

삶에서 당신이 존재했던 모든 곳과 삶의 모든 때에 당신은 거기서 알아차리고 있었습니다. 이것이 우리가 '관찰자 당신'이라고 말하는 것입니다. 이 관점에서 삶의 어떤 다른 영역과 경험의 측면을 바라봅시다. 몸을 가지고 시작합시다. 당신의 몸이 얼마나 지속적으로 변하고 있는지 알아차려 보세요. 때로는 피곤하고, 다른 때는 에너지가 넘칩니다. 어떤 때는 아프기도 하고, 어떤 때는 건강합니다. 즉 때로는 약하고 다른 때는 강합니다. 잠시 시간을 가지고 당신의 몸이 거쳐 온 모든 변화들을 생각해 보세요. 아기와 어린아이였을 때 당신의 몸은 지금보다 훨씬 더 작았습니다. 당신의 몸은 점점 커졌으며, 세월을 거치면서 몸무게가 늘기도 하고 줄기도 했을 것입니다. 몸의 일부를 수술해서 제거한 적이 있거나, 치료를 하기 위해 어떤 물체를 몸 안에 넣은 적도 있을 것입니다. 신체 감각은 오고 갑니다. 당신 몸 안에 있는 세포들은 죽고, 빠르게 그리고 계속해서 다른 세포들로 교체되어서 지금의 몸은 이 연습을 시작했을 때의 몸과 같지 않습니다. 그러므로 당신의 몸은 변했지만 당신이 당신이라고 부르는 관찰자 당신은 변하지 않았다면, 이는 당신이 몸을 지니더라도 (경험이 아니고 믿음의 문제로서) 자신을 단지 몸으로만 경험하지 않음을 의미합니다. 당신의 몸을 알아차리기 위해 잠시 시간을 가지고, 그렇게 하면서 당신은 알아차림을 하고 있는 사람임을 매번 그렇게 자주 알아차려 보세요. [멈춤]

다음에는 삶의 또 다른 측면으로 가 봅시다(당신의 역할). 당신이 삶에서 얼마나 많은 다른 역할을 담당했는지 알아차려 보세요. 어린아이일 때 당신은 다른 누군가의 놀이 상대요, 친구였습니다. 학교에 갔을 때 당신은 학생의 역할을 했습니다. 당신이 지금 얼마나 많은 역할을 담당하며, 그것들은 얼마나 계속해서 변하고 있는지 알아차려 보세요. 때때로 당신은 아내, 어머니, 딸, 누나, 사촌, 고모, 또는 할머니 역할을 합니다. [관련된 다른 '친척 역할'도 인용할 수 있다.] 때때로 당신은 리더 역할을 하고, 다른 때에는 제자의 역할을 합니다. 당신은 언제나 어떤 유형의 역할이나 또 다른 유형의 역할을 합니다(지금도 내담자 역할을 합니다). 그런데 이 모든 다른 역할에 걸쳐서 당신은 거기 있으며, 당신의 그 부분은 변하지 않는다는 것을 알아차려 보세요. 그러므로 당신이 하는 역할은 계속해서 변해도 관찰자 당신이 변하지 않는다면, 당신은 역할을 지니지만 자신을 역할로서 경험하지 않음을 의미합니다. 다시금, 이를 믿지 말고 당신이 듣고 있는 바가 어떻게 당신에 대한 경험을 확증하는지만 보세요. 당신이 보고 있는 것과 보고 있는 당신 간의 차이를 자각할 수 있는지 보세요.

이제, 또 다른 영역으로 가 봅시다(당신의 감정). 감정이 어떻게 지속적으로 변하고 있는지 알아차려 보세요. 때때로 당신은 고요하며, 다른 때는 긴장합니다. 때때로 당신은 화가 나고, 다른 때는 편안합니다. 때때로 당신은 사랑을 느끼고, 다른 때는 미움을 느낍니다. 당신이 지금 경험하고 있는 감정이면 무엇이든지 알아차려 보세요. 당신의 감정이 생애 과정을 거쳐서 어떻게 변해 왔는지 생각해 보세요(어린아이 때에는 당신을 놀라게 했던 일이 어떻게 더 이상 당신을 괴롭히지 않는지, 혹은 어린아이 때에는 관심이 전혀 없던 다른 일을 지금은 상당히 신경 쓰고 있는지). 한때는 당신이 좋아했던 일에 어떻게 더 이상 관심이 없어졌는지, 또는 지금 당신이 좋아하는 것이 어떻게 한때에는 관심이 아주 적었던 일일 수 있는지 알아차려 보세요. 당신의 감정에 대해 확실하게 기대할 수 있는 유일한 점은 그것이 변할 것이라는 것입니다(하나의 감정이 오고 가고, 그 자리를 대신하기 위해 또 다른 감정이 일어날 것입니다). 그런데 당신의 감정이 밀려오고 쓸려 가는 동안 당신은 변하지 않는다는 것을 알아차려 보세요. 어린아이일 때 어둠을 무서워했던 당신은 어른으로서 다른 두려움을 갖는 당신과 동일한 당신입니다. 그러므로 당신은 감정을 지니더라도 자신을 감정으로 경험하지 않음이 분명합니다. 같은 감정이 지속되지 않습니다(이는 계속되지 않지만, 당신이 당신이라 부르는 당신의 일부는 계속됩니다). 당신은 전 삶에서 당신이었고, 거기서 당신이 지닌 적이 있던 모든 느낌과 감정을 경험해왔습니다. 잠시 시간을 가지고 당신이 지금 느끼고 있는 것을 알아차리고, 그렇게 하면서 알아차리고 있는 자를 알아차려 보세요. [15초에서 30초 동안 멈춤]

끝으로, 당신의 경험 중에서 아마 가장 어려운 영역인 당신 자신의 생각으로 옮겨갑시다. 생각은 너무 쉽게 우리를 논쟁으로 유인하기 때문에 특히 교묘합니다. 그런 일이 일어날 때, 우리는 관찰자 당신의 역할에서 빠져나와 믿음이나 믿지 않음의 세상으로 들어간 것입니다. 이를 경험하면서 당신에게 그런 일이 일어나면, 그것을 포착할 수 있는지 보고 제 목소리로 부드럽게 되돌아오세요. 생각이 얼마나 지속적으로 변하고 있는지 알아차려 보세요(제가 말하는 동안, 지금 당신이 생각하고 있는 것이 잠시 전에는 어떻게 당신이 생각하고 있던 것이 아닐 수 있는지 알아차려 보세요). 생각은 어딘지 모르는 곳에서 나오는 것처럼 거의 자동적으로 불쑥 튀어나옵니다. 때때로 그것들은 이해할 만해 보이며, 다른 때에는 전혀 이해하기 힘들어 보일 수 있습니다. 오늘 여기 있는 시간 동안에도 생각이 얼마나 변했는지 보세요. 당신 생애에 걸쳐서 생각이 얼마나 많이 변해 왔는지 생각해 보세요. 어린아이일 때 당신은 믿음(산타 클로스와 부활절 토끼와 같은 것에 대한)을 지녔는데, 지금은 더 이상 지니고 있지 않습니다. 그리고 어린아이 때는 전혀 알지 못했던 생각과 믿음을 지금은 지닙니다. 한때 알지 못했던 어떤 것을 지금은 많이 알게 되었을 것입니다. 당신은 때로 어떤 것을 한 가지 방식으로 생각할 것이며, 그것에 대해 매우 빠르게 다른 방식으로 생각하고 있음을 발견할 것입니다. 당신 자신에 대해 갖고 있는 모든 생각을 알아차려 보세요. 때때로 당신은 자신에 대해 자랑스러워했으며, 다른 때는 자신에 대해 매우 비판적이었습니다. 그런데 이 모든 것을 통해 이렇게 다른 생각을 모두 경험했던 당신은 변하지 않았음을 알아차릴 수 있는지 보세요. 오늘 생각을 지닌 당신은 지난해와 어린아이 때 생각을 지녔던 당신과 동일합니다. 그러므로 당신의 생각은 계속해서 변하고 움직여도, 당신이 생각하는 것을 아는 당신은 변하지 않았음이 분명합니다. 당신은 생각을 지니지만 생각이 아닙니다. 다시금, 이를 믿지 마세요. 이것은 믿음의 문제가 아닙니다. 이를 경험할 수 있는지 보세요. 즉, 또 다른 생각의 물결을 포착하기 전에 짧은 순간 동안만이라도 이를 알아차려 보세요. 이러한 경우가 일어날 때만이라도, 그 소요 위에 서서 단지 그것이 전개되는 것을 지켜볼 수 있는 당신의 일부를 언뜻 볼 수 있는지 보세요. 잠시 당신의 생각을 지켜보는 시간을 가지고 그것들을 알아차리면서 그것들을 알아차리고 있는 당신을 알아차려 보세요. [15초에서 30초 동안 멈춤]

그러므로 믿음의 문제가 아니라 경험의 문제로서, 당신은 단지 당신의 몸이나 역할, 감정 또는 생각만이 아닙니다. 이 모든 것은 당신 삶의 내용물입니다. 당신은 이 모든 것이 전개되는 맥락이고 판입니다. 우울, 당신 자신에 대한 생각과 감정, 후회와 나쁜 기억과 같은 이 모든 말들과 투쟁해 오고 있는 상당 부분이 어쨌든 당신이 아니라는 것을 이 공간에서 알아차릴 수 있는지 보세요. 체스판 위에서 진행되는 전투가 어떻게 끝나든지 간에, 당신은 항상 존재해 왔던 것처럼 여기에 존재할 것입니다. 당신이 휩쓸렸던 투쟁에서 스스로 약간 자유로워지기 위해, 당신이 싸워 왔던 전투에서 충분히 떨어져서 있기 위해, 그리고 밧줄을 놓고서 가치를 두는 방향으로 삶을 움직이기 시작할 만큼 충분히 멀리 그 밧줄을 당신 손에서 떼어 놓기 위해 이런 깨달음을 활용할 수 있는지 보세요. [15초에서 30초 동안 멈춤] 다시금, 이 방에 있는 자신과 그리고 방의 나머지 부분과 관련해서 당신이 앉아 있는 의자가 어디에 있는지 그려 보세요. [15초에서 30초 동안 멈춤]

그리고 이 방 안으로 되돌아올 준비가 되었을 때 눈을 뜨면서 돌아올 수 있습니다.

연습 이후의 과정을 진행하거나 내담자에게 보고하느라 시간을 많이 사용할 필요는 없으며, 그렇게 하길 권하지도 않는다. 그러나 연습 후에 이 연습에 대해 가질 수 있는 어떤 반응이라도 타당화해 주기 위한 기회를 즉시 제공하라. 모든 내담자들이 이 연습을 하게 되지는 않겠지만, 이 연습을 하는 많은 사람들이 예컨대 울음과 같은 분명하고 강력한 정서적 반응을 보일 것이다. 필자의 경험으로 보면, 이 연습에 대해 내담자가 보이는 전반적인 반응은 전반적으로 고양되고 고요해지는 것이다. 이 연습에 대해 내담자가 부정적인 반응을 뚜렷하게 보인 경우는 단지 한 번이었던 것으로 기억하는데, 이는 각 구성원의 순간 순간 반응을 검토하기 어려웠던 집단 상황에서 발생하였다. 체스판 비유처럼, 일단 연습이 제시되었다면, 특히 전념 행동을 촉진하는 경우에 그것에 대해 더 언급할 수 있다(예, "우리가 관찰자 당신이라고 불렀던 당신의 일부가 무엇을 하기로 선택합니까?" 라고 말하면서).

요약

이 장에서 필자는 현재 순간과의 접촉과 맥락으로서의 자기를 촉진하기 위해 내담자에게 사용할 수 있는 ACT의 주요한 개입 중에서 몇 가지를 제시하였다. 이전의 두 장에서 다룬 기법들(제6장의 탈융합과 수용을 강화하는 기법과 제7장의 전념 및 행동 변화를 촉진하는 기법)처럼 ACT에서 마음챙김 및 관점으로서의 자기에 대한 자각을 높이는 개입들은 개별적인 사례 개념화와 내담자의 고유한 필요에 따라서 치료 중의 어느 시점에서라도 전략적으로 적용될 수 있다. 치료자는 특히 어느 시점에서든지 마음챙김 연습을 시작할 수 있으며, 치료의 전 과정에서 필요한 만큼 확장하고 다시 도입할 수 있다.

불행하게도, 초월적인 자기를 촉진하기 위해 ACT에서 특별히 개발되고 수정된 체스판 비유와 관찰자 연습과 같은 개입은 동일한 정도로 유연하게 적용하기가 대개는 쉽지 않다. 예를 들어, 마음챙김으로 호흡하기와 같은 기존의 마음챙김 연습을 지속적으로 실행하거나 필요에 따라 시작할 수 있다. 치료자는 내담자에게 체스판 비유와 관찰자 연습을 비슷하게 반복하는 것을 원하지 않는 듯하다. 하지만 관련된 다른 기법은 ACT에서 같은 목적에 도움이 되며('그러나' 내려놓기 기법 및 집 안의 가구 비유와 같은), 이 장에 제시된 것을 보충하기 위해 사용될 수 있다. 이것 중에서 몇 개는 다음 장에서 적당한 시점에 논의될 것이다.

제 9 장

모든 치료 요소의 통합: 12회기 프로토콜의 실례

이제까지는 사례 개념화 방법에 따라서 그리고 촉진하기로 계획된 관련 쌍의 과정(탈융합과 수용, 전념과 행동 변화 그리고 마음챙김과 맥락으로서의 자기)을 중심으로 구성된 ACT의 기법들을 살펴보았다. 1장에서 말한 것처럼, 이는 우울증과 투쟁하는 내담자에게 ACT를 실행하는 한 방법이지만, 유일한 방법은 분명히 아니다.

이 장에서는 일련의 회기별 지침을 가지고 치료자가 좀 더 구조화된 방식으로 ACT를 제시하는 하나의 대안적인 방법들을 설명한다. 마지막 세 장에서 이미 제시된 필수적인 개입들이 여기서 언급될 수도 있지만 더 이상 상세하게 되풀이 하지는 않을 것이다. 오히려 이 장에서 더 심도 있게 역점을 두고자 하는 것은 다른 탈융합 기법이나 경험 통제를 약화시키는 방법과 같이 이전에 포함하지 않았던 추가적인 개입들이다. Eifert와 Forsyth(2005)가 불안 장애를 위한 ACT 책에서 따랐던 형식과 비슷하게 매 회기마다 그 회기의 목표를 검토하고 개괄함으로써 회기를 시작한다. 각 목표에 얼마나 많은 시간을 사용하는지에 대한 제안뿐만 아니라 각 목표를 달성하기 위한 지침에 대해 논의가 이어진다.

1장에서 언급한 대로, 지금까지 역점을 두었던 우울증 내담자에 대한 ACT의 유연한 사례 개념화 방법이 이 장에서 상술될 더 순차적인 접근보다 조금이라도 더 효과적임을 시사하는 연구를 필자는 알지 못한다. 따라서 당신이 개인적으로 더 선호하는 것을 결정하기 위해서 그리고 어느 것이 더 유용한지를 스스로 발견하기 위해서 각 접근을 실험해 보라. 사례 개념화 접근은 더 유연하게 적용할 수 있다는 이점이 분명히 있긴 하지만, 우울한 내담자에게 ACT를 실행하는 데는 프로토콜을 보다 더 엄밀하게 따르는 것이 몇 가지 이유에서 더 매력적일 수도 있다. 첫째, 프로토콜은 모든 유형을 하나에 맞추는 접근이기 때문에 모든 우울증 내담자에게 거의 동일한 방식으로 실시될 수가 있다. 더구나 그런 일괄적인 접근을 사용하면, 육각형에 표시된 모든 과정에 포괄적으로 역점을 두는 ACT의 기법에 각각의 내담자가 노출될 것이 분명하다. 따라서 처방적이고 사례 중심적인 접근을 하면서 몇몇 핵심 과정을 어쩌다 간과할 수 있는 가능성이 이러한 접근을 통해서 최소화될 것이다.

끝으로, 프로토콜에 따라 ACT를 실행하는 것의 장점은 ACT와 다른 접근을 비교한 연구에서 이와 유사한 접근을 사용하였다는 점이다. 예를 들어, ACT가 인지치료에 비해 상대적으로 우울증 치료에 효과가 있는 것으로 평가되었던 두 개의 연구에서는 ACT의 통일성을 확보하기 위해 회기별 매뉴얼을 개발하고 따랐다(Zettle & Hayes, 1986; Zettle & Rains, 1989). 특히, 여기에 제시될 ACT의 12주용 매 회기 프로토콜은 이 두 연구에서 따랐던 것과 대체로 유사하다. 따라서 ACT를 적용하는 지침으로서 이 장을 활용하면, 그렇게 해서 인지치료에 상당히 견줄 만한 것으로 입증되었던 매뉴얼 중심의 접근과 매우 유사하다는 보장을 받을 것이다.

치료 전의 문제

이 장에 제시한 프로토콜은 실행 가능한 치료인 ACT를 회기별로 적용하는 것에만 초점을 둔다. 이러한 이유 때문에, 첫 회기를 시작하기 전에 치료에 대한 정보를 내담자에게 제공하고 동의를 받으며, 실행하려는 공식화된 사전 평가를 완수하는 것이 필요할 것이다. 첫 회기 이전에 사전 회기를 계획하면, 둘 다 아주 쉽게 완성된다.

정보 제공과 동의 받기

상당히 최근에 비전문적인 독자층에까지 이르는 간행물에서 ACT가 점점 더 주목을 받고 있음에도 불구하고(M. Beck, 2002, 2006; Cloud, 2006 참조), 많은 우울한 내담자들은 ACT에 대해 한번도 들어 본 적이 없을 것이다. ACT에 대해 적어도 들어 본 적이 있는 사람들 중 대부분은 우울증에 대한 치료로 ACT를 받겠다고 직접 요청하려고 치료자에게 연락하지는 않을 것이다. 따라서 ACT를 시작하기 전에 책임지고 할 일 중 하나는 치료에 참여시키기 위해 내담자에게 정보를 제공하고 동의를 받는 것이다. 그렇게 하는 과정에서 말과 서면으로 ACT에 대한 설명을 내담자에게 제공하는 것이 적절한 듯하다.

내담자에게 ACT에 대해 들어 본 적이 있는지 간단히 물어보고, 그렇다고 하면 어떻게 이해하고 있는지를 물어봄으로써 정보 제공과 동의 받기의 과정을 적절하게 시작한다. ACT를 신청하기 위해 치료자를 만난 것이 아니거나 ACT에 대해 거의 아는 바가 없는 것으로 추정된다면, 내담자에게 다음과 같이 말하라.

> 인지치료와 대인관계 치료 그리고 다양한 유형의 행동치료로 알려진 것을 포함한 많은 다양한 심리치료적 접근들은 우울증에 대처하도록 사람들을 돕는 데 있어서 가능성을 보여 주었습니다. 하지만 불행하게도, 우울증을 치료하는 어떤 방법도 모든 사람에게 효과가 있지는 않았습니다. 이러한 이유로 인해, 우리는 특정한 치료를 선택하고 그 치료가 효과적인지 보기 위해서 충분히 긴 시간 동안 시행해 보고 있습니다. 만일 효과가 없어 보이면 다른 대안을 시도할 수 있습니다.
>
> 우리가 함께 치료하면서 제안할 특정한 접근은 수용전념치료 또는 ACT라고 알려진, 우울증을 위한 상당히 새로운 유형의 행동치료입니다. 이 치료를 허락

하는 데 동의한다면 더 상세하게 ACT를 설명하는 유인물을 당신에게 줄 것인데, 이 시점에서 그것에 대해 좀 더 확실히 해 두고 싶습니다. 알게 되겠지만, 그것은 우울증과의 투쟁이 전념을 통해 어떻게 변할 수 있는지 그리고 불행하게도 변할 수 없는 것을 수용을 통해 어떻게 치료할 수 있는지를 좀 더 분명하게 알 수 있도록 돕는 데 역점을 두기 때문에 수용전념치료라고 부릅니다. 특히 우울증을 치료할 때 ACT는, 가치를 두는 삶의 양식을 얻기 위해 우리가 할 수 있는 것을 능동적으로 행하는 데 전념하는 것과 좋아하지 않을지도 모르지만 바꾸거나 통제할 수 없는 경험을 수용하도록 배우는 것이 매우 유용하다는 접근을 취합니다.

여기서 우리는 상당 시간 동안 함께 ACT를 적용하는 법에 대해 말할 뿐만 아니라 ACT를 실행함으로써 배울 것입니다. 예를 들어, 당신은 ACT를 구성하는 것 중에서 몇 가지를 회기 중에 시험해 보고 실습할 수 있습니다. ACT를 실습하는 또 다른 유익한 방법은 숙제를 통해서입니다. 이러한 이유로 매주 회기 사이에 숙제를 완수하도록 요청할 것입니다.

ACT는 상당히 새로운 치료법이기 때문에, 인지치료와 같은 우울증 치료를 위한 몇몇 다른 치료법처럼 철저하게 평가되지는 않았습니다. 그렇지만 우울증이 있는 사람들을 돕는 데 있어서 인지치료와 ACT를 직접적으로 비교한 연구들에서는 두 치료법이 동등하게 효과적임이 밝혀진 바 있습니다. 그 문제에 대해 ACT나 다른 어떤 치료가 당신의 특정한 사례에 확실히 효과적일 것이라고 보장할 수는 없겠지만, 효과적이지 않을 것이라고 의심할 어떤 이유 또한 없습니다.

당신에게 동의를 요청하려는 바는, 12주간 매주 1시간 동안 만나서 ACT를 시행하는 것입니다. ACT가 당신에게 효과 있는지를 보기 위해서는 이만큼의 충분한 시간이 우리에게 필요합니다. 효과가 없다면, 다른 대안을 확실하게 탐색할 수 있습니다. 당신은 어느 때라도 ACT를 중단하고 다른 치료법을 고려하자고 요청할 수 있는 선택권이 있음을 알아야 합니다. 또한 12회기가 끝나기 전에 ACT가 효과 없다는 것이 분명해진다면, 다른 치료로 바꿀 수도 있습니다.

질문이 있으면 답변을 해 준 후에, 필요한 서류에 사인하도록 내담자에게 요청함으로써 정보 제공 동의서에 공식적인 승인을 받는 절차를 마무리하라. 위에 제시한 ACT에 대한 설명을 상술한 유인물은 부록 K에 제공되어 있다. 내담자가 이를 보관하도록 유인물을 복사해서 줄 수 있다. 또한 내담자에게 ACT에 대한 정보를 제공한 자료를 남기기 위해, 복사한 유인물에 서명으로 동의하는 형식을 붙이도록 권한다. 추가로, 첫 번째 치료 회기 이전에 숙제로 읽을 Martha Beck(2002, 2006)의 글 중 하나를 복사해서 제공한다면, 내담자들이 ACT에 대해 더 친숙해지기를 기대할 수도 있을 것이다.

치료 전 평가

치료자가 고려하는 사전 평가의 대안으로는, 측정 도구를 사용하지 않고 실행하는 것에서 일련의 다른 측정 도구들을 전부 실시하도록 요청하는 것에 이르는 몇 가지 대안들이 있다. 이 때문에, 어느 것이 치료자와 내담자에게 최대로 유용한지를 알아보기 위해 이런 옵션들을 잠시 실험해 봄으로써 정보를 얻을 수도 있다.

우울증 평가하기

적어도 Beck 우울증 척도-2BDI-II(Beck, Steer, & Brown, 1996)나 이와 유사한 자기 보고식 측정 도구를 사용해서 첫 회기 이전에 각 내담자에게 우울증의 정도를 공식적으로 평가하기를 추천한다. 또한 매 회기 전에 BDI-II를 시행하면, 치료 과정을 통해 일어나는 변화를 우울증의 치료 전 기저 수준과 비교해서 평가할 수 있을 것이다. ACT의 우선적인 목표는 우울증을 없애는 것이 아니라 심리적 유연성을 증가시키는 것이긴 하지만, 매주 내담자가 스스로 보고하는 우울증이 감소하는 것은 몇 가지 이유로 인해 치료적 진전에 대한 유용한 피드백을 어느 정도 제공하는 것으로 간주될 수 있다.

첫째, BDI 점수가 조금이라도 증가한다면, 이는 내담자가 받는 정서적인 압박과 심리적 고통의 전반적인 수준을 반영하는 것이다. 그리고 이런 증가가 단기적인 것이 아니라면, 치료에서 벗어나고 있으며 심지어는 치료가 중단되고 있는 것과 관련되는 듯하다. 둘째, BDI가 측정하는 것이 우울한 기분의 깨끗한 고통만을 반영하는 것이 아니라 주로 임상적인 우울증의 더러운 고통을 반영하는 것이라면 그 점수의 감소가 예상된다. 더구나 ACT가 인지치료와 비교해서 더 낫다는 것을 발견한 연구들(Zettle & Hayes, 1986; Zettle & Rains, 1989)에서는, 유일한 지표는 아니지만 치료 성과의 한 지표로서 BDI 점수를 사용하였다. ACT의 최종적인 목표가 단순한 증상의 경감이 아니더라도, 특히 내담자가 좋게 느끼는 것에 상당히 비중을 두고 있는 경우에는 우울증 수준의 감소를 대수롭지 않게 간단히 여겨서는 안 된다.

매주 BDI를 시행하는 것이 갖는 세 번째이자 마지막 이점은 그것을 통해서 내담자가 보고하는 전반적인 우울증 수준의 변화를 모니터링할 뿐만 아니라, 더 구체적으로는 자살 가능성의 증가를 추적하는 효율적이고 편리한 방법을 얻을 수 있다는 점이다. 특히 9번 항목에 대해 반응하는 내담자가 평가 점수에서 증가를 보이는 경우에는 경험 통제의 형태인 자살 행동이 재발했음을 의미하며, 치료에서 이 주제를 꺼낼 필요성이 있음을 나타낼 수도 있다.

평가 도구

또한 치료자는 4장에서 논의되고 〈표 4-2〉에 목록으로 실었던 몇몇 또는 모든 측정 도구들을 실시하기를 원할 수도 있다. 이 도구를 전부 실행할 것이 아니라면, 가치 질문지 중 하나를 선택하도록 추천한다. 가치 추구와 관련된 주제는 나중에 어느 회기에서 프로토콜에 명시적으로 기술하겠지만,

치료 전에 PVQ나 VLQ를 시행해서 초기에 유용하게 참조할 수 있다. 질문지에 드러난 내담자의 가치를 알게 되면, 치료적 쟁점과 활동에 관한 심도 있는 생각을 파악하고 확정할 수 있는 중요한 정보를 많이 얻게 된다. 알게 되겠지만, 예를 들어 내담자의 가치에 대한 정보를 먼저 얻게 되면 12회기 프로토콜에서 초기에 탈융합과 수용을 촉진하는 작업이 매우 잘 이루어질 것이다. 모든 원치 않는 사적 사건에 똑같이 치료적인 초점을 두기보다는 가치 지향적인 행동에 경험적 장애물로 기능하는 감정과 생각의 수용과 탈융합에 우선순위를 두라.

1회기

첫 회기의 목표는 다음과 같다.

- 내담자를 ACT에 더욱 적응시키기
- ACT와 일치하고 내담자의 가치와 연결된 치료 목표를 확인하기
- 경험 통제 의제를 약화시키기 시작하기

개요

1. ACT에 대한 추가적인 소개(5분)
2. 호소 문제 확인(5분)
3. 내담자의 생애 이야기 얻기(10분)
4. 치료 목표와 가치의 관계를 확인하기(10분)
5. 창조적 절망감을 처음으로 유도하기(20분)
   - 구덩이에 빠진 사람 비유

6. 숙제 부과(10분)

진행 일정

1. ACT에 대한 추가적인 소개

'수용전념치료란 무엇인가?'라는 유인물(부록 K 참조)이나 M. Beck(2002, 2006)의 글을 읽고(숙제로 내준 경우에) 생길 수 있는 ACT에 대한 질문이나 의견을 다뤄 주기 위해 회기 시작 부분에 몇 분을 할애하라. 특히 내담자가 읽은 글과 관련하여, 내담자 자신의 우울증 경험과 관련된 것으로 보이는 것에 대해 추후 질문을 구체적으로 하라. 그중에서 행진하는 군인 연습(2002)과 같이 내담자가 관심을 보이는 특정 기법들이 있다면, 다음과 같이 말하면서 적절한 시기에 소개할 것이라고 확인시켜 주라.

> 당신이 그 내용에 흥미를 느끼고 거기 기술된 연습들 중에서 몇 가지를 해 보는 것에 관심을 가지는 것을 보니 반갑습니다. 우리는 그 연습들을 하게 될 것입니다. 그러나 그것을 유도하는 어떤 작업을 먼저 하는 것이 유용할 것이라고 생각됩니다.

물론, 여기에 언급된 일부 작업에서는 창조적 절망감을 먼저 유발시킨다. 이로써 마음챙김 연습과 같은 어떤 특정 기법이 경험 통제의 의제를 추구하는 또 다른 방법으로 사용될 수 있는 가능성이 감소된다.

2. 호소 문제 확인

필요하다면, 내담자가 문제라고 호소한 것이 일종의 우울증임을 확인하기 위해 몇 분을 사용하라.

3. 내담자의 생애 이야기 얻기

4장에서 논의한 것처럼, 우울증에 대한 경험을 치료자에게 설명하도록 내담자에게 요청하라. 자신의 우울증을 관리하기 위해 어떻게 시도했는지에 대한 내담자의 말에 특별히 주의를 기울이며, 필요하다면 상세하게 말하도록 직접 요청하라. 이 회기 중에 창조적 절망감을 적정 수준으로 유발하면서, 우울증을 통제하기 위해 내담자가 이전에 시도한 것이 무엇이든지 간에, 특히 그러한 노력의 무용성에 주의를 기울이라.

4. 치료 목표와 가치의 관계를 확인하기

초기에 확인한 치료 목표가 무엇이든지 간에 이를 ACT에 맞는 방식으로 재명명하는 것은 내담자를 ACT에 적응시키는 핵심적인 부분이다. '다시 행복하게 느끼기' 또는 '자존감 향상하기'와 같이 경험 통제에 유용하고 그래서 ACT와 일치하지 않는 내담자의 초기 목표가 어떻게 가치 지향적인 삶과 여전히 연결될 수 있는지에 대해 5장에서 논의했던 것을 상기하라. 치료 전에 실시한 가치 질문지가 있으면, 이 과정을 돕기 위해 그 결과를 직접적으로 참조하라. 예를 들면, 완성된 PVQ에서 '돌보는 부모 되기'가 매우 중요한 가치로 나타난 내담자에게 다음과 같이 말하라.

> 지난주에 완성한 질문지를 살펴보면서 좋은 부모, 아이들을 돌보는 부모가 되는 것이 당신에게 매우 중요하다고 표시된 것을 보았습니다. 자신에 대해 더 좋게 느끼기나 아이들을 돌보는 좋은 부모 되기에서 선택을 해야 한다면, 어느 쪽입니까? 당신에게는 어느 것이 더 중요합니까? 여기서 우리가 할 작업이 이에 관한 것임을 우리 두 사람이 동의할 수 있습니까?

물론, 내담자는 치료 과정 중에 치료 목표의 초점이나 우선순위를 바꿀 수 있다. 초기에 어떤 치료 목표를 세웠는지 뿐 아니라 그것이 결과적으로

ACT와 일치하고 내담자의 가치와 일치하는지와 관계없이, 치료자와 내담자 사이에 합의 및 최소한의 비공식적인 협약이 있는 한 이것은 문제가 되지 않을 것이다.

5. 창조적 절망감을 처음으로 유도하기

경험 통제를 약화시키고 수용을 촉진하는 작업을 첫 회기 후반부 정도에 일찌감치 시작할 수 있다. 치료자는 내담자의 생애 이야기를 들으면서, 우울증에서 탈출하려고 애쓰며 전형적으로 사용했던 전략과 기술들의 목록을 이미 만들었어야 한다. 이 시점에서 치료자의 목표는, 그러한 노력의 무용성을 강조함으로써 창조적 절망감을 적정 수준으로 유발하는 것이다.

구덩이에 빠진 사람 비유 6장에서 논의한 것처럼, 경험 통제의 형태로서 자살을 시도한 과거력이 있는 내담자에게 창조적 절망감을 좀 더 적정한 수준으로 유발하기 위하여 중국인 손가락 덫 연습뿐 아니라 괴물과의 줄다리기 및 모래늪 비유와 같은 기법을 사용하라. 그런 과거력이 없는 내담자에게는 구덩이에 빠진 사람 비유를 제시하라. 이 기법(이전에는 '구덩이 속의 사람'으로 알려짐)은 Hayes(1987: 346-348)에 의해 처음 기술되었고 나중에 그와 그의 동료들에 의해 더 발전되었으며(Hayes et al., 1999: 101-104), 여기서는 우울한 내담자의 경험에 더 민감하도록 약간 수정되었다.

치료자 당신이 우울증으로 얼마나 오랫동안 고생했는지, 때때로 그것은 적어도 잠시 동안은 사라지는 것처럼 보이지만 언제나 다시 돌아오는 것 같다고 당신은 일찍이 제게 말했습니다. 그러므로 우울증은 정말로 영구히 사라지지 않고 이제 다시 돌아온 듯합니다. 아니면 당신이 여기에 있지 않았을 것입니다. 또한 당신은 우울증을 없애기 위해 당신 스스로(우울증에 관한 자조 서적을 읽고 다른 식이요법을 시도해 보는 것과 같이), 또는 친구나 정신건강 전문가와 같은 다른 사람의 도움을 통해 노력해 왔던 것들에 대해 이야기했습니다. 다른 어떤 것을 시도해 보았습니까?

내담자 글쎄요, 제가 왜 우울증을 떨쳐버리지 못하는지 알려고 노력한 것. 아마도 제가 왜 이런 식으로 느끼는지 파악할 수만 있다면, 스스로 더 기분 좋아질 수 있을 것입니다.

치료자 이해하려고 노력하는 데 얼마나 많은 시간과 노력을 들였습니까?

내담자 아, 모르겠습니다. 전부 다 세어 보기 위해 멈춰 본 적은 실제로 없지만, 많다는 것은 확실합니다.

치료자 이 모든 것에 대해 조금 이상하다고 느낀 것은 없습니까? 더 좋게 느끼려고 당신이 들인 모든 시간과 돈, 그리고 노력을 살펴보세요(책 읽기, 다른 식이요법 시도하기, 친구에게 조언 구하기, 왜 그런 식으로 느끼는지 이해하려고 노력하기, 항우울제 복용하기, 다른 종류의 치료를 시도하기). 그러나 이것들 중에서 효과가 있었던 것은 없습니다(적어도 장기적으로). 그렇지 않다면 당신이 여기에 있지 않을 것입니다. 왜 그렇습니까?

내담자 모릅니다. 어쩌면 제가 정말로 나쁜 우울증 유전자를 가졌다는 생각이 듭니다.

치료자 재미있는 생각이긴 하지만, 우울증에 대해 그런 식으로 생각하는 것이 그동안 시도해 온 다른 어떤 것보다 더 도움이 되지는 않은 듯합니다. 빠져나올 수 없는 듯한 구덩이에 빠진 것에 우울증과의 투쟁을 비유함으로써 그러한 투쟁을 다른 방식으로 생각해 보도록 요청하려고 합니다. 사실상, 수많은 사람들이 당신처럼 자신의 우울증은 깊고 어두운 구덩이에 빠진 것과 같다고 말하는 것을 들었습니다. 당신의 경험과 비교하면 어떻습니까?

내담자 아, 그것을 어떻게 느끼는지, 그리고 어떻게 설명할 수 있는지 압니다.

치료자 그러면 당신의 우울증은 빠져나올 수 없는 듯한 구덩이에 빠진 것과 같다고 상상해 봅시다. 당신을 구덩이에 빠뜨리도록 이끌었던 상황이 이렇다고 가정해 보세요. 당신에게 눈을 가린 채 작은 연장 가방을 메고서 거대한 들판을 가로질러서 길을 가라는 임무가 주어졌습니다. 하지만 당신은 눈을 가리고 있어서 들판에 구덩이가 가득한 것을 볼 수 없으므로, 들판을 아무리 잘 간다 해도 조만간 그 구덩이들 중 하나에 빠지게 되어 있습니다. 그리고 분명히 구덩이들 중 하나에 빠집니다. 즉시 당신은 스스로 우울증 구덩이에서 나오려고 애씁니다. 그러나 그 구덩이는 너무 깊습니다. 당신은 무엇을 합니까?

내담자 도움을 청할 것입니다.

치료자 당신은 이미 그렇게 하지 않았습니까(우울증이라는 구덩이 바깥으로 올려 달라고 당신 친구들에게 소리치며 도움을 구하지 않았습니까)? 그것이 효과가 있었습니까? 그랬다면 당신은 왜 여기에 있습니까? 그 밖에 무엇을 할 수 있었습니까?

내담자 모르겠습니다.

치료자 당신은 왜 구덩이에 빠졌는지를 이해하려고 애썼으리라 생각됩니다. 예를 들어, 오른쪽 대신에 왼쪽으로 돌았다면 이 구덩이에 있지 않을 것이라고 생각합니다.

내담자 맞습니다.

치료자 하지만 그것이 당신에게 효과가 있었습니까? 왜 우울한지를 파악하려고 애쓰느라 얼마나 많은 시간과 노력을 들였는지에 대해 당신은 바로 몇 분 전에 제게 말했습니다. 그것이 당신에게 얼마나 효과가 있었습니까? 그것이 아주 효과가 좋았다면, 당신은 왜 여기에 있습니까? 더불어서 들판에는 또 다른 구덩이가 많다고 제가 말했던 것을 주목해 보세요. 그러므로 당신이 오른쪽 대신에 왼쪽으로 돌았다면 이 구덩이에 있지 않았을 것임이 말 그대로 사실이라 하더라도, 당신은 또 다른 구덩이 속에 있을 것입니다. 그 밖에 할 수 있는 다른 일은 무엇입니까? 당신에게 연장 가방이 있음을 기억하세요.

내담자 아마 빠져나오기 위해 연장을 사용할 수 있을 것입니다.

치료자 당신이 가방을 연다고 가정합시다. 그리고 그 안에 있는 연장들은 모두 삽입니다. 그것들 중 어떤 것은 다른 것보다 더 크고 어떤 것은 다른 재질로 만든 것입니다(어떤 것은 목재, 다른 것은 금속). 그러나 모든 연장들이 삽입니다. 자, 어떻습니까?

내담자 여전히 그것들을 사용할 수 있을 것입니다.

치료자 삽은 구덩이를 만듭니까, 아니면 구덩이에서 빠져나오게 합니까? 당신이 더 팔수록 구덩이에서 빠져나오는 것에 더 가까워집니까, 아니면 더 깊이 들어가게 됩니까?

내담자 맞습니다. 더 깊이 들어가기만 할 것입니다.

치료자 여기서 당신이 생각하길 바라는 것이 있습니다(이에 대해 제가 옳은지 그른지가 아니라, 당신 스스로 우울증에서 빠져나오기 위해 파는 데 사용하려고 했던 모든 것이 당신에게 얼마나 효과가 있었는지에 대해 당신의 경험이 말하는 것을 생각해 보길 바랍니다). 제가 말하는 것을 믿지 말고, 당신의 경험이 말하는 것을 믿으세요. 여러 해에 걸쳐 우울증과 투쟁해 오면서 우울증이 더 커졌습니까, 아니면 더 작아졌습니까? 당신이 더 많이 팔수록 구덩이는 더 커집니까, 아니면 더 작아집니까? 스스로 우울증을 없애기 위해 노력해 온 모든 것이 구덩이 파기였다면 어떻겠습니까? 심지어 더 좋은 삽을 구하기 위해 저를 찾아온 것이라고 할 수 있습니까?

어쩌면 당신이 사용했던 삽보다 더 좋은 삽이 제게 있으리라 생각했을 것입니다. 그렇지 않습니다. 하지만 제게 그런 삽이 있다 하더라도, 당신이 구덩이 밖으로 나오도록 하는 데 도움이 되지 않을 것입니다. 삽은 구덩이를 만들기 위한 것이지 거기서 빠져나오기 위한 것이 아닙니다. 만일 구덩이 바깥으로 나오기 위해 간단하게 구덩이를 파서 빠져나올 방법이 없는 경우라면 어떻겠습니까? 만일 제가 당신에게 충분하게 열심히 파지 않고 있다고 말한다면 어떻겠습니까? 도움이 되겠습니까? 만일 당신은 구덩이에서 빠져나오는 것을 충분하게 깊이 원하지 않는다고 제가 말한다면 어떻겠습니까? 도움이 되겠습니까? 만일 제가 당신이 삽을 적절하게 잡지 않고 있다고 말한다면 어떻겠습니까? 도움이 되겠습니까? 우선, 구덩이에 빠진 빌어먹을 잘못을 한 것은 당신이라고 제가 말한다면 어떻겠습니까? 그것으로 당신이 빠져나올 수 있습니까? 이 모든 것은 단지 구덩이를 파는 다른 방법이기 때문에, 그것들이 어떤 방법이나 이미 노력했던 모든 것보다 더 이상 도움이 되지 않는다면 어떻겠습니까? 당신이 우울증을 통제하기 위해 노력해 온 방법들은 효과가 없으며 앞으로도 그럴 것이라면 어떻겠습니까? 저를 믿지 말고 당신 자신의 경험을 보세요. 때때로 당신이 지녔던, 빠져나갈 방법이 없는 깊고 어두운 감정이 당신에게 무언가를 말해 주고 있을 것입니다.

내담자 그 밖에 달리 할 것이 무엇인지 모르겠습니다. 구덩이에서 나오기를 아주 간절히 원합니다.

치료자 충분히 믿습니다. 당신은 우울증이라는 구덩이에서 빠져나오기를 원합니다. 그리고 그 밖에 다른 할 일을 알았다면, 그것을 했을 것입니다. 아는 방법은 모두 다 했습니다. 그러나 당신이 실행해 오던 모든 것이 단지 구덩이를 파는 다른 방법들이었다면 어떻겠습니까? 구덩이에서 나오는 방법이 있고, 적어도 두 가지 이유로 인해 그것을 사용하지 않았다면 어떻겠습니까? 첫째, 당신은 너무 열심히 파느라고 그 밖에 다른 것을 할 기회가 없었습니다. 당신 손에 삽이 있는 한, 그 외의 어떤 것을 하기란 불가능합니다. 구덩이 파기라는 의제는 매우 강력합니다. 그러므로 첫 번째 단계는 삽을 버리는 것입니다. 단순히 그렇게 하는 것만으로 당신이 구덩이에서 나오는 것은 아니겠지만, 구덩이가 점점 더 커지는 것은 멈출 수 있을 것입니다. 구덩이에서 나오는 방법이 있지만, 당신이 그것을 사용해 본 적이 없는 두 번째 이유는 그것이 무엇인지 알지 못했기 때문이라면 어떻겠습니까? 또한 구덩이에서 나오는 방법이 당신이 할 수 있는 어떤 것이라면 어떻겠습니까? 당신이 그것을 할 수 없기 때문이 아니라(구덩이 안에 빠진 것이 당신 책임responsibility은 아니지만 **반응할 수 있는**response-able 의미에서 당신은 구덩이에서 빠져 나오는 데 대해 책임이 있습니다.), 당신이 말하는 것처럼 그것이 무엇인지 알지 못하기 때문입니다. 그것이 무엇인지 알았다면, 당신은 했을 것입니다. 우리가 여기서 하는 것은 구덩이를 파는 다른 방법들을 발견할 수 있는지를 보는 것이 아니라, 그 대신에 당신이 그것 외에 할 수 있는 것을 탐색하는 것이라면 어떻겠습니까?

내담자 좋습니다.

치료자 좋습니다. 하지만 먼저 당신이 구덩이 파기를 멈추는 것에 대해 작업해야 합니다. 지금 당장 당신에게 사다리를 준다면, 당신은 삽을 놓고 **그리고** 이제 그 사다리로 파려고 노력할까 걱정됩니다. 당신이 기꺼이 하겠다면, 당신에게 구덩이 파기가 일어날 수 있는 다른 모든 방법들을 인식하는 데 유익할 수 있는 숙제를 제안하고 싶습니다.

비유를 제시한 후에 그것에 대해 길게 논의하는 과정을 거치거나 그것에 몰두할 필요는 없다. 비유에 대해 논쟁적인 토론을 하거나 심지어는 그것이 얼마나 논리적이거나 상식적으로 보이는지에 대해 논평하려는 것과 같이 내담자가 비유에 대해 어떤 반응을 보인다면, 이는 더 심한 경험 통제의 형태일 가능성이 있다. 적어도 이에 주목하라. 아래와 같이 말함으로써, 치료자의 어떤 반응을 통해 내담자의 설명과 반응이 비유로 되돌아오는 '고리'를 만들도록 해야 한다.

그것이 당신에게 중요한 듯이 보입니다[이에 대해 타당화하기 위해서 논리적이든 어떠하든 간에 이를 이해하라]. 당신이 생각해 보길 원하는 것도 역시 구덩이를 더 파는 것일 가능성이 있습니다.

6. 숙제 부과

이 첫 회기 후의 숙제는, 경험 통제의 문제가 만연한 것에 대한 내담자의 자각을 확장시키기 위해 고안된 자기 모니터링 연습이다. 이러한 목적을 위해 고안된 기록지인 기분 조절 일지(부록 L 참조)를 내담자에게 제공하라. 그가 자신의 기분과 감정을 조절하기 위해 시도하는 다른 방법을 알아차리도록 내담자에게 설명하라. 숙제를 준 목적을 명확히 하기 위해서, 어떤 비유나 연습이든지(중국인의 손가락 덫, 구덩이 속의 사람, 모래늪, 괴물과의 줄다리기) 창조적 절망감을 유발하는 데 우선적으로 사용된다는 것을 다시 언급하라.

우리는 방금 당신이 [구덩이를 파거나 밧줄을 당기는] 여러 가지 방법들에 대해 몇 가지 말했습니다. 그러나 다른 방법들도 또한 있을 것입니다. [삽이나 밧줄을 놓기] 위해, [파기나 밧줄 당기기]가 일어날 수 있는 다른 방법을 더 자각하는 것이 유용합니다. 그것이 이 숙제의 목적입니다. 지금과 다음 회기 사이에 원하지 않는 기분이나 느끼는 방식이 변하는 것을 인지할 때 당신 자신이 하고 있는 것을 알아차리는 경우가 있는지 주목해 보세요. 기분 전환을 위해 TV 시청을 하는 것과 같이, 그럴 때 당신이 할 수 있는 활동뿐 아니라 생각을 하거나 백일몽을 꾸는 것도 포함시키도록 하세요.

2회기

이 회기에는 세 가지 목표가 있다.

- 정서적 통제의 정상성과 보편성에 대한 내담자의 자각을 증진시키기
- 통제 노력의 무용성 및 그 노력과 관련된 대가를 더욱 강조하기
- 경험 통제에 대한 대안으로서 기꺼이 경험하기와 수용을 소개하기

개요

1. 숙제 검토(5분)
2. 경험 통제의 보편성과 정상성(10분)
3. 경험 통제의 무용성과 대가(20분)

- 초콜릿 케이크 연습
- 탐지기 비유
- 사랑에 빠지기 비유

4. 경험 통제에 대한 대안으로서의 기꺼이 경험하기(20분)
   - 두 척도 비유
   - 우울증 지니고 다니기 연습
5. 숙제 부과(5분)

진행 일정

1. 숙제 검토

기분 조절 일지를 살펴보면서, 주중에 알아차렸을 수도 있는 경험 통제의 추가적인 형태가 무엇인지 내담자와 함께 검토함으로써 이 회기를 시작하라. 정서적 통제가 만연한 것에 대한 자각을 증진시키는 것이 일지 자체를 완성하는 것보다 더 중요하며, 기록지를 채우지 않았다면 그럼에도 스스로 사용하고 있음을 알아차렸던 구덩이 파기나 줄다리기의 추가적인 방식들이 무엇인지 내담자에게 물어보라. 4장에서 제시했듯이 독서가 자신이 좋아하고 오래 지속해 온 경험 통제 전략임을 확인한 내담자의 예처럼, 이전에는 깨닫지 못했던 기분 조절 방법이 드러나는 경우가 드물지 않다. 무엇이든지 확인된 것에 대해 기본적인 두 가지 질문을 생각해 보도록 내담자에게 요청하라. ① 결국에는 효과가 있었습니까? ② 그렇다면 무슨 대가를 치렀습니까? 위에서 언급한 내담자는 독서가 기분 조절에는 상당히 효과적이었지만 그렇게 하면서 대인관계에서 고립되는 대가를 치렀다고 반응하였다.

이 지점에서 내담자는 특정한 연습이나 활동이 경험 통제의 형태인지에 대해 의문을 제기할 수도 있다. 비유에는 명확하게 언급되어 있지 않지만, 예를 들어 어느 내담자는 두 번째 회기에 와서 항우울제의 복용이 또 다른 종류의 구덩이 파기인지를 물었다. 그러한 경우에 내담자의 질문에 즉각적으로 대답해야 하는 압박감이 없다면, 위에서 했던 것과 같은 두 가지 질문을 제기하라.

2. 경험 통제의 보편성과 정상성

내담자가 통제 의제를 충분히 버리고 대안으로서 기꺼이 경험하기에 개방하기 위해서는 그의 통제 의제가 띨 수 있는 다른 형태를 아는 것이 필요하다. 구덩이 파기가 일어날 수 있는 많은 미묘한 방식들을 내담자가 인식하지 못한다면, 삽을 놓는 것을 내담자에게 기대하기란 사실상 어려울 수 있다. 통제 의제를 추구하는 대가에 민감해지는 것도 유용하지만, 통제 의제를 추구하는 것이 다소 비정상적이라고 말하는 것은 도움이 되지 않는 듯하다. 그러므로 회기 중 이 지점에서 치료자가 할 과제는 다음과 같이 말함으로써 내담자에게 경험 통제의 정상성뿐만 아니라 보편성과 역기능성을 강조하는 것이다.

지금 우리는, 당신이 기분을 조절하고 정서적으로 어떻게 느끼는지를 통제하려고 노력하는 몇 가지 다른 방법들을 살펴볼 기회를 가졌습니다. 우리는 그것을 구덩이 파기[또는 줄다리기]에 비유할 수 있습니다. 그러나 이제는 그것을 정서적 통제(불쾌한 감정과 생각으로부터 의도적으로 벗어나며 좋아하는 감정을 향해 달려가는, 우리 모두가 지니는 성향)라고 합시다.

우리 모두는 우리가 좋아하지 않는 것을 통제하기 위해서 의식적이고 의도적인 노력을 하며 계획을 세웁니다. 이런 일이 어떻게 작동하는지 더 폭넓게 살펴봅시다. 예를 들어, 이 방에 있는 가구와 다른 비품들이 배열된 방식이 당신 마음에 들지 않는다고 가정합시다. 그것에 대해 어떤 일을 할 수 있겠습니까? 만일 제가 이 방 안에 있는 가구를 재배치하기 위해 천 달러를 준다면, 그렇게 할 수 있겠습니까? 재배치하려는 것이 가구 대신에 당신이 어떤 것에 대해 생각하고 느끼는 방식이라면 어떻겠습니까? 예를 들어, [우울증과 연결된, 내담자의 생애 이야기에 나오는 어떤 개인적인 사건을 언급하라.] 그 사건에 대한 생각과 감정을 다시 배열해서 더 이상 우울하지 않다면 어떻겠습니까?

그런 작업이 얼마나 잘 이루어집니까? 천 달러라면 다시 배열할 수 있겠습니까?

여기서 당신이 생각해 보길 바라는 것은 다음과 같은 가능성입니다. 즉, 가구와 같이 우리의 외부 세계에서는 매우 잘 작동하는 통제 의제를 우리 자신의 생각과 감정과 같은 내부 세계에 적용하려고 애쓸 때에는 작동하지 않는다는 것입니다. 외부 세계에 대해 작동하는 규칙은 '만일 당신이 어떤 것을 원하지 않는다면, 그것을 즉시 바꾸라.'이지만, 우리 자신의 생각과 감정에 대해 작동하는 규칙은 '그것을 기꺼이 지니지 않으려 하면 그것을 지니게 된다.'라면 어떻겠습니까?

저를 믿으라고 요청하는 것이 아닙니다(아마 당신에게는 이런 식이면 안 될 것 같고, 그럴듯하지 않게 보일 것입니다). 그러나 그 대신에 그 방식에 대해 당신 자신의 경험이 말해 주는 것은 무엇입니까?

이 지점에서 통제 의제의 정상성을 강조하는 쪽으로 옮겨라. 그렇게 하면 내담자의 자기 비난을 최소화하는 데 도움이 되며, 아마 더 중요하게는 내담자의 투쟁과 괴로움을 타당화해 주고 두 사람 간의 공감적인 유대관계를 수립하는 데도 도움이 될 것이다. 우리 모두는 몇 가지 이유로 인해서 경험을 통제한다는 것을 강조하라. ① 효과적인 외적 통제가 정서적 통제에까지 일반화되고, ② 다른 사람들이 우리에게 효과적일 것이라고 말했을 수 있으며('기운을 내라.'), ③ 종종 그것이 다른 사람들에게는 효과적으로 보이고, ④ 그것이 우리에게 단기간으로는 효과가 있을 수 있다. 구덩이에 빠진 사람 비유를 다시 언급하면서 경험에 대한 통제를 더욱이 정상화하라.

그러므로 당신이 구덩이를 파 왔다는 것은 전혀 놀랍지 않으며, 당신이 말한 대로 당신은 그 밖에 무엇을 해야 하는지 몰랐습니다. 우리 모두는 아니더라도 제 자신을 포함한 상당히 많은 사람들이 당신이 했던 대로 해 왔고, 그렇게 할 것입니다. 우리 모두에게는 우리 자신의 구덩이가 있습니다. 당신의 구덩이에 대해 제가 도울 수 있도록 해 주는, 제가 지닌 단 한 가지 유리한 점은 일종의 관점입니다. 즉, 제가 어떤 구덩이에 빠져 있을지라도 그것은 당신이 빠져 있는 구덩이와 같지 않습니다.

3. 경험 통제의 무용성과 대가

그렇지만 경험 통제를 정당화하면서 치료자는 몇 가지 위험을 발견할 수도 있다. 어떤 내담자는 이것을 경험 통제의 대가를 경시하는 것으로, 심지어는 '책임 있는response-able' 방식으로 행동하지 않은 결과나 비난을 다소 면제해 주는 것으로 볼 수도 있다. 관련된 일련의 연습과 비유를 통해서 경험 통제 의제의 무용성과 역기능성 모두를 더 강조하면서 이를 설명하라.

초콜릿 케이크 연습 사고 억제의 무용성을 보여 주기 위해서 내담자에게 의도적으로 특정한 대상을 '생각하지 마라'고 요청하라. 다른 물건들을 사용할 수 있지만, 처음에 Hayes 등(1999: 124-125)이 제시했던 연습에서는 초콜릿 케이크(즉, 그 명칭의 기원)이 사용되었다. 예를 들어, Hayes와 Smith(2005: 24-25)는 노란 지프차로 수정해서 사용하였고, 필자는 이 연습을 제시할 때 젤리 도넛을 개인적으로 선호한다.

당신이 기꺼이 하겠다면 저와 함께 작은 연습에 참여해 보길 바랍니다. 지금 무엇을 생각하든지 간에 젤리 도넛을 생각하지 마세요! 젤리 도넛이 아니라면 어떤 것도 생각할 수 있습니다. 당신은 부드럽고 달콤한 냄새가 나는 젤리 도넛을 압니다. 그래서 그것을 입 안에 넣고 깨물면, 젤리가 입 안으로 나옵니다. 그리고 모두 끈적끈적하고 달콤한 맛이 납니다. 그것을 생각하지 마세요! 그 외의 것은 생각할 수 있지만, 어떤 것을 생각하든지 젤리 도넛에 대해서는 생각하지 마세요.

그다음에는, 원치 않는 생각을 억제하기 위해 내담자가 즉각적으로 시도하는 것과 이 연습 사이에 유사성이 있음을 강조하라.

젤리 도넛 대신에 당신의 삶이 얼마나 혼란스러웠는지에 대해 생각하지 않는 것이 중요하다고 가정해 보세요. 그러고 나서 당신이 했던 실수들을 생각하지 말라고 자신에게 말해 보세요. 그것이 얼마나 효과가 있습니까?

탐지기 비유 탐지기 비유(Hayes et al., 1999: 123-124)를 제시함으로써, 경험 통제 의제의 무용성을 원치 않는 감정의 회피 시도로 확장하라.

치료자 당신이 생각하는 것 말고 어떻게 느끼는지를 통제하려고 애쓰는 것이 얼마나 효과가 있는지 봅시다. 불안을 느끼지 않는 것이 중요하게 된 상황을 상상해 보세요. 세상에서 가장 민감한 탐지기를 당신에게 걸어 놓고, 펜이 종이 위를 움직이면서 나타나는 결과를 우리 두 사람이 볼 수 있습니다. 당신의 과제는 아주 간단합니다. 그냥 이완된 채로 있는 것입니다. 불안하게 되지 않는 것이 얼마나 중요한가를 당신에게 인식시키기 위해서, 그리고 당신이 불안하지 않도록 유도하기 위해서 저는 또한 탄환을 장착한 44구경 총을 가지고 당신이 불안해지면 당신에게 쏘기 위해 사용할 것이라고 말합니다.

내담자 물론, 당신이 즉시 저를 쏘고 끝나게 될 것입니다.

치료자 그러므로 당신은 그런 상황에서 이완된 채로 있을 수가 없을 것입니다. 다른 사람은 가능할까요?

내담자 제가 알기로는, 분명히 아무도 없습니다.

치료자 그런 상황에서 어떤 사람도(당신, 나, 거리에 있는 보통 사람) 그렇게 이완된 채로 있을 수 없을 것입니다. 이제는 불안 자체가 불안한 무언가가 되었으며, 만일 당신이 기꺼이 그것을 지니려고 하지 않으면 그것을 지니게 됩니다. 우울증에 대해서도 이것이 적용되는지 봅시다. 당신은 우울할 때 스스로를 격려하기 위해 애썼다고 말했습니다. 그것이 얼마나 효과가 있었습니까?

내담자 효과가 아주 좋지는 않았습니다.

치료자 우울을 안 느끼려고 노력하고 실패하는 것보다 더 우울한 것이 무엇입니까? 불안을 느끼지 않는 것 대신에 이 방 안에 있는 가구를 움직이지 않는 것이 당신의 숙제라고 해 보세요. 그리고 만일에 당신이 움직이면 당신을 쏘겠다고 제가 말한다고 합시다. 어떤 일이 생기겠습니까?

내담자 제가 그 일을 할 수 있을 것입니다.

사랑에 빠지기 비유 우울증에서 경험 통제는 '행복하게 느끼기'나 '자신에 대해 좋게 느끼기' 등과 같은 어떤 바람직한 정서 상태를 유도하기 위해 의도적으로 노력하는 형태를 띨 수도 있으므로, 또한 다음과 같은 비유를 제공하라.

치료자 우리가 좋아하지 않는 감정을 통제하려고 애쓰는 방식으로 인해서 때로는 그와 반대되는 경우가 생기고 지속됩니다. 그러므로 예를 들어, 불행하고 우울하게 느끼는 것을 피하려고 애쓰는 대신에 우리는 행복을 찾고 붙잡고자 노력합니다. 이것이 어떻게 작동하는지 좀 더 자세히 살펴봅시다. 제가 백만 달러를 가지고 있다고 가정합시다. 그리고 그것을 얻기 위해서 필요한 것은 아주 간단합니다. 우리가 여기 이 방을 나갈 것인데, 당신이 해야 할 일은 성별이나 나이 또는 신체적인 외모와 상관없이 당신이 보는 맨 처음 사람과 미친 듯이 사랑에 빠지는 것이 전부입니다. 할 수 있겠습니까?

내담자 하겠다고 확실히 말할 수 있을 것입니다.

치료자 하지만 할 수 있겠습니까? 만일 당신에게 걸 수 있는 어떤 상상의 기계가 있어서 당신이 만나는 첫 번째 사람과 미친 듯이 사랑에 빠지면 알려 줄 것이라고 가정해 보세요. 어떻겠습니까?

내담자 그 사람과 미친 듯이 사랑에 빠졌다고 말하기만 할 것입니다.

치료자 의도적으로 어떤 감정을 만들려고 애쓰는 것은 어떤 감정을 없애려고 애쓰는 것보다 더 잘 작동하지 않는 것 같지 않습니까? 제 말을 그대로 받아들이지 말고 당신 자신의 경험을 보세요. 이번에는 '좋아요, 당신이 본 첫 번째 낯선 사람과 실제로 미친 듯이 사랑에 빠질 필요는 없습니다. 하지만 그에게 달려가서 열정적인 사랑을 고백해야 합니다.'라고 제가 말한다면, 무슨 일이 일어날지 알아차려 보세요. 그렇게 할 수 있겠습니까? 그렇게 하겠습니까?

내담자 백만 달러를 위해서는 물론입니다.

치료자 그러므로 당신이 어떻게 느끼는지를 통제할 수는 없지만, 당신의 입과 발을 어떻게 움직이는지는 통제할 수 있습니다.

4. 경험 통제에 대한 대안으로서의 기꺼이 경험하기

이 시점에서 원치 않는 생각과 감정에 반응하는 대안적인 방식으로서 수용과 기꺼이 경험하기willingness를 소개하라. 또한 깨끗한 고통과 더러운 고통을 구별하기 위해 6장에서 논의했던 체험적인 연습을 소개함으로써, 정서적 통제의 대가를 더 강조할 수 있는 좋은 시간이다.

두 척도 비유 이 비유는 본래 Hayes(1987: 352-353)에 의해 제안되었고, 그 후에 경험 통제 의제에 대한 대안을 내담자에게 제시하기 위한 방법으로서 Hayes 등(1999: 133-134)에 의해 더 발전되었다. 여기서는 우울증에 좀 더 특정적이도록 다소 수정되었다.

우리 앞에 한 개의 전기 장치(스테레오 시스템을 위한 앰프와 같은)가 있다고 상상해 보세요. 그런데 이 특별한 장치는 우울증 앰프와 같습니다.

당신의 스피커에서 우울이 얼마나 많이 나오는가는 장치 어디에 스위치를 설치하는가에 달렸습니다. 스위치 중 하나를 '우울'이라고 명명하고, 범위가 1에서 10까지 있다고 가정합시다. 당신이 치료에 오게 된 것은 스피커에서 나오는 우울이 너무 많기 때문이며, 그러므로 우울 스위치를 조절하고자 하는 것은 아주 당연합니다. 아마도 우울은 10이었을 것이며, 당신은 1이나 2로 더 낮추기를 원할 것입니다.

그래서 당신은 우울 스위치를 잡고 최선을 다해 설정을 바꿀 수 있도록 열심히 노력했습니다. 그러나 효과가 없었습니다. 그렇지 않다면 당신은 여기에 있지 않을 것입니다. 게다가 그것은 전혀 효과가 없을 것이며, 당신의 스피커에서 나오는 우울 볼륨을 변화시키기 위해 설정을 초기화할 어떤 새로운 기술이 제게는 없습니다. 이제, 앰프 상에는 다른 스위치가 있으며, 또 다른 옵션이 있다고 가정해 봅시다.

이 다른 스위치는 더 작아서 간과하기 쉽습니다. 우리는 지금까지 우리의 주의를 거기로 전환하기 위해 작업해 왔습니다. 이 다른 스위치는 '기꺼이 경험하기'라고 불립니다. 그것도 역시 1에서 10까지의 범위가 있으며, 밝혀진 바에 따르면 실제로 둘 중에서 더 중요합니다. 왜냐하면 우울 스위치와는 달리 기꺼이 경험하기 스위치는 낮게, 즉 1수준으로 설정되었기 때문입니다. 기꺼이 경험하기란 당신이 자신의 생각, 감정, 기억, 신체 감각, 충동 등을 경험하는 데 얼마나 열려 있는가를 가리키며, 이를 경험할 때 도망가거나 통제하려고 애쓰지 않는 것과 같습니다. 기꺼이 경험하기가 낮게 설정되어 있을 때에는, 충만하고 가치 있는 삶을 영위하면서 그저 나타나는 어떤 슬픔이나 실망 또는 부정적인 생각과 같은 경험(ACT에서 깨끗한 고통이라고 부르는 것)이 우울이라는 큰 소음이나 우리가 더러운 고통이라고 부르는 것으로 확대되는 일이 발생합니다. 만일 당신이 그것을 기꺼이 경험하려고 하지 않으면 그것을 경험하게 되며, 결국 당신은 우울해지는 것에 대해 우울해지게 됩니다. 만일 기꺼이 경험하기 스위치가 10으로 설정된다면, 어떤 일이 일어날지 생각해 보세요. 이제는 스피커에서 나오는 어떤 원치 않는 소리도 임의적으로 증폭되지 않을 것입니다. 원치 않는 모든 소리가 당신이 원하는 수준으로 낮아질 것이라고, 혹은 그것이 전부 사라질 것이라고 말하지 않았음에 주목하세요. 그것은 때때로 당신에게 우울과 같은 소리를 여전히 낼지도 모릅니다. 모든 초점이 우울 스위치를 낮추는 데 있을 때에는 그 소리가 높은 수준에 고정되는 것과 달리, 이제는 자유롭게 움직인다는 것이 요지입니다. 기꺼이 경험하기 스위치가 더 높은 수준으로 설정되더라도, 원치 않는 소리의 크기는 때로는 줄어들고 때로는 증가할 것입니다. 당신이 그 소리를 조정할 수는 없습니다(당신이 조정할 수 있는 것은 기꺼이 경험하기 스위치가 설치된 곳이 전부입니다). 당신은 지금 우울 스위치 대신에 기꺼이 경험하기 스위치를 바꾸는 것으로 초점을 전환하면 삶이 어떻게 달라지는지 탐색하는 것을 받아들입니까?

우울 지니고 다니기 연습 이 비유에 이어서 곧바로, 6장에 상술된 당신의 우울 지니고 다니기 연습을 제시한다. 이 연습에서는 깨끗한 고통과 더러운 고통을 명확히 구별함으로써 경험 통제의 대가를 더 강조한다. 자신의 우울에 대해 수용적인 태도와 회피적인 태도를 지니는 것의 차이를 내담자에게 보여주기 위해 물리적인 소품(무거운 깡통)을 사용한다는 것을 상기하라.

5. 숙제 부과

카드에 생각적기 연습에 대해서는 6장에서도 언급하였다. 숙제로서, 주중에 마주치는 원치 않는 우울한 생각을 (카드마다 하나씩) 기록할 색인 카드 한 벌을 내담자에게 제공하라. 각 카드 뒷장에 생각과 감정을 통제하려고 시도했던 방법들을 적도록 지시하라. 회기 중에 내담자가 표현한 부정적인 자동적 사고를 골라서 지시한 것에 대해 시범을 보이라. 다음 회기 초반부에 탈융합 연습을 시작하기 위해, 내담자가 완성한 카드를 활용하라.

3회기

이 회기의 목표는 다음과 같다.

- 탈융합과 수용 작업의 표적으로 삼을 사적 사건을 확인하기
- 말의 내용 대신에 그 과정에 내담자의 주의를 재초점화하기
- 몇 가지 탈융합 및 수용 기법을 소개하기

개요

1. 숙제 검토(5분)
2. 당신의 마음은 당신의 친구가 아니다 연습(10분)
   - 제삼자인 마음 기법
   - 마음에게 감사하기 기법
3. 자동적 사고에서 탈융합하기(20분)
   - 우유 우유 우유 연습
   - 다르게 소리내기 연습
   - 기록지 작성하기 연습
4. 원치 않는 감정 수용하기(20분)
   - 물체화하기 연습
   - 감정과 함께 앉아 있기 연습
5. 숙제 부과(5분)
   - 기록지 작성하기 연습
   - 우울증의 이유 연습

진행 일정

1. 숙제 검토

카드에 생각 적기 연습을 검토하면서 이 회기를 시작한다. 필요하면 혼잣말의 구체적인 예로서(예, '전에 했던 것 같은 실수를 하다니, 나는 어쩌면 그리 어리석을 수가 있을까?') '최근의 업무에 대한 생각'과 같은 인지적인 활동에 대해 설명을 다시 하도록 요청하라. 또한 각 생각과 관련된 원치 않는 감정을 확인하고, 각 생각이 경험의 통제나 가치 행동에 대한 장애물로서 기능하는 정도를 평가한다. 필요하면 사적 사건이 첫 회기나 치료 전에 시행한 가치 질문지를 통해서 확인한 가치에 지장을 주는 정도를 확인하라(예, 이 생각으로 인해 아이들과 더 많은 시간을 보내는 데 어느 정도 지장을 받습니까?).

2. 당신의 마음은 당신의 친구가 아니다 연습

탈융합과 수용 작업을 시작하기 전에 6장에서 당신의 마음은 당신의 친구가 아니다라고 불리는 연습을 제시함으로써, 부정적인 혼잣말과 관계 구성하기의 다른 형태들은 보편적이고 정상적임을 강조하라. 우리의 마음은 밧줄을 당기도록 부추기는 괴물과 같다는 것과, 치료자의 목표는 밧줄을 놓는 법과 마음이 우리에게 밧줄을 다시 집으라고 유혹할 때 대응하는 법을 배우는 것임을 강조하라. 또한 경험 통제 의제로 인해 전념 행동이 방해될 때 생기는 부재의 고통pain of absence이라는 대가를 강조하라.

> 당신의 마음이 친구가 아닌 또 다른 방식은, 마음이 삶에서 중시하는 것으로부터 당신을 벗어나게 하는 것입니다. 그래서 당신은 자녀와 질적인 시간을 갖는 대신에, 마음과 논쟁하거나 밧줄을 잡아당기거나 마음이 찾아낸 해결할 수 없는 문제들을 해결하려고 노력하면서 시간을 보냅니다. 마음을 닫는 것이 아니라(그것은 가능하지 않습니다) 그것이 당신에게 말하는 것에 대해 다르게 반

응함으로써, 마음이 아니라 당신이 삶을 더 많이 통제할 수 있기 위해 당신이 할 수 있는 어떤 일을 탐색하는 데 열려 있습니까?

제삼자인 마음 기법 대략 이 시점에서(6장에서 논의한 바대로), 마음을 제삼자로 언급하는 것을 마음의 부정적인 영향을 최소화하는 한 가지 방법으로서 제안하라.

마음에게 감사하기 기법 6장에서 또한 이 특정한 탈융합 촉진 기법을 다루었음을 기억할 것이다. 회기 중에 내담자에게 부정적인 자동적 사고가 일어날 때 그것에 대한 반응으로 제시하는 것이 더 유용하다. 그러나 여기서는 다음에 나오는 더 강력한 탈융합 작업들을 유도하는 도입 작업으로 그것을 제공할 수 있다.

3. 자동적 사고에서 탈융합하기

탈융합 기법을 처음으로 제시할 때, 회기 중에 무의식적으로 일어나는 내담자의 우울한 자동적 사고를 대상으로 하면 더 좋다. 만일 그것이 가능하지 않다면, 애초의 계획은 카드에 생각 적기 숙제를 통해서 확인한 우울한 자동적 사고를 사용하는 것이다. 그 경우에는 다음과 같이 말하면서 연습을 소개하라.

생각 속에 말려들기 싫다고 우리의 마음이 우리에게 말하는 생각을 우리가 통제하려고 얼마나 애쓰는지에 대해 말했습니다. 대개는 당신으로 하여금 밧줄을 집어서 당기기 시작하게 만드는 생각에 달리 반응하는 어떤 방법들을 다음 몇 분 동안에 소개하고 싶습니다. 당신에게 숙제의 일부로 부과할 뿐 아니라 여기서 시도해 보게 할 수 있습니다.

우유 우유 우유 연습 6장에서 논의한 대로, 내담자의 부정적인 자기 평가에 대해 의식적으로 반응하는 이 연습을 각자에게 소개하라. 예를 들어, '나는 바보다.'라고 말하는 내담자에게 치료자를 따라서 '바보'라는 핵심어를 빠르게 반복하도록 요청하라.

다르게 소리내기 연습 이 연습은 6장에도 제시되어 있는데, 회기 중에 나타나는 자동적 사고나 숙제를 통해서 확인된 자동적 사고를 사용해서 소개할 수 있다.

기록지 작성하기 연습 6장에서 기술한 이 탈융합 연습을 소개하는 적절한 시점으로서 내담자의 기분이나 정서적 변화를 살펴보라. 다른 방도로는 최근에 특히 우울해진 사건, 더 좋기로는 가치에 일치하는 행동을 방해하는 사건을 기억하도록 내담자에게 요청하라. 예를 들면, 약속한 대로 아이들을 놀이 공원에 데리고 가는 대신에 기분을 좋게 하려고 술을 마시기 쉬운 내담자에게 그런 경우를 다시 경험하면서 드는 생각과 감정 및 다른 사적 사건을 기록하도록 요청하라. 만일 이번 회기에 시간적으로 다소 어렵다면, 이번 주 숙제의 일부로 들어갈 것이므로, 다른 탈융합 기법을 사용하기 전에 이 특정한 탈융합 기법을 다루어라.

4. 원치 않는 감정 수용하기

조금 전에 다룬 탈융합 기법들은 다루기 힘든 자동적 사고를 위해 주로 고안되었다. 이 지점에서는 또한 경험을 통제하는 노력의 초점이었던 관련 감정의 수용을 촉진하는 몇 가지 기법들을 소개하라. 필요하다면 우울한 생활 사건을 기억하도록 요청함으로써 힘든 감정을 유발할 수도 있겠지만, 탈융합 절차에서와 같이 회기 중에 나타나는 불편한 감정을 가지고 작업하라.

물체화하기 연습 이 회기에 도입할 수 있는 두 가지의 수용 기법 중 하나인 이 연습에서는 유발된 감정을 가지고 작업하는 좀 더 즉각적인 연습을 제공하는 듯하다. 지침이 필요하면, 이 연습을 처음 기술한 6장을 참조하라.

감정과 함께 앉아 있기 연습 이 기법은 6장에도 나와 있는데, 어떤 주제나 쟁점을 논의함으로써 회기 중에 즉각적으로 유발할 수 있는 '뜨거운 감정hot emotions'을 가지고 수용 작업을 수행하면 더 좋다. 신체 언어나 얼굴 표정 또는 울음 등의 변화로 확인할 수 있는 내담자의 기분이나 감정상의 어떤 뚜렷한 변화 후에 이 연습을 도입하라. 이 회기 중에 소개할 탈융합과 수용 연습 및 기법을 여기에 제시된 순서대로 제시할 필요는 없다. 오히려 가장 적절하게 도입할 때를 찾으면서 유연하게 제시하라.

5. 숙제 부과

다음 회기 전까지 한 주 동안 두 가지 숙제가 부과된다.

기록지 작성하기 연습 숙제로 완수하도록 기록지(부록 B)를 충분히 복사해서 내담자에게 주라. 이 기록지는 6장에서 언급된 것이다. 특히, 그를 우울에 빠지게 하는 사건이나 가치 지향적인 목표와 활동을 추구하지 못하도록 방해하는 사건에 대해 기록지를 채우도록 내담자에게 지시하라.

우울증의 이유 연습 이 두 번째 숙제는 탈융합 작업을 다음 회기에 우울에 대한 이유 대기로 이행하기 위해서 고안되었다. 다음과 같은 설명과 함께 내담자에게 우울증의 이유 연습지(부록 C 참조)를 복사해서 주라.

오늘 앞서 말한 대로, 우리 마음은 이것저것에 대해 끊임없이 재잘거립니다. 우리 마음이 행하는 다른 일 중에는 그것이 확인한 문제에 대해 이유나 설명을 찾아내는 일이 있습니다. 이 때문에 당신의 마음은 우울에 대해 어떤 이유를 찾아냈습니다. 기꺼이 하겠다면, 이번 주 숙제 중 일부로 이 기록지를 가져가서 완성해 오길 바랍니다.

정확하게 하려고 너무 신경 쓰지 마세요. 기록지 완성을 방해하는 생각을 발견한다면, 그 생각에 대해 당신의 마음에게 감사를 표하고 최선을 다해 할 수 있는 만큼 계속해서 그것을 채우세요. 그것의 목적은, 뒤로 물러나 알아차림으로써 당신의 마음이 우울에 대해 말하는 이유를 보다 분명하게 보기 위함입니다. 완성한 기록지를 다음 주에 올 때 가져오길 바랍니다. 그러면 회기 시작 부분에 살펴보는 시간을 얼마간 가질 수 있습니다.

4회기

이 회기의 두 가지 목표는 다음과 같다.

- 탈융합 작업을 자기 평가와 이유 대기로 확장하기
- 마음챙김을 소개하기

개요

1. 숙제 검토(5분)
2. 자기 평가와 기술 구별하기(15분)
3. 이유 대기에서 탈융합하기(15분)
   - 왜 왜 왜? 연습
   - 바람 빠진 타이어 비유
   - '그러나' 내려놓기 기법

4. 건포도 명상(15분)
5. 숙제 부과(10분)
   - 마음챙김 연습
   - 생애 이야기 쓰기 연습

진행 일정

1. 숙제 검토

이 회기의 처음 절반은 지난 회기에 내준 숙제의 연장으로 볼 수 있다. 따라서 이 회기 초기에 몇 분간 기록지 작성하기 연습과 우울증의 이유 연습 숙제를 완수했는지 확인하고, 숙제를 하면서 생길 수 있는 내담자의 반응이나 힘든 점을 인정해 주라. 둘 중에서 우울증의 이유 연습이 내담자에게 더 어려웠을 것이다. 이 때문에 나중 회기에서 이 연습을 완수하는 것이 필요한 경우에 이용할 수 있는 빈 기록지(부록 C 참조) 두 장을 마련하라.

2. 자기 평가와 기술 구별하기

평가적인 말과 기술적인 말의 차이를 명확히 구별하는 예시로 사용할 수 있도록, 내담자가 자주 사용하는 부정적인 자기 평가 중에서 몇 개를 확인하라. 이 목적을 위해 완성된 기록지 작성하기 숙제나 카드에 생각 적기 연습을 사용하라. 먼저, 대상에 대한 평가와 기술을 구별하기 위해 6장에서 논의한 나쁜 컵 비유를 수정하여 제시하라. 그러고 나서 6장에서 또한 다룬 것처럼 내담자 자신의 자기 평가까지 확장해서 평가와 기술을 구별해 보라. 그 후에 자기를 가리키는 어떤 부정적인 말을 평가라고 명시적으로 말하도록 적절할 때마다 내담자에게 일러 주라('나는 …라고 내 자신에 대해 평가를 하고 있다.'와 같이).

3. 이유 대기에서 탈융합하기

위에서 언급한 대로, 이유 대기에서의 탈융합이라는 목표와 관계된 첫 번째 대상은 내담자가 완성한 우울증의 이유 연습에서 얻은 것이다. 만일 숙제로 기록지를 채우지 않았다면, 내담자의 설명에 관계없이 회기 중에 이를 완성하도록 지도하라. 다음에는 이를 처리하기 위해, 6장에 제시된 지침을 사용하라. 그렇게 할 때, 어떤 특정한 이유가 타당하거나 합리적이거나 혹은 논리적이거나 상식적이거나 간에 그것보다는 하나의 과정인 이유 대기의 기능에 대해 확실하게 강조하라. 예를 들면, 창조적 절망감을 유발하기 위해서 사용했던 어떤 비유라도 다시 언급하라.

당신의 마음으로부터 오는 이 모든 말들이 우울에 사로잡히지 않도록 돕습니까, 아니면 계속해서 사로잡히게 만듭니까? 이는 단지 구덩이를 파거나 밧줄을 잡아당기는 또 다른 하나의 방법일 수 있습니까? 왜 우울한가에 대해 당신의 마음이 찾아내는 이유를 취하는 것이 당신에게 얼마나 유용합니까?

왜 왜 왜? 연습 이유 대기의 임의성을 더욱 강조하기 위해 다음과 같은 짧은 연습을 제시하라(Strosahl et al., 2004: 〈표 2-3〉; Zettle & Hayes, 2002: 47 참조).

치료자 당신이 기꺼이 하겠다면, 이유 대기가 어떻게 작용하는지를 더 잘 보도록 도울 수 있는 간단한 연습을 함께 했으면 좋겠습니다. 여기에 두 가지 아이스크림이 있다고 가정해 봅시다. 하나는 바닐라 아이스크림이고, 다른 것은 초콜릿 아이스크림입니다. 당신은 어느 것을 선택합니까?

내담자 초콜릿.

치료자 왜죠?

내담자 바닐라를 더 좋아하니까.

치료자 왜죠?

내담자 모릅니다. 그냥, 좋습니다.

치료자 왜죠?

내담자 그 밖에 달리 뭐라 말할지 모르겠습니다.

치료자 왜 바닐라 아이스크림보다 초콜릿 아이스크림을 더 좋아하는지에 대한 모든 종류의 이유들을 당신의 마음이 떠올릴 수 있겠지만, 우리가 방금 보았던 것처럼 그것이 바로 떠오를 때 당신의 마음이 그에 대해 설명할 수 없다는 것은 무엇을 의미합니까? 어떤 아이스크림 맛을 다른 아이스크림 맛보다 더 좋아하는 것처럼 간단한 일에 대해 당신의 마음이 말해야 하는 것이 단지 더 많은 말과 재잘거림이라면, 당신이 왜 우울한지에 관해 말해야 하는 것과 같이 복잡한 일에 대해서는 어떻겠습니까?

바람 빠진 타이어 비유 다음에는 반추적인 이유 대기가 가치 지향적인 삶을 어떻게 방해하는지를 강조하기 위해 6장에서 기술한 이 비유를 제시하라. '다음에는 왜 우울한지를 이해하려고 애쓰는 것이 어떻게 당신이 원하는 삶의 방식에 영향을 미칠 수 있는지 봅시다.' 와 같이 말하면서 비유를 소개하라.

'그러나' 내려놓기 기법 회기의 이 부분에서는 이유 대기 과정이 전념 행동의 부재에 기여하는 다른 방식을 검토함으로써 바람 빠진 타이어 비유를 보충한다(Hayes et al., 1999: 166-168 참조). 가치 있는 목표를 추구하지 않는 것에 대해 우울한 내담자가 제시하는 이유에는 대개 사적 사건들이 포함된다(예, '나는 다른 직업을 찾기 원하지만, 자신감이 없습니다.'). 이 특정한 기법은 그러한 변명 대기에 융합되는 것에서 벗어나도록 촉진시킨다. 또한 지난 장 끝에서 말한 것처럼, 양립할 수 없는 듯이 보이는 사적 사건에 반응할 때 취하는 관점을 강조하기 때문에 내담자의 맥락적인 자기를 촉진하는 데 도움이 될 수 있다.

다양한 맛의 아이스크림 중에서 한 가지 맛을 선택하는 것과 같이, 당신이 어떤 일을 왜 하는지에 대해 마음이 어떻게 이유를 대는지 말해 왔습니다. 우리가 우리에게 중요하다고 말하는 일을 하지 않은 이유에 대해 떠오르는 것이 있을 때, 마음이 우리의 친구가 아닌 또 다른 방식을 생각해 봅시다. [가능하면, 되도록 회기 중에 당신이 들었던 것으로 내담자와 개인적으로 관련이 있는 예를 여기서 제공하라.] '정말로 내 아이들과 더 많은 시간을 보내고 싶다. 그러나 내게는 에너지가 없는 듯하다.' 이 말이 익숙하게 들립니까? 이것이 우리 마음이 말하는 방식입니다. 이것은 당신 마음이 말하는 방식이며, 제 마음이 말하는 방식입니다. 여기서 당신의 마음이 잘못된 것은 결코 아닙니다(자기 일을 매우 잘하고 있는 것입니다). 다만, 변명에 관해 당신의 마음이 심각하게 말해야 하는 것을 받아들임으로써 당신은 구석으로 몰릴 수가 있습니다.

'그러나but' 라는 말은 문자적으로 '이다be'와 '아웃out'이라는 두 개의 말을 압축한 것입니다(Hayes et al., 1999: 167). 그러므로 당신의 마음이 '상사에게 봉급 인상을 요청하고 싶다. 그러나 거절당할 것이 두렵다.'와 같이 말할 때 암시하는 것은, 어떻게 하든 공존할 수 없는 두 가지 경험(즉, 봉급 인상을 원하는 것과 이를 요청하는 것에 대해 두려워하는 것)이 있다는 점입니다. 당신 마음이 당신에게 말하는 것을 받아들일 때에는 봉급 인상 요청을 하려면 거절당하는 것에 대해 두려움이 '없어야' 합니다. 만일 두려움이 없다면, 당신은 봉급 인상을 요청할 것입니다. 그래서 당신이 봉급 인상을 요청할 수 있다고 느끼기 전에 어떻게든지 그런 두려움이 제거되어야 합니다. 당신이 좋아하지 않는 감정을 제거하려고 애쓰는 동안에 무슨 일이 일어납니까?

그 감정을 기꺼이 지니려고 하지 않으면, 당신은 그 감정을 지닙니다. 그러므로 여기서 당신의 마음에 귀를 기울인다는 것은 봉급이 인상되지 않는다는 것을 의미하며, 이제 함께 줄다리기를 하는 또 다른 두려움이라는 괴물이 당신에게 있음을 의미합니다.

당신의 마음이 아니라 당신 자신이 말한 것을 어떻게 변화시킬 수 있는지 그리고 당신이 '그러나'를 벗어던질 때 무슨 일이 일어날 것인지를 여기서 살펴봅시다. 여기에 우리가 따를 수 있는 작은 습관이 있으며, 저는 회기 후에 숙제로 실행해 볼 것을 당신에게 강력히 권합니다. '그러나'가 있으며 이를 '그리고'라는 말로 대체할 때 당신 자신을 포착할 수 있는지 보세요. '나는 상사에게 봉급 인상을 요청하고 싶다. 그러나 거절 받을 것이 두렵다.' 대신에 '나는 상사에게 봉급 인상을 요청하고 싶다. 그리고 거절 받는 것이 두렵다.'와 같이 말해 보세요.

이 개입에서 배운 것을 나머지 회기 중에 치료자와 내담자가 말하는 것에 나중에 재미있게 적용해 보라. 내담자에게서 '그러나'를 들을 때, 약간 생각에 잠긴 듯이 그러나(또는 '그리고' 인가?!) 일관된 방식으로 지적하라. 그리고 유사한 방식으로 치료자를 부드럽게 바로잡도록 내담자를 격려하라.

4. 건포도 명상

이전 장에서 네 주에 걸친 개요를 설명했던 마음챙김 연습의 순서를 따르려고 한다면, 이제 첫 번째 연습을 제시하라. 건포도 명상과 마음챙김 연습의 원리를 제시할 때 8장에서 제공한 지침을 따르라. 계속해서 우울에 사로잡히게 만드는 생각과 감정에 대응하고 반응하거나 삶에서 전진하는 조금 다른 방식을 치료자와 내담자 두 사람이 탐구해 오고 있다는 것과, 마음챙김은 그렇게 하는 또 다른 방식이라는 점을 강조하라.

5. 숙제 부과

다음 회기 전에 완수할 두 가지 형식의 숙제를 내담자에게 부과하라.

마음챙김 연습 마음챙김 연습 일지(부록 H 참조)를 복사해서 내담자에게 제공하라. 그리고 다음 회기 이전에 매일 한 번씩 연습을 완수하도록 요청할 때, 이전 장에 제시된 지침을 따르라.

생애 이야기 쓰기 연습 또한 내담자에게 자신의 생애 이야기의 초안을 쓰도록 숙제로 요청하라. 6장에서 제공되었던 이 연습에 대한 제안에 따라서 적절한 기록지(부록 D 참조)를 복사해서 내담자에게 제공하라.

5회기

이 회기의 목표는 네 가지다.

- 탈융합 작업을 생애 이야기로 확장하기
- 마음챙김 연습을 일상 활동의 수행으로 확장하기
- 맥락으로서의 자기를 촉진하기 시작하기
- 내담자의 가치를 더욱 명료화하기

개요

1. 숙제 검토(10분)
   - 생애 이야기 쓰기 연습
   - 마음챙김 연습
2. 마음챙김으로 일상적인 활동 수행하기(15분)
3. 체스판 비유(10분)
4. 간접적인 가치 평가(15분)

- 심리적 고통을 추적하기
- 치료 목표의 설정을 통해
- 어린 시절의 소원 회고하기
- 누구의 삶을 존경하는가
- 당신의 삶이 어떻게 실현되기를 바라는가
- 묘비문 연습

5. 숙제 부과(10분)
   - 마음챙김 연습
   - 생애 이야기 다시 쓰기 연습

진행 일정

1. 숙제 검토

회기의 나머지 부분은 연계된 방식이므로, 아래에서 논의하는 순서대로 두 가지 숙제를 검토하라.

생애 이야기 쓰기 연습 먼저, 내담자가 숙제를 완수했는지 확인하라. 숙제를 하지 않았다면 다음 주 중에 다시 숙제를 내주거나, 더 좋기로는 가능하면 회기를 끝내고 가기 전에 숙제를 완성하도록 내담자에게 요청하라. 숙제를 완수했다면 그 이야기 안에 포함된 개인적인 사실들에 밑줄을 그으면서, 6장에서 제안한 대로 내담자와 함께 협력적으로 작업하라. 회기 끝에 더 자세하게 설명하겠지만, 밑줄 그은 사실들을 사용해서 우울증이라는 결과로 끝나지 않는 결말을 지닌 생애 이야기로 다시 쓰는 것이 다음 주 중에 내줄 숙제 중 하나임을 알려 주라.

마음챙김 연습 그 주 내내 얼마나 자주 마음챙김으로 먹거나 마셨는지를 초기에 판단하기 위해 마음챙김 연습 일지를 검토하라. 내담자가 적어도 세 번의 연습을 실행하지 않았다면, 이 회기 뒷 부분에 다른 식품을 사용해서 건포도 명상을 다시 제시하라. 마음챙김 연습의 진행에서 다음 단계로 나가기 전에 이를 행하라. 내담자가 숙제를 완수했다면, 그(그녀)가 지녔던 반응들이 무엇이든지 간에 개방적이고 비판단적인 태도로 검토하라.

2. 마음챙김으로 일상적인 활동 수행하기

8장에서 기술한 걷기 명상으로 마음챙김의 두 번째 진행 단계를 도입하라. 그 후에 연습에 대한 내담자의 반응을 요청하고 타당화하는 시간을 얼마간 제공하라.

3. 체스판 비유

프로토콜 상으로는 내담자가 이 시점까지 몇 차례의 탈융합, 수용, 그리고 마음챙김 연습과 초월적 자기를 간접적으로 촉진하는 기법들을 이미 실행했을 것이다. 이제, 이전 장에서 제공한 지침에 따라 체스판 비유를 제시함으로써 맥락으로서의 자기에 좀 더 분명하게 초점을 두라. 다음과 같은 말을 하면서 비유를 제시하라.

> 이제까지 우리는 투쟁으로 이끌기 쉬운 생각과 감정에 다르게 반응할 수 있는 몇 가지 다른 방식들을 탐구해 왔습니다. 이는 당신이 투쟁하고 있는 생각 및 감정과 당신의 관계를 좀 더 조망하기 위해 약간 뒤로 물러난 좋은 지점일 것입니다.

시간이 허락되면, 맥락으로서의 자기와 심리적 경험의 내용 사이의 구별을 좀 더 강조하는 집 안의 가구 비유(Strosahl et al., 2004: 〈표 2-5〉)를 하나 더 다룸으로써, 치료자는 체스판 비유를 보충하기 원할 수도 있다. 다음과 같이 말하라.

투쟁하게 만드는 생각 및 감정을 지닌 당신과 그 같은 생각 및 감정 간의 관계에 대해 생각하는 또 다른 방법은 그것을 집 안에 있는 가구로 보는 것입니다. 당신이 수백만 달러짜리 집을 지었지만 초라한 가게나 할인점에서 본 가구로 그 집을 채웠다고 가정해 보세요. 어떤 식으로든 그 가구들이 집의 가치를 감소시키겠습니까? 아니면 당신이 낡은 마분지 상자로 집을 짓고서 그 집에 가구를 들이기 위해 가장 좋은 가구점에 갔다고 가정해 보세요. 어떤 식으로든 비싼 가구가 마분지 상자의 특성이나 가치를 어느 정도 바꾸겠습니까? 만일 당신은 집과 같고 당신의 생각이나 감정은 가구와 같다면 어떻겠습니까? 당신은 어떤 가구를 좋아하고, 다른 가구를 좋아하지 않을 수 있습니다. 그러나 가구는 집이 아닙니다. 그리고 당신은 당신의 생각과 감정이 아닙니다. 집은 의자나 소파 그리고 탁자 등과 같은 것들을 가구로 들일 수 있는 맥락을 단지 제공할 뿐이며, 가구는 집의 가치를 더하거나 빼지 않습니다.

4. 간접적인 가치 평가

이미 첫 회기에 초기적인 가치 작업이 어느 정도 이루어지긴 했지만, 전반적인 치료 계획이 제대로 궤도에 오르고 내담자의 가치와 일치한다는 것을 확신하기 위하여 이제 내담자의 가치를 상세히 평가하기를 추천한다. 이를 달성하기 위해 사용할 수 있는 7장에 상술된 간접적인 방법들이 아래에 요약되어 있다. 모든 절차들을 다 사용할 필요는 없다. 그 중에서 자유롭게 고르고 선택하라.

심리적 고통을 추적하기 필요하면, 과정 중에 협의한 가치추구의 목표에 대해 논의함으로써 내담자에게 우울이 왜 그렇게 우울하게 만드는지를 다시금 확인하라. '우울과 투쟁한 결과로 인해 삶에서 잃어버린 것은 무엇입니까?'

치료 목표의 설정을 통해 첫 회기에서 파악한 치료 목표가 바뀌지 않았음을 확인하고, 만일 바뀌었다면 어떤 새로운 목표가 ACT와 일관되고 내담자의 가치와 연결되는지 확인하라.

어린 시절의 소원 회고하기 7장에서 강조했듯이, 내담자에게 어린 시절의 희망과 꿈에 다시 접촉하도록 요청함으로써 가치에 접근하는 방법은 자신에게는 가치가 전혀 없으며 삶에서 한때 스스로 가졌던 목표를 포기했다고 말하는 내담자에게 특히 추천된다.

누구의 삶을 존경하는가 내담자가 개인적으로 영웅시하는 사람을 확인하고, 그의 삶에서 실현된 가치가 무엇인지 확인하라.

당신의 삶이 어떻게 실현되기를 바라는가 어떻게 기억되기를 바라는지 그리고 친구와 가족이 그를 기리며 말하는 것이 무엇이기를 바라는지 내담자에게 물어보라.

묘비문 연습 자신에 대해 묘비에 쓰이길 바라는 것이 의미하는 바를 내담자에게 물어보라.

5. 숙제 부과

마음챙김 연습 이전 장에서 제안한 바와 같이, 내담자가 마음챙김으로 수행하고자 계획한 일상의 활동들을 적을 수 있는 마음챙김 연습 일지(부록 H 참조)를 새로 주라.

생애 이야기 다시 쓰기 연습 자신의 생애 이야기를 다시 쓸 적절한 기록지(부록 D 참조)를 내담자에게 주라. 처음에 쓴 생애 이야기에서 밑줄 그었던 모든 사실들을 가지고 우울하지 않은 결말로 끝나는 새로운 버전으로 구성하라고 지시하라.

6회기

이 회기의 세 가지 목표는 다음과 같다.

- 생애 이야기로부터의 탈융합을 완성하기
- 마음챙김 연습을 호흡하기로 확장하기
- 맥락으로서의 자기를 더욱 촉진하기

개요

1. 숙제 검토(15분)
   - 생애 이야기 다시 쓰기 연습
   - 마음챙김 연습
2. 마음챙김 호흡하기(15분)
3. 관찰자 연습(20분)
4. 숙제 부과(10분)
   - 마음챙김 연습
   - 가치 질문지

진행 일정

1. 숙제 검토

지난 주에 부과한 두 개의 숙제 중에서 생애 이야기 다시 쓰기 숙제에 대한 논의를 통해서 마음챙김 연습으로 안내할 수 있도록, 다시 쓴 생애 이야기를 먼저 검토하라.

생애 이야기 다시 쓰기 연습 초기 버전에 포함된 같은 사실들이 이번에는 다른 결말로 끝나는 것을 확인하기 위해, 다시 쓴 생애 이야기를 내담자와 함께 검토하라. 6장에서 논의한 대로, 숙제를 완수하는 과정에서 새로운 사실들을 발견하고 다시 쓸 때 그것들을 넣는다면, 이를 또한 허용할 수 있다. 이 연습의 목적은 계속 유지하려고 내담자가 꽉 붙잡고 있는 생애 이야기를 느슨하게 만드는 것이며 다른 버전이 더 낫다는 것을 확신시켜서 꽉 붙잡게 하려는 것이 아님을 기억하라. 치료자의 임무는 대안적인 실재를 촉진하는 것이 아니라 다른 가능성을 촉진하는 것이다.

마음챙김 연습 지난 회기 이후에 매일 최소 한 개의 일상 활동을 마음챙김으로 수행했는지 판단하기 위해 내담자와 함께 마음챙김 연습 일지를 검토하라. 내담자가 마음챙김 연습의 순서에서 다음 단계로 진행할 준비가 되었는지를 판단하기 위해, 앞서 제시했던 동일한 지침들을 사용하라. 내담자가 적어도 세 번을 실행하지 않았다면, 호흡 연습을 진행하는 대신에 회기 중에 스트레칭이나 코트 입기와 벗기 또는 계단 오르기 등과 같은 다른 일상 활동을 가지고 마음챙김 연습을 지도하라.

2. 마음챙김 호흡하기

내담자에게 이 연습을 소개하면서 이전 장의 지침들을 따르라. 연습 후에는 적어도 5분 동안 연습에 대한 내담자의 반응을 검토하며, 다음의 관찰자 연습을 진행하기 전에 잠시 쉬는 시간을 주라.

3. 관찰자 연습

지난 장에서 시사했던 대로, 지난 회기에 다룬 체스판 비유를 다시 언급하면서 이 연습을 시작하라. 마음챙김과 맥락으로서의 자기는 동시에 그리고 공통으로 촉진될 수 있다. 따라서 여기서 관찰자 연습을 소개하는 것은 마음챙김을 시작하기 위한 작업과 다음 회기에서 생각 및 감정을 포함하여 진행할 최종 단계를 같이 연결하는 가교로서 도움이 된다. 내담자에게 이 연습을 제시할 때, 이전 장에서 제공했던 지침들을 따르라.

4. 숙제 부과

다음 주 중에 부과되는 숙제는 두 가지가 있는데, 어떤 순서로 논의되든지 괜찮다.

마음챙김 연습 마음챙김 호흡하기 중에 내담자를 안내하도록 돕기 위해 관련 유인물(부록 I 참조)이나 CD 또는 오디오 테이프뿐 아니라 또 다른 마음챙김 연습 일지(부록 H 참조)를 내담자에게 제공하라. 적어도 매일 두 번씩 이 연습을 실행하고, 처음에는 5분에서 시작하여 마지막에는 15분까지 지속 시간을 천천히 늘리도록 내담자에게 요청하라.

가치 질문지 치료 전에 주지 않았다면, 이전에 설명한 가치 질문지인 PVQ(부록 E 참조)나 VLQ(부록 F 참조) 중 한 개를 숙제로 완성해 오도록 내담자에게 요청하라.

7회기

이 회기의 목표는 다음과 같다.

- 마음챙김 훈련을 생각과 감정으로 확장함으로써 마음챙김 훈련의 진행을 완성하기
- 내담자의 가치를 심도 있게 평가하고 명료화하기
- 가치와 일치하는 목표를 확인하기
- 관련 있는 전념 행동을 처음으로 촉진하기

개요

1. 숙제 검토(5분)
2. 마음챙김으로 생각하고 느끼기(15분)
3. 직접적인 가치 평가(10분)
4. 목표 확인(10분)
5. 전념 행동 촉진하기(15분)
   - 환경적인 장애물
   - 경험적인 장애물
6. 숙제 부과(5분)
   - 마음챙김 연습
   - 전념 행동

진행 일정

1. 숙제 검토

지난 회기 이후에 내담자가 마음챙김 호흡하기를 얼마나 연습했는지 평가하기 위해 마음챙김 연습 일지를 검토하라. 만일 내담자가 적어도 매일 한 번씩 연습을 실행하지 않았거나 지금까지 한번에 최소 10분까지 실행하지 않았다면, 회기 중에 호흡하기 연습을 다시 제시하고 마음챙김 훈련의 마지막 단계를 진행하기 전에 이를 숙제로 다시 부과하라. 또한 가치 질문지를 완성했는지 간단히 확인하라.

2. 마음챙김으로 생각하고 느끼기

마음챙김 연습(행진하는 군인, 시냇물 위의 나뭇잎, 마음 기차 지켜보기, 구름 지켜보기) 중에서 한 가지를 내담자에게 제시하기 위해, 지난 장에서 제공한 제안들을 따르라.

3. 직접적인 가치 평가

가치 우선순위를 매긴 가치 목록을 편집하기 위해 내담자와 함께 완성한 PVQ나 VLQ를 협력적으로 검토하라. 7장에서 논의한 대로, 내담자에게 과도하게 영향을 미치는지 알아차리고, 5장에서 했던 간접 평가에서 나타난 내담자의 가치와 일치하는 정도를 평가하라. 치료자의 목적은 가치를 중심으로 관련 목표들이 논의되고 확정될 수 있도록 내담자의 초기 가치를 목표 확인 작업 전에 확인하는 것이다.

4. 목표 확인

우선되는 가치와 밀접하게 관련된 목표 목록을 개발하기 위해 내담자와 함께 작업할 경우에는 7장에서 제공한 제안들을 따르라. 예를 들어, '아내와 좀 더 자주 데이트하기'와 '아내가 하루 일과에 대해 이야기하는 것을 들어 주기 위해 매일 일정한 시간을 떼어 두기' 등은 '더 많이 돌보는 배우자 되기'라는 가치와 일치하는 목표일 것이다. 어떤 목표들은 더 장기적인 것일 수 있으며, 이를 달성하기 위해서는 몇 개의 점진적인 단계가 필요할 것이다. 반면에 다른 목표들은 매일 달성할 수 있다. 어떤 경우이든지 간에, 다음 회기 전에 잠재적으로 달성할 수 있는 구체적인 가치 관련 목표들을 확인할 만큼 충분히 길게 이 작업을 지속하라. 시간이 허락된다면, 내담자의 다른 가치와 연관된 목표들의 목록도 개발하라.

5. 전념 행동 촉진하기

방금 전에 확인한 목표를 달성하기 위한 숙제의 일부로서 내담자가 수행할 구체적인 행동을 결정하라. 예를 들어, 내담자의 목표가 아내와 함께 저녁 식사를 하고 영화를 관람하는 '데이트'라면, 식사 예약을 하고 영화를 고르며 두 가지 활동을 조정하는 방법을 계획해야 할 것이다. 필요하면, '이 목표를 이루기 위해 무엇을 할 수 있습니까?'라는 질문을 반복해서 물으라. 일단 만족하게 대답하면, '이 목표를 이루기 위해서 해야 할 것이라고 말한 것을 무엇이 가로막을 수 있겠습니까?'라고 물음으로써 전념 행동을 가로막을 수 있을 장애물에 대해 내담자와 함께 논의하는 쪽으로 진행하라.

환경적인 장애물 내담자와 함께 목표 지향적인 행동을 방해할 수 있는 외부 장애물을 극복하는 방법을 확인하고 의논하라. 예를 들어, 만일 재정이 중요한 제한 요인이라면 어디서 저녁을 먹고 무슨 영화를 볼 것인지를 조정해야 할 것이다.

경험적인 장애물 우선, 전념 행동 자체나 그것에 이르게 하는 행동(저녁 식사 예약하기와 같은)을 실행하는 상상을 할 때 드는 생각과 감정이라면 무엇이든지 보고하도록 내담자에게 요청하라. 다음으로는, 그런 사적 사건이 전념 행동을 방해하는 정도와, 그가 배운 몇 가지 탈융합과 수용 절차를 어떻게 적용할 수 있는지 간단하게 말해 보도록 요청하라. 이 회기 초기에 제시한 마음챙김 연습을 다시 언급하면서('당신에게 어떤 생각과 감정이 일어나든지 '그저 알아차리는' 것이 가능합니까?') 내담자의 초월적인 자기 인식에 호소하라('목표를 이루기 위해 필요한 행동에 방해가 되는 생각과 감정이 무엇이든지 간에 체스판인 당신, 즉 관찰자 당신이 그것들과 함께 움직이는 쪽을 선택하는 것이 가능합니까?').

마지막으로, 숙제를 마치기 전에 다음과 같이 물어봄으로써, 언급하지는 않았지만 여전히 나타날 수 있는 추가적인 경험적 장애물에 대해 내담자가 어떻게 반응하는지를 다소 조정하라.

> 당신이 아내와 함께하는 데이트를 계획하고 진행하는 데 방해가 될 어떤 부정적인 생각과 감정에 대해 우리가 말할 때, 당신은 그것을 모른다고 말했습니다. 모든 일이 시작되고 실제로 데이트 진행이 점점 가까워지면서 '나는 잘못된 영화와 식당을 골랐다.'라는 생각이 들고 아내에게 좋은 친구가 되기에는 충분한 에너지가 없다는 느낌이 드는 것을 발견했다고 가정합시다. 무엇을 할 수 있겠습니까?

6. 숙제 부과

다음 회기 전에 내담자가 주 중에 완성하도록 내줄 두 가지 숙제가 있다.

마음챙김 연습 마음챙김으로 생각하고 느끼는 연습을 할 때 내담자를 안내해 줄 CD나 녹음 테이프와 함께 별도의 마음챙김 연습 일지(부록 H 참조)를 내담자에게 제공하라.

전념 행동 내담자에게 목표-행동 기록지(부록 G 참조)를 복사해서 주라. 회기 초기에 확인한 목표와, 숙제로 완성하기로 동의한 관련 행동을 기록지 상의 적절한 여백에 기록하라. 마지막으로, 숙제를 완수하면서 부딪치는 어떤 장애물들을 알아차리는 방법에 대해 내담자와 함께 논의하라.

8회기

이 회기의 네 가지 목표는 다음과 같다.

- 심화된 마음챙김 훈련의 정도를 정하기
- 전념의 특성을 명료화하기
- 전념 행동의 장애물을 관리하는 방법을 상세히 설명하기
- 연관된 숙제를 통해 전념 행동을 더욱 촉진하기

개요

1. 숙제 검토(10분)
   - 마음챙김 연습
   - 전념 행동
2. 전념의 특성(20분)
   - 노력하기 대 행하기 연습
   - 부분적인 전념 대 온전한 전념
3. 전념의 장애물 관리하기(20분)
   - 버스에 탄 승객 비유
   - 선택하기 대 결정하기

   - 늪 지대 비유
4. 숙제 부과(10분)
   - 마음챙김 연습
   - 전념 행동

진행 일정

1. 숙제 검토

지난 회기에 내준 숙제를 둘 다 완수했는지, 안 했다면 무엇 때문에 방해를 받았는지 살펴보기 위해 회기 시작 부분에 잠시 시간을 가지라. 이 회기에서는 두 가지 숙제 모두 또는 한 가지 숙제를 완수하는 데 실패한 내담자에 비해 두 가지 숙제를 모두 성공적으로 완수한 내담자에게 달리 접근할 필요가 있을 것이다. 회기 시작에서 이런 정보가 있으면, 회기의 나머지 부분을 구성하는 데 도움이 될 것이다.

마음챙김 연습 내담자가 마음챙김 생각하기를 연습했는지 확인하기 위해서 마음챙김 연습 일지를 검토하라. 적어도 하루에 한 번씩 최소 10분 동안 연습을 실행하지 않았다면, 연습(행진하는 군인이나 시냇물 위의 나뭇잎과 같은) 중에 한 가지를 제공하기 위해 이 회기의 두 번째와 세 번째 진행 일정에서 시간을 조금 할애하라.

전념 행동 내담자가 숙제로 동의한 목표 지향적인 행동을 했는지 알아보기 위하여 목표-행동 기록지를 검토하라. 내담자가 목표 지향적인 행동을 실행하면서 극복할 수 있었던 환경적인 혹은 경험적인 장애물뿐 아니라, 나중에 회기에서 다룰 수 있도록 숙제 완수를 방해했을지 모르는 장애물 또한 적어 두라.

2. 전념의 특성

지속적인 목표 추구 행동을 촉진하기 위하여 전념 행동의 특성을 더욱 명확하게 하라. 내담자가 숙제를 성공적으로 완수하지 않았을 경우에는 이러한 경험을 활용해서 전념의 핵심적인 차원을 보여 줄 수 있으므로, 어떤 의미에서는 이 작업이 더 쉬울 수 있다. 만일 내담자가 숙제를 완수했다면, 이 항목을 사실상 더 예방적인 것으로 보라.

노력하기 대 행하기 연습 숙제를 완수하지 못했음에도 불구하고 내담자는 그렇게 하려고 노력했다고 말할 가능성이 상당히 있다. 이는 내담자에게 펜이나 유사한 물체를 집도록 노력하라고 지시했던 7장의 연습을 제시함으로써, 전념을 **유지하는 것**과 전념을 유지하기 위해 **노력하는 것** 간의 차이를 강조할 수 있는 적절한 시점이다.

부분적인 전념 대 온전한 전념 동의한 숙제를 다 완수하지는 않았다고 내담자가 보고하는 경우가 흔하다. 예를 들면, 아내와 데이트 하는 숙제가 있는 내담자가 다음 회기에 와서 저녁 식사와 영화를 위해 외출은 하지 않았지만 집에서 함께 DVD를 보았다고 말할 수도 있다. 그것도 여전히 배우자 돌보기라는 가치와 일치하므로 아무것도 하지 않는 것보다는 낫긴 하지만, 그래도 역시 실패한 전념에 속하며 그렇게 다루어야 한다.

전념을 뛰어내리기에 비유한, 7장에 상술한 점프 연습을 제시하라. 전념 행동의 첫 단계는 실행하기에 너무 높았다고 이 연습의 용어로 말하면서, 내담자는 '점프'를 했지만 실제로는 낮아진 높이에서 했음을 지적하라. 다음 주 동안에 부과할 적절한 숙제를 결정하면서 내담자와 협력할 때, 이 설명을 나중에 활용하라. 너무 야심찬 수준을 정해서 결국 점프할 때에는 더 낮은 수준이 되는 것보다 더 적당한 수준의 높이에서 점프하기에 전념하는 것이 더 낫다.

3. 전념의 장애물 관리하기

전념 행동의 장애물로 기능해 온 원치 않는 생각과 감정을 내담자가 경험했다면, 이전의 의제 항목과 함께 이를 설명하는 것도 시기적절하다. 그런 경우가 아니더라도 조만간 이런 어려운 문제에 직면할 것이므로, 가능한 경험적 장애물에 반응하는 법을 내담자와 함께 논의하라.

버스에 탄 승객 비유 가치 지향적인 행동을 막을 수 있는 사적 사건의 지속적인 존재를 강조하기 위해, 7장에 기술되었던 이 비유를 제시하라. 내담자가 가치를 두는 길로 가려는 바로 그때 승객들이 어떻게 저항하며 소동을 일으킬 수 있는지 강조하라. 가치를 능동적으로 추구하지 않으면 승객들은 가만히 있고 유순해질 수 있지만, 승객 때문에 내담자가 가치 있고 활기찬 삶을 영위하는 것은 아니므로 이러한 '평온함'으로 내담자는 대가를 치르게 된다.

선택하기 대 결정하기 왜 왜 왜? 연습은 이유 대기에서 탈융합하는 방법으로 4장에 제시되었다. 이 연습으로 가치 선택하기를 지도함으로써 전념 행동을 방해하는 이유 대기의 힘을 약화시키기 위하여 여기서는 다양한 형태를 제시하라.

치료자 지난 회기의 많은 부분과 오늘 회기의 상당 부분에서 당신의 가치와 관련된 목표와, 그 목표에 이르기 위해 당신이 할 수 있는 행동을 살펴보았습니다. 그런데 당신의 가치는 어디서 오며, 당신은 왜 **저** 가치가 아니라 **이** 가치를 지닙니까? 예를 들어, 우리는 당신이 우선시하는 가치 중 하나가 돌보는 부모 되기임을 확인했습니다.

내담자 자녀를 적절하게 돌볼 수 있을 만큼 충분히 책임을 지지 않으려면 그 누구도 아이를 가져서는 안 된다고 생각합니다.

치료자 왜 그렇습니까?

내담자 그렇게 하지 않으면 아이들이 올바르게 성장하지 않을 수 있고, 결과적으로 고통을 겪을 것입니다.

치료자 아마 그럴 것입니다. 그러나 자녀가 올바르게 자라는 것이 중요하지 않다고 제가 말했다고 합시다. 당신에게는 왜 그것이 중요합니까? 당신에게는 왜 돌보는 부모가 되는 것이 중요합니까?

내담자 아마도 제가 양육된 방식으로 거슬러 간다고 짐작됩니다.

치료자 당신이 달리 양육되었다면, 그래도 돌보는 부모가 되는 것이 중요합니까?

내담자 그렇다고 생각합니다.

치료자 두 가지 아이스크림을 기억해 보세요. 어느 것을 선택하고 왜 선택하는지?

내담자 예.

치료자 가치를 선택한다는 것이 그와 같다면 어떻겠습니까? 당신의 가치와 아이스크림이 똑같이 중요하다고 말하기 위해 물어보는 것은 아니지만, 두 가지 모두 다 같은 식으로 자유롭게 선택한 것인지를 생각해 보기 위함입니다. 좋은 부모가 되는 것에 왜 그렇게 많은 관심을 갖는지 제가 당신에게 물어봤을 때 당신이 제시했던 것처럼, 당신은 좋아하는 아이스크림의 맛에 대한 이유를 제게 제시할 수 있습니다. 그러나 이유 때문이거나 이유가 있어서 바닐라 아이스크림이 아니라 초콜릿 아이스크림을 선택합니까? 이유 때문이거나 이유가 있어서, 돌보지 않는 부모가 아니라 돌보는 부모 되기를 선택합니까?

내담자 그런 식으로 물을 때는 이유가 있다고 생각됩니다.

치료자 당신의 선택을 바꾸게 만들 어떤 것이라고 제가 말할 수 있는, 즉 돌보지 않는 부모가 되도록 당신을 확신시킬 수 있는 이유가 있습니까?

내담자 아니오, 없습니다.

치료자 당신에게 돌보는 부모가 되는 것이 왜 중요한지에 대해 당신의 마음이 무엇이라고 말하든지 간에, 이는 단지 이유들이 아주 많이 재잘대는 것뿐임을 의미하지 않습니까? 우리가 행하는 것에 대해 우리 모두가 제시하는 이유들은, 우리가 어떤 가치를 다른 것보다 우선시하는 것을 포함해서 우리의 선택을 정당화하기 위해 우리가 말하는 이야기와 같은 것이라고 할 수 있겠습니까? 그런 의미에서 당신은 이유 때문이 아니라 이유와 더불어 당신의 가치를 선택합니다. 자녀를 동물원에 데려가는 것과 같이, 당신의 가치와 연결된 목표를 추구한다는 것 역시 그와 같은 방식으로 보는 것을 의미할 수 있다고 생각하기 바랍니다. 버스가 어디로 갈지, 어디서 돌릴지를 당신이 선택하는 대신에 승객들이 결정한다면 어떻겠습니까? 왜 좌회전을 하는지에 대한 이유들의 전체 목록을 갖고 있긴 하지만, 그 대신에 가치를 둔 방향으로 삶을 움직이는 것 외에는 다른 이유가 없이 우회전을 선택하는 것이 가능합니까? 전념을 하고 계속해서 전념을 유지하는 것은 이유가 있지만, 이유 때문이 아닌 당신의 선택입니까 아니면 이유 때문에 하는 결정입니까? 만일 그것이 결정이라면, 그것을 선택한 이유가 바뀌면 당신의 전념은 어떻게 됩니까? 그러므로 우습게 들릴지 모르겠지만, 여기부터는 계속해서 우리가 당신이라고 부르는 당신의 일부인 관찰자 당신에 의한 선택을 가리키기 위해 '선택'이란 말을 사용하고, 대신에 버스에 탄 승객이나 체스 말인 당신의 마음에 의한 선택을 가리키기 위해 '결정'이라는 말을 사용하겠습니다.

차후에 내담자가 회기 안팎 모두에서 전념 행동과 관련된 경험적 장애물을 만날 때, 동일한 기본적인 질문으로 되돌아와서 반복적으로 언급하라. 즉 'X를 하거나 하지 않는 것을 당신이 선택하고 있습니까, 아니면 버스에 탄 승객이 당신을 위해서 결정하고 있습니까?'

늪 지대 비유 이제까지 이 회기에서 장애물을 관리하는 것에 대해 강조한 것은 대부분 전념 행동의 시작을 방해할 수 있는 생각과 감정에 대한 것이었다. 때때로 내담자가 직면하는 더 큰 난제는 목표 지향적인 행동을 시작하는 데 있지 않고 그것에 집착하는 데 있다. 또한 원치 않고 기대하지 않는 사적 사건이 전념 행동의 과정에서 나타날 수 있으므로, 그런 상황에 반응하는 법을 내담자와 함께 작업하는 것도 필요하다. 어려움에 처했을 때 버티도록 내담자를 격려하기 위해서 Hayes 등(1999: 248)이 기술한 늪 지대 비유를 제시하라.

당신의 가치는 나침반 바늘처럼, 당신 삶에서 방향을 제시하는 데 사용될 수 있습니다. 당신이 서쪽으로 가기로 선택한다고 가정해 봅시다. 그래서 그쪽을 향해 걷기 위한 서쪽 지평선 위의 지점이 산봉우리라고 합시다. 그 지점을 선택합니다. 그리고 그 방향으로 걷기 시작합니다. 처음에는 매우 즐겁고 편안했습니다. 그러나 곧바로, 당신과 산 사이에 놓여 있고 시야 끝까지 펼쳐진 늪에 이릅니다. 계속해서 서쪽으로 가서 산봉우리에 이르는 유일한 길은 늪을 통과해서 가는 것입니다. 그렇게 당신이 늪을 통과하기로 선택했다고 가정합시다. 겨우 몇 발자국 가지 않아 냄새가 나고 너무 질척거려서 생각했던 것보다 많이 힘들고, 발은 진흙 속으로 들어가기만 할 것입니다. 이제 또 다른 하나의 선택이 있습니다. 계속해서 서쪽으로 갑니까, 아니면 포기합니까? 만일 계속 가는 쪽을 선택한다면, 그쪽이 산봉우리에 이르게 하는 길이라면 기꺼이 늪을 통과해서 가겠습니까? '나는 냄새나고 진창인 늪에 온통 빠지는 이 방향으로 향하지 않았어!'라고 말한다고 가정합시다. 맞습니다. 당신은 서쪽으로 가는 방향을 향했으며, 단지 그 늪이 당신과 당신이 가고자 하는 곳 사이에 놓여 있다는 이유만으로 당신은 늪 속에 있습니다. 늪을 통과하는 목적은 진창에 빠지고 냄새나기 위함이 아니고 서쪽으로 가기 위함입니다. 어쨌든 당신이 가치를 두는 것 때문에, 냄새나고 진창인 늪 속에 잠시 동안이라도 기꺼이 온통 빠지겠습니까?

이전의 개입과 함께, 가치를 둔 목표를 추구하면서 예기치 않은 장애물들을 만날 때 이 비유를 기억하도록 내담자에게 상기시키라. 예를 들면, '당신이 계획하지 않았던 늪 속으로 들어가는 것처럼 들립니다. 당신이 원하는 데 이르기 위해, 그 늪을 통과하기 위해 필요한 것을 기꺼이 행하겠습니까?'

4. 숙제 부과

이번 주 숙제는 마음챙김 훈련과 전념 행동을 계속하는 것이다.

마음챙김 연습 지난 주 숙제를 완수하지 않은 내담자에게는 진행 중인 마음챙김 훈련의 마지막 연습을 다시 부과하라. 진행 사항을 기록하기 위해 또 다른 마음챙김 연습 일지(부록 H 참조)의 복사본을, 그리고 필요하면 관련 기록지(부록 J 참조) 또는 CD나 녹음 테이프를 복사해서 주라. 훈련 순서를 완수한 내담자에게는 마음챙김 연습을 지속하도록 격려하라.

전념 행동 또한 이 숙제를 완수하지 못한 내담자에게는 지난 회기와 같은 목표 지향적인 숙제를 다시 내주라. 숙제를 완수한 내담자를 위한 숙제로서 전념 행동의 또 다른 형태를 내담자와 협력해서 고르라. 가치 지향적인 행동을 점진적으로 진행하는 다음 단계로서, 해당 행동은 지난주 숙제와 관련되거나 관련되지 않을 수 있으며 또 다른 중요한 가치와 관련될 수 있을 것이다.

목표-행동 기록지(부록 G 참조)에 목표와 관련된 행동을 기록하며, 겪을 것으로 예상되는 경험적 장애물을 어떻게 처리할 수 있는지를 또한 논의하라. 숙제로 부과된 활동을 하는 중에 경험할 수 있는 원치 않는 생각과 감정에 반응하면서 내담자가 노출하고 사용했던 탈융합과 수용 그리고 마음챙김 절차와 기법들을 일러 주라. 마지막으로, 정확하게 예측할 수 없는 힘든 경험이나 반응에 어떻게 대응할 것인지 내담자에게 물어보면서 다소 조정하라.

9~11회기

이 세 회기의 공통되는 주요 목표는 다음과 같다.

• 가치 지향적인 활동을 지속하도록 촉진하기

이 시점에서 치료자는, 먼저 시작되는 행동적인 무기력을 극복하는 방법에 대해서보다는 내담자가 직면하지 않으면 전념이 약화되는 원치 않는 생각과 감정에 직면할 때 버티는 것을 지지하는 데 대체로 더 초점을 둘 것이다. 따라서 이 세 회기의 이차적인 목표는 다음과 같다.

• 지속적인 전념 행동과 관련된 원치 않는 생각과 감정에 대해 기꺼이 경험하기를 증진시키기
• 전념 행동의 과정과 결과 간의 차이를 명료화하기
• 마음챙김을 더욱 촉진하기

개요

1. 숙제 검토(10분)
   - 마음챙김 연습
   - 전념 행동
2. 성공 관리하기(20분)
3. 실패 관리하기(20분)
   - 텃밭 가꾸기 비유
   - 마법의 약 비유

4. 숙제 부과(10분)
   - 마음챙김 연습
   - 전념 행동

진행 일정

1. 숙제 검토

마지막 회기까지 마음챙김 연습을 지속하도록 내담자에게 요청할 것이며 또한 9회기에서 11회기를 진행하면서 추가적인 목표 지향적 활동들을 숙제로 부과할 것이기 때문에, 각 회기를 시작할 때 숙제를 완수했는지 검토하는 것은 중요하다.

마음챙김 연습 각 회기를 시작하기 전에 마음챙김 연습 일지(부록 H 참조)를 검토함으로써, 내담자가 마음챙김 연습을 지속적으로 실행했는지 모니터링하라. 필요하면 회기 중에 개인적인 연습을 다시 실시하도록 준비시키라.

전념 행동 각 회기를 시작할 때 내담자가 주중의 행동 숙제를 완수했는지 확인하라. 숙제 완수를 방해했거나 혹은 이와 달리 내담자가 성공적으로 극복한 경험적인 장애물이 무엇인지를 확인하기 위해, 완성된 목표-행동 기록지(부록 G 참조)를 검토하라. 전념 행동을 방해하는 원치 않는 사적 사건에 반응할 수 있는 다른 방법들을 의논하면서 내담자와 협력적으로 작업하라. 예컨대, 치료의 이 시점에서는 내담자가 사용할 수 있는 구체적인 탈융합과 수용 기법을 가르치기보다 내담자가 할 수 있는 것이 무엇인지 그에게 먼저 물어보라. 필요하면 생각을 다르게 소리내기 및 감정 물체화하기와 같은 특정한 기법들을 제안하고 다시 제공하기도 하라.

2. 성공 관리하기

이제까지는 이미 추구하고 있는 관련 목표들이 달성될 것이라는 점에서 내담자의 가치 지향적인 많은 활동들이 성공적일 것이다. 그러나 그러한 성공에는 숨겨진 위험이 존재한다. 치료자가 부딪힐 수 있는 한 가지 난제는 경험 통제 의제로 인해 목표 달성이 훼손되는 것이다. 실제로 목표 달성을 또 다른 형태의 구덩이 파기로 활용하는 쪽으로 내담자가 후퇴할 수도 있다. 즉, 내담자는 추구하는 목표가 가치 지향적인 삶의 더 큰 패턴에 얼마나 적합한가보다 외적인 목표를 성공적으로 달성함으로써 어떤 원치 않는 사적 사건(실패로 느끼는 것과 같은)을 없애거나 마음이 원하는 상태(행복해지는 것과 같은)가 되는 것을 더 중시할 수 있다. 예를 들어, 특정 목표를 충족시키는 것이 원치 않는 생각에 의도된 영향을 미치는지를 검토함으로써 역설적으로 그런 생각이 유발되는 효과가 생겨서 성공적인 목표 지향 행동이 실제로는 실패로 바뀐다. 어려운 목표를 성취했으므로 자기 의심이 사라졌는지 보기 위해 주목을 하면, 동일한 옛 악마에게 에너지를 다시 줌으로써 그 경험을 분명히 망칠 것이다. 우리가 그것을 기꺼이 지니지 않으려고 하면, 우리는 그것을 지니게 된다.

이 문제를 언급하는 비유는 Hayes 등(1999: 240)이 처음으로 제안했던 부랑자 조 비유를 수정한 것이다.

치료자 수년간 아주 열심히 일해서 충분한 돈을 모은 후에 당신은 마침내 꿈에 그리던 집을 살 수 있었다고 상상해 보세요. 이를 축하하기 위하여 당신은 이웃에 있는 모든 사람들을 초대해서 파티를 엽니다. 실제로 모든 사람에게 소식을 전하기 위해 지역 상점의 게시판과 당신 집으로 가는 거리 근처의 표지판에 초대의 글을 부칩니다. 정말로 파티 당일이 되어 당신은 모든 손님들에게 인사와 담화를 나누는 좋은 시간을 가집니다. 손님 중 한 명과 인사를 나누는데, 그녀가 여기 이 파티에 부랑자 조가 있는지 묻습니다. 설명을 해 달라고 요청하자, 상점 뒤에 있는 대형 쓰레기장에서 잠을 자던 부랑자 조가 거기 게시판에 붙은 초대장을 보는 걸 그녀가 보았다고 말합니다. 초대장에는 모든 사람을 환영한다고 했으므로 조를 본다고 해도 놀라지는 않겠지만, 그가 오지 않기를 바란다고 그녀는 말합니다. 이제 그 파티가 당신에게 어떤 식으로 변하겠습니까?

내담자 짐작컨대, 주위를 돌아보면서 어쨌든 알아차리지 못하는 사이에 부랑자 조가 파티에 살짝 들어오지 않았는지 확인하려고 할 것입니다.

치료자 무슨 일이 일어났는지 압니까? 당신의 역할이 파티에 온 모든 손님들을 환영하고 즐기는 것에서 그들 중 한 명인 부랑자 조가 거기에 있는지를 확인하는 것으로 바뀌었습니다. 손님들과의 교제에서 벗어나게 되는 데 얼마나 걸립니까? 아마 당신은 몇 분 동안 주위를 돌아보다가 마침내 펀치볼 근처에 서 있는 온통 더럽고 고약한 냄새가 나는 그를 발견할 것입니다. 이제 당신은 어떻게 하겠습니까?

내담자 한두 쪽의 샌드위치를 그에게 주고, 떠나도록 정중히 요청할 수 있을 것입니다.

치료자 만일 그가 원치 않는다고, 안내판에서는 모든 이웃을 초대했고 그는 이웃의 하나이므로 남아 있겠다고 말하는 것을 상상해 보세요.

내담자 아마 저는 그에게 떠나라고 얼마간의 돈을 줄 수 있을 것입니다.

치료자 그래서 이제 당신은 그를 돈으로 매수하려고 할 것입니다. 당신이 그와의 거래를 끊을 수 없는지 살펴보세요. 그런데 한편에서는 파티에 무슨 일이 일어났습니까? 이제, 거기에 있는 다른 모든 사람들과 즐기는 것보다 한 명의 원치 않는 손님을 없애려고 하는 것이 전부가 되지 않았습니까? 그가 여전히 떠나지 않으려 한다고 가정해 보세요. 당신은 무엇을 할 수 있겠습니까?

내담자 그가 정말로 거기에 없는 것처럼 행동하려고 애쓰면서 어느 정도는 견딜 수 있을 것이라고 생각합니다. 아마 별일 아닌 것처럼 행동한다면, 그가 바로 떠날 것이며 우리만 남을 것입니다.

치료자 그가 그렇게 할 수도 있고, 그렇게 하지 않을 수도 있을 것입니다. 당신은 그를 없애려는 다른 전략을 사용할 뿐, 여전히 그를 없애려고 애쓰는 것처럼 들립니다. 만일 그를 떠나게 하기 위해서 기꺼이 거기에 있게 하려는 것뿐이라면, 진정으로 기꺼이 그를 파티에 있게 하는 것입니까? 이런 식으로 스스로를 속일 수 있습니까? 조가 파티를 떠날 필요가 있습니까? 당신은 그가 거기에 있지 않기를 바라더라도 다른 손님을 환영하듯이 그를 환영할 수 있겠습니까? 조금 다른 상황을 상상해 봅시다. 손님이 당신에게 부랑자 조에 대해 이야기를 한 후에, 당신은 그가 아직 거기에 있는지 보기 위해 집 전체를 살펴보면서 돌아다니지만 그를 찾지 못합니다. 당신은 어떻게 느끼겠습니까?

내담자 안도감을 느낄 것입니다.

치료자 그렇지만 얼마나 지속되겠습니까? 부랑자 조가 아직 도착하지 않았지만, 당신은 그가 오는 중인지 몰라 염려합니다. 그래서 당신은 아마 그를 막으려고, 그가 오는 것을 볼 수 있는지 보려고 주기적으로 창문을 살펴보거나 현관으로 나가 볼 것입니다. 자, 파티에 어떤 일이 생겼습니까? 부랑자 조가 파티를 망치기 위해 나타나지 않는지를 확인하기 위해 애쓰는 것이 당신의 일정 중 하나가 되지 않았습니까? 여기서 당신이 생각해 보기를 바라는 점은, 부랑자 조가 오는 중인지를 보기 위해 계속해서 점검을 하든지 하지 않든지 간에 이미 파티를 망쳤다는 것입니다. 심지어는 그가 나타날 필요도 없습니다. 그 대신에 부랑자 조가 도착하면 그리고 도착할 때, 당신은 참석한 손님들과 즐기고 부랑자 조를 환영할 수 있겠습니까? 만일 당신 자신을 위해 설정한 어떤 목표에 이를 때, 당신에게 나타나는 생각과 감정이 파티에 온 손님들과 같다면 어떻겠습니까? 아래 동네에 사는 매우 매력적인 젊고 교양 있는 부부와 같은 몇몇 손님들도 볼 것입니다. 자기 의심과 불안정한 감정과 같은 다른 손님은 부랑자 조와 같습니다. 당신이 자신을 위해 설정한 목표를 이루는 데 얼마만큼 성공하더라도, 그것을 통해 원치 않는 손님이 나타나는 것이 방지되겠습니까? 그렇지 않다면, 어떤 손님이 나타나는 것을 원치 않더라도 기꺼이 환영하는 것처럼 그것을 기꺼이 지니고 환영하겠습니까?

일단 이 비유를 제시했으면, 특히 내담자가 어떤 심리적 사건을 기꺼이 경험하는 것이 부족해 보일 때 '부랑자들을 파티에서 기꺼이 환영하겠습니까?'라고 물으면서 이 비유를 다시 언급하라.

3. 실패 관리하기

내담자가 전념 행동에 참여하지만 관련 목표를 이루는 데 실패할 때, 치료자는 또 다른 난제에 부딪힐 것이다. 여러 번의 취업 신청과 면접에도 불구하고 내담자는 일자리를 구하지 못할지 모른다. 내담자는 낙담하고 낙심하며, 더 중요하게는 결과적으로 포기할 수도 있을 것이다. 그때는 반복되는 좌절에도 불구하고, 견디고 버티도록 촉진하는 것이 치료자의 임무 중 하나가 된다. 그렇게 하면서, 내담자가 그런 경험을 실패로 보더라도 ACT의 관점에서는 그것이 실패가 아님을 치료자 스스로 상기하라.

그러한 상황에서 취할 유용한 전략은 내담자에게 전념 행동의 과정과 결과를 구별하도록 강조함으로써 성공의 구성 요소를 다시 언급하는 것이다. 전념 행동의 결과는, 추구되고 있어서 대개는 성공이나 실패로 쉽게 판단될 수 있는 목표를 가리킨다. 예를 들어, 요청했던 봉급 인상이나 구하고 있던 좋은 일자리 등을 얻었는가? 이와 대조적으로 전념 행동의 과정은 봉급 인상 요청하기와 계속해서 취업 면접 보기 등과 같은 목표 지향적인 행동에 실제로 참여하는 것을 가리킨다. 가치 지향적인 전념 행동의 과정에 참여한다고 해서 목표 달성이라는 결과를 항상 얻을 수 있는 것은 아니지만, 내담자는 그러한 과정에 참여하는 것을 언제나 자유롭게 선택할 수 있다.

전념 행동의 과정과 목표 달성을 구별함으로써 전념 행동의 과정에 방향을 맞추도록 내담자에게 제시할 수 있는 몇 가지 비유들이 ACT에 있는데, 그 중에서 두 가지를 여기에 기술할 것이다. 관련된 연습과 개입들을 더 보려면, Hayes 등(1999)의 저서에서 제8장과 9장 및 Strosahl 등(2004)의 〈표 2-7〉을 보라.

텃밭 가꾸기 비유 Hayes 등(1999: 220)이 처음 제시한 이 특유한 비유는 전념 행동을 약화시킬 수 있는 사적 사건에 직면해서 전념 행동을 유지하도록 촉진한다. 우울한 내담자의 경험에 좀 더 민감하도록 약간 수정하였다.

당신이 채소 텃밭을 가꾸기 원한다고 상상해 보세요. 당신은 몇몇 가능한 장소들을 살펴보고 비교하며 선택을 숙고한 후에, 마침내 가장 좋은 곳이라고 생각하는 한 장소를 선택합니다. 그러고 나서 그곳에 씨를 뿌리고 물을 주며, 앉아서 그것이 자라나기를 기다립니다. 그러나 아무것도 나오지 않고 당신은 조바심을 느끼기 시작합니다. 또한 씨를 제대로 심었는지 적당하게 물을 주었는지 염려하기 시작합니다. 아마 물을 너무 많이 주었거나 충분치 않았을지도 모릅니다. 어쩌면 시작할 때 잘못된 장소를 선택했을지도 모른다는 생각이 들기 시작합니다. 그래서 씨를 파내서 또 다른 장소에 다시 심습니다. 그리고 기다립니다. 그러나 여전히 채소가 나지 않습니다. 채소가 자랄 수 있는지, 혹은 두 번째로 선택했던 장소가 여전히 최적의 장소가 아닌 것은 아닌지에 대해 의문이 들기 시작합니다. 그래서 당신은 씨를 다시 뽑아 다른 장소에 다시 심습니다. 그리고 기다립니다. 하지만 이제 채소가 자라나는 계절이 막 끝나고 작물을 죽이는 첫 서리가 내려서 결국에는 채소를 전혀 거두지 못하는데, 씨가 이제야 땅에서 싹트기 시작하고 있습니다.

만일 씨를 심은 장소가 당신의 가치와 같고, 지난 몇 회기에서 초점을 두었던 목표와 관련된 숙제들이 씨를 심는 것과 같다면 어떻겠습니까?

목표 자체는 씨에서 자라나는 채소와 같습니다. 어떤 채소는 다른 것보다 더 오래 걸리며 심었다고 해서 모든 씨들이 다 싹트는 것은 아니기에, 텃밭을 가꾸는 것에는 어느 정도의 불확실성이 내재되어 있습니다. 하지만 씨를 심지 않는다면 어떤 채소도 얻지 못할 것이라는 점과, 씨가 채소로 자라는 데는 시간이 필요하다는 점은 확실해 보입니다. 일단, 씨를 심을 곳을 선택하면 그대로 놔둘 필요가 있습니다. 만일 계속해서 씨를 파고 다시 심는다면 어떤 채소도 얻지 못할 것입니다.

텃밭을 가꿀 가능성이 있다는 것이 당신에게는 얼마나 중요합니까?

당신이 선택한 장소가 최적의 장소라는 것에 대해 의심이 들더라도 기꺼이 씨를 심겠습니까? 그리고 씨가 결코 자라지 않을 것이라는 생각이 들어도 기꺼이 물을 주고 거름을 주겠습니까?

마법의 약 비유 다음의 이 비유는 가치추구 행동의 과정과 결과 사이에 정상적으로 존재하는 관계를 상세히 구별하는 일종의 생각 실험이다. 과정과는 반대로 관련되는 보장된 결과와, 결과는 확실하지 않지만 과정에 전념하는 것 중에서 선택하도록 내담자에게 요청한다. 예를 들어, 돌보는 부모가 되는 것이 우선적인 가치인 내담자에게 비유를 제시할 경우에 다음과 같이 말하라.

당신에게 어떤 마법의 약을 준다고 상상해 보세요. 이 약을 가져가서 당신의 아이들에게 먹이면, 당신이 한 가지 다른 일을 한다는 조건으로 자녀들이 남은 삶 동안에 당신을 항상 사랑하고 돌보는 부모로 볼 것임을 제가 보장합니다. 약이 효과가 있기 위해서 당신이 해야 하는 일은 아이들에게 가능한 불친절하고 돌보지 않는 것입니다. 실제로 이 약은 당신이 아이들을 더 미워하고 그들에게 불친절할수록 아이들은 당신을 더 사랑하고 돌보는 사람으로 보는 방식으로 작용합니다. 이 약은 하나의 선택(선택 A)입니다. 아이들이 당신을 사랑하는 부모로 볼 것인지는 보장되지 않지만, 당신이 약에 앞서서 아이들에게 친절하고 돌보는 방식으로 관계를 하는 데 스스로 전념할 수 있는 것이 선택 B입니다. 실제로 당신은 아이들에게 매우 친절하며 그들을 돌봐 주는 데도 불구하고, 아이들은 당신을 그런 식으로 보지 않을 수도 있습니다. 어쩌면 그렇게 볼 수도 있고 그렇지 않을 수도 있을 것입니다. 선택 A와 선택 B 중에서 당신은 어느 것을 선택하겠습니까?

다른 가치에 대해 마법의 약을 취하는 내담자가 있을 수도 있다. 예를 들어, 막대한 지식을 주긴 하지만 다른 논픽션 책을 읽으면 그 효과가 사라지는 약이 있다면, 교육을 잘 받는 것에 가치를 두는 내담자는 그 약을 먹겠는가? 자신의 가치보다는 치료자가 듣기 원한다고 생각하는 것이 내담자의 선택에 더 많이 반영될 가능성을 배제할 수는 없지만, 필자의 경우에 마법의 약을 취하기로 선택하는 내담자는 없었다.

4. 숙제 부과

이 세 회기의 끝에 지속적인 마음챙김 연습과 가치 지향적인 활동들을 각각 숙제로 부과하라.

마음챙김 연습 오직 맥락으로서의 자기만이 의미 있게 전념을 하고 전념을 유지하는 것으로 기대할 수 있다. 이러한 이유 때문에, 필자는 초월적인 자기를 직접적으로 촉진하기 위해서뿐 아니라 전념 행동을 간접적으로 촉진하기 위하여 내담자에게 마음챙김 연습을 계속 실행하도록 권한다. 내담자가 배운 마음챙김 연습, 특히 생각과 감정을 포함하는 연습을 매일매일 지속하도록 격려하라. 그렇게 하도록 돕기 위해 마음챙김 연습 일지(부록 H 참조)와 관련 기록지(부록 I와 부록 J 참조) 그리고 CD나 녹음 테이프를 제공하라.

전념 행동 매 회기 마지막에 적어도 한 개의 목표 관련 활동을 내담자가 숙제로 선택하게 하라. 목표-행동 기록지(부록 G 참조)에 목표 및 그와 관련된 활동을 기록하라. 숙제를 완수하면서 예상되는 환경적이거나 경험적인 장애물과 그런 장애물을 어떻게 다룰 것인지에 대해 내담자와 협력적으로 논의하라.

12회기

이 마지막 회기의 목표는 세 가지다.

- 치료 종결에 대한 치료자와 내담자의 반응을 처리하기
- ACT와 일관된 전략과 기법을 재검토하기
- 치료에서 얻은 바를 종결 후에도 유지하도록 격려하기

개요

1. 숙제 검토(15분)
2. 종결에 대한 반응 처리하기(10분)
3. 기꺼이 경험하기의 장애물 요약하기(15분)
   - 생각과의 융합
   - 경험에 대한 평가
   - 경험의 회피
   - 행동에 대한 이유 대기
4. 가치 지향적인 삶을 위한 지침 요약하기(10분)
   - 당신의 반응을 수용하고 현존하라
   - 가치 방향을 선택하라
   - 행동을 취하라
5. 치료 후의 생활에 대해 논의하기(20분)

진행 일정

1. 숙제 검토

지난 회기의 숙제를 간단하게 검토하고 논의하라. 치료 종결 후에도 계속해서 마음챙김 연습을 하며 가치 지향적인 목표를 세우고 추구하도록 격려하라.

2. 종결에 대한 반응 처리하기

치료 종결에 대한 반응이라면 무엇이든지 나누도록 내담자에게 요청하고, 당신은 비판단적으로 주의 깊게 경청하라. '슬픈 감정을 느낍니다.'라든지 '당신이 우울과 계속해서 싸울 수도 있을 것이라는 생각이 듭니다.'와 같이 목록을 작성하는 식으로, 치료자 자신의 반응을 제공하기 위해 준비하라. 치료자의 임무는 치료 종결에 대해 가질 수 있는 어떤 의심이나 걱정에 대해 내담자를 안심시키거나 그가 경험할 수 있는 어떤 연관된 부정적인 생각을 재구성하는 것이 아니라, 그것을 인정하고 타당화해 줌으로써 그런 반응을 정상화할 수 있도록 돕는 것이다. 예를 들어, 다음과 같이 말할 수 있을 것이다.

> 당신의 마음은 친구가 아님을 기억하세요. 지금은 당신의 마음이 모든 마음들이 하는 것과 같은 일을 하는 시간입니다. 즉, 그것은 이렇게 우리가 마지막 회기를 함께하는 것에 대해 드는 모든 종류의 재잘거림과 부정적인 생각, 가령 '우울은 재발할 것이며 당신은 그것으로 압도될 것이다.'와 같은 생각을 만들어 내는 것입니다. 지금 당신의 마음은 당신에게 무엇이라 말하고 있습니까?

'오늘 이후에 내가 치료에 다시 올 필요가 있어도 치료자는 더 이상 나를 만나 주지 않을 것이다.'와 같이 치료가 필요하게 될 때 치료에 다시 오는 것을 막는 어떤 생각은 재구성하기에 적합한 부정적인 생각의 한 유형이다.

3. 기꺼이 경험하기의 장애물 요약하기

지난 회기들에서 논의되었거나 제시되었던 어떤 주제나 연습 또는 기법들 중에서 검토하고 싶은 것이 있는지 내담자에게 물어보라. 기꺼이 경험하기를 늘리고 경험 회피를 줄이기 위하여, 내담자와 치료자 두 사람이 했던 작업을 요약하기에 편리한 방법인 FEAR라는 머리글자(Hayes et al., 1999: 246)를 사용하라. 그 머리글자는 ACT 관점에서 본 심리적 유연성을 제한하는 핵심 과정, 달리 말하면 우리가 구덩이 파기와 밧줄 잡아당기기로 결국 되돌아가는 방식을 요약해 준다. 색인 카드의 한 면에 'FEAR'를 인쇄하라. 다른 한 면은 ACT라는 머리글자(아래 참조)를 사용할 것이다. 머리글자 밑에 그 과정(즉 생각과의 융합, 경험에 대한 평가, 경험의 회피, 행동에 대한 이유 대기)을 인쇄하라. FEAR라는 머리글자의 각 문자로 표기된 과정들과 관련 개입들을 요약해 주라.

생각과의 융합 **F**usion with your thought 필요하다면, '융합'이란 '생각을 취하는 것이며 생각을 마음의 재잘거림이 아니라 사실로 대하는 것'을 가리킨다고 강조하라. 그를 사로잡는 융합된 생각에 반응할 수 있는 다른 방법들에 대해 내담자에게 물어보라. 필요하면 우유 우유 우유 연습, 다르게 소리내기 연습 및 다른 탈융합 연습과 기법을 일러 주라.

경험에 대한 평가 **E**valuation of experiences 생각과 감정, 특히 자기와 관련된 생각과 감정이 왜 문제가 될 수 있는지 정리해 보도록 요청하라. 예를 들면, '나는 …라는 평가를 한다.'와 같이 평가를 평가로 분명하게 인식함으로써 평가에서 탈융합하는 방법뿐 아니라 내담자와 함께 평가와 기술의 차이를 검토하도록 준비하라.

경험의 회피 Avoidance of your experience 다시금, 머리글자의 이 부분을 이해하는지에 대해 내담자에게 먼저 물어보라. 그리고 필요한 만큼 우울 경험의 예를 가지고 명확하게 설명하도록 준비하라. 예를 들면, '당신은 슬픔이나 죄책감과 같은 나쁜 감정을 피하기 위해 삶에서 혹시 무엇을 잃어버렸습니까?'와 같이 물어봄으로써 경험 회피의 다른 대가와 부재의 고통에 주의를 기울이도록 요청한다.

행동에 대한 이유 대기 Reason giving for your behavior 마지막으로, 이유 대기가 왜 또는 어떻게 문제가 될 수 있는지 내담자에게 물어보라. 필요하면, 우울증의 이유 및 왜 왜 왜? 연습뿐 아니라 버스에 탄 승객 비유를 일러준다.

4. 가치 지향적인 삶을 위한 지침 요약하기

색인 카드의 다른 면에 ACT 머리글자(Hayes et al., 1999: 246)와 그에 해당하는 과정(즉 당신의 반응을 수용하고 현존하라, 가치 방향을 선택하라, 행동을 취하라)을 인쇄해서 사용하라. 우울에 사로잡히는 방식을 방금 함께 검토했으며(FEAR라는 머리글자 및 그와 관련된 과정들) 지금은 사로잡히지 않기 위한 일반적인 전략들을 요약하는 시간이라고 말하라. ACT라는 머리글자의 각 문자와 관련된 과정 및 연관된 행동 방식을 검토하면서 그렇게 하라(FEAR와 ACT라는 머리글자와 관련 과정을 검토한 후에, 내담자에게 카드를 주어 지니게 하라. 필요할 때 재빨리 참조할 수 있는 주머니나 지갑 안에 그것을 가지고 다니도록 권하라).

당신의 반응을 수용하고 현존하라 Accept your reactions and be present 이것이 무엇을 의미하는지 내담자에게 먼저 물어보고, 더 중요하게는 이 규칙을 어떻게 실행할 수 있는지 물어보라. 필요하면, 치료 과정을 통해 참여하거나 배워왔던 수용과 기꺼이 경험하기를 촉진하는 다양한 연습과 개입을 내담자에게 상기시키고 함께 검토하라. 이에는 감정과 함께 앉아 있기, 기록지 작성하기 및 (감정) 물체화하기 연습뿐 아니라 다양한 마음챙김 연습 등이 포함되지만, 그것들에만 국한되지는 않는다.

가치 방향을 선택하라 Choose a valued direction 가치 방향을 결정하는 것과 이를 선택하는 것의 차이에 대해 내담자에게 물어보면서 머리글자의 이 부분을 검토하라. 필요하면, 버스에 탄 승객 비유와 늪 지대 비유를 다시 하라.

행동을 취하라 Take action 머리글자의 이 마지막 단계는 대개 그 자체가 설명적이며, 그래서 검토하거나 정교화할 필요가 거의 없다. 그럼에도 불구하고, 치료자와 내담자는 Yoda의 충고인 '아니다! 노력하지 말라. 행하라. 아니면 행하지 말라. 노력이란 없다.'(Yoda 인용문, 날짜 불명확)뿐 아니라 노력하기 대 행하기 연습을 재고하는 것이 유익함을 발견할 수도 있다. 또한 추가로 버스에 탄 승객 비유와 늪지대 비유를 다시 다룰 수도 있다.

5. 치료 후의 생활에 대해 논의하기

마지막 회기의 남은 부분은 치료에서 배워 왔던 것을 어떻게 계속해서 적용할 수 있는지에 대해 내담자와 함께 살펴보기에 적절한 시기다. 필자가 내담자와 나누기에 유용하다는 것을 발견했던 비유는, 치료의 종결이 대학이나 고등학교 졸업과 같다는 것이다. 졸업은 공식적인 교육 기간의 끝을 의미하기도 하지만, 배웠던 것을 적용하고 더 발전시킬 수 있는 교육의 새로운 시작이기도 하다. 시작을 알리는 신호로서 졸업식을 시작이라고 부르는 이유가 바로 그 때문이다. 요컨대, 치료의 종결을 또한 새로운 시작으로 보도록 내담자를 격려하라.

내담자에게 심각한 어려움이 있을 것이라고 예상되는 다가올 상황에 대해서도 다소 실용적인 분위기에서 내담자와 함께 의논하라. 특히, 가까운 미래에 일어날 것이라고 내담자가 예상하는 어려운 생활사건에 대비하도록 돕기 위해 얼마간 검토하라. 가족의 재결합이나 사랑하던 사람의 추도일, 또는 직업 변동으로 인한 이사 등과 같은 사건에 대한 심리적 반응을 어떻게 관리할 수 있는지 재검토하도록 도우라.

요약

이 장에서 필자는 우울한 내담자에게 ACT를 적용하기 위한 12회기의 프로토콜을 제시하였다. 치료자는 이 프로토콜을, 이전 장에서 개략적으로 설명했던 사례 개념화 방법에 대한 하나의 대안으로서 사용하기를 원할 수도 있다. 필자가 여기에 제시했던 것과 내용 및 길이에서 다른 프로토콜이 만들어질 수도 있을 것이다. 처음에 언급한 것처럼, 인지치료와 ACT를 비교한 우울증 치료 연구(Zettle & Hayes, 1986; Zettle & Rains, 1989)에서 따랐던 프로토콜과 상응하도록 이 프로토콜은 12회기로 구성된다. 다양한 수준의 우울증을 위한 치료의 가장 효과적인 길이가 연구를 통해 아직까지 정해지지 않았으므로, 경험 연구적인 기초를 토대로 해서 이 프로토콜의 길이를 정할 수가 없었다. 예를 들어, 더 적은 회기(6회기나 8회기와 같이 짧은)의 프로토콜이나 더 많은 회기(16회기에서 20회기와 같이 많은)의 프로토콜이 12회기로 구성된 프로토콜보다 결과적으로 더 효과적이거나 비용상 효율적이라고 최종적으로 밝혀질 수도 있을 것이다. 이런 모든 이유 때문에, 이 장에 있는 프로토콜을 사용해도 좋으나 유연하게 사용하라.

제 10 장

추가적인 문제점과 주의사항

이 장에서는 우울증 내담자를 치유할 목적으로 ACT를 적용할 때 겪게 되는 많은 문제점과 주의사항들에 대해 생각해 보고자 한다. 이러한 많은 문제점과 주의사항은 다른 장에서도 간략하게 언급되었거나 논의되었으며, 반드시 우울증 치료를 위한 ACT에만 고유한 것은 아니다. 그러나 이 치료적 접근을 이런 특정한 내담자군을 대상으로 사용할 경우에는 그러한 문제점과 주의사항들이 충분히 흔하고 문제가 되므로, 그 점에 대해서 좀 더 상세하게 정교화 할 필요가 있다. 이러한 주의사항에는 다루기 어려운 내담자 행동의 관리, 공병성 및 다른 동반치료의 문제점, 그리고 윤리적인 고려 사항이 있다.

다루기 어려운 내담자 행동의 관리

자살과 같은 내담자의 어떤 행동은 우울증을 성공적으로 치료하기 위해 노력하는 데 어려움을 준다. 숙제를 이행하지 않는 것과 같은 다른 행동들은 회기 사이에 부과하는 숙제를 중시하지 않는 다른 심리치료적 접근에서보다 인지행동치료에서 더 전반적으로 더 많은 쟁점이 될 수 있다(Ronan & Kazantzis, 2006). 끝으로, ACT에서는 이야기 구성하기와 같이 심리적 유연성을 심하게 제한할 수 있는 언어적 구성물과의 융합에서 벗어나는 것을 중시하기 때문에 ACT에 어느 정도 고유한 도전을 주는 내담자의 어떤 행동(예, 용서하지 않기와 순교자 역할하기)이 있다.

다음 절에서는 다루기 어려운 내담자 행동의 이러한 유형들을 각각 관리하는 데 필요한 구체적인 지침과 고려 사항을 제안하고 논의할 것이다. 하지만 그렇게 하기 전에, ACT 모델에서는 문제 행동의 모든 유형들을 다룰 수 있다는 것을 강조하고 싶다. ACT의 치료 효과를 손상시킬 수 있는 내담자의 행동이나 무활동은 ACT 제분기를 위한 더 많은 곡식이라고 여기라. 그러므로 다루기 어려운 내담자 행동을 관리하기 위해서 ACT를 벗어나는 전략적인 접근을 권하지 않는다.

자살 행동

자살은 우울증으로 고생하는 내담자에게만 국한된 것은 아니다(Chiles & Strosahl, 2005). 그렇지만 자살은 우울증과 함께 매우 흔히 발생하므로(Maris et al., 1992), 모든 우울한 내담자는 자살 위험이 있는 것으로 평가되어야 한다. 자살 관리에서는 자살 완수의 방지를 대부분 상당히 강조하지만, 자살에 대해 단지 생각하는 것은 자살 행동의 가장 흔한 형태다(Chiles & Strosahl, 2005). 따라서 이 장에서 우리의 초점은 자살 방지에 국한되지 않을 뿐 아니라, 매우 광범위하게 정의된 자살 행동을 ACT가 어떻게 다룰 수 있는지도 고려할 것이다.

이 절의 나머지 부분은 전혀 새롭지 않다. 필자가 제안하려는 것의 상당 부분은 다양한 문제의 내담자를 위한 ACT에 관한 장을 포함하고 있는 Kirk Strosahl의 논문(2004)과, ACT의 관점에서 자살 행동을 평가하고 치료하는 더 폭넓은 지침을 제공하는 훌륭한 책(Chiles & Strosahl, 2005)에서 발췌되고 요약되었다. 필자는 이 주제에 대한 좀 더 포괄적인 치료를 받기 원하는 사람에게 그 둘 다를, 특히 책을 강력히 추천한다.

자살 행동에 대한 평가

우울증 문제를 호소하는 각 내담자에게는 두 개의 기초적인 평가 질문에 답하게 할 필요가 있다. ① 이 내담자는 자살 위험이 있는가? 만일 그렇다면

② 자살 행동이 경험 회피로 기능하고 있는 듯한가?

자살 위험성에 대한 평가 불행하게도, 어느 내담자가 자살을 시도할 가능성이 있는지를 판단하는 과정은 정확하지 않은 기술이다. 고려하고 있는 치료적 접근이나 지향하는 이론에 관계없이, 정신건강 전문가들은 매우 자주 내담자의 과거 및 현재 변인을 수집하는 것에 중점을 둔다. 예를 들면, 이전에 자살을 시도한 개인적인 이력뿐 아니라 자살 행동의 가족력을 흔히 위험 요인으로 고려한다(Meichenbaum, 2005). 염두에 둘 다른 역사적인 정보는 과거의 자살 시도가 어느 정도까지 잠재적으로 치명적인 수단을 사용했고 잘 계획되었는가다.

또한 '계획-가능성-치명성'의 삼각형(Chiles & Strosahl, 2005: 75)에 대한 평가를 현재의 자살 사고로 확장하라. 즉, 내담자는 실행으로 옮길 치명적인 계획과 수단을 지니는가? ACT에만 고유하지 않은, 자살에 대한 현재의 다른 위험 요인들을 평가함에 있어서 치료자는 개방형 질문과 더불어 좀 더 공식적인 평가 방법을 사용하기 원할 수도 있다. 예를 들면, Beck의 무망감 척도Beck Hopelessness Scale(Beck, Weissman, Lester, & Trexler, 1974)로 내담자를 평가할 수 있는데, 이는 우울 수준(Beck et al., 1975)과 무관하게 자살을 예측하는 것으로 나타났다(Brown et al., 2000). 게다가, 죽고 싶은 바람이나 적극적으로 시도하려는 충동과 같이, 자살의 부가적인 위험 요인을 나타내는 다른 심리적 변인을 평가하는 반구조화된 면접을 시행할 경우에는 자살관념 척도(Beck & Kovacs, 1979)를 수행할 수 있다.

경험 도피로서 자살에 대한 평가 여느 행동처럼 자살은 다양한 요인에 의해 결정될 수 있으며, 자살 위험성이 있는 내담자는 여러 가지 이유로 인해 자살을 생각할 수가 있다. 그러므로 위험에 처한 내담자가 우울의 더러운 고통 자체를 포함하여 불쾌한 생각과 느낌에서 벗어나거나 피하기 위해 자살 행동을 이용하는 정도를 평가하는 것이 치료자의 임무다. 특히, 자신의 정서적 고통을 최소화하는 데 실패한 우울한 내담자의 경우에는 자살을 생각하고 계획하며 시도하는 것이 그가 다루기 어려웠던 문제를 해결하는 유일한 방법이다. Chiles와 Strosahl(2005)이 말한 바와 같이, 심리적인 고통을 견디는 능력이 적고, 보다 일반적으로 말하자면 그에 대처하는 다른 수단이 부족한 내담자에게는 자살의 유혹이 특히 강력한 듯하다.

해당 내담자의 자살 행동이 경험의 도피와 회피를 목적으로 하는지를 판단하기 위해 다방면으로 수집한 정보를 참작하라. 이러한 다량의 정보는 내담자의 삶에 대한 이야기를 들음으로써 그리고 그가 처한 전반적인 자살 위험에 대한 평가를 완수하는 맥락에서 나올 것이다. 예를 들어, 전에 필자가 제안한 바와 같이, 이전에 시도한 자살을 통해 얻고자 했던 것이 무엇이었는지 내담자에게 물어보라. 특히, 둘 다 동일하게 경험 회피의 기능을 할 경우에 미래의 자살 행동을 예측하는 가장 좋은 방법은 과거의 자살 행동이다.

자살 위험에 대한 초기 평가를 통해 현재의 자살 행동이 불쾌한 사적 사건에서 도망가기 위해 사용될 수도 있는지를 판정할 때에 과거와 현재의 변인을 고려하라. 특히, Chiles와 Strosahl(2005)은 이 문제를 설명함에 있어서 다음과 같은 다섯 가지 핵심 요소를 평가하라고 제안하였다. ① 문제 해결 수단으로서의 자살 행동에 대한 평가, ② 심리적 고통의 감내 수준, ③ 무기력의 수준, ④ 피할 수 없음에 대한 인식의 정도, ⑤ 살아가는 이유. 또한 이와 같은 현재의 요소들을 잘 참작하면, 내담자의 자살 행동을 관리하는 데 계속해서 도움이 될 수 있다. 그러므로 묻고 대답하는 질문 목록을 여기에 열거할 것이다.

1. 내담자는 자살을 문제 해결 전략으로서 얼마나 효과적이라고 보는가? 자살이 정서적 고통의 종료와 같이 어떤 문제를 해결할 수 있는가? 내담자의 관점에서 보면, 자살이 이러한 문제를 해결하는 데 얼마나 효과

적인가?

2. 만일 내담자의 상황이 개선되지 않는다면, 그(녀)가 이를 지속적으로 얼마나 잘 견딜 수 있을 것인가?
3. 내담자는 미래에 어떤 변화가 일어날 것으로 보는가? 만일 예상되는 변화가 있다면, 그 변화는 더 좋아지는 쪽인가? 아니면 더 나빠지는 쪽인가?
4. 내담자의 노력이 현재 상황을 개선하는 데 얼마나 효과가 있었는가? 오히려 그런 노력이 상황을 악화시킨 듯이 보였는가?
5. 내담자가 삶을 지속하는 이유는 무엇인가? 이러한 이유는 얼마나 중요한가?

치료자는 위에 열거한 질문들을 내담자에게 간단히 물어봄으로써 이 다섯 가지 요소를 평가할 수 있지만, 관련된 필답 도구를 실시해서 그중 두 가지(요인 3과 5)를 평가할 수도 있다. 전에 언급한 것처럼, Beck의 **무망감 척도**(Beck et al., 1974)는 미래(요인 3)에 대한 내담자의 비관적 수준을 정량화하는 데 사용될 수 있다. Chiles와 Strosahl(2005)의 다섯 가지 요인들 중에서 앞의 네 가지 요인은 내담자가 자살을 생각하는 이유로 볼 수 있는 것을 공통적으로 반영한다. 그러나 마지막 항목은 지속적인 삶을 지속하도록 촉진하는 내담자의 동기에 초점을 맞추고 있으며, 그래서 자살에 대해 균형을 맞추는 평형추로서 작용할 수 있다. 삶을 지속하려는 내담자의 욕구는 **삶을 위한 이유 기록지**Reasons for Living Inventory: RFL를 실시함으로써 심도 있게 평가될 수 있다(Linehan, Goodstein, Nielsen, & Chiles, 1983).

내담자에게 자신의 RFL을 완성하도록 요청하거나 내담자와 인터뷰를 해서 완성하라. 어떤 식으로 실시하는가와 상관없이, RFL을 사용하는 것에는 몇 가지 장점이 있다. 첫째, 삶을 위한 더 많은 이유들은 자살과 부적 상관이 있는 것으로 나타났으므로(Ivanoff, Jang, Smyth, & Linehan, 1994), RFL은 자살 위험성에 대한 치료자의 평가를 보완하는 데 사용될 수 있다. RFL에서는 48개의 항목 중에서 구체적으로는 자녀에 대해 갖는 관심('나는 내 아이들이 성장해 가는 것을 보고 싶다.'), 더 넓게는 가족에 대한 관심('나는 내 가족에 대한 책임과 의무가 있다.')이 자살 억제에 도움이 되는 정도를 평가하도록 내담자에게 요청한다. ACT의 관점에서 그런 항목은 또한 내담자의 중요한 핵심 가치를 반영할 수도 있다. 따라서 RFL을 실시함으로써, 내담자의 자살 행동을 관리하는 데 도움이 될 수 있는 가치에 대한 유용한 추가 정보를 얻을 수 있다. 내담자들은 가족 관계로 인해 자살할 수도 있지만, 또한 가족 때문에 사는 쪽을 선택할 수도 있다.

자살 행동의 관리

자살 행동을 관리하면서 치료자가 갖는 첫 번째 목적은 단지 약간의 시간을 버는 것이다. 중요한 것은 시간만 지나는 것이 아니고, 자살 시도를 연기하면서 주어진 시간을 가지고 치료자와 내담자가 무엇을 하는가다. 특히, 이 유예 기간을 이용해서 ① 심리적 고통을 견디는 내담자의 능력을 향상시키고 ② 자살 억제력으로서의 삶에 대한 이유와 가치를 촉진시키며 ③ 대안적인 문제 해결 기술을 개발하고 습득시키라.

정서적 고통 인내력 향상시키기 ACT의 관점에서 볼 때, 자살하려는 내담자가 원치 않는 생각과 느낌으로부터 달아나려고 하면 할수록, 원치 않는 그 경험은 더욱 악화되고 그대로 고정된다. 정서 통제를 위한 다른 노력이 어떠하든 결국에는 불가피하게 실패하고 말 경우에 내담자는 더 나은 미래에 대한 희망을 거의 갖지 못하고, 점점 늘어가고 끝나지 않는 심리적 고통을 끝내는 수단으로서 자살을 간주할 가능성이 더 많다. 그런 상황에서 치료자의 임무는 내담자에게 탈융합과 수용 작업을 할 수 있는 기회를 제공할 만큼 길게 경험 통제의 투쟁에서 어쨌든 일시적으로 벗어나도록(예컨대, 밧줄을 놓음으로써) 내담자를 격려하는 것이다.

때로는 학대적인 관계를 떠나는 것과 같은 환경적인 변화만으로도 내담자의 심리적 고통 수준에 주된 영향을 미칠 수 있다. 그것이 가능하지 않다면, 원치 않는 심리적 경험에 대한 내담자의 인내력을 증가시키는 것이 아니라 수용을 촉진시키는 것이 ACT의 장기 목표다. 그러나 자살 충동이 극심한 내담자를 다룰 때에는 정서적 고통에 대한 즉각적인 인내력을 증진하도록 촉진하는 것이 경험의 수용과 기꺼이 경험하기의 촉진이라는 더 큰 과정에서 필요한 초기 목표다. 극심한 고통을 주는 어떤 생각과 느낌에 대해서라도 탈융합과 수용을 촉진하기 위하여 이 책의 앞부분, 특히 6장에서 논의한 기술과 개입을 사용하라. 예를 들면, 자살 사고에 대해 다르지만 타당화하는 시각(즉, 도망갈 수 없고 끝나지 않는 정서적 고통처럼 보이는 것에 우리가 직면할 때 그런 생각은 매우 이해할 만하며, 그런 생각에 따라 행동할 필요가 없다는)을 내담자에게 제공하기 위해 당신의 마음은 당신의 친구가 아니다 연습을 제시하라. 일단 내담자가 자살이 자신의 심리적 고통에서 벗어나는 길을 제공한다는 것을 인정한다면, 문제 해결의 다른 수단을 탐색할 충분한 시간을 치료자와 함께 기꺼이 갖겠는지 내담자에게 물어보라. 이런 방식으로 치료의 의제를 재구성함으로써 자살충동 자체를 문제로 강조하지 않고, 자살 행동이 어떻게 문제 해결이라는 보다 광범위한 맥락에 들어맞는가 하는 것으로 강조점을 적절하게 전환한다(Chiles & Strosahl, 2005: 104).

가치 추구를 촉진하기 가치추구를 촉진함에 있어서 치료자의 목표는 자살을 생각하는 내담자가 이미 견뎌 온 고통과 적어도 가까운 미래에 계속해서 경험할 것 같은 심리적 고통에 대해 경의를 표하는 것이다(정서적 고통을 견디는 능력이 성공적으로 강화될 때까지). 니체가 관찰했던 대로, "살기 위한 **왜**를 지닌 자는 거의 어떤 **어떻게**라도 견딜 수 있다." (Frankle, 1965: 76에서 인용). 이 관점에서 보면, 치료자는 심리적 고통에 대한 내담자의 인내력을 증진시키고 자살이 아닌 문제 해결 기술과 전략을 개발함으로써 삶의 '어떻게' 부분을 다룰 수 있다. 삶의 '왜' 부분을 다루기 위해 내담자가 살아가는 이유를 확인하고 강조하라.

앞서 필자가 언급했던 대로, 자살을 생각하는 내담자가 죽음 대신에 삶을 선택하는 이유를 확인하기 위하여 가치를 측정하는 간접적인 방법(심리적 고통을 추적하기와 같은)뿐 아니라 RFL이나 가치 질문지 중 하나를 실시하는 것과 같은 많은 방법들을 활용할 수 있다. 자살을 생각하는 내담자는 무엇을 위해 기꺼이 살고자 하는 것보다 무엇을 위해 기꺼이 죽고자 하는 것(즉, 정서적 고통을 없애기 위해)이 종종 더 분명하다. '손자가 성장하는 것을 지켜보기'와 같이 자살 방지책으로 기여할 수 있는 내담자의 가치를 강조하는 것이 치료자의 임무다.

RFT의 관점에서 볼 때, 자살을 생각하는 내담자가 따르는, 삶을 지속함으로써 오는 단기적이고 장기적인 결과 모두를 증가시키는 규칙('자살을 하지 않으면, 내 손자들이 성장하는 것을 볼 수 있다.'와 같은)을 공식화하는 것이 치료자에게는 어려운 과제다. 사는 쪽을 선택하는 것의 즉각적인 결과는 당연히 심리적 고통의 증가이며, 이러한 선택(즉, '손자들이 성장하는 것을 지켜보기')이 잠재적으로 강화하는 결과는 오래 지연되며 나타난다. 따라서 살기를 선택하는 것의 즉각적인 결과(생길 수 있는 지속적인 고통)가 주는 혐오스러움을 최소화하고 보상으로서 기능하는 지연된 결과(손자가 성장하는 것을 보는 것)의 가능성을 최대화하는 방식으로 자살 행동에 관해 내담자와 말하는 방법을 찾는 과제에 치료자는 당면하게 된다. 내담자 앞에 놓인 선택과 그에 포함된 모험을 명료화하기 위해 다음과 같이 말하라.

> 여기서 당신은 한 가지 선택에 직면하게 됩니다. 한 가지 선택지는 자살을 하는 것이며, 다른 선택지는 계속해서 사는 것입니다. 자살을 선택할 경우에 어떤 결과가 있는지 우리는 압니다. 한 가지 확실한 결과는 당신이 더 이상 우

울함을 느끼지 않을 것이라는 점입니다. 또 다른 확실한 결과는 당신이 손자들의 성장을 볼 수 없게 된다는 것입니다. 당신이 사는 것을 선택하면 그 결과는 조금 덜 확실합니다. 사는 것을 선택하면, 손자들이 성장하는 것을 볼 수 있는 기회와 가능성이 생깁니다. 당신이 손자들의 삶의 일부가 되는 것, 그들이 어린아이에서 십대와 성인으로 성장하는 것을 지켜보는 것이 당신에게 무엇과 같을지 생각해 보세요. 첫 번째 증손자를 품에 안는 것이 당신에게 무엇을 의미합니까? 당신이 사는 것을 선택하면 이 모든 것이 가능합니다. 그러나 만일 당신이 자살을 선택한다면, 이 모든 것이 가능하지 않습니다. 또한 사는 것을 선택한다면, 자살이 유일한 탈출구인 것처럼 보이는 지점으로 당신을 데려왔던 문제들을 해결하는 다른 방법을 개발하기 위해 우리가 함께 작업할 기회와 가능성이 생기게 됩니다.

당신이 바로 지금 경험하고 있는 정서적 고통이 사라질 것이라는 보장이 없음에도 불구하고, 사는 것을 기꺼이 선택할 만큼 손자들의 성장을 지켜보는 것이 당신에게 중요합니까? 우리가 함께 작업하는 시간이 어느 정도 더 있어야 비로소 그렇게 될지 안 될지를 알 수 있을 것입니다. 우리에게 발견할 기회가 있는지 알고 싶지만, 만일 당신이 자살을 한다면 우리에게 그런 기회가 없을 것입니다. 당신은 여기서 한 가지 선택에 직면합니다. 사느냐 죽느냐, 어느 쪽을 선택하겠습니까 ?

내담자가 그래도 자살을 선택한다면, '당신이 그것을 위해 기꺼이 죽으려는 것을 확인했습니다. 당신은 무엇을 위해 기꺼이 살고자 합니까?' 라고 물으면서 억제책으로 도움이 될 수 있는 다른 가치를 찾으라.

대안적인 문제 해결 기술을 개발하기 자살을 통해 내담자가 안도감을 얻을 수도 있는 문제에 대해 치료자가 생각할 때, 지난 잘못에 대한 죄책감과 같이 본질상 전적으로 경험적인 것과, 가난이나 학대적인 관계 속에서 사는 것과 같이 현재 외부 환경에서 전개되는 것을 구별하는 것이 유용함을 발견할 것이다. 내담자는 자살을 심리적이거나 정서적인 문제에 대한 하나의 해결책으로 보는 듯하지만, 또한 부담과 스트레스를 주는 환경에서 도피하는 방법으로 볼 수도 있다. ACT의 관점에서 볼 때, 외적인 세계는 내적인 심리적 세계보다 잠재적으로 통제가 더 가능하다. 이러한 이유 때문에, 정서적 고통의 전반적 수준에 기여하고 있는 현재의 외적 상황에서 변화를 가져올 수 있는 기회라면 아무리 작더라도 찾아보라. 원치 않는 심리적 상태를 관리하고 대처하는 내담자의 힘을 강화하기 위해 탈융합 및 수용을 촉진하는 기법과 방법 및 상황을 다루기 위한 적극적인 문제 해결 전략을 사용하라.

Chiles와 Strosahl(2005)이 주장한 대로, 완수할 가능성이 적고 완수하더라도 문제를 즉시 효과적으로 해결할 가능성이 적은 거창한 숙제보다 '작은 성공'을 의미하는 숙제로서 내담자가 쉽게 행할 수 있는 행동을 선택하는 것이 더 낫다. 예컨대, 스트레스를 받는 삶의 상황에서 산책하기와 같이 잠깐 휴식을 얻기 위해 할 수 있는 일에 대해 내담자와 함께 브레인스토밍 하는 것이 갑자기 이사를 하는 것보다 단기적으로 더 유용할 수도 있음을 발견할지도 모른다. 이러한 예에서 필자는 다른 거주지 찾기를 해결책에서 배제하라는 것이 아니라, 그렇게 하는 것이 더 많은 시간과 노력이 들 것이라고 말하는 것이다. 실제로 이사가 더 영구적인 해결책일 수도 있을 것이며, 내담자의 신체적 건강이 위태롭다면 그것이 필요한 단기 치료책일 수도 있다. 하지만 내담자가 파악한 것 이상으로는 그가 도달할 수 없음을 확신하라. 필요하면, Chiles와 Strosahl이 제안한 대로 다음 질문을 하라. "완수하면 사정이 조금 더 나아질 것이라고 말할 수 있는 작은 숙제를 고른다면, 무엇이겠습니까?"(p. 106)

숙제 불응

회기 사이에 내주는 숙제는 좀 더 일반적으로는 행동치료와 인지행동치료(Kazantzis, Deane, Ronan, & L' Abate, 2005), 구체적으로는 우울증 치료(Garland & Scott, 2005; Gaynor, Lawrence, & Nelson-Gray, 2006; Thase & Callan, 2006)를 위한 이런 접근들의 통합적인 요소였다. 행동치료의 또 다른 형태인 ACT도 예외는 아니다. 각 회기마다 뒤따르는 숙제 부과가 치료 프로토콜의 일부로 9장에 제공되어 있지만, ACT에서는 전반적으로 숙제를 지나치게 많이 강조하지 않으며 우울증을 치료하는 다른 인지행동적 접근에서 숙제가 차지하는 역할과 비슷하다.

숙제를 강조하는 치료적 접근에서는 내담자가 숙제를 충분히 완수하는지를 확인하는 것이 잠재적으로 어려운 과제다. 치료에서 숙제가 지니는 역할을 뒷받침하는 경험적인 증거의 정도에 따라서 숙제 불응의 중요성은 더 커진다. 이 점에 대해서는 우울증의 인지행동치료에서 숙제의 이행이 치료성과와 유의미하게 더 높은 상관이 있다는 것이 상관 연구에서 상당히 일관적으로 밝혀졌다(Thase & Calan, 2006). 하지만 숙제 부과를 독립 변인으로 해서 종속 변인인 다양한 효과 측정치에 미치는 효과를 검토한 실험 연구는 더 혼합되었다. 우울증을 위한 집단 자기 조절치료(Kornblith, Rehm, O'Hara, & Lamparski, 1983)나 집단 인지치료(Neimeyer & Feixas, 1990)에서는 숙제 부과의 효과가 없는 것으로 밝혀진 반면, Zettle과 Hayes(1987)는 개인 인지치료에서 행동 숙제를 부과받은 우울한 내담자들이 전반적인 치료적 향상이 더 크다고 보고하였다.

불행하게도, 우울증의 ACT 내에서 숙제 부과가 치료 요소로서 치료 효과에 얼마나 영향을 미치는지에 대해서 경험 연구에 기초한 결론을 잠정적으로라도 내리기 위한 비교 연구가 충분히 없었다. 이러한 이유 때문에, ACT에서 심리적 유연성 증가에 기여하는 세 쌍의 핵심 과정을 다룸에 있어서 숙제 부과가 담당하는 전략적인 역할에 기초해서 숙제 불응에 대한 관리 지침을 제공할 것이다. 이러한 이점으로 보면, 전념과 행동 변화를 촉진하도록 돕는 회기 사이의 활동은 다른 두 쌍의 관련 과정(하나는 탈융합과 수용, 다른 하나는 마음챙김과 맥락으로서의 자기)을 촉진하는 활동보다 비중이 상당히 더 있다. 따라서 어떤 숙제 불응의 투쟁과 싸울 것인지를 선택해야 하는 경우에는 전념 행동을 포함하는 숙제를 선택하라. 그다음에는 마음챙김을 촉진하는 숙제를 우선하고, 탈융합과 수용을 포함하는 숙제를 가장 후순위에 두라.

7장에서 상세하게 논의한 대로, 가치 지향적인 삶에 전념하는 것을 촉진하도록 돕는 숙제에는 내담자가 회기 사이에 행하는 일련의 관련 행동들이 주로 포함된다. 가치지향적인 삶에서의 변화가 없는 ACT는 ACT가 아니며, 따라서 ACT의 이 측면에서 숙제에 불응하는 것은 ACT의 전반적인 본래 모습을 심하게 손상시킨다. 탈융합과 수용을 촉진하는 숙제(기록지 작성하기와 같은)와 현재 순간에 접촉하기를 촉진하는 숙제(마음챙김 연습 실행하기와 같은)를 내담자가 완수하지 못하는 것은 덜 중요한데, 이런 활동은 필요하면 회기 내에서 반복적으로 실시할 수 있기 때문이다. 특히, 탈융합과 수용을 위한 개입은 이러한 접근에 좀 더 용이하다. 그래서 탈융합과 수용에 관련된 숙제의 완수를 가장 후순위에 두도록 앞에서 권한 것이다. 회기 중에 치료자와의 상호작용 속에서 전념 행동에 참여하는 내담자도 있을 수 있지만, 그런 기회는 상당히 드물다. 따라서 내담자가 가치 방향으로 삶을 움직이려고 한다면, 대부분 회기 바깥의 행동에서 실질적인 변화가 필요할 것이다.

어떤 다른 행동적 결함처럼 서로 배타적이지 않은 다양한 이유로 인해서 내담자가 가치 지향적인 숙제를 완수하는 데 실패하는 일이 생길 수도 있다. 숙제에 불응하는 내담자에게 숙제 불응의 기능을 먼저 판단하는 것이 치료자에게는 어려운 과제 중 하나일 것이다. 그런 경우에는 치료자가 그 문제를 다루기 위해서 평가 및 사례 개념화의 결과를 활용하라. 다음에 나오는 소제

목에서는 전념 행동을 촉진하기 위해 계획한 숙제에 내담자가 불응하는 데 영향을 미칠 수 있는 많은 요인들을 논의할 것이다. 이러한 요인들을 다루기 위해 관련된 제언도 할 것이다.

가치로부터의 단절

내담자가 자신의 가치와 일치하지 않는 행동적인 숙제를 완수하는 데 동기가 부족할 것이라는 점은 이해할 만하다. 그러므로 완수되지 않은 숙제를 이미 상당한 시간을 들여서 찾고 확인했다 하더라도 이를 두 번씩 점검하는 것이 내담자의 가치를 확인하는 데 도움이 된다. 필요하면, 내담자의 가치를 더 평가하기 위해 몇 가지 직접적이고 간접적인 도구들을 추가로 사용하라. 치료자가 듣기 원한다고 생각한 것을 내담자가 말했기 때문이거나 사용된 평가 도구로는 내담자의 진정한 가치가 단지 탐지되지 않았기 때문에 유사 가치가 먼저 확인되었을 가능성이 있다.

너무 많은 변화

행동에서는 작은 변화가 더 큰 변화보다 더 쉽게 일어난다. 치료자와 내담자가 가치추구를 위한 숙제를 구성하는 지침으로 사용하고 있는 내담자의 가치에 대한 초기 평가가 올바른 목표를 향한 것일 수 있지만, 추구하려는 행동 변화의 정도가 너무 크다. 치료자와 내담자 모두 다소 지나치게 야심적일 수가 있다. 삶 자체처럼 ACT는 경주가 아니며, 너무 빠르게 가면서 실패하는 것보다는 매우 느리게 가면서 내담자의 삶이 가치를 둔 방향으로 좀 더 오래 효과적으로 나가는 것이 오히려 더 낫다. 내담자가 더 많이 완수할 수 있고 전념 행동의 더 넓은 패턴을 형성하는 과정에서 첫 단계로 활용할 수 있는 보다 적합한 숙제를 고르기 위해, 7장에서 논의한 것처럼 점진적으로 숙제를 부과하는 방법을 활용하라.

반항

우리 모두는 단지 다른 누군가가 제안했다는 이유만으로, 매우 관심을 갖던 어떤 일을 하는 것에 저항했던 적이 한 번 이상 있을 것이다. 부과된 숙제가 분명히 가치를 지향함에도 불구하고 내담자가 숙제 완수를 하지 못하는 것도 반항의 유사한 형태일 수가 있다. 어떤 내담자가 자기 자신보다 치료자를 위해서 전념을 유지할 위험이 있는 것처럼, 치료자 때문에 전념을 유지하지 않을 위험 또한 있다. 이는 권위주의적인 통제에 복종한 역사가 있는 내담자에게 일어날 가능성이 많다. 필요하다면, 이를 기여 요인에서 배제하기 위해 내담자의 생애 이야기로 되돌아가거나, 해야 할 일을 듣는 것에 대한 반응으로서 저항 행동을 했던 이전 사건에 대해 구체적으로 물어보라.

치료자의 관점에서는 내담자에게 숙제를 완수하라고 명령하는 것이 아닌데도 불구하고, 내담자는 치료자가 숙제에 대해 말한 것은 무엇이든지 반대로 행함으로써 자율성을 재차 주장하는 기회로 반응할 수도 있다. 이러한 경우에는 치료자가 숙제를 완수하라고 더 주장할수록 내담자는 저항하면서 더 단호해질 가능성이 있다. 그런 경우에는 뒤로 물러나고, 필요하면 내담자가 숙제를 완수하든지 하지 않든지 간에 치료자가 개인적으로 관여하지 않는다는 점을 분명히 해 주라. 또한 약간의 동기 면담motivational interviewing (Miller & Rollnick, 2002)을 하는 것이, 치료자와 내담자 간에 숙제를 둘러싸고 할 수 있는 힘겨루기를 좀 더 최소화하는 데 도움이 될 것이다. 예컨대, '당신은 한편으로는 당신에게 중요한 것을 하기 원하지만, 다른 편으로는 제가 당신을 좌지우지할 경우에 그 문제에서는 선택의 여지가 많지 않은 것처럼 보입니다.'와 같이 말함으로써, 내담자의 관점을 또한 인정하면서 그의 자율성을 재확인시켜 줄 수도 있다.

반항적인 기능을 하는 숙제 불응의 문제는 치료자에게 어려운 과제일 뿐 아니라 임상적으로 귀중한 주제를 의미 있게 다룰 수 있는 기회를 제공하기도 한다. 아마 치료자에게 반항적인 행동을 보이는 내담자는 그의 생활에서 상사나 부모 같은 다른 중요한 권위적 인물과도 유사하게 자기 패배적인 방식으로 관계하기 쉽다. 4장에서 언급했듯이, 회기 중에 발생하는 임상적으로 관련된 행동을 설명할 경우에는 기능분석적 심리치료functional analytic psychotherapy: FAP(Kohlenberg & Tsai, 1987, 1991)를 ACT와 쉽게 통합할 수 있다. 그렇게 함에 있어서, 치료 내의 숙제 부과라는 맥락에서 전개되는 듯한 동일한 패턴의 행동이 치료 밖에서 다른 사람과의 관계에서도 일어나는지, 그렇다면 그런 경향이 가치가 추구되는 삶의 전반적인 수준에 어떻게 영향을 미칠 수 있는지 내담자에게 물어보라.

실패에 대한 두려움

반항적인 행동으로서 숙제에 불응하는 것은 경험 회피의 기능을 하는 것으로도 해석될 수 있다. 더 구체적으로 말하면, 내담자가 다른 사람에게 아부하는 것이라고 여기는 것에 따르는 자존심의 상실과 개념적 자기의 손상을 피하기 위해서 숙제 완수를 거절할 수도 있다. 요컨대, 내담자는 비굴함을 느끼면서 다른 사람의 강요를 허용하기보다 반항하는 것을 더 선호할 수도 있다.

숙제를 완수하지 않음으로써 피할 수 있는 더 흔한 심리적 경험은 노력하기와 실패하기에서 오는 것이다. 내담자는 실패 감정에 접촉하는 것을 피하려는 동기가 너무 높아서 숙제를 시도조차 하지 않을 수 있다. 실제로 그의 좌우명은 무언가를 해서 성공하지 못하는 것보다 아무것도 하지 않는 것이 낫다는 것이다. 치료자는 ACT와 일관된 몇 가지 방법으로 이 문제를 다룰 수 있다.

하나의 전략은 실패 감정 및 관련된 생각과 정서에 대해 어느 정도 강력한 탈융합과 수용 작업을 하는 것이다. 관련된 방법은, 예를 들어 다음과 같이 말함으로써, 해당 숙제가 지향하고 있는 가치를 재차 강조하면서 실패 경험을 존중하는 것이다.

> 행할 가치가 있는 것은 서툴게 해 볼 가치가 있습니다(de Posada, 2003). 목표가 달성할 만한 가치가 있다면, 그것을 시도해 보고 이르지 못해도 좋을 만큼 가치가 있습니까? 우리가 지금 이야기하고 있는 목표는 기꺼이 행하고 기꺼이 실패할 만큼 충분히 가치가 있습니까?

마지막으로 지난 장에서 제안한 바대로, 부과된 행동 숙제를 성공적으로 완수하는 것의 의미를 재해석하면서 노력하기와 행하기의 차이를 강조할 수도 있다. 즉, 성공이란 숙제를 행하는 것으로 정의된다. 노력하기란 행하기가 아니며(Yoda를 기억하라), 성공은 숙제를 통해 추구되는 구체적인 목표가 달성되었는지 달성되지 않았는지에 의해 결정되지 않는다.

전념의 다른 장애물

방금 논의한 실패에 대한 두려움은 부과된 행동 숙제를 시도하는 내담자에게 경험적 장애물로 보일 수 있다. 또한 경험적이고 환경적인 다른 장애물이 숙제 불응의 한 원인이 될 수도 있는데, 숙제를 완수하는 데 영향을 미침으로써 그럴 수가 있다. 예를 들어, 내담자는 숙제를 완수하는 과정 중에 그것을 가로막는 경험적인 장애물(자신감의 상실 및 물밀듯 한 자기 의심 같은)뿐 아니라 예기치 않은 외적 장애물(갑자기 수리를 요하는 자동차로 인해 바닥난 재정 같은)을 만날 수가 있다. 숙제 완수를 방해하는 어떤 장애물을 목표-행동 기록지(부록 G 참조)에 기록해서 회기 중에 더 설명할 수 있도록 촉진하라.

숙제를 시작했지만 완수하지 않는 경우가 종종 발생하는 경우에는 이를 통해서 전념 행동에 방해가 되는 장애물들을 극복하고 관리하는 기술을 내담자에게 더 연마시킬 수 있으므로 문제가 되지 않는다. 더 문제가 되는 것은 숙제를 시도하지만 완수하지 않는 오래된 패턴이다. 그런 경우에는 경험적인 장애물을 다루기 위해 되돌아가서 탈융합과 수용 작업을 조금 더 하라. 치료자는 어떤 숙제를 더 부과하기 전에 내담자의 가치를 재타당화하는 것이 유용함을 또한 발견할 수 있다.

하지 않음을 선택하기

끝으로, 7장에서 논의한 대로 치료자가 내담자에게 제안해서 그가 하지 않는 것을 그냥 선택하는 어떤 숙제가 있을 수도 있다. 그렇게 하는 것이 자유로운 선택인지 아니면 경험 회피나 혹은 방금 말했던 어떤 다른 요인에 의해 이끌리게 된 것인지를 내담자 입장에서 판단해 보라. 자유로운 선택으로 보이면 존중하는 방식으로 반응하고, 그가 내린 어려운 선택을 타당화하라. 어떤 행동 숙제는 행동(ACT)이므로 ACT에서 완수되어야 하지만, 모든 숙제가 반드시 다 그렇지는 않다.

극단적인 경직성

심리적 유연성과 경직성은 연속선 위의 양극점으로 생각하는 것이 매우 유용하다. 이러한 관점에서 보면, 대부분의 우울한 내담자는 이 연속선에서 유연하지 않은 쪽 어딘가에 해당되겠지만, 어떤 내담자의 경우에는 다른 사람보다 경직성의 수준이 더 극단적으로 뚜렷하게 나타난다. 여기서는 비유가 유용할 것이다. 심리적 경직성을 나사못 상의 녹으로 생각해 보라. 어떤 나사못은 다른 못보다 더 심하게 녹슬었다. 나사못에서 너트를 제거하는 것이 치료자의 과업이라면, 나사못에 슨 녹의 양에 따라서 더 어려울 것이다. 조금만 녹슨 나사못에서 녹을 제거하기 위해서는 상당히 적은 노력과 작업이 필요하다. 불행하게도, 어떤 내담자는 심리적 경직성이 극심해서 심하게 녹슨 나사못과 같다. 즉, 그 위에 있는 녹을 약간만 미는 것도 아주 어려운 과제가 된다. 하지만 일단 나사못이 풀리면, 나머지 녹을 제거하는 수고는 녹이 적은 나사못보다 더 많이 필요하지 않을 수도 있다.

풀기에 가장 단단한 나사못은, 내담자가 다른 사람에게 부당하게 대우받았거나 또는 어떤 용서치 못할 행동을 범한 삶의 이야기에 융합되어서 제자리에서 녹슬게 된 못이다. 자신의 생애 이야기를 우울증의 문자적인 원인으로 부여잡은 내담자는 이전의 생애 사건과 정서적 고통을 연결하는 이야기의 구성이 변하지 않는 한 그것으로부터 빠져나올 길이 없다. 6장에서 논의했듯이, 이러한 유형의 융합을 보이는 내담자에게는 다른 결과가 적어도 있을 수 있다는 것을 인정할 때까지, 비록 생애 이야기가 아주 개연성이 없더라도 그 이야기를 필요한 만큼 여러 번 쓰도록 요청하라.

이러한 접근은 대부분의 우울한 내담자에게 충분히 효과적일 것이다. 불행하게도, 생애 이야기의 원본을 여러 번 다시 쓰게 해도 여전히 경직되게 집착하는 소수의 내담자를 만날 가능성이 있을 것이다. 이러한 어려움을 처리하는 유용한 방법은 생애 이야기에서 탈융합되는 것을 방해하는 다양한 장애물을 확인하고 약화시키는 것이다. 내담자는 그가 구성한 이야기에 시간이나 노력을 들일 수 있으며, 흔히 서로 관련되고 상호 배타적이지 않은 많은 이유들을 가지고서 그의 우울을 설명하려고 한다. 이제까지 아주 상세하게 설명했던 하나의 장애물이 바로 정당화이므로(2장과 5장 참조), 여기서는 그것을 반복하지 않을 것이다. 그 대신에 용서의 문제를 다루고 희생자 역할을 약화시킴으로써 내담자의 극단적인 경직성을 감소시키는 데 초점을 둘 것이다.

용서의 문제

내담자는 타인과 자신에 대한 용서를 거부하기 때문에 자기 생애 이야기에 단단히 융합된 채로 있을 수 있다. 다음에서는 이 두 가지 유형의 용서를 나누어서 논의하겠지만, 어떤 내담자는 두 가지 문제를 모두 지닐 수 있다는 것을 알라.

다른 사람을 용서하기 다른 사람들에게 승인될 수 있을 만한 용서하지 않기는 타인에게, 매우 흔하게는 자기 가족이나 자기 삶에서 중요한 다른 사람에게 괴롭힘을 당하고 학대를 당했던 생애 이야기를 제시하는 내담자의 경우에 매우 종종 발생한다. RFT 관점에서는, 다른 사람에게 부당한 대우를 받은 것과 그렇게 한 것에 대해 그를 용서하는 것은 반대되는 구성틀에 들어 있다. 이는 '그는 용서 받을 가치가 없다.'와 '내가 당한 것을 견뎌야 했던 사람은 누구나 우울할 것이다.'와 같은 내담자의 말에서 전형적으로 드러난다. 잘못한 자(들)에 대해 할 수 있는 용서가 생애 이야기와 이런 식으로 관련되어 있는 한, 전체적인 언어 체계는 경직되게 되며 어떠한 변동도 가능하지 않다. 사실상, 우울은 내담자가 부당한 대우를 받았던 방식에 의한 불가피한 결과이며(삶의 이야기에서 말하는 바대로), 그것에 대한 이야기가 변하지 않은 채로 남아 있는 한 우울은 변하지 않고 그대로 남아 있다.

생애 이야기는 바뀔 수 있겠지만, 그렇게 하는 것은 가해자를 용서하는 것과 같을 것이다. 가해자에 의해 겪은 방식으로 내담자가 심리적 고통을 당할 필요가 없었다면, 마치 아무 일도 하지 않았기에 용서가 정당한 것처럼 가해자는 올가미에서 풀려날 것이다. 용서하기를 정당하게 유보하고 정서적으로 계속해서 괴로워하든지 아니면 용서를 해 주고 보다 활기찬 삶을 영위할 수 있는 쪽으로 해방되든지, 이는 내담자의 선택이다.

이런 선택을 타당화하지 않는 방식으로 내담자에게 명료화하는 것이 치료자에게 어려운 과제 중 하나다. 용서를 선택하는 것에 대해 내담자와 이야기할 때, ACT의 관점에서 필요한 것과 필요하지 않은 것을 치료자 스스로 명확히 하라. 이 문제에 대해 필자가 제공해야 하는 것 중에 많은 것이 Hayes 등(1999: 257-258)과 Strosahl(2004: 240-241)의 용서에 대한 치료에 나와 있으므로, 더 상세한 것은 이 자료들을 참조하도록 권한다. 아마 매우 중요하게는, 용서란 가해자를 위해서가 아니라 내담자의 유익을 위한 것이다. 자신에게 잘못을 행한 사람은 용서받을 가치가 없다는 내담자의 주장은 이 주제를 두 가지 점에서 모호하게 만든다. 우선 첫째로, 더 중요한 질문은 이것이다. 용서를 해 줄 수 있는 내담자는 그럴 만한 **자격이 있는가**? 용서가 그를 위해서 무엇을 해 줄 것인가? 용서가 가해자를 위해 할 수 있는 것은 미미하다. 둘째, 내담자가 용서를 하기 위해서 가해자가 용서받을 자격이 있다고 느끼거나 믿을 필요는 없다. 내담자가 용서해 줄 사람이 그럴 만한 자격이 없다고 생각하더라도 기꺼이 용서하겠는지 그에게 물음으로써 감정과 믿음의 비연관성을 강조할 수 있다.

또한 용서란 감정이나 정서적인 상태가 아니라 자유롭게 선택할 수 있는 기꺼이 경험하기의 능동적인 형태임을 분명히 하라. 용서하는 것이 선택이기보다는 결정이라고 여긴다면, 이는 상당히 많은 경험적 장애물에 영향을 받을 것이다. 예컨대, 용서하고 싶지 않기 때문에 용서를 해 줄 수 없다거나 다른 사람이 했던 것을 잊을 수 없다고 내담자가 주장할 수도 있다. 용서가 이런 식으로 이루어질 경우에는 어떤 생각이나 감정 또는 다른 버스 승객들을 없애거나 이끌어 내는 것에 따라 용서가 조건적이 된다. 자유로이 선택한 용서는 무조건적이며, 다른 사람으로 인해 괴로웠던 부당한 대우를 결코 잊을 수 없더라도 용서를 할 수 있다.

용서를 하기 위해 필요한 또 다른 일반적인 선행 조건은 가해자가 먼저 용서를 요청해야 한다는 것이다. 이는 가해자의 소재를 모르거나 이미 죽은 가해자를 용서하는 데 있어서 넘을 수 없는 장애물을 분명하게 만든다. 용서를 구하는 것이 용서를 받기 위한 자격이라고 본다면, 내담자가 계속해서 접촉해 왔던 가해자조차도 자신이 잘못했다고 믿지 않기 때문에 또는 여러 가지 다른 이유들 때문에 결코 용서를 구하지 않을 수도 있다. 용서는 그것이 요청되느냐에 따라서 조건적일 수 없다는 것이 요지다. 따라서 죽은 사람처럼 용서를 구할 수 없는 사람이라도 빈 의자 기법이나 편지 쓰기를 통해 내담자가 용서를 해 줄 수 있다. 빈 의자 기법에서 앞에 앉아 있다고 상상하는 가해자를 용서해 주도록 요청하라. 따라서 편지(부쳐야 하는 것은 아님)를 통해 용서를 전달하도록 지시할 수도 있다. 용서를 구할 수 있었으나 그렇게 하지 않은 사람을 용서하기 위하여 내담자는 이런 방법들을 사용할 수 있다. 내담자는 그를 마주 대하고 말하면서 용서를 해 줄 수도 있지만, 그렇게 하는 것에는 이익과 불이익이 있다. 이익인 측면은 용서해 주기가 더 분명하며 덜 모호하다는 점이다. 잠재적으로 손해인 측면은 용서해 주는 사람이 거절을 당할 수도 있고 내담자와 가해자 사이에서 누구의 설명이 옳은지에 대해 논쟁이 일어날 수도 있다는 점이다.

타인을 용서하는 것은 전념을 유지하는 것과도 유사하다. 따라서 용서하도록 **노력**하겠다고 말하는 내담자를 주의하라. 필요하다면, 용서하기를 점프하는 것에 비유하라. 어느 정도의 높이에서 뛰어내릴지를 선택하는 것과 비슷하게, 내담자는 기꺼이 용서할 것인지 아닌지를 선택할 수 있다. 일단 이런 경우가 발생하면, 그다음 선택은 단순하게 뛰어내리거나 뛰어내리지 않는 것, 용서를 해 주거나 하지 않는 것이다. 끝으로, 내담자는 과거에 자신을 학대했던 누군가를 용서하고 싶지만 어떻게 하는지 모른다고 가끔씩 주장할 수도 있다. 용서하기를 점프하기에 다시금 비유하라. 점프하기 위해 노력하는 것은 선택이 아니며, 용서하기 위해 노력하는 것도 그러하다. 점프하기와 같은 행동은 노력이 필요하지 않으며, 간단히 점프하기 위해 중력을 허용할 때 자연스럽게 일어난다. 용서도 마찬가지다.

다음은 어릴 적에 자신을 학대했던 아버지를 용서하는 것에 대해 내담자에게 말하는 예시다.

> 만일 당신의 아버지가 당신을 대우했던 방식으로 당신을 대우하지 않았다면 당신이 오늘날 우울하지 않았을 것이라고 생각하는 것을 이해합니다. 불행하게도, 그가 당신에게 행했던 것을 바꿀 수 있는 방법은 없습니다. 그 대신에, 일어났던 것에 대해 여기서 바로, 지금 당장 당신이 할 수 있는 어떤 것에 대해 잠깐 생각해 봅시다. 당신이 통제할 수 있으며 선택하거나 선택하지 않을 수 있는 것은 아버지에 대한 용서입니다. 제가 당신에게 이 선택에 대해 생각해 보라고

요청할 때, 당신의 아버지가 당신을 다루었던 방식이 그런 대로 괜찮다고 말하는 것이 아님을 분명히 해 두겠습니다. 그것은 문제가 아닙니다. 문제는 지금 당신 앞에 놓인 선택이며, 어떻게 그 선택이 당신 삶에 영향을 미칠 수 있는가 하는 점입니다. 당신에게 생각해 보도록 요청하고 있는 용서는 당신의 아버지를 위해서가 아닙니다. 그것은 당신을 위해서입니다. 그러므로 그가 용서받을 자격이 있는지, 그를 대면해서 용서할지 또는 그가 당신에게 행했던 것을 결코 잊지 않을지 등은 여기서 실제로 중요하지 않습니다. 문제는 용서를 하는 것과 용서를 하지 않는 것이 당신을 위해서라는 점입니다. 용서를 하지 않음으로써 계속해서 우울에 빠지고, 용서를 함으로써 삶을 영위하도록 자유롭다면 어떻겠습니까? 이것이 당신이 직면하고 있는 선택이라면 어떻겠습니까? 당신이 아버지를 용서하면 삶이 어떻게 달라질지 우리 중 어느 누구도 확실하게 알지 못하기 때문에, 저는 '당신이 자유로워질 수도 있을 것입니다.'라고 말을 합니다. 알 수 있는 유일한 방법은 그를 용서하고 나서 발견하는 것입니다. 제가 생각하기에 우리가 어느 정도 확신을 가지고 말할 수 있는 한 가지는, 용서를 유보하는 것이 우울로부터 당신이 자유로워지는 데 도움이 되지 않았다는 점입니다. 용서하도록 노력하라고 요청하는 것이 아닙니다. 노력하기는 없으며 오직 행하기만 있습니다. 용서란 점프하기와 같습니다. 즉, 점프를 선택하거나 선택하지 않습니다. 이는 당신의 선택입니다. 용서를 하고서 더 활기차고 의미 있는 삶을 영위하도록 스스로 자유로워질 수 있는 것을 선택하겠습니까, 아니면 계속해서 용서를 허락하지 않고 우울에 빠져 지내는 것을 선택하겠습니까?

필자는 마지막 요점을 하나 제시한다. 용서하기는 단 한 번의 최종적인 행동이 아닐 수도 있음을 알라. 오히려 기꺼이 경험하기와 수용처럼, 보다 일반적으로는 내담자가 용서를 하고 나서 결국 나중에 생애 이야기에 다시 융합되면서 그 이야기로 되돌아가는 것을 발견할지도 모른다. 이러한 이유 때문에 용서를 여러 차례 거듭해서 다시 제안해야 할 수도 있다.

자신을 용서하기 이전에 저질렀던 잘못에 대한 죄책감과 싸우거나 과거에 실패했던 기회를 후회하는 내담자는 자신을 용서하는 것이 유익한 듯하다. 그런 상황에서 맥락으로서의 자기에 대한 초월적인 인식은 개념적 자기에 대한 용서를 자유로이 선택하는 위치에 있다. 이러한 이유로, 자기 용서를 원하는 내담자와 함께 체스판 비유 및 관찰자 연습과 같은 개입을 통해서 맥락으로서의 자기를 적절하게 촉진했는지 확인하라. 필요하다면, 마음챙김 연습도 자신에 대한 용서를 생각하는 내담자를 준비시키는 데 도움이 될 수 있다. 그러한 연습은 내담자가 자신을 용서해 줄 수 있는 자기 인식에 접촉하도록 간접적으로 돕는다.

다른 사람을 용서하는 것에 대해 위에서 논의했던 동일한 요점(용서는 기꺼이 경험하는 행동으로서 자유롭게 선택된다는 점과 노력하는 것은 선택이 아니라는 점 등)은 자신을 용서하려는 내담자의 행동에도 역시 적용된다. 흔히 자기 용서에 대한 가장 큰 장애물은, 자신은 과오와 태만이라는 과거의 잘못에 대해 어떻게 해도 용서받을 만한 자격이 없다는 내담자의 주장이다. '나는 용서받을 자격이 없다.'라고 말하는 내담자에게 그건 '사실이 아니다.'라고 설득하거나 이를 재구성하려고 시도함으로써 그와 같은 생각을 문자적인 의미로 받아들이도록 유도하지 않게 주의하라. 탈융합 전략을 사용하며, 죄책감을 유발하는 생각은 마음의 재잘거림인 경우가 많다는 것을 다음과 같이 말함으로써 강조하라.

> 당신의 마음은 친구가 아니며 마음이 특히 잘하는 일 중 하나가 비난하기 게임이라는 것을 기억하세요. 이 두 가지를 함께 묶으면 무엇을 얻게 됩니까? 한편으로는 삶에서 했던 일에 대해 당신에게 비난을 아주 잘하는 마음을 지니기에 당신은 지금 그에 대해 수치감이나 죄책감을 느낍니다. 다른 한편으로는 다른 일을 행하지 않은 것에 대해 비난을 잘하는 마음 또한 있어서 당신은 지금 후회를 합니다. 우리는 그것은 잘못이나 실수가 아니며 당신을 비난하고 있는

사건은 결코 일어난 적이 없다고 당신의 마음에게 확신시키려고 노력할 수도 있습니다. 저는 당신이 이미 그렇게 노력했을 것이라고 생각합니다. 우리 중 대부분은 그렇게 합니다. 그리고 그것은 효과가 없었습니다. 그렇지 않다면 당신이 여기에 있지 않았을 것입니다. 우리는 또한 당신의 마음이 당신을 비난하는 일이 일어났음을 인정할 수 있었으나, 그것에 대해 당신을 비난하는 것을 멈춰야 한다고 당신의 마음에게 확신시키려고 노력합니다. 제가 틀리면 말해 주세요. 그렇지만 당신은 그것(우리 대부분이 하는)을 이미 시도했었고 그것은 효과가 없었으리라고 생각합니다. 아니라면 당신이 여기에 있지 않았을 것입니다. 일어났던 일에 대해 재잘거리는 당신의 마음을 닫는 방법과 그것에 대해 당신의 잘못을 찾는 것을 멈출 방법이 간단히 없다면 어떻겠습니까? 당신이 통제할 수 있는지 그리고 당신이 어떤 선택을 할 수 있는지에 대해 말해 봅시다. 그리고 여기서 '당신'이란 당신의 마음이 아니며, 당신의 생각과 감정이 아닌 당신의 일부(체스말이 아니라 체스판인 당신의 일부)를 의미합니다. 당신이 생각해 보길 바라는 것은, 당신의 마음은 그것에 대해 말해야 할 수도 있지만 당신의 일부분은 당신 자신을 용서하는 것을 선택할 수 있다는 점입니다. 사실상, 당신의 마음은 당신 자신을 용서한다는 생각만으로도 매우 혼란스러울 수 있습니다. 그러나 이는 당신이 할 수 있는 선택이며, 당신의 마음이 결정할 것은 아닙니다. 이는 당신의 선택이라고 생각하세요. 당신은 자신을 계속해서 용서하지 않는 쪽을 선택하여 죄책감과 수치감 그리고 후회에 빠져 있거나, 아니면 당신 자신을 용서하고 자유로워져서 더 활기 있고 의미 있는 삶으로 나아갈 수 있습니다.

당신이 얼마나 용서받을 자격이 없는지에 대해 당신 마음이 말하고 있는 것에도 불구하고, 당신이 자신에게 자유롭게 줄 수 있는 선물이 용서라면 어떻겠습니까? 용서하는 것을 선택하겠습니까, 아니면 용서하지 않는 것을 선택하겠습니까?

다른 사람을 용서하는 행동에 대해서와 같이, 자기를 용서하는 법을 모른다는 주장에 대해서 다룰 준비를 하라. 맥락으로서의 자기인 내담자가 개념적 자기에게 용서를 해 주는 빈 의자 기법을 활용하라. 달리하면, 다른 가해자에게 용서의 편지를 쓰는 것처럼 내담자가 자기 자신에게 또한 용서의 편지를 쓸 수도 있다. 끝으로, 또한 내담자가 죄책감과 후회, 자기 혐오 등에 다시 빠지게 되면 자기 용서라는 행동을 다시 유도하도록 준비하라.

순교자 역할하기

심리적 유연성이 증가되는 것을 방해하는 극단적인 경직성의 또 다른 형태는 내담자가 계속해서 순교자 또는 희생자 역할(Hayes et al., 1999: 252-254 참조)을 할 경우에 생긴다. 다른 사람에 대한 용서를 거부하는 것과 같이, 그런 경우는 외상과 학대로 가득 찬 삶의 이야기를 지닌 내담자에게 대개 나타나는 듯하다. 이러한 이유 때문에, 순교자 또는 희생자 역할을 하는 것은 그 자체로 독특한 의미가 있어 보이긴 하지만 용서를 유보하는 것과 양립 불가능하지 않다. 특히, 용서를 유보하는 것은 특성상 좀 더 수동적인 양상을 띤다. 즉, '당신[학대자]이 원하는 어떤 것을 내가 가지고 있지만, 당신은 그것을 받을 자격이 없으므로 나는 그것을 당신에게 주지 않을 것이다.' 라는 의미다. 순교자 역할을 하는 것에는 오히려 능동적이고 보복적이며 도전적인 느낌이 들어 있다. 즉, '내가 당신에게 얼마나 부당하게 대우 받았는지를 당신[학대자]과 세상 모두가 알도록 내가 계속해서 고통을 지닐 것인데, 당신은 그래도 마땅하다.'는 의미다.

여기서 '역할'이란 말은 이 내담자의 행동을 평범하게 하기 위함이 아니라 지속적이고 일관적인 태도로 행하고 있음을 나타내기 위함이다. 내담자는, 그 또는 그녀가 희생자이며 선택된 개인이나 때로는 삶 자체가 악역인 각본이나 일련의 규칙을 거의 따르는 듯하다. 사실상, 역할을 극단적으로 수행한다면 비극적이고 치명적인 결과가 생길 수 있다. Hayes 등(1999)이 말한 것처럼, 어떤 내담자의 경우에는 우울한 상태로 남아 있는 것이 살인자가 몸을 죽이는 것과 기능적으로 같다. 시체는 살인이 일어났다는 의심할 여지 없는 증거인 것처럼, 내담자는 심한 부당함의 증거로서 활기와 의미가 결여된 우울한 삶을 제시할 수 있다. 사실상, 자신에게 범해진 잘못을 증명하기 위해 내담자는 자신을 시체로 제시한다(Hayes et al.: 253). 불행하게도, 어떤 내담자는 이를 비유적으로가 아니라 문자적으로 받아들이며, 따라서 순교자 역할을 하는 것이 자살 행동의 또 다른 동기에 포함될 수 있다. '그(들)에게 보여 줄 것이다. 내가 죽으면 그가 미안할 것이다.' 와 같은 내담자의 말에서 예시되듯이, 특히 자살을 하는 것은 잘못한 사람을 향한 최종적인 보복 행위로 볼 수도 있다.

복수를 하기 위해 자살을 하는 것은 정서적 고통을 끝내기 위해 자살을 하는 것과 양립 가능하며, 최근에 자살 행동이나 자신을 해치려는 생각을 했던 과거사를 보고하는 내담자에게는 두 가지 동기를 다 측정해야 한다. 필요하면, 이전과 최근의 자살 행동에 대해서 물어보고 그에게 잘못을 했던 자에게 복수하기 위한 하나의 방법으로서 자살을 생각한 적이 있는지 물어보라. 내담자의 삶에 대한 이야기를 듣기만 해도 희생자 역할을 하고 있는지를 대개는 확인할 수 있다. 적어도 필자의 경험에서 보면, 그런 동기를 가진 우울한 내담자는 그것에 대해 이야기하는 것을 꺼리지 않았다. 따라서 당신의 내담자 중에 어느 내담자가 희생자 역할을 하는지는 대부분 상당히 명확하므로, 그것을 확인하는 것은 어려운 문제가 아니지만, 그것을 뒷받침하는 융합의 유형을 약화시키는 것은 어려운 과제다.

내담자의 감정을 타당화하지 않는 위험이 있긴 하지만, 이 주제를 직접적으로 다루지 않는 것의 결과가 너무 커서 완곡한 태도로는 접근할 수가 없다. 다음에 제시하는 것은 우울한 내담자의 경험에 좀 더 민감하도록 Hayes 등(1999: 253)이 제공한 내용에서 인용한 것이다.

당신이 좋아하지 않을 수도 있는 주제에 대해 말하고 싶습니다. 제가 이 주제를 꺼내는 것에 대해 화가 난다면, 화를 내도 괜찮습니다. 제가 그것에 대해 너무 지나치게 말할 수도 있지만, 당신을 화나게 하거나 짜증나게 하기 위해서가 아니라, 다만 그것에 대해 말하지 않는 대가가 너무 크기 때문에 말하기 원한다는 점을 당신이 알기 바랍니다. 핵심은 다른 사람들이 당신을 부당하게 대했는지가 아닙니다. 그들은 그랬습니다. 오히려 당신에게 해를 가했던 자들의 행동으로 인해 당신이 심리적 고통을 겪었으며 계속해서 겪고 있음을 그들에게 깨닫게 하는 것이 당신에게 얼마나 중요한지가 핵심입니다. 또한 외부 사람들이 당신을 다른 사람에게 부당한 대우를 받은 사람으로 보도록 만드는 것이 얼마나 중요한지가 핵심입니다. 이런 중요한 쟁점들을 모두 해결할 수 있는 유일한 방법이 우울한 삶을 살면서 희생자로 남는 것이라면 어떻겠습니까? 당신이 우울에 사로잡혀 있는 한, 그것은 다른 사람들이 당신을 얼마나 심하게 잘못 대했는지를 모든 사람들에게 알리는 증거가 됩니다.

이 방법일 필요가 없다면 어떻겠습니까? 여기서 당신은 선택을 합니다. 한 가지 선택은 당신이 이끌려 온 종류의 삶을 계속하는 것입니다. 당신은 우울에 사로잡혀 있고, 그렇게 함으로써 당신을 부당하게 대했던 자들이 그들의 행동에 대해 책임을 집니다. 다른 선택은 그에 사로잡히지 않고 삶에서 전진하는 것입니다. 이러한 선택의 단점은 당신이 더 좋아질수록 당신을 부당하게 대한 적이 있는 모든 사람들과의 연결고리가 끊어질 것이라는 점입니다. 그렇다고 부당한 처사가 바뀌지는 않겠지만, 그런 일이 있었음을 증명하기 위해 더 이상 고통을 지속하지 않아도 될 것입니다. 가치 있는 삶을 영위하는 것인지, 아니면 당신을 부당하게 대했던 자들이 거기서 벗어나지 않도록 확인하는 것인지, 어느 것이 당신에게 더 중요합니까? 둘 다 선택할 수는 없습니다. 어느 쪽을 선택하겠습니까?

필요하면, 다른 사람에게 당한 부당한 대우를 상술하는 생애 이야기에 의

문을 제기하지 않는다고 내담자를 안심시키라. 그러나 결과적으로 우울한 삶을 영위해야 하는 필연성만은 내담자에게 재확인시키라. 또한 이 대화를 꺼낸 것에 대해 치료자에게 표현된 분노나 적대감을 개방적으로 인정하고 다루도록 준비하라.

동반하는 임상적 문제

치료자가 부딪칠 수도 있는 몇 가지 동반하는 임상적 문제가 있어서 우울한 내담자에게 ACT를 효과적으로 적용하기 위한 치료자의 능력이 위태롭게 될 수 있다. 이 절에서는 내담자가 우울증에 더하여 공병 문제를 호소하는 것과 다른 형태의 동반 치료를 받는 것 등 두 가지에 대해 생각해 볼 것이다.

공병 문제

우울증 치료를 찾는 내담자의 상당 비율에서 인간의 심리적 고통의 다른 진단 가능한 형태, 특히 불안 장애(Brown et al., 2001; Mineka et al., 1998)나 물질 남용 또는 의존(Regier et al., 1990) 등이 나타날 가능성이 있다. 적어도 이렇게 동시에 일어나는 다른 행동 패턴이 있는지를 조사하고, 내담자가 치료에서 다루기 원하는 다른 문제가 있는지 확실하게 물어보라. 어떤 내담자는 공존하는 문제를 보고할 수 있지만, 다른 건강 또는 정신건강 전문가에게 받고 있는 서비스로 만족한다고 말한다. 이는 내담자의 다양한 문제에 대해 한 명의 임상가만이 치료 제공에 책임이 있을 경우에 당면하는 문제보다 조금 다른 어려움을 주는데, 다음 절에서 설명할 것이다.

5장에서 언급한 것처럼, 지금까지 오직 소수의 연구(Batten & Hayes, 2005; Petersen, 2007)에서만 ACT의 효능에 대해 진단할 수 있는 공병 문제들을 성공적으로 다룰 수 있다고 평가하였다. 연구 결과가 희망적이긴 하지만, ACT를 실행함에 있어서 공병 문제를 어떻게 다루는가에 대해 경험 연구상으로 뒷받침된 지침을 이끌어 낼 만큼 충분한 기초를 제공하지는 못한다. 또한 5장에서 언급했듯이, 우울증을 치료하기 전에 불안을 치료하는 것이 더 좋다고 주장하는 증거가 다소 있긴 하지만(Joorman et al., 2005), 2세대 인지행동치료에서 나온 그러한 연구 결과들이 ACT에까지 어느 정도로 일반화될 수 있는지는 아직 확실하지 않다.

어쨌든, 우울증과 물질 남용(의존)의 공병 치료에 대한 문헌을 검토하면서 나타나는 상황은 더 분명치 않다. 자금 조달과 훈련의 문제 때문에(McNeese & DiNitto, 2005) 대개는 우울증이나 물질 남용을 우선하는 치료를 받고 다른 문제에 대해서는 단지 최소한의 그리고 흔히 지체된 서비스를 받는 식으로, 두 장애를 모두 지닌 내담자에 대한 치료가 토막 난 방식으로 이루어졌다(Kessler et al., 1996). 두 문제를 모두 호소하는 내담자에 대해 더 통합된 서비스를 제공하려고 노력했지만(Cross-Drew, 2002), 경험 연구에서 나온 치료 지침을 위한 충분한 기초를 제공하기에는 두 문제를 동시에 치료하는 것에 대해 수행된 연구(Mueser, Noordsy, Drake, & Fox, 2003)가 충분치 않다.

5장에서 말한 대로, 그리고 다른 어떤 지침이 없는 가운데 범불안 장애나 알코올 의존과 같은 호소 문제가 내담자의 우울과 어떻게 기능적으로 관련될 수 있는지 최선을 다해 판단하라. 예를 들어, 불안 장애 진단을 받은 우울한 내담자는 걱정 및 그와 관련된 정서뿐 아니라 자신의 우울한 기분에서 벗어나려고 애쓰면서 심하게 투쟁해 왔을지 모른다. 아마 Merle Haggard (1966)가 역설했던 것처럼, 어떤 밤에는 "술병이 [그들을] 쓰러지게 한다." 하더라도 알코올에 의존하게 된 사람은 중독을 경험 회피의 수단으로서 이용해 왔을 것이다. 탈융합과 마음챙김을 촉진하는 기법과 같이, 우울증 치료에 사용하는 ACT의 동일한 기법 중에서 몇 가지를 심리적 고통의 다른 형태에서 특징적으로 많이 나타나는 걱정이나 '옛 기억'과 같은 특정한 사적 사건에도 쉽게 확장해서 사용할 수 있다. 특정한 심리적 내용은 장애마다 다양할 수 있으나, 동일한 경험 회피의 과정이 작용할 수 있다. 이러한 경우라면, 우울증과 동시에 발생하는 문제는 ACT에 의해 동시에 효과적으로 치료될 수 있다.

어떤 내담자는 우울증과 기능적으로 무관하게 보이는, 적어도 처음에는 그렇게 보이는 다른 문제들을 호소할 가능성이 없는 듯하지만, 그럼에도 불구하고 가능할 수 있다. 그런 상황에서는 계속해서 우울증을 목표로 하고, 필요하면 나중에 공존하는 장애를 다루라. 그러나 우울증을 치료하면서 다른 장애가 진행됨을 발견할 경우에는 놀라지 말라. 이는 단지 두 문제가 기능적으로 서로 독립적이라는 치료자의 초기 개념화가 맞지 않음을 시사해 주는 것뿐이므로 문제가 아니다. 이러한 일이 발생할 때에는 둘 다에 도움이 되는 공통 과정을 다루는 통합적인 치료법으로 전환하라.

동반치료의 문제

지금 다른 형태의 정신건강 서비스를 받으면서 동시에 우울증 치료를 위해 치료자를 만나고 있는 내담자는 치료자에게 일련의 다른 문제들을 호소한다. 이러한 경우는 적어도 두 가지 방식으로 나타날 수 있다. 공병 문제는 없지만, 내담자가 우울증 치료를 위한 추가적인 치료를 동시에 받고 있을 수도 있다. 또 다르게는, 내담자에게 진단 가능한 문제가 더 있어서 다른 전문가에게 동시에 그에 대한 치료를 받고 있을 수도 있다. 또한 두 유형의 치료를 동시에 받고 있는 경우도 있을 수가 있다. 이런 상황에서 주로 고려할 사항은 이러한 다른 치료들이 어떻게 ACT와 관련이 있고 잠재적으로 상호작용할 수 있는지를 생각하는 것이다. 다른 유형의 치료들이 ACT를 보완할 수도 있지만, 서로 다른 목적으로 작용해서 ACT의 통합성과 효과를 손상시킬 가능성도 있다.

우울증 치료

내담자가 받을 수 있는 추가적인 동반치료는 항우울제의 복용 및 다른 유형의 심리치료를 포함해서 몇 가지 형태를 띨 수 있다.

약물치료 지난 20년에 걸쳐 미국에서는 우울증에 대한 외래 치료로서 항우울제를 점차 많이 사용해 왔다. 1987년에서 1997년까지 10년간 미국에서 약물로 치료를 받는 우울증 환자의 비율은 75%로 증가한 반면, 심리치료를 받는 비율은 60%로 감소하였다(Olfson et al., 2002). 항우울제로 치료를 받고 있는 우울한 개인이 점점 더 많아질 뿐만 아니라, 이러한 약물은 가정의나 일반의 그리고 여성의 경우에는 산부인과 의사와 같이 정신과 전문의가 아닌 의사에 의해 점점 더 많이 처방되고 있다(Olfson et al., 2002).

이러한 추세 때문에 가정의에게 이미 약물 처방을 받고 있으면서 우울증 치료를 찾는 내담자를 종종 만날 것이다. 이러한 경우에는 내담자를 위한 광범위한 치료 계획에 대해 심리치료자와 의사가 서로 의사소통할 수 있도록 내담자에게 허락을 구해서 두 가지 통로를 열어 두라.

우울증 치료를 위한 몇몇 다른 인지행동적 접근(Hollon, Thase, & Markowitz, 2002 참조)과는 달리, ACT에 약물치료를 결합한 치료가 ACT를 단독으로 실시한 치료와 어떻게 비교되는지를 검토한 연구가 지금까지 없었다. 게다가, 우울증을 위한 인지치료와 ACT를 비교하는 두 개의 연구(Zettle & Hayes, 1986; Zettle & Rains, 1989)에서는 항우울제를 복용한 참가자들이 배제되었다. 그러므로 ACT와 항우울제를 결합하는 것이 적절한지 여부에 대해서는 사례별로 결정하도록 치료자에게 위임된다. ACT와 약물을 병행하는 경우와 ACT만 실시한 경우를 비교하는 타당한 연구 집단이 있었다 하더라도, 항우울제가 각 내담자를 위한 포괄적인 치료 계획에 얼마나 적합한지를 개념화하는 것은 여전히 필요하다.

그러므로 더 기능적인 질문은 두 치료를 병행하는 것이 하나의 치료만 실시하는 것보다 일반적으로 더 효과적인가라는 질문이 아니라, ACT로 치료하면서 동시에 항우울제를 주는 것이 내담자에게 유용한가다. 또한 이 질문을 고려하면서 왜 약물을 주고 있는지에 대해 당신 자신과 내담자에게 질문하라. 요컨대, 그것이 무슨 목적에 기여하는가, 그리고 그 목적은 ACT를 통해 도움 받고자 하는 목적과 동일한가? 우울증의 ACT에 대한 필자의 임상적 경험으로 보면, 치료에 올 때 항우울제를 이미 복용하고 있는 대다수의 내담자가 기분을 조절하려는 목적으로 복용하고 있다. 하지만 이 내담자들의 대부분은 ACT에 좀 더 익숙해지고 감정을 통제하려는 것의 무용성을 생각하기 시작하면서 적어도 약물치료의 장기적인 유용성에 대해 스스로 의문을 갖기 시작할 것이다. 이러한 의문은 창조적 절망감을 유발하고 난 뒤에 다음 회기가 되자마자 일어나기 시작할 수 있다. 이전에 언급했던 것처럼, 필자는 항우울제를 사용하는 것이 구덩이 파기의 또 다른 형태인지를 우려하면서 구덩이에 빠진 사람 비유를 제시한 후에 그 회기를 다시 진행하였다. 약물을 끊는 것에 대해 내담자가 가질 수 있는 어떤 생각에 대해 논의하라. 그러나 그렇게 하거나 하지 않는 선택은 내담자의 몫임을 강조하라. 어떤 경우에는 약물을 중단하거나 감소하는 방향으로 진행하는 것에 대해 내담자와 함께 논의할 수 있고, 필요하다면 내과 의사에게 그런 계획을 의논하고 그의 처방에 따라 감독한다는 점을 확실히 하라.

충만하고 가치 있는 삶을 사는 데 있어서 필요한 전념 행동의 형태에 참여하기 위해 어떤 내담자는 일정한 수준의 에너지와 정력이 필요할 수도 있다. 이러한 이유 때문에, 우울증의 일부로서 불면과 피로 및 주의 집중 곤란을 경험하는 내담자는 그런 증상을 최소화하기 위한 약물을 복용함으로써 ACT에 더 쉽게 반응할 수도 있다. 그러한 맥락에서는 항우울제를 복용하는 것이 근본적으로 경험 회피적인 기능을 하지 않으며, 따라서 ACT와 상반되는 목적으로 작용할 가능성이 줄어들 것이다. 오히려 약물 복용이 건강 회복 기능에 도움이 되고 가치 지향적인 활동을 할 가능성을 증가시킬 수도 있다.

이제까지는 항우울제를 이미 복용하면서 치료를 시작한 내담자와 관련된 문제를 생각하였다. 현재는 약물을 복용하지 않고 있지만 그럴 가능성이 있는 내담자를 만날 수도 있다. 우리는 우울증이 있는 외래 환자의 치료에 초점을 맞추었으므로, 치료자가 그런 내담자를 치료하는 경우는 입원 시설의 경우보다 더 적을 수도 있다. 이런 이유 때문에, 필자는 아직까지 항우울제를 복용하고 있지 않은 내담자에게 개인적으로 약물치료를 언급한 적이 없었다. 하지만 우울증의 '자율신경계 징후'로 인해 신체적인 활동 범위가 심하게 제한된 내담자에게는 그렇게 하는 것을 고려할 수 있을 것이다(Ward, Bloom, & Friedel, 1979).

더 가능한 시나리오는 내담자가 치료 과정 중에 어느 시점에서 약물치료의 형태로 추가적인 치료를 요청하는 경우다. 이미 얼마나 많은 회기가 진행되었으며 지금까지 내담자에게 얼마만큼 진전이 있었는지와 약물을 복용하는 목적에 따라서 치료자의 반응을 알맞게 조절하라. 특히, 약물 복용에 대한 전반적인 반응을 평가하기 위한 시간을 더 많이 갖기 위해 ACT 초기에 이 문제를 제기한 내담자를 격려하라. 그런 경우가 언제 생기더라도, '행복하게 느끼기 위해서'거나 정서 통제와 기분 조절의 기능에 도움이 되는 다른 수단으로 항우울제를 찾는다면 이를 지지하는 것은 부적절한 듯하다. 그에 반해서, 불면증을 위한 행동적 개입과 같이 이런 증상을 경감시켜 주는 다른 수단도 생각해야겠지만(Smith et al., 2002), 약물이 불면증과 피로 그리고 주의력 곤란을 경감시키는 데 도움이 되는 것으로 생각하고 있는 내담자를 지지하는 것은 ACT와 양립 불가능하지 않는 듯하다. 필자가 알기에는 ACT 단독으로 불면증에 대한 효과를 검토한 연구가 없긴 하지만, 불면증 치료에 ACT만 사용할 수도 있을 것이다(Hayes et al., 1999: 133).

다른 종류의 심리치료 당신이 심리전문가라면, 다른 곳에서 우울증을 위한 심리치료를 이미 받고 있는 내담자를 ACT에 받아들이는 것은 비윤리적이지 않다(American Psychological Association, 2002). 하지만 그런 개인을 내담자로 반드시 받아들일 윤리적인 의무가 있는 것은 아니며, 그렇게 하는 것의 잠재적 의미를 진지하게 생각해 보기를 권한다. 동반치료와 관련된 윤리적 문제 중 몇 가지를 이 장에서 나중에 더 전반적으로 논의할 것이다. 그리고 당신이 심리전문가가 아니라면, 이 문제에 대한 안내를 더 받기 위해서 전문가 윤리 규정을 참고하기 바란다.

ACT는 우울증 치료를 위한 비교적 독특한 치료이므로(제1장 참조), 다른 어떤 심리치료가 교차적인 목적으로 작용할 가능성이 상당히 있다. 특히, 1장에서 논의했던 대로 ACT는 이차적 변화를 추구하는 접근이며, 반면에 다른 심리치료들은 문제의 심리적 사건이 기여하는 기능보다는 그 심리적 사건의 형태와 빈도 또는 내용을 바꿈으로써 일차적 변화를 얻으려고 한다. 이러한 관점에서 보면 ACT는 경험의 통제를 단념시키는 반면, 우울증을 치료하는 다른 많은 심리치료적 접근들은 명시적이지 않지만 최소한 암묵적으로라도 경험의 통제를 조장한다. 결과적으로, ACT와 인지치료를 동시에 받고 있는 우울한 내담자는 자신의 우울한 사고에 어떻게 반응하는가에 대해 틀림없이 다른 메시지를 받을 것이다. 우울증을 위한 다른 심리치료의 필수적인 부분인 어떤 기법과 절차를 ACT적인 관점에서 이론적으로 설명하고 재구성할 수 있지만, 그렇게 하는 것이 ACT를 적용하기 위해 사용할 수 있는 전반적인 시간과 에너지 양을 현격히 떨어뜨릴지도 모른다. 이런 모든 이유로 인해, ACT의 의제 및 목적과 갈등이 되지 않는다고 치료자가 확신하지 않는다면, 우울증을 위한 다른 형태의 심리치료를 동시에 받고 있는 내담자를 치료하지 않도록 권고한다.

기존 내담자 중 한 사람이 우울증을 위한 심리치료를 추가적으로 계획하는 상황이라면, 또한 유사한 걱정이 들 것이다. 치료자의 걱정을 내담자와 논의하고, 그가 다른 치료자와 우울증 치료를 계속할 것으로 확신이 들 경우에는 종결을 제안하라.

공병 문제의 치료

앞서 논의한 대로, 우울한 내담자가 다른 서비스를 받을 수 있는 가장 흔한 공병 문제는 불안 장애와 물질 남용(의존)이다. 이러한 다른 문제의 동반 치료는 교차적인 목적으로 치료하는 정도에 따라서 우울증에 대한 ACT의 효력을 잠재적으로 손상시킬 수 있다.

불안 장애 1987년에서 1999년까지 미국에서 불안 장애 치료를 위해 약물치료를 받는 외래 환자의 비율은 70%로 증가하였다(Olfson, Marcus, Wan, & Geissler, 2004). 따라서 다른 치료자에게 불안 장애 치료를 받고 있는 내담자는 대부분 약물치료를 받을 가능성이 있다. 불행하게도, 불안 감소를 위해 사용되는 어떤 약의 치료 목표는 ACT의 목표와 대개 양립하기 어려우며, 불안과의 투쟁을 잘 관리하는 방법에 대해 내담자에게 혼란스러운 메시지를 전달할 가능성이 매우 높다(Eifert & Forsyth, 2005: 251-252).

특히, ACT로 치료를 받는 우울한 내담자가 벤조디아제핀제를 사용할 경우가 문제다. 디아제팜(발륨)과 알프라졸람(자낙스)과 같은 벤조디아제핀제의 사용으로 심리적이고 생리적인 의존이 야기될 수 있을 뿐 아니라(PDR Drug Guide for Mental Health Professionals, 2002), 불안 장애에 대한 인지행동적인 개입의 치료 효과를 약화시키는 듯하다(Sanderson & Wetzler, 1993; Wardle, 1990). 이는 대부분 불안 완화제로 인해 행동치료에서 노출 훈련의 목표가 방해를 받음으로써 발생하는 듯하다. 노출 훈련은 불안을 최대화하기 위해 종종 계획되는 반면, 벤조디아제핀제는 불안을 최소화한다. 우울증을 위한 ACT에는 그런 노출 훈련이 포함되지 않지만, 치료 밖 세상에서의 전념 행동은 치료의 통합적인 부분이다. 불안을 유발하는 자극과 맥락에 노출하는 형태로 행동 숙제를 구성하는 정도에 따라서 그런 숙제를 완수하는 동안에 벤조디아제핀제를 복용하는 내담자의 경우에는 ACT의 효과가 손상될 수도 있을 것이다.

우울증을 위한 다른 형태의 심리치료를 받고 있는 내담자에 대해 일찍이 드러난 것과 비슷한 우려가 다른 심리치료자에게 동시에 치료를 받는 불안 장애의 경우에도 확대되어 나타난다. 내담자에게 혼란스런 메시지를 전달하고 양립될 수 없는 의제를 추구하는 치료를 받으면서 내담자가 효과적인 도움을 받기는 어려울 것이다. 그것은 분명히 미묘한 문제이긴 하지만, 윤리적인 행동 방향은 공병 문제에 대한 치료를 본 치료자에게 맡기는 선택에 대해 잠재적 내담자와 함께 의논하는 것이다. 다른 정신건강 전문가의 고객을 뺏는다는 비난을 받는 위험을 감수할지도 모르지만, 치료자의 이런 행동은 유익과 비손해라는 윤리적 원칙과도 일치한다(American Psychological Association, 2002: 1062). 아니면, 다른 치료자에게 불안 장애 치료를 받고 있는 내담자를 ACT로 우울증 치료를 하기 위해 받아들이는 것을 치료자가 거절하고 싶을 수도 있다.

물질 남용(의존) 치료자가 물질 남용(의존) 장애를 동시에 치료하면서 많이 겪을 것 같은 시나리오는 술과 관련된 문제로 AA에 참여하는 내담자의 경우다(Weisner, Greenfield, & Room, 1995). 거기에 참여하는 것이 ACT의 효과를 약화시킬 수 있다는 우려는 이제까지 우리가 생각했던 다른 동반치료 상황과 관련된 것보다 훨씬 적다. 이전에 언급한 대로, 일반적으로는 12단계 프로그램, 구체적으로는 AA에서 경험의 수용을 강조하는 것이 ACT의 의제 및 목표와 상당히 양립 가능하다(Wilson & Byrd, 2004; Wulfert, 1994). 그래도 내담자가 AA나 유사한 프로그램에 참여하는 것을 살펴보도록 권한다. 이는 ACT와 이 접근 간의 갈등을 최소화하기 위해 갈등의 원천을 살펴보는 것이기보다 AA에서 내담자가 배우고 노출했을 수 있는 것과 ACT를 통해 치료자가 내담자에게 제시하고 있는 것을 통합할 기회를 확인하기 위함이다. 만일 이를 성공적으로 할 수 있다면, 우울증 및 알코올과 동시에 투쟁하는 것을 숙련되게 관리함으로써 더 활력 있고 의미 있는 삶을 사는 내담자의 능력과 두 접근법의 효과를 향상시킬 수도 있다.

윤리적인 고려 사항

ACT로 우울증을 치료할 때 수반되는 많은 윤리적인 고려 사항들에 대해서는 다른 장과 이 장에서 이전에 언급하였다. 이 마지막 절에서는 정보 제공과 동의, 자살충동의 관리, 그리고 우울증을 치료하는 어떤 심리적 접근에 적절한 동반치료 등을 다루는 몇 가지 쟁점들을 간략하게 다시 다룰 것이며, 어떻게 이를 ACT에 적용하는지 다시 명료화할 것이다. 필자는 자격증을 지닌 심리학자이므로, 이러한 문제를 다루는 지침으로서 '심리학자의 윤리적 원칙과 행동 규약'(American Psychological Association, 2002)을 참조할 것이다. 당신이 심리학자가 아니라면, 해당되는 정신건강 전문가를 위한 일련의 윤리적 지침을 참고하라.

정보 제공과 동의

계획한 치료의 특성과 상관없이 내담자에게 치료에 대해 충분히 알려 주고 동의를 얻을 윤리적인 의무가 치료자에게는 있다. 하지만 전반적인 경험 연구상의 상대적인 지위로 인해서 ACT에 동의를 얻는 것에 대한 윤리적인 책임은 인지치료와 같은 다른 어떤 치료를 선택하는 것보다 조금 더 광범위하다. 미국심리학회 윤리 규약의 기준 10.01에 따르면, 심리치료자는 내담자에게 "일반적으로 인정된 기법과 절차가 확립이 되지 않은 어떤 치료"의 "발전 중인 특성"에 대해 내담자에게 알려 주어야 한다(APA, 2002: 1072). 그 규정에서는 '발전 중인'이란 용어를 어떻게 정의하거나 결정할지에 대해서는 상술하지 않았으므로, 우울증을 위한 ACT가 '발전 중인' 치료에 들어가는지 아닌지는 불명확하다. 그런 상황에서는, 내담자용 '수용전념치료는 무엇인가?'(부록 K 참조)라는 유인물에 구체적으로 수록된 대로 신중한 접근을 한다면, 내담자에게 ACT에 대한 동의를 얻기 전에 ACT에 대한 정보를 충분히 제공받고 있다는 확신을 줄 것이다. 비록 ACT가 우울증에 대한 인지치료와 비교해서 낫다고 밝혀지긴 했지만(Zettle & Hayes, 1986; Zettle & Rains, 1989), 인지치료와 대인관계 치료 및 행동 활성화 치료처럼 '잘 확립된' 또 다른 우울증 치료로서의 승인을 보장하기 위한 경험적인 뒷받침의 넓이와 깊이가 아직까지 확실하게 만족스럽지 않다(Chambless et al., 1996, 1998; Task Force, 1995).

또한 기준 10.01의 일부로서, 심리전문가는 '이용 가능한 다른 대안적인 치료'와 '제안한 치료적 접근에 수반되는 잠재적인 위험 요인'에 대해 내담자에게 정보를 제공할 필요가 있다(APA, 2002: 1072). 치료자는 또한 '수용전념치료는 무엇인가?'(부록 K 참조)라는 유인물을 통해서 이러한 문제를 설명할 수도 있다. 치료자가 내담자와 대화를 나누면서 정보 제공과 동의에 대한 이러한 요지를 다루기 원할 수도 있긴 하지만, ACT가 맞지 않을 수 있는 위험성뿐 아니라 구체적으로 인지치료와 대인관계 치료 및 행동치료를 우울증의 대안적 접근으로 언급한다.

자살충동의 관리

APA 윤리 규약에서는 자살 가능한 내담자에 대한 관리를 안내하는 구체적인 기준이 제공되지 않는다. 그러나 윤리적 기준 자체의 기저에 있는 일반적인 원리 중에서 적어도 두 가지가 관련되는 듯하며, 자살을 생각하는 우울한 내담자에게 어떤 반응을 선택하는가에 내재된 윤리적 문제는 불가피하다. 한편으로 '유익과 비손해'라는 원칙 A에 따르면, 심리전문가의 행동은 내담자에게 유익해야 하고 적어도 해를 끼치지 않아야 한다. 그러나 '사람의 권리와 존엄에 대한 존중'이라는 원칙 E에 따르면, 심리전문가가 내담자의 자기 결정과 비밀보장을 존중하는 것도 윤리적으로 요청된다. 자살 가능성이 있는 내담자를 비자발적으로 입원시키는 문제에 직면하면, 이 두 가지 원리 간에 갈등이 분명히 생긴다. 입원을 시키는 선택을 하면, 자기 손상으로부터 내담자를 보호할 수는 있지만 비밀보장과 자율성을 위반하는 대가를 치른다. 입원을 시키지 않으면 내담자의 자기 결정권이 존중되기는 하지만 내담자가 죽지는 않더라도 심각한 자해의 위험에 처하게 된다.

윤리 규약에는 자살 행동을 관리하면서 치료자가 취하는 행동의 명확한 경로가 상술되어 있지 않으므로, 자살에 대한 치료자의 개인적이고 철학적이며 종교적인 신념뿐 아니라 치료자 자신의 가치와 윤리에 따라 자신의 반응을 조절할 여지도 있다. 그러므로 Chiles와 Strosahl(2005)이 강조했던 대로, 예를 들어 내담자의 의지와 반대로 입원시키는 쪽을 선택하는 것이 실제로 내담자에게 유익할 것인지를 확신하기 위해 주기적으로 자살 및 치명적이지 않은 형태의 자해에 대한 치료자 자신의 윤리적 입장을 재평가하고 재명료화하는 것이 필수적이다. 그런 행동이 누구에게 가장 유익을 주는가(치료자인가, 아니면 내담자인가)? Chiles와 Strosahl도 강조했듯이, 치료자 자신의 불안과 두려움을 경감시키기보다 내담자를 돕기 위해 고안된 자살충동 감소를 위한 접근을 선택함으로써, 자살 가능성이 있는 내담자를 보호하기 위해 비자발적인 입원에 의지하는 선택을 최소화할 수 있다. ACT와 일치하는 그런 한 가지 접근이 이 장 앞부분에서 요약되었으며, Chiles와 Strosahl의 책을 보면 더 상세하게 논의되어 있다.

동반치료

처음에 강조했던 대로, 그리고 윤리 규약의 기준 10.04에 따라, "다른 곳에서 정신건강 서비스를 이미 받고 있는 사람에게 심리전문가가 서비스를 제공하거나 제안하는 것"이 허용될 수 있다(APA, 2002: 1073). 그러나 그런 행위가 윤리적으로 허용된다는 이유만으로 그것이 윤리적으로 정당하다는 것을 의미하지는 않는다. 그런 문제에서 중대한 질문은 그 상황에서 내담자를 치료하면서 개인적으로 편안하게 느끼는지가 아니다. 오히려 다른 모든 고려 사항 중에서 유익과 비손해라는 원리가 우선이다.

치료자가 진정으로 믿는 어떤 선택이 함께 작업하는 내담자에게 최선의 이익이 될 것인지를 주의 깊게 확인하라. 다른 정신건강 전문가에게 공존하는 문제를 치료받고 있는 잠재적 내담자가 ACT로 우울증 치료를 받기 위해서 온 경우에, 본인이 보는 것이 낫겠는가 아니면 다른 서비스 제공자에게 우울증 치료를 받도록 조언하는 것이 더 낫겠는가? 답을 찾기 위해서는, 잠재적인 내담자뿐 아니라 다른 건강관리 전문가에게 허락을 받아서 누구에 의해서 어떻게 치료되고 있는지와 더불어 다른 문제에 대한 충분한 정보를 얻을 필요가 있을 것이다. 언급한 대로, 알코올 남용의 역사가 있는 우울한 내담자가 AA 모임에 나가는 것과 같은 어떤 유형의 동반치료는 ACT의 전체적인 목적이나 접근과 상당히 양립할 수 있는 듯하므로 내담자에게 매우 유익할 것 같다. 특히, 치료자와 내담자 및 처방 의사가 내담자를 위한 광범위한 치료 계획 내에서 ACT와 약물치료를 어떻게 통합할 수 있는지 당신과 협력적으로 검토하는 데 개방적이지 않다면, 범불안 장애로 자낙스를 복용한 과거력이 있는 내담자를 치료에 받아들이는 것과 같은 다른 동반치료의 시나리오는 가능하지 않을 것이다.

요약

이 장에서 우리는 우울증 치료를 위해 찾아온 내담자에게 ACT를 적용하면서 겪을 수 있는 몇 가지 쟁점과 난제들을 다루었다. 당신은 다른 문제보다도 동반치료의 문제와 같은 몇 가지 우려 사항들에 더 자주 부딪친다는 것을 발견할 수도 있다. 이 장에서 논의된 몇 가지 문제를 다른 문제보다 더 자주 겪게 될 가능성은 여러 다른 변인들 중에서 치료자의 실제 상황적 특성에 따라 결정되는 듯하다. 예를 들면, 일반 건강 센터뿐 아니라 다른 형태의 정신건강 센터를 접하기 어려운 시골의 정신건강 센터에서 치료자가 직원으로 서비스를 제공하고 있다면, 동반치료의 문제를 다루어야 할 가능성이 더 많을 것이다. 내담자가 어떤 유형의 공병 문제를 호소하든지 간에 치료실문에 나타난 어떤 내담자에게 서비스를 제공하지 않는 것을 선택할 여지는 적을 것이다. 하지만 긍정적인 면에서는 치료자가 우울한 내담자를 위한 광범위한 치료 계획을 고안하고 실행할 때 동료진과 협력할 수 있는 비교적 좋은 위치에 있을 수도 있다.

반대로, 치료자가 우울증 치료에 전문성을 지니고 넓은 시골 지역에서 유일하게 개업을 한다면, 내담자의 유형과 가장 흔한 호소 문제들이 상당히 다를 것이다. 우리가 이 장에서 설명했던 몇 가지 문제들과 우려 사항들을 다룰 때 동료진과 상의하는 게 더 어렵다는 것이 불리한 점이다. 하지만 이와 달리 건강관리자에게 의뢰하는 것이 더욱더 용이하고 잠재적인 내담자에게 ACT로 치료하는 것을 허용할지에 대한 결정권이 더 많은 환경에 치료자가 처해 있을 수도 있다.

추측컨대, 숙제 불응과 용서의 문제와 같이 이 장에서 논의한 몇 가지 다른 난제들은 치료자의 특정 실습 영역에 따라서 달라질 가능성이 거의 없는 듯하며, 우울증과 투쟁하는 내담자의 넓은 스펙트럼에 따라서 발생하는 듯하다. 우울한 내담자를 치료하면서 ACT를 적용할 때 아주 빈번히 부닥치는 난제들이 무엇이든지 간에, 그 문제를 효과적으로 관리하고 반응하는 방법에 대한 제안들을 참고하기 위해 때때로 이 장으로 돌아와 참조하는 것이 유용함을 발견하기 바란다.

제 11 장

마무리

패러다임 치료법으로서의 ACT

회고

전망

이 장에서 우리는 ACT를 우울증에 적용하는 여행의 종착역에 이르렀다. 당신이 우울증 내담자에 대한 효과적인 치료에 주로 관심이 있는 임상가라면, 임상가가 원하는 것, 즉 내담자의 삶이 생기 넘치고 활기차도록 돕는 것을 위한 ACT의 이론과 적용에 있어서 충분한 기초가 앞의 장들에서 제공되었기를 바란다.

그러나 ACT를 우울증에 적용하는 여행은 ACT와 RFT 여행이 더 충분히 진행될 때에 구현된다. 어떤 임상가는 ACT에 대한 좀 더 충분한 그림, 즉 어디에서 왔으며 어디로 가고 있는지를 모두 담은 그림을 원할지도 모른다. 이 장에서 제공하려는 바가 그것이다.

하지만 그렇게 하기에 앞서서 어떻게 ACT 자체를 보다 유용하게 이해할 것인지를 먼저 반복하고 싶다. 특히, ACT가 어디서 왔으며 어디로 가고 있는지에 대한 시각은 ACT를 일련의 치료 기법으로 이해하는가 아니면 인간의 고통 경감을 위한 통합적인 패러다임 치료법으로 이해하는가에 따라 결정될 수도 있다. 필자는 후자를 찬성할 것이다.

패러다임 치료법으로서의 ACT

여기서 '패러다임'이라는 용어는, Kuhn(1962)이 말한 대로 과학자가 연구하는 과학적인 세계관이나 개념적 틀framework의 의미로 사용되고 있다. 한 패러다임 치료와 다른 치료들을 구별하는 것은 주로 철학적인 차이다. 따라서 결국 ACT를 패러다임 치료로 볼 수 있는 정도는, 심리적 고통의 경감에 접근하는 다른 개념적 틀과 구별되는 인간 행동과 심리 과학 자체의 본질에 대한 ACT의 독특한 기본 가정에 달려 있다. 하지만 Hayes(1978)가 주장했듯이 임상 심리학에 대한 행동적 접근의 패러다임은 다양한 수준의 분석을 포함하는 것으로 생각할 수 있는데, 기반이 되는 철학적 입장은 서로 다르더라도 그것을 넘어서 개념적이고 방법론적이며 기술적인 차이까지도 포함하여 분석을 확장할 수 있을 것이다.

철학적 분석 수준

1장에서 논의한 대로, ACT는 철학적으로 기능적 맥락주의에 기반을 두고 있다(Hayes, 1993). 이 관점에서는 ACT에 대한 필자의 저술과 ACT에 대한 과학적인 연구뿐만 아니라 내담자의 호소 문제와 치료자의 ACT 실행하기 등을 포함하는 모든 행동들을 '맥락 내의 행동'으로 본다(Pepper, 1942). 조금 달리 말하면, ACT의 기초가 되는 철학적인 전통은 모든 행동을 역사적이고 상황적인 맥락과 그 내에 있는 전체 유기체 간의 상호작용으로 볼 수 있다고 주장한다(Hayes, 1993).

내담자 행동의 역사적인 맥락에는 과거의 개별적인 학습 경험과 고유한 개인적 생애 사건이 포함된다. 상황적인 맥락에는 치료자와의 상호작용을 비롯한 신체적이고 사회적인 환경이 포함된다. 치료자가 내담자의 개인적인 역사를 실제로 변화시킬 힘은 없지만, 그럼에도 불구하고 ACT에서는 내담자가 이전의 생애 사건에 대해 구성했던 이야기를 다시 언급하도록 도움으로써 이전의 생애 사건이 내담자의 행동에 미치는 기능적인 영향을 변화시키는 것이 가능할 수도 있다. 또한 치료자가 내담자의 외부 세계를 직접적으로 변화시킬 가능성은 없지만, 회기 내 행동을 통해 내담자의 행동에 영향을 줌으로써 내담자의 물리적 환경에 간접적으로 변화를 줄 수도 있다. 언급한 대로, ACT 치료자의 행동은 내담자의 행동과 함수관계인 상황적 맥락의 일부다. 치료자의 행동을 바꾸면 내담자의 행동도 또한 변화될 수가 있다.

기술적 맥락주의descriptive contextualism(Hayes, 1993)나 기계론mechanism (Hayes & Brownstein, 1986)처럼, 기능적 맥락주의와는 다른 관점들이 분명히 있으며, ACT는 그들이 기반을 둘 수도 있었을 것이다. 게다가, 이러한 목적을 위해 다른 '주의ism' 가 아닌 어떤 하나의 '주의'를 선택하는 것은 철학적인 분석 수준을 다소 넘어선 어떤 표준이나 기준에 근거해 볼 때 정당화되거나 합리화될 수 없다(Hayes, 1993). 사실상 ACT에 대해 다른 철학적 관점으로 생각하는 것은 자유롭게 선택할 수 있지만, 그렇게 함으로써 나타나는 영향은 막대하다. 왜냐하면 ACT가 기반을 둘 수도 있었던 서로 다른 철학적 입장에는 저마다 독자적이고 확인 가능한 패러다임으로 그것을 정의하는 그 자체의 뚜렷한 진리 기준이 있기 때문이다(Pepper, 1942). 더 일반적으로 맥락주의를 위한 진리 기준은 '성공적인 작동' 이다(Pepper, 1942). 기술적 맥락주의에 반대되는 기능적 맥락주의는 적절한 범위, 정확성 그리고 깊이 (Biglan & Hayes, 1996; Hayes, 1995; Hayes, Follette, & Follette, 1995; Hayes & Hayes, 1992)를 가지고 행동을 예측하며 행동에 영향을 미칠 수 있는 능력을 확인하는 데 초점을 둔다는 면에서 훨씬 더 명백하게 실용주의적이다 (Hayes, 1993). 대조적으로, 예컨대 기계론의 진리 기준은 어떤 행동에 대한 설명이 이미 알고 있는 것을 얼마나 잘 나타내며 그에 따라 그 특정 행동에 대한 진실을 얼마나 잘 '발견' 하는가에 따라서 그 설명의 진리성을 평가한다는 점에서 '일치성correspondence에 기반을 두는' (Pepper, 1942) 것으로 볼 수 있다.

예를 들어, 기능적 맥락주의는 그 용어의 어떤 중요한 의미에서 기계론보다 더 낫지 않지만, 그들은 서로 분명히 다르다(Zettle, 1990). 사실상 기계론자는 RFT와 같은 어떤 이론을 인지적 현상에 대해 정확히 예측하는 정도에 근거해서 적절하게 판단할 것이다. 예컨대, RFT가 인간의 언어에 대해 제시하는 모델은 아동의 인지적 발달에 대해 알려진 바를 얼마나 잘 설명하는가? 인간의 언어와 인지의 세계가 조정되는 방식에 대해 더 정확한 예측을 할 수 있는 어떤 대안적인 모델이 있다면, 당연히 그것이 RFT보다 우수하다고 볼 것이다. 대조적으로 RFT에 관한 기능적 맥락주의자의 중요한 질문은, 예를 들어 발달장애를 지닌 사람에게 언어와 인지적 기술을 더 잘 가르칠 수 있게 해 주는 정도에 초점을 둔다(Carr, 2003). ACT가 더 일반적으로는 인간의 심리적 고통, 특수하게는 우울증을 경감시키는 실제적인 능력으로 판단되어야 하며 그렇게 판단될 것이라는 점에서, 같은 기준이 ACT에도 적용됨을 유의하라. RFT는 ACT의 기반이 되며 서로 나란히 발달된 인간 언어에 대한 개념적 설명을 제공해 주기 때문에(Zettle, 2005, 2006), 기능적 맥락주의 관점에서 나온 ACT의 실제적인 어떤 한계점은 RFT의 지위에도 다시 타격을 준다.

개념적 분석 수준

많은 치료적 접근들에는 임상적인 현상에 대해 말할 때 사용하는 자체의 고유한 용어와 개념이 있으며, ACT도 예외가 아니다(아마 지금까지 고통스럽게 실감해 왔듯이). 다양한 치료적 접근의 지지자들이 말하는 방식의 차이는 그냥 우연히 생기는 것이 아니라 철학적 분석 수준이 다른 것으로 다시 연결될 수 있다. RFT가 인간의 언어와 인지에 대한 기능적 맥락주의의 설명을 제공하듯이, ACT는 상당히 이해할 만하게 RFT에 기반을 두고 있다. 당신은 이 책에서 ACT에 대해 제시된 것과는 다르게 말하고 생각할 수 있으며, 기능적 맥락주의와는 다른 어떤 철학적 입장을 여전히 신봉한다면 실제로 그렇게 해야 할 것이다. 그러나 당신이 말하고자 하는 것은 적어도 철학적이고 개념적인 분석 수준에서는 더 이상 기능적 맥락주의자가 알고 있는 그 ACT가 아닐 것이다.

RFT는 ACT에 대해 언급할 때 사용할 수 있는 복잡하고 매우 포괄적인 개념적 틀을 분명히 구성하고 있지만, ACT를 고유하게 정의하는 용어와 원리들의 유일한 틀은 아니다. ACT의 특수한 용어와 개념에는 육각형을 구성하는 탈융합 및 맥락으로서의 자기와 같은 과정뿐 아니라 육각형 자체가 포함되며, 또한 그것들에만 국한되지 않는다. 경험 회피와 같은 단일한 개념이든 아니면 RFT와 같은 더 복잡한 개념의 구성망이든 상관없이, ACT에 대한 모든 말과 인간의 심리적 고통에 대한 ACT의 관점이라면 무엇이든지 기능적 맥락주의를 위한 더 많은 재료일 뿐이다.

방금 논의한 대로 기능적 맥락주의는 모든 행동을, 관계 구성틀 이론가들이 사용하는 언어 및 ACT에 대해 말하고 쓰는 내밀한 방식조차도 실용주의적인 렌즈를 통해서 본다는 점을 상기하라. 이러한 관점에서는 모든 말과 심지어는 과학적인 개념조차도 어떤 일을 실행하기 위해 만든 도구에 불과한 것으로 간주된다. RFT는 어떤 식으로든지 독립적인 실재로 이미 존재하던 것을 우연히 발견했다는 의미에서 '발견된' 것이 아니다. 오히려 그것은 생각하기에 대해 생각하는 좀 더 유용한 방법으로 구성되고 만들어졌으며 이 동일한 진리 준거로 평가되어야 한다. ACT와 RFT가 계속해서 유용하다면, 둘 다 상당한 지속력을 지닐 것이다. 그렇지 않다면, 언어 사용과 언어 사용의 '어두운 면'을 최소화하면서 언어 사용의 유익을 최대화하는 방법에 대해 언급하는 좀 더 실용적인 다른 방법으로 대체될 것이다. ACT와 RFT가 최종적으로 대체되지 않더라도, 인간의 괴로움을 이해하고 경감시키는 면에서 계속 진전이 된다면, ACT와 RFT는 여전히 수정되어야 하며 시간에 걸쳐 진화되어야 한다. 사실상, 이 책에서 필자가 쓴 것 중 어떤 것은 시간이 지나면서 쇠퇴할 가능성이 상당히 있다. 예를 들면, 육각형은 심리적 유연성에 기여하는 핵심 과정을 곧바로 개념화하는 유용한 방식인 듯하지만, 거기서 어떤 과정을 더하거나 빼는 것이 보다 더 기능적이라고 최종적으로 증명될 수도 있다. 도구는 계획한 연구를 더 잘 수행할 수 있는 향상된 새 버전으로 대체된다. RFT는 언어적 행동에 대한 Skinner(1957)의 해석을 대체할 수 있는데, 이는 그가 틀렸기 때문이 아니라 RFT가 말하기에 대해 말하는 보다 더 유용한 방식인 것으로 보이기 때문이다.

방법론적 분석 수준

분석의 방법론적 수준이 치료적 접근에 적용될 때, 이러한 수준에는 이상행동과 심리적 고통의 세계에 접촉하는 어떤 일반적이고 전략적인 방법이 포함된다(Hayes, 1978). 방법론적으로 ACT는 심리적 경직성을 감소시키고 심리적 유연성을 증진하기 위해 비유와 유추 및 논리적인 역설과 체험적 연습 등을 사용하는 유일한 치료법은 아니다. 그러나 대부분의 다른 인지행동적 접근, 특히 일차적 변화를 강조하는 접근에 비해서 ACT는 치료적 변화를 위해 그러한 전략에 확실히 더 많이 의존한다.

매우 유사해 보이는 치료적 접근에서조차 나타날 수 있는 그러한 방법론적인 차이점은 단지 우연히 발생하는 것이 아니다. 오히려 방법론적 분석 수준에서 생기는 차이는 개념적 분석 수준의 차이 때문에 존재한다. RFT가 제공하는 언어에 대한 설명 때문에 ACT는 자신의 치료 방법을 강조하게 되는 것이다. 인간의 심리적 고통이 관계 구성의 불가피한 부산물이라면, 기본적인 언어적 수단을 통해 그것에 접촉하고 경감시키려고 노력함으로써 문제가 더 작아지기보다 더 커질 가능성이 있다. 사고 억제의 현상은 이에 대한 간단하지만 강력한 예다(Wegner, 1994). 명백해지겠지만, 특히 9장에서 보았듯이 ACT에서는 치료자와 내담자 간의 모든 언어적 상호작용을 없애지 않는다. 하지만 언어의 부정적인 영향을 약화시키는 비언어적인 방법을 선호하여 조언이나 지시 및 규칙의 사용을 비교적 최소로 유지한다. 예를 들어 비유와 논리적인 역설은 둘 다 말로 제시되긴 하지만, 이것들은 말을 문자적으로 받아들이는 일상적인 경향을 약화시키는 특별히 효과적인 방법에 속한다. 더구나 중국인의 손가락 덫 등과 같은 체험적인 연습은 치료자와 내담자 사이에 말을 매우 적게 하면서도 유용할 수 있다. 때때로 우리는 말을 하지 않음으로써 많은 말을 한다.

기술적 분석 수준

분석의 이 수준에서는 ACT에서 치료 전략이 실행되는 구체적인 방식에 더 관심을 둔다. 예를 들어, 우유 우유 우유 연습 및 다르게 소리내기 연습과 같이 자동적 사고에서 벗어나도록 촉진하기 위해 사용할 수 있는 몇 가지 기법이 있다. Hayes(1978)가 강조했듯이, 철학적이고 개념적인 분석 수준에서 치료 방법과 기법을 포함하는 수준으로 이론이 나타날 때 치료적 패러다임 간의 잠재적인 중첩이 증가한다. ACT는 자체의 고유한 기법들을 상당히 개발해 왔지만, 또한 Assagioli(1965)의 통합심리치료에서 가져온 관찰자 연습과 같은 특수한 기법뿐 아니라 비유의 사용과 같이 다른 접근들로부터 빌려 온 방법도 있다. 그러나 다른 치료적 전통에서 개발된 기법을 ACT에서 사용하는 목적은 종종 매우 다르다. 예컨대, 전통적인 형태의 행동치료에서는 점진적 근육이완법Progressive Muscle Relaxation: PMR이 불안을 통제하기 위한 치료 요소로 종종 포함된다(Brown, O'Leary, & Barlow, 2001; Craske & Barlow, 2001). PMR은 ACT에도 포함될 수 있겠지만 불안을 최소화하기보다 마음챙김을 촉진하기 위한 하나의 방법으로 사용된다. 예를 들어, 이완되지 않은 상태에서 이완된 상태로 이행될 때 자신의 신체 감각과 다른 사적 사건의 변화에 그저 주목하도록 내담자를 격려할 수 있을 것이다.

우울증을 위한 ACT가 다른 치료적 접근과 공유할 수 있는 많은 기법들은 서로 다른 전략적인 목적에 도움이 되도록 각각 독립적으로 고안되고 개발되었다. 예를 들면, 행동 숙제는 ACT와 인지치료 및 행동 활성화 치료 모두에 치료의 필수적인 부분으로 포함된다. 하지만 그러한 숙제가 의도하는 기능은 세 접근에 따라 상당히 다르다. ACT에서는 가치를 실행하기 위해서, 인지치료에서는 역기능적 사고와 믿음을 재구성하기 위해서, 그리고 행동 활성화 치료에서는 기분을 조절하기 위해서 행동 숙제가 사용된다. 패러다임적인 관점에서 보면, ACT에 있는 기법은 전략적인 사용 목적과 무관하게 존재하는 수단으로만 간주되어서는 결코 안 될 것이다.

패러다임 치료로서의 ACT: 요약

ACT는 치료적인 방법과 관련 기법들의 집합으로 간주될 수도 있고, 또는 기능적 맥락주의와 RFT에 기반을 둠으로써 고유하게 정의되는 패러다임 치료라고 간주될 수도 있다. 선택은 치료자의 몫이다. 필자는 기능적 맥락주의의 입장에서 후자의 관점을 분명히 선호하지만, 필자의 선택은 실용적인 근거로만 뒷받침될 수 있다. 필자는 ACT를 패러다임 치료라고 보면 더 효과적이고 창의적으로 사용할 수 있다고 믿는다. 요컨대, 필자는 치료자가 ACT를 단지 비유와 체험적 연습들의 집합 이상으로 받아들인다면 좀 더 유연하고 능숙하게 실행할 수 있을 것이라고 주장한다. 그래도 필자가 알기에, 기능적 맥락주의를 지지하고 RFT에 능숙한 ACT 치료자보다 'ACT 기술자'가 덜 유능하다고 입증된 바는 없다.

회고

우리가 이 책에서 보다 일반적으로는 ACT를, 그리고 보다 특수하게는 우울증을 위한 ACT를 개발하면서 이르게 된 지점에서 뒤돌아보면, 어떤 입장이 이미 포함되었는지를 더 잘 인식할 수 있을 뿐 아니라, 여전히 우리 앞에 놓인 영역으로 나아가려고 할 때 앞날을 생각하면서 초점을 분명히 하기에 유용할 것이다. 지금은 ACT라고 알려진 것이 처음에는 '포괄적인 거리 두기comprehensive distancing'(Zettle, 2005, 2006), 조금 나중에는 '맥락적 치료

contextual therapy' (Zettle & Rains, 1989) 또는 '맥락적 접근' (Hayes, 1987; Zettle & Hayes, 1986)으로 지난 사반세기에 걸쳐서 발전되었다. '수용전념치료' (Wilson, Khorakiwala, & Hayes, 1991)와 'ACT' (Wilson & Taylor, 1991)라는 용어는 1991년에 두 개의 프리젠테이션 제목에서 처음 사용되었으며, 3년이 지나기까지는(Hayes & Wilson, 1994) 발표 논문에서 ACT라는 머리글자가 나타나지 않았다. 특히 최근에 주목을 더 많이 받아 온 점을 생각하면 (Cloud, 2006; Haaga, 2004; Hayes & Smith, 2005; Hayes & Strosahl, 2004), 왜 ACT를 다소 색다르고 '갓 태어난 것으로' 잘못 인식할 수 있는지를 쉽게 이해할 수 있다.

ACT가 훨씬 더 짧은 역사를 지닌다는 인상에 영향을 준 또 다른 요인은 아마도 1980년대 중반에 ACT의 초기 버전과 우울증의 인지치료를 비교하는 초기 성과 연구(Zettle & Hayes, 1986; Zettle & Rains, 1989) 때부터 10년 후에 1999년 책(Hayes et al., 1999)이 발간될 때까지의 상당한 시간 간격에서 유래한다. 뒤돌아보면, 이 두 개의 성과 비교 연구는 어쩌면 시간을 앞섰거나 적어도 ACT가 충분히 통합된 패러다임 치료로서 출현하기 위해 철학적이고 개념적인 분석 수준을 더 명확하게 설명하고 발전시키는 데 필요한 추가적인 연구를 앞섰던 듯하다. 그럼에도 불구하고, 그들의 전반적인 연구 결과에서는 더 연구해 볼 가치가 있는 어떤 것이 있을 수도 있다는 점이 시사되었다.

과도기적인 시기

각각 ACT의 철학적이고 개념적인 기반으로서의 기능적 맥락주의와 RFT는, 대략 1980년대 중반에서 후반쯤에 각각 시작하여 세기가 전환되고 첫 번째 ACT 책(Hayes et al., 1999)과 RFT 책(Hayes et al., 2001)이 발간될 때까지 과도기적인 시기에 발달하였다(Zettle, 2006).

철학적인 발달

보다 일반적으로 맥락주의는 처음에 기계론에 대한 철학적 대안으로서 제기되었다(Hayes & Brownstein, 1986; Hayes et al., 1988). Hayes(1993)는 Kantor(1959)의 상호행동주의라는 기술적 맥락주의 및 Skinner의 급진적 행동주의라는 함축적 맥락주의와 기능적 맥락주의를 구별함으로써 ACT의 철학적 기초를 더 심화하였다. ACT는 궁극적으로 인간의 심리적 고통을 예방하고 경감시키는 실용적인 능력으로 판단되어야 한다. 이러한 목적 자체는, 명시적으로 언급할 수 있지만 근거를 제시할 수 없는 가치 속에 들어 있다.

개념적인 발달

RFT 책(Hayes et al., 2001)의 발간으로 완결된, 인간의 언어와 인지에 대한 기능적 맥락주의의 설명을 개발하는 과정은 Hayes와 Brownstein의 1985년 논문에서 시작되었다. 그들은 처음으로 '관계 구성틀relational frames'을 정의하고 사용했을 뿐 아니라, 이 분야의 기초 연구 프로그램(Devany, Hayes, & Nelson, 1986; Steele & Hayes, 1991)을 계속적으로 자극했던, 관계 구성을 위한 훈련과 시험 연구 프로그램의 개요를 설명하였다. 게다가 Hayes와 Brownstein은 "말하기와 듣기"(p. 22)로서의 언어적 행동을 재개념화할 때 언어적 행동(1957)과 규칙의 지배(1969)에 대한 Skinner의 관점에서 출발하였다. 이러한 과도기에 Hayes와 그의 동료진에 의해 규칙의 지배라는 분야에서 추가적으로 발간된 개념적인 논문들(Hayes & Hayes, 1989; Hayes et al., 1989)이 궁극적으로 RFT에 개념적으로 포함되면서 결과적으로 RFT가 되었을 것이다(Hayes et al., 2001).

전망

ACT가 인간의 심리적 고통을 예방하고 경감시키기 위한 패러다임 치료로서 기능하고 보다 더 발전하기 위하여 ACT를 개념적으로 정교화하는 작업이 추가적으로 계속되겠지만, 미래에 더 많이 공유할 작업은 특성상 경험연구일 듯하다. 특히 ACT가 계속해서 발전하기 위하여 더 많은 성과 비교연구와 치료의 효용성 및 과정 연구가 필요하다.

성과 비교 연구

심리학 내에서 경험적으로 뒷받침된 치료적 개입의 효력을 인정하는 동향의 영향으로(Chambless et al., 1996, 1998; Task Force, 1995) 우울증의 ACT와 같은 치료적 개입에 대한 성과를 비교하는 연구의 중요성이 증가하였다. 사실상, ACT가 인지치료(Beck et al., 1979)와 대인관계 치료(Klerman et al., 1984) 및 행동 활성화(Jacobson et al., 1996, 2001) 등과 같은 경험적인 지위와 승인을 얻기 위해서는 이러한 다른 접근들처럼 여러 독립적인 연구들에서 우울증을 치료하는 데 효력이 있음을 보여 줘야 한다. 그렇게 승인을 받는 것은 의료보험이 되는 정신건강관리 기관에서 경험적인 뒷받침을 받은 우울증 치료를 제공하는 치료자가 점점 더 필요할 정도로 과학적일 뿐 아니라 실제적이고 재정적인 의미를 지닌다(Sanderson, 2003). 우울증을 위한 ACT와 항우울제 치료 및 두 치료를 조합한 치료를 비교하는 연구는 과학적이고 정치적인 목적을 위해서 유용할 수 있겠지만, 경험적으로 뒷받침된 다른 심리치료와 ACT를 대조해서 심도 있게 평가하는 것이 분명히 더 절박하게 필요하다.

불행하게도, 해당되는 개입의 효능성에 대한 경험적인 지위를 판단하는 과정은 장애 특정적이므로, ACT와 같은 범진단적인 접근은 상대적으로 불리하다. 즉, ACT든지 인지치료든지 행동치료든지 간에 **전체적인** 치료법의 지위는 경험적인 뒷받침으로 판정되지 않지만, 대신에 그 지위는 장애별로 기초한 각각의 DSM-IV(1994) 진단을 치료함에 있어서 어떤 치료법의 상대적인 효능성에 기반을 둔다. 따라서 이러한 승인 체계 내에서 ACT의 경험적인 지위(예컨대, 범불안 장애 내담자의 심리적 고통을 경감시킴에 있어서)가 우울증에 대한 효과적인 치료로서의 승인을 의미하지는 않는다.

이러한 접근에서 한 장애에 대한 효과적인 개입이 다른 장애에는 효과가 없거나 심지어는 해로울 수도 있다는 사실을 부인할 수는 없지만, 이는 행동의 기능적 속성보다 형태에 기초하여 한 장애와 다른 장애를 구별하는 진단 체계에서는 어쩔 수 없는 일이다(Hayes et al., 1996). 더구나 진단 체계는 계속해서 확장되므로(Follette & Houts, 1996), 장애별로 치료 접근의 효능성을 판단하는 과제는 사실상 끝이 없다. 경험적으로 뒷받침된 변화 원리의 확인을 더 많이 강조하는 대안 체계(Rosen & Davison, 2003)는 ACT에 더 도움이 될 뿐 아니라, 이상행동과 심리적 고통의 광범위한 영역을 효과적으로 설명할 수 있는 치료자의 능력과 임상심리과학의 궁극적인 발전에 더 실용적일 듯하다. 이제 치료 효용성 연구의 잠재적인 유익을 먼저 생각한 후에, 전반적으로는 심리치료의 추가적인 과정 연구와 구체적으로는 우울증을 위한 ACT의 과정 연구에 대한 필요성에 대해 논의할 것이다.

치료 효용성 연구

인지치료와 같이 경험적인 뒷받침을 얻은 치료법으로 치료할 때조차도 우울한 내담자의 최소 3분의 1은 호전되는 반응을 보이지 않는다(Hollon et al., 2002). 그러므로 추가적인 성과 비교 연구의 결과가 초기 연구의 결과와 일치한다고 하더라도(Zettle & Hayes, 1986; Zettle & Rains, 1989), 예를 들어

ACT가 우울증을 경감시키는 데 인지치료와 필적한다고 제언하는데, 이는 상대적인 성과에 불과할 것이다. 우울증과 씨름하는 내담자를 조력하는 데 있어서 우리가 더 잘할 수 있으며 그래야 한다고 믿는다. 이러한 목표를 달성하는 한 가지 방법은 치료 효용성 연구를 통해서 가능할 것이다.

치료 효용성은 심리 평가가 제공해 주는 치료 개입의 성과와 관련되며 기능적 맥락주의 관점을 평가에 보다 광범위하게 적용하는 것이 자연스럽게 확장된 것이다(Hayes et al., 1987). 예를 들면, ACT가 PVQ(Blackledge & Ciarrochi, 2005)나 VLQ(Wilson & Groom, 2002)와 같은 특정한 기록지나 이 책에서 권했던 사례 개념화 방법과 같은 보다 전략적인 접근을 사용하는 것이 그런 평가를 실행하지 않을 때보다 더 효과적임이 확실하게 드러난다면, 치료 효용성이 있다고 말할 수 있을 것이다. 해당 평가가 인간의 심리적 고통에 기여하는 심리적 과정이나 이를 잠재적으로 경감시키는 심리적 과정을 평가하는 정도에 따라서 이런 종류의 치료 효용성 연구들은 치료적 변화의 기제를 밝히는 데 도움이 될 수 있는 과정 연구의 한 유형으로도 해석될 수 있다.

불행하게도, 일반적으로 치료 효용성 연구가 전반적으로 부족하며, 특히 우울증의 평가와 치료에서 그러하다(Nelson-Gray, 2003). 필자는 ACT를 포함하는 출판 가능한 치료 효용성 연구를 알지 못하며, 소수의 연구(McKnight, Nelson-Gray, & Barnhill, 1992; Zettle, Haflich, & Reynolds, 1992; Zettle & Herring, 1995) 이외는 우울증의 인지치료에 관한 연구도 또한 알지 못한다. 심리 평가의 질을 평가함에 있어서 심리 측정에 대한 대안적인 표준으로서 치료 효용성을 언급하지 않은 미국심리학회의 승인 검사 기준(American Educational Research Association, 1999)에 비추어 보면, 이는 놀라운 일이 아닐 것이다.

치료 효용성 연구가 유용하다고 입증될 수 있는 한 가지 영역은 우울증을 위한 다른 치료의 반응성과 비반응성에 기여하는 과정을 더 잘 이해하게 해 주는 데 있을 것이다. 예를 들면, 인지치료에 반응하지 않은 우울한 내담자의 3분의 1이 ACT에 반응하지 않은 3분의 1과 같지 않을 수도 있다는 것은 당연하다. 어떤 치료적 접근에 대해 다른 접근보다 더 잘 반응할 것 같은 우울한 내담자를 치료 전에 확인하기 위해, 인지치료를 위한 DAS(Weissman & Beck, 1978)와 ACT를 위한 AAQ(Hayes, Strosahl, & Wilson et al., 2004)와 같은 각 접근의 핵심 과정의 평가를 위한 측정 방법이 사용될 수 있을 것이다. 각 접근에 대해 반응하지 않는 하위 집단이 완전히 중복되지 않는다면, 효과적이고 효율적으로 우울증을 경감시키는 치료자의 전반적인 능력이 향상될 것이다. 사실상, 인지치료에 적합하지 않을 수도 있는 우울한 내담자가 ACT에는 더 반응적일 수도 있으며, 그 반대도 성립될 수 있다. 이러한 가능성이 실제적인지 아닌지는 추후 연구를 기다려야 한다. 최근에 필자의 연구실에서는 이러한 연구 문제에 대해 적어도 어느 정도의 초기적인 답을 제공하기 위해 계획된 협력적 프로젝트가 진행되고 있지만, 어떤 예비적인 연구 결과를 보고할 만큼 충분히 진행된 것은 아니다.

과정 연구

경험 연구에서 입증된 변화의 원리를 확인하는 데 성공하려면 치료 효용성에 대한 검토를 넘어서는 과정 연구가 필요한 듯하다. 그런 변화 기제를 목표로 하는 아마 더 집중적이고 강력한 치료 전략과 기법에 의해 그 변화 기제가 극대화될 수 있기를 바란다. 필자가 보기에는 우울증의 ACT 내에서 심화된 과정 연구가 이런 가능성을 실현하려 할 때 부딪치게 될 두 가지 난제가 있다. 하나는 ACT에만 고유한 것이 아니며, 다른 하나는 적어도 우울증 치료를 위한 다른 인지행동적 접근에 비해 고유한 것이다.

명시적 대 암묵적 측정

ACT에서 치료적 향상을 설명할 수 있는 변화 기제를 연구하기 위해서 이제까지 가장 널리 사용한 측정 방법은 AAQ(Hayes et al., 2006)였다. AAQ는 종종 경험 회피의 지표로 해석되지만, 심리적 유연성에 대한 광범위한 측정치를 제공한다고 보는 것이 더 유용한 듯하다. AAQ 자체를 어떻게 개념화하는지와 상관없이, 이를 과정 측정치로 사용했던 연구를 통해서 ACT의 기반이 된 과정 모델을 광범위하게 뒷받침하는 결과물들이 축적되었다(Hayes et al., 2006).

이전에 언급한 바와 같이, 심리적 유연성이나 경직성에 기여하는 것으로 생각되는 모든 과정을 측정하기 위한 측정 도구가 아직까지 개발되지 않았다. 따라서 ACT에서 전체적인 치료적 향상에 기여하는 개별적인 변화 기제의 상대적인 정도를 더 충분하게 이해하려면, AAQ보다 과정에 더 특수한 측정 도구를 고안할 필요가 있을 것이다. 그러나 필자가 알기로 ACT와 관련된 과정을 측정하기 위해 이제까지 사용되었던 모든 측정 도구들은(AAQ를 포함하여) 그 특성이 명시적이라는 우려로 인해 이 쟁점이 흐려진다. 예를 들면, AAQ는 특히 ACT에 어느 정도 노출된 피험자에게 그 문항을 완성하도록 요청한 경우에 적어도 반투명한 자기 보고식 측정 도구다. 따라서 그런 피험자에게 AAQ는 요구적 특성에 취약한 듯하다. 예를 들어, 피험자는 수용전념 치료자가 그에게 원할 것이라고 믿는 방식으로 사후 측정에서 응답할 것이다. 또한 AAQ가 측정하는 것을 피험자가 명확하게 인식할 수 있는 정도에 따라서 AAQ 및 (PVQ와 VLQ와 같은) 다른 가능한 과정 측정 도구를 피험자 측에서 공공연히 가장하기(좋거나 나쁘게)가 더 쉬울 수도 있다.

이러한 우려를 다루는 한 가지 방법은 치료의 과정 변인을 평가하기 위한 특징과 반응들을 묻는 지필식 검사지보다 영향을 덜 받을 수 있는 명시적인 행동적 또는 심리적 측정 도구를 사용하는 것이다. 최근에 Dermot Barnes-Holmes와 그의 동료들(Barnes-Holmes et al., 2006; Barnes-Holmes, Healy,

& Hayes, 2000)이 RFT에 기반을 둔 또 다른 전략인 **잠재적인 관계 구성 평가 절차**Implicit Relational Assessment Procedure: IRAP를 이미 개발하였는데, 이는 ACT와 관련된 과정을 측정하는 데 있어서 더욱 더 큰 가망성을 보여 줄 수 있을 것이다. 특히, 때때로 비교되는 **잠재적인 연상 검사**Implicit Association Test: IAT (Greenwald, McGhee, & Schwartz, 1998)처럼, IRAP도 가능한 빠르고 정확하게 반응하도록 요청하는 컴퓨터 작업을 피험자에게 비슷하게 제시한다. 암묵적인 측정 도구로서 IRAP와 IAT는 둘 다 '거미'와 '사랑'처럼 서로 연관되지 않는 것보다 '튤립'과 '사랑'처럼 서로 밀접하게 연관된 자극에 피험자가 더 빠르게 반응할 수 있다. 그러나 IAT와 달리 IRAP는 개념 간의 관련성뿐만이 아니라 그런 관계의 특성을 측정할 수 있기 때문에 심리적 유연성과 ACT에서의 치료적 변화에 기여한다고 생각되는 어떤 동일한 과정에 대한 암묵적인 측정 도구를 최종적으로 개발하는 데 더 유용한 듯하다.

ACT와 관련된 과정 변인을 암묵적으로 측정하는 도구를 개발하기 위한 IRAP의 잠재적인 가망성이 최근의 두 연구에서 나타나고 있다. 한 연구에서는 개념으로서의 자기를 측정하기 위해 고안된 IRAP를 대학생 및 두 집단의 수감자에게 시행했을 때 예측 가능한 차이가 있었다(Vahey, Barnes-Holmes Barnes-Holmes, & Stewart, 2006). 특히, 좋은 행실 때문에 제한된 상황에 감금된 수감자와 대학생은 그런 특권을 얻지 못한 수감자에 비해 IRAP로 측정된 자존감 수준이 더 높은 것으로 입증되었다. 이러한 차이는 또한 개념으로서의 자기를 명시적인 자기 보고식 측정 도구로 평가했을 때 나타나는 차이와 유사하였다.

이상적으로 IAT와 IRAP와 같은 암묵적인 측정 도구들은 요구적 특성과 일련의 편파적 반응들을 최소화한 조건에서 동일한 변인에 대한 명시적인 측정 도구와 의의 있는 상관이 있어야 할 뿐 아니라, 그러한 조건들이 존재할 때 그것에 또한 분명히 덜 취약해야 한다. 가장 반응faking에 대한 IAT의 민감성을 평가했던 연구는 효과를 보고하지 않은 적어도 한 연구(Egloff &

Schmukle, 2002)와 다소 불일치했지만, 반면에 다른 세 개의 연구에서는 특히 피험자가 그 절차를 사전에 경험하고 자신의 반응을 가장하는 방법에 대해 교육을 받았을 경우에 IAT를 성공적으로 가장할 수 있음이 시사되었다(Fiedler & Bluemke, 2005; Kim, 2003; Steffens, 2004). 대조적으로, Barnes-Holmes와 그의 연구진에 의한 최근의 두 번째 연구(McKenna, Barnes-Holmes, Barnes-Holmes, & Stewart, 2006)에서는 가장하는 방법을 피험자에게 말해준 경우에도 IRAP는 IAT와 달리 가장될 수 없음이 시사된다.

그러나 이 연구에서 평가된 특정한 IRAP 절차는 임상적으로 의미 있는 측정치를 평가하기 위해 사용되지 않았다는 점을 주목해야 한다. ACT와 관련된 암묵적 과정을 측정하는 도구의 개발 과정에서 다음의 논리적인 단계는 IRAP가 그런 변인을 측정하기 위해 특정하게 사용되었을 때 가장 반응을 유사하게 방지할 수 있는지를 평가하는 것이다. 최근에 이러한 종류의 연구가 필자의 연구실에서 진행 중이지만 어떤 예비적인 결과를 여기에 보고할 만큼 충분히 진척되지는 않았다.

치료 성과의 측정

우울증 치료의 경험적인 지위를 결정할 때 고려하는 치료 성과에 대한 기본적인 측정치들(Chambless et al., 1996, 1998; Task Force, 1995)은 BDI-II 점수(Beck et al., 1996)의 사전 사후치 감소와 같은 증상의 경감을 반영하였다. 이러한 이유 때문에, 잘 확립된 우울증 치료로서 인정을 받으려면 ACT가 포함된 앞으로의 성과 비교 연구에서도 그런 증상의 측정치를 계속해서 사용해야 한다. 하지만 치료적 향상은 단지 증상의 경감을 넘어서 가치를 둔 삶에서의 변화도 포함되어야 함을 인정한다는 면에서는 ACT가 인지행동적 접근에서 다소 유일하다고 가정하면, 치료 효과에 대한 분석이 그런 측정치로만 국한되지 않아야 한다. 이러한 관점에서 보면, ACT에서 의도하는 치료 효과를 판단하는 데 우울증의 수준이 현저하게 감소하는 것은 필요하지만 충분하지는 않다.

비교적 최근에 '긍정 심리치료positive psychotherapy'(Seligman, Rashid, & Parks, 2006)의 성장에서 입증되듯이, ACT는 가치 지향적이고 의미 있는 삶을 영위하는 면에서의 성장을 포함하는 것으로 치료 성과 측정치를 확장하는 것이 이로움을 인정하는 유일한 접근이 아니다. ACT의 상대적인 치료 효과를 평가하기 위해, 그런 변화를 포착하여 우울증의 징후와 증상의 감소를 반영하는 측정 도구와 함께 사용할 수 있는 도구를 찾거나 개발하는 것이 당면한 난제다. 생활 만족도 척도Satisfaction with Life Scale: SWLS(Diener, Emmons, Larsen, & Griffin, 1985)와 같이 ACT와 독립적으로 개발되었거나 또는 VLQ(Wilson & Groom, 2002)와 같이 ACT와 밀접하게 관련되어 개발된 기존의 측정 도구들은 이러한 목적에 유용한 것으로 밝혀질 것이다.

현재로서는 보다 더 가치 있는 삶을 영위하는 면에서의 심리적 성장을 반영하는 입증 가능한 측정 도구가 부족하므로, ACT를 포함한 성과 비교 연구뿐 아니라 과정 연구에도 어려움이 있다. 이는 심리적 유연성과 가치 지향적 삶의 보다 전반적인 향상이라는 맥락에서 치료 과정의 변화를 성과 측정치로서 최종적으로 평가해야 하기 때문이다. 예를 들면, AAQ에서의 변화가 BDI-II 점수의 감소를 매개한다는 결과는 우울증의 ACT가 기반을 둔 모델을 어느 정도 확실하게 뒷받침해 줄 것이다. 하지만 보다 더 명확한 뒷받침은 ACT에 특정적인 과정 측정 변인에서의 변화가 가치 지향적인 삶의 증진을 신뢰롭게 예언함을 보여 줄지 여부에 따라 좌우될 것이다. 이런 이점으로 보면, VLQ와 같은 도구는 심리적 유연성의 증가를 더 많이 반영할 수 있는 성과를 측정할 뿐 아니라 우울 증상의 감소 과정을 측정하는 것으로 해석될 수 있을 것이다. 여하튼 치료 과정 및 성과 측정치는 서로 독립적으로 유의미하게 평가될 수 없다. 그것들은 이런 식으로 빠져나올 수 없게 연결되어 있기 때문에, 보다 일반적으로는 ACT의 과정 연구에서 그리고 우울증에 적용하는 구체적인 과정 연구에서 진전이 있으려면 요구적 특성에 취약하지 않은 과정 측정 도구와 단지 증상의 경감을 넘어서는 성과 측정 도구를 개발하는 이중적인 난제가 만족스럽게 충족되어야 한다.

요약과 결론

여러분 중 소수에게는 이 책의 마지막이 아마도 ACT에 접하는 마지막을 의미할 것이다. 그런 경우라면, 이 책을 읽으면서 축적했을 수도 있는 어떤 작은 방법이라도 임상 장면에서 함께 작업하는 우울한 내담자에게 궁극적으로 유익이 되기를 바란다. 예를 들면, ACT 자체가 또 다른 치료적 대안일 수도 있어서 치료자는 다른 치료적 접근에 좋은 반응을 보이지 않았던 우울한 내담자에게 시도해 보기를 원할 수도 있다. 게다가, 더 자주 사용되는 다른 개입들과 함께 또한 이 책에서 다루었던 어떤 구체적인 기법이나 절차를 전략적으로 통합하기를 원할 수도 있다.

그러나 이제 여러분 중 대부분이 ACT에 대해 더 배우고 아마 더 훈련받는데 다소 관심을 가지길 바란다. 그렇다면 이 시점에서 당신에게 가장 유용한 일은 www.contextualpsychology.org라는 웹사이트를 통해 맥락적 행동과학학회Association for Contextual Behavioral Science: ACBS에 가입하는 것이다. 회원 자격은 다른 심리학회와 조직에 비해 매우 합리적인 연회비를 내면서 전문가와 학생 모두 다 몇 가지 수준으로 이용할 수 있다. 현재 ACBS에는 24개국을 대표하는 다양한 정신건강 전문가들로 이루어진 2800명이 넘는 회원들이 있어서 미국에서의 시작을 능가하는 ACT의 성장을 보여 준다. 2003년과 2005년 그리고 2007년 미국에서 개최되었던 여름 강좌와 더불어 2004년 스웨덴과 2006년 런던에서 열린 세계 컨퍼런스에서 ACBS의 후원을 받은 것은 ACT와 RFT의 국제화를 더 잘 보여 준다.

ACT 훈련을 더 받기 원할 경우에 방문해 볼 곳은 ACBS 웹사이트다. 임상적인 방법, 프리젠테이션 자료, 치료 매뉴얼, 그리고 ACT 비디오뿐 아니라 ACT에서 실시하는 워크숍과 다른 훈련 기회들이 거기에 정례적으로 게시된다. 대다수의 ACBS 회원들이 수용전념 치료자이긴 하지만, 이 웹사이트는 RFT에 일차적인 관심이 있거나 그 이상의 관심을 지닌 사람들을 위한 자원으로도 도움이 된다. 예컨대, 이 분야의 업데이트된 연구와 출판물 목록뿐 아니라 RFT 지침서를 이용할 수 있다.

ACT나 RFT에 관해 더 많이 배우는 또 하나의 편리한 방법은 각자(ACBS 회원에게만 접근 가능)에게 따로 이용 가능한 개별 리스트서브에 가입하는 것이다. 다른 회원들에게 질문을 올리거나 코멘트를 달고, 당신이 원한다면 다른 사람들이 올린 글을 간단히 검토할 수 있다.

ACBS 회원 자격 없이 이용 가능한 다른 리스트서브로는 ACT_for_the_Public@yahoogroups.com이 있는데, ACT를 더 알기 원하는 사람을 위한 학습 방편으로 편리할 수 있다. 그 이름에서 시사되듯이, 이 사이트는 공공기관의 비전문가와 내담자도 질문과 코멘트를 올려서 수용전념 치료자의 설명을 받을 수 있는 공개토론장의 기능을 주로 한다.

그러나 필자는 이 책의 독자들이 ACT 훈련을 더 받거나 ACT와 RFT에 대해 더 알기를 바랄 뿐 아니라 ACT를 과학적으로 뒷받침하는 일에 어떤 방식으로든 기여하는 데도 관심을 가지는 세 번째이자 마지막 하위 집단이 되기를 바란다. 그렇게 하기 위한 기회와 자원 및 후원 등은 정신건강 전문가보다 연구 대학에 임용된 사람에게 확실히 더 많다. 하지만 풀타임 심리치료자도 여전히 ACT의 과학적인 기초에 값진 기여를 할 수 있다. 특히 Hayes (1981)가 강조했던 대로, 단일 피험자 설계를 효과적인 임상 실행에 곧바로 통합할 수 있을 것이다. 예를 들어 AB 설계에서는 A가 사전 기초선을 가리키며 B는 ACT의 치료 과정을 나타내는데, 시간이 지나면서 내담자의 우울증이 변화하는 것을 측정하기 위해 두 단계에 걸쳐 주마다 BDI-II를 실시해서 중다기저선 방식으로 자료를 수집할 수 있을 것이다. 게다가, 단순한 중상 경감을 넘어서는 광범위한 치료적 향상을 평가하기 위한 삶의 질 측정치로서 VLQ와 같은 측정 도구도 실시할 수 있을 것이다. AB 설계만으로는 경험적으로 뒷받침된 치료를 확인해 주는 전문연구팀에게 승인을 받지 못하지만(Chambless et al., 1996, 1998; Task Force, 1995), ACT와 다른 개입을 비교하는 다른 단일 피험자 실험설계로는 그것이 가능하다. 그러므로 임상 현장에서 상당수의 우울한 내담자를 만나는 치료자는 우울증을 위한 ACT의 경험적인 지위에 대한 평가를 잠재적으로 촉진할 수 있을 연구에 참여할 기회가 있다.

ACT가 어디로 향하는지를 분명하게 보는 것보다는 ACT라고 지금 알려진 것이 취해 온 경로를 되돌아보는 것이 더 쉽다. 끝을 맺는 이 장에서 필자는 조금 다르지만 관련이 있는 세 개의 방향(성과 비교와 치료 유용성 및 과정 연구를 포함하는)을 언급하였는데, 일반적으로 인간의 고통을, 특수하게는 우울증과 싸우는 데에서 오는 인간의 고통을 예방하고 경감시키는 궁극적인 목표에 도달하기 위해서라면 ACT가 이 방향으로 더욱더 나아가는 것이 유용할 것이라고 믿는다. ACT가 세 방향 모두에서 동등하게 성공하면서 발전할 수 있을지, 그리고 그 과정에서 배운 것이 이러한 목표를 실현하는 데 유용하다고 입증될 것인지는 오로지 ACT가 지금까지 진행해 온 여행이 앞으로도 계속 이어지면서 판단될 수 있다. 이는 모든 동료 여행자들을 환영하는 여행이다.

부록

부록 A

ACT 초기 사례 개념화 기록지

1. 내담자 자신이 호소한 문제: 내담자의 초기 목표(내담자는 치료에서 무엇을 원하는가?):   호소 문제에 대한 ACT 재개념화:
2. 내담자가 경험하지 않으려고 하는 주요 생각, 감정, 기억, 감각, 상황은 무엇인가? 생각 감정 기억 기타
3. 이 경험들을 피하기 위해 내담자가 하는 것은 무엇인가? 자살충동(예: 자살 사고, 이전의 자살 시도) 내적 통제 전략(예: 반추, 걱정하기, 사고 억제) 외적 통제 전략(예: '자가 투약', 먹기, 쇼핑) 상황 특정적인 통제 전략(예: 행동적 수동성, 사회적인 철수) 회기 내 통제 전략(예: 화제 전환, 애매하게 얼버무리기)
4. 관련된 동기 요인(예: 일상생활에서 이 행동으로 인해 치르는 대가, 실행 불가능함을 경험함, 분명한 가치, 치료 관계):

5. 변화를 막는 환경적인 장애물(예: 수반되는 부정적인 결과, 지지적이지 않는 가정이나 사회 환경, 변화 불가능한 주변 여건, 재정적인 여건, 변화에 따르는 대가):
6. 심리적 경직성에 기여하는 요인(예: 규칙에 과도하게 지배됨, '정당화', 이유 대기, 해석하기, 고통에 대한 낮은 인내력, 현재 순간에 대한 자각의 부족, 개념적 자기에 과도하게 밀착됨):
7. 위의 경우에 치료에서 ACT의 어떤 핵심 과정과 관련 기법을 다루고 강조할 필요가 있는가?
8. 내담자의 강점:
9. ACT 초기 치료 계획:

Jason Lillies & Jason Luoma(2005). 허락하에 사용함.

부록 B

기록지 작성하기

지시문: 우울해지는 상황이나 사건 또는 환경에 대한 당신의 반응을 기록하기 위해 이 기록지를 사용하세요. 방금 일어난 어떤 사건(배우자와의 의견 대립과 같은)뿐 아니라 과거에 발생한 어떤 일에 대해 그냥 생각난 것(사랑하는 사람의 죽음을 회상함과 같은)도 상황에 포함될 수 있습니다.

촉발 사건이나 상황

당신이 우울해짐을 발견한 사건, 상황 또는 주변 정황을 다음 여백에 적으세요.

____

____

____

____

생각

촉발 사건이나 상황에 대한 반응으로서 지닌 모든 생각을 다음 여백에 기록하세요. 각 생각마다 '나는 ~(구체적인 생각)라는 생각을 한다.'는 말을 뒤에 붙이세요.

____

____

____

감정

촉발 사건이나 상황에 대한 반응으로서 지닌 모든 느낌과 감정을 다음 여백에 기록하세요. 각 감정마다 '나는 ~(구체적인 감정)의 감정을 느낀다.'는 말을 뒤에 붙이세요.

신체 감각과 느낌

촉발 사건이나 상황에 대한 반응으로서 지닌 신체 감각과 느낌을 모두 다음 여백에 기록하세요. 각 느낌마다 '나는 ~(구체적으로 신체 감각이나 느낌) 감각을 느낀다.'는 말을 뒤에 붙이세요.

기억

촉발 사건이나 상황에 대한 반응으로서 드는 모든 기억을 다음 여백에 기록하세요. 각 기억마다 '나는 ~(구체적인 기억)라는 기억을 한다.'는 말을 뒤에 붙이세요.

다른 반응

촉발 사건이나 상황에 대한 반응으로서 드는 다른 어떤 불쾌한 반응(이미지나 충동 같은)을 다음 여백에 기록하세요. 각 반응마다 '나는 ~(구체적인 충동) 충동을 느낀다.'와 같이, 그 유형을 구체화하는 말을 뒤에 붙이세요.

부록 C

우울증의 이유 연습

지시문: 이 연습은 다섯 단계입니다. 이 기록지에 나오는 순서대로 완성하기를 권합니다.

1단계: 당신이 왜 우울해지는가에 대해 생각할 수 있는 많은 이유들을 다음 여백에 기록하세요. 각 이유를 각각 다른 줄에 적고, 당분간 각 줄 앞에 여백을 남겨 두세요.

____

____

____

____

____

2단계: 당신에게 해당되지 않는다고 믿더라도, 우울해지는 다른 **적절한** 이유를 다음 여백에 기록하세요. 1단계에서 기록한 이유와 더불어 우울해지는 다른 적절한 이유는 무엇일까요? 각 이유를 각기 다른 줄에 적고, 당분간 각 줄 앞에 여백을 남겨 두세요.

____

____

____

____

3단계: 이제 되돌아가서 1단계와 2단계에서 기록한 각각의 이유가 우울해지는 데 얼마나 적절한지를 평가하세요. 각각의 이유에 대해 다음의 척도대로 각 줄 앞에 있는 여백에 평가하세요.

1	2	3	4	5	6	7	8	9	10
적절한									매우 적절한

4단계: 당신이 왜 우울해지는지에 대해 생각할 수 있는 **부적절한** 이유를 다음 여백에 기록하세요. 각 이유를 각각 다른 줄에 적고, 당분간 각 줄 앞에 여백을 남겨 두세요.

____

____

____

____

____

____

____

5단계: 끝으로, 되돌아가서 4단계에서 기록한 각각의 이유가 우울해지는 데 얼마나 부적절한지를 평가하세요. 각각의 이유에 대해 다음의 척도대로 각 줄 앞에 있는 여백에 평가하세요.

1	2	3	4	5	6	7	8	9	10
부적절한									매우 부적절한

부록 D

생애 이야기 쓰기

우울증에 대한 당신의 생애 이야기를 다음 여백에 쓰세요. 우울증이 어떻게 처음 시작되었는지, 우울증과 어떻게 싸워 왔는지, 그리고 우울증을 경험하는 데 기여한 중요한 역사적인, 상황적인, 그리고 개인적인 생활 사건들을 기술하세요.

생애 이야기 다시 쓰기

우울증에 대한 당신의 생애 이야기를 다음 여백에 **다시 써서** 처음 이야기와 전혀 다른 결말이 되게 하세요. 치료자와 협력해서 당신이 처음에 쓴 생애 이야기에서 언급되었던 사실들에 먼저 밑줄을 그으세요. 이와 같은 사실들을 가지고 우울증과 투쟁하는 결말이 아닌 다른 버전의 생애 이야기로 엮어 보세요.

부록 E

개인적 가치 질문지(PVQ)

지시문: 이 기록지를 따라서 다음의 아홉 가지 가치 영역(당신이 중요하다고 발견하는 삶의 영역)을 각각 다루는 몇 장의 추가 페이지가 순서대로 제시될 것입니다.

가치 영역

1. 가족 관계
2. 친구나 사회적 관계
3. 커플이나 연인 관계
4. 일이나 직업
5. 학교 교육이나 개인적 성장과 발달
6. 레크리에이션, 레저 또는 스포츠
7. 영성이나 종교
8. 지역사회나 시민생활
9. 건강이나 신체적 안녕

다음 페이지에 있는 가치 영역에 대한 기술을 처음부터 끝까지 주의 깊게 읽고 그 영역에 나타나는 **당신의** 가치(그 가치 영역과 관련된 당신에게 매우 중요한 삶의 방식 및 일하는 방식)를 기록하세요.

각 영역마다 가치를 기록한 후에 그런 개인적 가치에 대해 다양한 것을 묻는 일련의 아홉 가지 질문들이 제시될 것입니다. 이 질문에 대해 각각 당신에게 해당되는 숫자에 동그라미 쳐서 답하세요.

이 질문지를 완성하는 방법에 대해 질문이 있으면, 질문지를 나눠 준 사람에게 물어보세요.

상기할 점: 이 질문지상에는 당신의 이름이 없으므로, 당신이 어떤 가치를 적었는지 아무도 모를 것입니다. 그러므로 아무도 이 기록지를 보지 않을 것처럼 당신의 가치를 기술하세요.

J. T. Blackledge와 Joseph Ciarrochi가 개발함. Kennon Sheldon과 동료들이 개발한 개인적 노력 평가지 Personal Striving Measure를 개작함. 허가를 받고 수정함.

개인적 가치 1번: 가족 관계

지시문: 삶에서 당신이 맺기 원하는 형제나 자매, 아들이나 딸, 또는 부모-자녀 관계의 유형을 기술하세요. 예컨대, 가족 구성원과 더 가깝고 더 좋은 관계를 원한다면 '사려 깊고, 친절하며, 지지적이고, 충실한 형제 관계 맺기' 또는 '자녀와 개방적이고, 정직하며, 돌봐 주는 관계 맺기'와 같은 가치를 적는 것이 맞을 것입니다. 이 예시와 상관없이, **당신**은 **당신**에게 의미 있고 가슴 뛰는 가족 관계의 가치를 선택해야 합니다.

당신이 지닌 가족 관계의 가치를 여기에 적으세요.

다음 질문에 대해 당신에게 해당되는 숫자(오른쪽 칸에 있는)에 동그라미 쳐서 답하세요.

1. 다른 누군가가 내게 원하거나 내가 해야 한다고 생각하기 때문에 또는 내가 그렇게 하면 누군가 좋아할 것이므로 나는 이것을 중시한다. 만일 그것에 대해 칭찬이나 인정을 받지 않는다면, 아마 내가 이것을 중시한다고 말하지 않을 것이다.	1 – 전혀 이 이유가 아니다 2 – 대체로 이 이유가 아니다 3 – 확실치 않다 4 – 대체로 이 이유다 5 – 전적으로 이 이유다
2. 이를 하지 않으면 수치감과 죄책감, 또는 불안을 느낄 것이므로, 나는 이것을 중시한다.	1 – 전혀 이 이유가 아니다 2 – 대체로 이 이유가 아니다 3 – 확실치 않다 4 – 대체로 이 이유다 5 – 전적으로 이 이유다
3. 다른 사람들이 동의를 하든지 하지 않든지 간에 내가 그것을 중요하다고 보기 때문에 나는 이것을 중시한다. 이 가치는 다른 사람들이 내게 가르쳤던 것일 수 있지만, 지금은 내 자신의 진심에서 나온 가치다.	1 – 전혀 이 이유가 아니다 2 – 대체로 이 이유가 아니다 3 – 확실치 않다 4 – 대체로 이 이유다 5 – 전적으로 이 이유다
4. 이 일을 하는 것이 내 삶을 더 좋게, 더 의미 있게, 그리고 더 활기차게 하기 때문에 나는 이것을 중시한다.	1 – 전혀 이 이유가 아니다 2 – 대체로 이 이유가 아니다 3 – 확실치 않다 4 – 대체로 이 이유다 5 – 전적으로 이 이유다
5. 이 가치에 참여할 때 흥미로움과 즐거움을 경험하기 때문에 나는 이것을 중시한다.	1 – 전혀 이 이유가 아니다 2 – 대체로 이 이유가 아니다 3 – 확실치 않다 4 – 대체로 이 이유다 5 – 전적으로 이 이유다
6. 지난 달에는 이 가치대로 사는 것(이 가치와 일치되게 행동하는 것)이 성공적이었다.	1 – 0～20% 성공적 2 – 21～40% 성공적 3 – 41～60% 성공적 4 – 61～80% 성공적 5 – 81～100% 성공적

7. 이 가치대로 사는 데(이 가치와 일치되게 행동하는 데) 전념한다.	1 – 전혀 전념하지 않음 2 – 약간 전념함 3 – 중간 정도로 전념함 4 – 상당히 전념함 5 – 매우 전념함
8. 이 가치는 당신에게 얼마나 중요한가?	1 – 전혀 중요치 않음 2 – 약간 중요함 3 – 중간 정도로 중요함 4 – 상당히 중요함 5 – 매우 중요함
9. 지금 당장 이 가치에서 진전이 있기를 원하는가?	1 – 전혀 2 – 약간 3 – 중간 정도 4 – 상당히 많이 5 – 매우 많이

개인적 가치 2번: 친구나 사회적 관계

지시문: 당신은 어떤 종류의 친구관계를 맺기 원합니까? 만일 당신이 가장 친한 친구라면 당신의 친구에게 어떻게 행동하겠습니까? 예컨대, 사려 깊고, 지지적이며, 돌봐 주고, 수용적이며, 충실하고, 정직한 친구관계를 중요시할 것입니다. **당신**이 친구관계에서 어떤 특성을 가장 원할지 **당신 스스로 선택하세요**.

당신이 지닌 친구나 사회적 관계의 가치를 여기에 적으세요.

다음 질문에 대해 당신에게 해당되는 숫자(오른쪽 칸에 있는)에 동그라미 쳐서 답하세요.

1. 다른 누군가가 내게 원하거나 내가 해야 한다고 생각하기 때문에 또는 내가 그렇게 하면 누군가 좋아할 것이므로 나는 이것을 중시한다. 만일 그것에 대해 칭찬이나 인정을 받지 않는다면, 아마 내가 이것을 중시한다고 말하지 않을 것이다.	1 – 전혀 이 이유가 아니다 2 – 대체로 이 이유가 아니다 3 – 확실치 않다 4 – 대체로 이 이유다 5 – 전적으로 이 이유다
2. 이를 하지 않으면 수치감과 죄책감, 또는 불안을 느낄 것이므로, 나는 이것을 중시한다.	1 – 전혀 이 이유가 아니다 2 – 대체로 이 이유가 아니다 3 – 확실치 않다 4 – 대체로 이 이유다 5 – 전적으로 이 이유다
3. 다른 사람들이 동의를 하든지 하지 않든지 간에 내가 그것을 중요하다고 보기 때문에 나는 이것을 중시한다. 이 가치는 다른 사람들이 내게 가르쳤던 것일 수 있지만, 지금은 내 자신의 진심에서 나온 가치다.	1 – 전혀 이 이유가 아니다 2 – 대체로 이 이유가 아니다 3 – 확실치 않다 4 – 대체로 이 이유다 5 – 전적으로 이 이유다
4. 이 일을 하는 것이 내 삶을 더 좋게, 더 의미 있게, 그리고 더 활기차게 하기 때문에 나는 이것을 중시한다.	1 – 전혀 이 이유가 아니다 2 – 대체로 이 이유가 아니다 3 – 확실치 않다 4 – 대체로 이 이유다 5 – 전적으로 이 이유다
5. 이 가치에 참여할 때 흥미로움과 즐거움을 경험하기 때문에 나는 이것을 중시한다.	1 – 전혀 이 이유가 아니다 2 – 대체로 이 이유가 아니다 3 – 확실치 않다 4 – 대체로 이 이유다 5 – 전적으로 이 이유다
6. 지난 달에는 이 가치대로 사는 것(이 가치와 일치되게 행동하는 것)이 성공적이었다.	1 – 0～20% 성공적 2 – 21～40% 성공적 3 – 41～60% 성공적 4 – 61～80% 성공적 5 – 81～100% 성공적

7. 이 가치대로 사는 데(이 가치와 일치되게 행동하는 데) 전념한다.	1 – 전혀 전념하지 않음 2 – 약간 전념함 3 – 중간 정도로 전념함 4 – 상당히 전념함 5 – 매우 전념함
8. 이 가치는 당신에게 얼마나 중요한가?	1 – 전혀 중요치 않음 2 – 약간 중요함 3 – 중간 정도로 중요함 4 – 상당히 중요함 5 – 매우 중요함
9. 지금 당장 이 가치에서 진전이 있기를 원하는가?	1 – 전혀 2 – 약간 3 – 중간 정도 4 – 상당히 많이 5 – 매우 많이

개인적 가치 3번: 커플이나 연인 관계

지시문: 당신은 어떤 종류의 연인 관계를 가장 원합니까? 예컨대, 돌봐 주고, 지지적이며, 개방적이고, 정직하며, 친절하고, 관심 어린 연인 관계를 중요시할 것입니다. 하지만 **당신**이 그런 연인 관계에서 어떤 특성을 가장 원할지 **당신** 스스로 결정해야 합니다.

당신의 커플이나 연인 관계의 가치를 여기에 적으세요.

다음 질문에 대해 당신에게 해당되는 숫자(오른쪽 칸에 있는)에 동그라미 쳐서 답하세요.

1. 다른 누군가가 내게 원하거나 내가 해야 한다고 생각하기 때문에 또는 내가 그렇게 하면 누군가 좋아할 것이므로 나는 이것을 중시한다. 만일 그것에 대해 칭찬이나 인정을 받지 않는다면, 아마 내가 이것을 중시한다고 말하지 않을 것이다.	1 – 전혀 이 이유가 아니다 2 – 대체로 이 이유가 아니다 3 – 확실치 않다 4 – 대체로 이 이유다 5 – 전적으로 이 이유다
2. 이를 하지 않으면 수치감과 죄책감, 또는 불안을 느낄 것이므로, 나는 이것을 중시한다.	1 – 전혀 이 이유가 아니다 2 – 대체로 이 이유가 아니다 3 – 확실치 않다 4 – 대체로 이 이유다 5 – 전적으로 이 이유다
3. 다른 사람들이 동의를 하든지 하지 않든지 간에 내가 그것을 중요하다고 보기 때문에 나는 이것을 중시한다. 이 가치는 다른 사람들이 내게 가르쳤던 것일 수 있지만, 지금은 내 자신의 진심에서 나온 가치다.	1 – 전혀 이 이유가 아니다 2 – 대체로 이 이유가 아니다 3 – 확실치 않다 4 – 대체로 이 이유다 5 – 전적으로 이 이유다
4. 이 일을 하는 것이 내 삶을 더 좋게, 더 의미 있게, 그리고 더 활기차게 하기 때문에 나는 이것을 중시한다.	1 – 전혀 이 이유가 아니다 2 – 대체로 이 이유가 아니다 3 – 확실치 않다 4 – 대체로 이 이유다 5 – 전적으로 이 이유다
5. 이 가치에 참여할 때 흥미로움과 즐거움을 경험하기 때문에 나는 이것을 중시한다.	1 – 전혀 이 이유가 아니다 2 – 대체로 이 이유가 아니다 3 – 확실치 않다 4 – 대체로 이 이유다 5 – 전적으로 이 이유다
6. 지난 달에는 이 가치대로 사는 것(이 가치와 일치되게 행동하는 것)이 성공적이었다.	1 – 0~20% 성공적 2 – 21~40% 성공적 3 – 41~60% 성공적 4 – 61~80% 성공적 5 – 81~100% 성공적

7. 이 가치대로 사는 데(이 가치와 일치되게 행동하는 데) 전념한다.	1 – 전혀 전념하지 않음 2 – 약간 전념함 3 – 중간 정도로 전념함 4 – 상당히 전념함 5 – 매우 전념함
8. 이 가치는 당신에게 얼마나 중요한가?	1 – 전혀 중요치 않음 2 – 약간 중요함 3 – 중간 정도로 중요함 4 – 상당히 중요함 5 – 매우 중요함
9. 지금 당장 이 가치에서 진전이 있기를 원하는가?	1 – 전혀 2 – 약간 3 – 중간 정도 4 – 상당히 많이 5 – 매우 많이

개인적 가치 4번: 일이나 직업

지시문: 이상적인 세상에서 어떤 종류의 일을 하고 싶습니까? 당신의 일과 고용주 그리고 동료들에 대해 어떤 직업인이 되고 싶습니까? 어떤 사람은 자신이 가진 고유한 재능을 불러 일으키는 일, 자신을 표현하도록 해 주는 일, 또는 다른 사람의 삶에 '영향을 미치는' 일을 중요시합니다. 다른 사람들이 무엇을 중요시하든지 간에 **당신**은 어떤 종류의 일을 중시하겠습니까? 그리고 **당신**은 어떤 직업인이 되는 것을 중시하겠습니까?

당신이 지닌 일이나 직업의 가치를 여기에 적으세요.

다음 질문에 대해 당신에게 해당되는 숫자(오른쪽 칸에 있는)에 동그라미 쳐서 답하세요.

1. 다른 누군가가 내게 원하거나 내가 해야 한다고 생각하기 때문에 또는 내가 그렇게 하면 누군가 좋아할 것이므로 나는 이것을 중시한다. 만일 그것에 대해 칭찬이나 인정을 받지 않는다면, 아마 내가 이것을 중시한다고 말하지 않을 것이다.	1 - 전혀 이 이유가 아니다 2 - 대체로 이 이유가 아니다 3 - 확실치 않다 4 - 대체로 이 이유다 5 - 전적으로 이 이유다
2. 이를 하지 않으면 수치감과 죄책감, 또는 불안을 느낄 것이므로, 나는 이것을 중시한다.	1 - 전혀 이 이유가 아니다 2 - 대체로 이 이유가 아니다 3 - 확실치 않다 4 - 대체로 이 이유다 5 - 전적으로 이 이유다
3. 다른 사람들이 동의를 하든지 하지 않든지 간에 내가 그것을 중요하다고 보기 때문에 나는 이것을 중시한다. 이 가치는 다른 사람들이 내게 가르쳤던 것일 수 있지만, 지금은 내 자신의 진심에서 나온 가치다.	1 - 전혀 이 이유가 아니다 2 - 대체로 이 이유가 아니다 3 - 확실치 않다 4 - 대체로 이 이유다 5 - 전적으로 이 이유다
4. 이 일을 하는 것이 내 삶을 더 좋게, 더 의미 있게, 그리고 더 활기차게 하기 때문에 나는 이것을 중시한다.	1 - 전혀 이 이유가 아니다 2 - 대체로 이 이유가 아니다 3 - 확실치 않다 4 - 대체로 이 이유다 5 - 전적으로 이 이유다
5. 이 가치에 참여할 때 흥미로움과 즐거움을 경험하기 때문에 나는 이것을 중시한다.	1 - 전혀 이 이유가 아니다 2 - 대체로 이 이유가 아니다 3 - 확실치 않다 4 - 대체로 이 이유다 5 - 전적으로 이 이유다
6. 지난 달에는 이 가치대로 사는 것(이 가치와 일치되게 행동하는 것)이 성공적이었다.	1 - 0~20% 성공적 2 - 21~40% 성공적 3 - 41~60% 성공적 4 - 61~80% 성공적 5 - 81~100% 성공적

7. 이 가치대로 사는 데(이 가치와 일치되게 행동하는 데) 전념한다.	1 – 전혀 전념하지 않음 2 – 약간 전념함 3 – 중간 정도로 전념함 4 – 상당히 전념함 5 – 매우 전념함
8. 이 가치는 당신에게 얼마나 중요한가?	1 – 전혀 중요치 않음 2 – 약간 중요함 3 – 중간 정도로 중요함 4 – 상당히 중요함 5 – 매우 중요함
9. 지금 당장 이 가치에서 진전이 있기를 원하는가?	1 – 전혀 2 – 약간 3 – 중간 정도 4 – 상당히 많이 5 – 매우 많이

개인적 가치 5번: 학교 교육이나 개인적 성장과 발달

지시문: 이상적인 세상에서 어떤 종류의 학생이 되고 싶습니까? 한 개인으로서 배우면서 어떤 종류의 것을 중요시합니까? 당신에게 매우 중요하다고 느끼는 것을 배우는 학교나 다른 장소에서 학생으로서의 역할을 하면서 당신은 어떤 특성을 중요시합니까? 어떤 사람은 새로운 도전에 직면하기를 배우는 것, 중요한 주제에 대해 다른 시각을 배우는 것, 특별한 일을 하는 것보다는 효과적인 방법을 배우는 것, 또는 한 사람으로 성장하는 법을 배우는 것을 중요시합니다. 어떤 사람은 새로운 아이디어와 시각에 개방적이고 수용적인 것, 또는 중요한 주제에 대해 진지하고 주의 깊게 생각하는 것과 같은 특성을 중요시합니다. 다른 사람들이 무엇을 원하든지 간에 **당신**이 진정으로 배우기를 중시하는 일의 종류나 **당신**이 학생으로서 보이고 싶어하는 특성을 적어야 합니다.

당신이 지닌 학교 교육이나 개인적 성장과 발달의 가치를 여기에 적으세요.

다음 질문에 대해 당신에게 해당되는 숫자(오른쪽 칸에 있는)에 동그라미 쳐서 답하세요.

1. 다른 누군가가 내게 원하거나 내가 해야 한다고 생각하기 때문에 또는 내가 그렇게 하면 누군가 좋아할 것이므로 나는 이것을 중시한다. 만일 그것에 대해 칭찬이나 인정을 받지 않는다면, 아마 내가 이것을 중시한다고 말하지 않을 것이다.	1 - 전혀 이 이유가 아니다 2 - 대체로 이 이유가 아니다 3 - 확실치 않다 4 - 대체로 이 이유다 5 - 전적으로 이 이유다
2. 이를 하지 않으면 수치감과 죄책감, 또는 불안을 느낄 것이므로, 나는 이것을 중시한다.	1 - 전혀 이 이유가 아니다 2 - 대체로 이 이유가 아니다 3 - 확실치 않다 4 - 대체로 이 이유다 5 - 전적으로 이 이유다
3. 다른 사람들이 동의를 하든지 하지 않든지 간에 내가 그것을 중요하다고 보기 때문에 나는 이것을 중시한다. 이 가치는 다른 사람들이 내게 가르쳤던 것일 수 있지만, 지금은 내 자신의 진심에서 나온 가치다.	1 - 전혀 이 이유가 아니다 2 - 대체로 이 이유가 아니다 3 - 확실치 않다 4 - 대체로 이 이유다 5 - 전적으로 이 이유다
4. 이 일을 하는 것이 내 삶을 더 좋게, 더 의미 있게, 그리고 더 활기차게 하기 때문에 나는 이것을 중시한다.	1 - 전혀 이 이유가 아니다 2 - 대체로 이 이유가 아니다 3 - 확실치 않다 4 - 대체로 이 이유다 5 - 전적으로 이 이유다
5. 이 가치에 참여할 때 흥미로움과 즐거움을 경험하기 때문에 나는 이것을 중시한다.	1 - 전혀 이 이유가 아니다 2 - 대체로 이 이유가 아니다 3 - 확실치 않다 4 - 대체로 이 이유다 5 - 전적으로 이 이유다
6. 지난 달에는 이 가치대로 사는 것(이 가치와 일치되게 행동하는 것)이 성공적이었다.	1 - 0~20% 성공적 2 - 21~40% 성공적 3 - 41~60% 성공적 4 - 61~80% 성공적 5 - 81~100% 성공적

7. 이 가치대로 사는 데(이 가치와 일치되게 행동하는 데) 전념한다.	1 - 전혀 전념하지 않음 2 - 약간 전념함 3 - 중간 정도로 전념함 4 - 상당히 전념함 5 - 매우 전념함
8. 이 가치는 당신에게 얼마나 중요한가?	1 - 전혀 중요치 않음 2 - 약간 중요함 3 - 중간 정도로 중요함 4 - 상당히 중요함 5 - 매우 중요함
9. 지금 당장 이 가치에서 진전이 있기를 원하는가?	1 - 전혀 2 - 약간 3 - 중간 정도 4 - 상당히 많이 5 - 매우 많이

개인적 가치 6번: 레크리에이션, 레저나 스포츠

지시문: 취미, 스포츠 및 레저 활동을 포함해서 당신이 원하는 레크리에이션 생활의 유형을 적으세요. 이런 활동을 위해 시간을 갖는 것이 **당신**에게 얼마나 중요한지를 표시하세요.

당신이 지닌 레크리에이션, 레저 또는 스포츠의 가치를 여기에 적으세요.

다음 질문에 대해 당신에게 해당되는 숫자(오른쪽 칸에 있는)에 동그라미 쳐서 답하세요.

1. 다른 누군가가 내게 원하거나 내가 해야 한다고 생각하기 때문에 또는 내가 그렇게 하면 누군가 좋아할 것이므로 나는 이것을 중시한다. 만일 그것에 대해 칭찬이나 인정을 받지 않는다면, 아마 내가 이것을 중시한다고 말하지 않을 것이다.	1 – 전혀 이 이유가 아니다 2 – 대체로 이 이유가 아니다 3 – 확실치 않다 4 – 대체로 이 이유다 5 – 전적으로 이 이유다
2. 이를 하지 않으면 수치감과 죄책감, 또는 불안을 느낄 것이므로, 나는 이것을 중시한다.	1 – 전혀 이 이유가 아니다 2 – 대체로 이 이유가 아니다 3 – 확실치 않다 4 – 대체로 이 이유다 5 – 전적으로 이 이유다
3. 다른 사람들이 동의를 하든지 하지 않든지 간에 내가 그것을 중요하다고 보기 때문에 나는 이것을 중시한다. 이 가치는 다른 사람들이 내게 가르쳤던 것일 수 있지만, 지금은 내 자신의 진심에서 나온 가치다.	1 – 전혀 이 이유가 아니다 2 – 대체로 이 이유가 아니다 3 – 확실치 않다 4 – 대체로 이 이유다 5 – 전적으로 이 이유다
4. 이 일을 하는 것이 내 삶을 더 좋게, 더 의미 있게, 그리고 더 활기차게 하기 때문에 나는 이것을 중시한다.	1 – 전혀 이 이유가 아니다 2 – 대체로 이 이유가 아니다 3 – 확실치 않다 4 – 대체로 이 이유다 5 – 전적으로 이 이유다
5. 이 가치에 참여할 때 흥미로움과 즐거움을 경험하기 때문에 나는 이것을 중시한다.	1 – 전혀 이 이유가 아니다 2 – 대체로 이 이유가 아니다 3 – 확실치 않다 4 – 대체로 이 이유다 5 – 전적으로 이 이유다
6. 지난 달에는 이 가치대로 사는 것(이 가치와 일치되게 행동하는 것)이 성공적이었다.	1 – 0~20% 성공적 2 – 21~40% 성공적 3 – 41~60% 성공적 4 – 61~80% 성공적 5 – 81~100% 성공적

7. 이 가치대로 사는 데(이 가치와 일치되게 행동하는 데) 전념한다.	1 – 전혀 전념하지 않음 2 – 약간 전념함 3 – 중간 정도로 전념함 4 – 상당히 전념함 5 – 매우 전념함
8. 이 가치는 당신에게 얼마나 중요한가?	1 – 전혀 중요치 않음 2 – 약간 중요함 3 – 중간 정도로 중요함 4 – 상당히 중요함 5 – 매우 중요함
9. 지금 당장 이 가치에서 진전이 있기를 원하는가?	1 – 전혀 2 – 약간 3 – 중간 정도 4 – 상당히 많이 5 – 매우 많이

개인적 가치 7번: 영성이나 종교

지시문: 이 영역은 반드시 조직화된 종교를 가리키는 것이 아님을 이해하세요. '영성'이 의미하는 바는 그것이 당신에게 의미하는 모든 것입니다. 이는 당신 주위의 자연이나 세상에 연결되기, 또는 명상이나 기도와 같이 간단하거나 조직화된 종교 집단에 참여하는 것과 같이 공식적일 수 있습니다. 당신에게 영성이 무엇을 의미하든지 간에 좋습니다. 당신이 지닌 매우 중요한 영적이고 종교적인 신념과, 이러한 신념을 위해 당신이 되고 싶어 하는 사람의 유형('사랑해 주고 돌보는 사람으로 행동하기' '내 주위의 사람이나 사물과 계속해서 연결되기 위해 일하기' '찬양과 기도 등을 위해 정규적으로 시간을 쓰기' '나의 종교적이거나 영적인 믿음과 일치하게 행동하기')을 간단히 적으세요. 다른 사람들의 신념이 무엇이든지 간에 **당신**은 **당신**이 중요시하는 영적이거나 종교적인 사람의 유형을 적어야 합니다.

당신의 영성이나 종교의 가치를 여기에 적으세요.

다음 질문에 대해 당신에게 해당되는 숫자(오른쪽 칸에 있는)에 동그라미 쳐서 답하세요.

1. 다른 누군가가 내게 원하거나 내가 해야 한다고 생각하기 때문에 또는 내가 그렇게 하면 누군가 좋아할 것이므로 나는 이것을 중시한다. 만일 그것에 대해 칭찬이나 인정을 받지 않는다면, 아마 내가 이것을 중시한다고 말하지 않을 것이다.	1 – 전혀 이 이유가 아니다 2 – 대체로 이 이유가 아니다 3 – 확실치 않다 4 – 대체로 이 이유다 5 – 전적으로 이 이유다
2. 이를 하지 않으면 수치감과 죄책감, 또는 불안을 느낄 것이므로, 나는 이것을 중시한다.	1 – 전혀 이 이유가 아니다 2 – 대체로 이 이유가 아니다 3 – 확실치 않다 4 – 대체로 이 이유다 5 – 전적으로 이 이유다
3. 다른 사람들이 동의를 하든지 하지 않든지 간에 내가 그것을 중요하다고 보기 때문에 나는 이것을 중시한다. 이 가치는 다른 사람들이 내게 가르쳤던 것일 수 있지만, 지금은 내 자신의 진심에서 나온 가치다.	1 – 전혀 이 이유가 아니다 2 – 대체로 이 이유가 아니다 3 – 확실치 않다 4 – 대체로 이 이유다 5 – 전적으로 이 이유다
4. 이 일을 하는 것이 내 삶을 더 좋게, 더 의미 있게, 그리고 더 활기차게 하기 때문에 나는 이것을 중시한다.	1 – 전혀 이 이유가 아니다 2 – 대체로 이 이유가 아니다 3 – 확실치 않다 4 – 대체로 이 이유다 5 – 전적으로 이 이유다
5. 이 가치에 참여할 때 흥미로움과 즐거움을 경험하기 때문에 나는 이것을 중시한다.	1 – 전혀 이 이유가 아니다 2 – 대체로 이 이유가 아니다 3 – 확실치 않다 4 – 대체로 이 이유다 5 – 전적으로 이 이유다
6. 지난 달에는 이 가치대로 사는 것(이 가치와 일치되게 행동하는 것)이 성공적이었다.	1 – 0~20% 성공적 2 – 21~40% 성공적 3 – 41~60% 성공적 4 – 61~80% 성공적 5 – 81~100% 성공적

7. 이 가치대로 사는 데(이 가치와 일치되게 행동하는 데) 전념한다.	1 – 전혀 전념하지 않음 2 – 약간 전념함 3 – 중간 정도로 전념함 4 – 상당히 전념함 5 – 매우 전념함
8. 이 가치는 당신에게 얼마나 중요한가?	1 – 전혀 중요치 않음 2 – 약간 중요함 3 – 중간 정도로 중요함 4 – 상당히 중요함 5 – 매우 중요함
9. 지금 당장 이 가치에서 진전이 있기를 원하는가?	1 – 전혀 2 – 약간 3 – 중간 정도 4 – 상당히 많이 5 – 매우 많이

개인적 가치 8번: 지역사회나 시민생활

지시문: 지역사회와 나라에 대해 당신이 중시하는 사람의 유형에 관해 쓰세요. 예컨대, 어떤 사람은 집이 없는 사람이나 노인에게 자원 봉사하는 것, 연방정부나 국가 또는 지자체의 정책 입안자에게 로비하는 것, 야생생물 보존에 헌신하는 단체의 일원으로 참여하는 것, 또는 당신에게 중요한 다른 어떤 지역사회 단체에 참여하는 것 등을 중요하다고 생각합니다. 어떤 사람은 중요한 지역사회와 국가적 이슈에 다른 사람들을 더 많이 동참시키는 것을 중요시합니다. 다른 사람들이 무엇을 중요시하든지 간에, **당신**은 **당신**이 중요시하는 지역사회 참여의 유형을 적어야 합니다.

당신이 지닌 지역사회나 시민생활의 가치를 여기에 적으세요.

다음 질문에 대해 당신에게 해당되는 숫자(오른쪽 칸에 있는)에 동그라미 쳐서 답하세요.

1. 다른 누군가가 내게 원하거나 내가 해야 한다고 생각하기 때문에 또는 내가 그렇게 하면 누군가 좋아할 것이므로 나는 이것을 중시한다. 만일 그것에 대해 칭찬이나 인정을 받지 않는다면, 아마 내가 이것을 중시한다고 말하지 않을 것이다.	1 - 전혀 이 이유가 아니다 2 - 대체로 이 이유가 아니다 3 - 확실치 않다 4 - 대체로 이 이유다 5 - 전적으로 이 이유다
2. 이를 하지 않으면 수치감과 죄책감, 또는 불안을 느낄 것이므로, 나는 이것을 중시한다.	1 - 전혀 이 이유가 아니다 2 - 대체로 이 이유가 아니다 3 - 확실치 않다 4 - 대체로 이 이유다 5 - 전적으로 이 이유다
3. 다른 사람들이 동의를 하든지 하지 않든지 간에 내가 그것을 중요하다고 보기 때문에 나는 이것을 중시한다. 이 가치는 다른 사람들이 내게 가르쳤던 것일 수 있지만, 지금은 내 자신의 진심에서 나온 가치다.	1 - 전혀 이 이유가 아니다 2 - 대체로 이 이유가 아니다 3 - 확실치 않다 4 - 대체로 이 이유다 5 - 전적으로 이 이유다
4. 이 일을 하는 것이 내 삶을 더 좋게, 더 의미 있게, 그리고 더 활기차게 하기 때문에 나는 이것을 중시한다.	1 - 전혀 이 이유가 아니다 2 - 대체로 이 이유가 아니다 3 - 확실치 않다 4 - 대체로 이 이유다 5 - 전적으로 이 이유다
5. 이 가치에 참여할 때 흥미로움과 즐거움을 경험하기 때문에 나는 이것을 중시한다.	1 - 전혀 이 이유가 아니다 2 - 대체로 이 이유가 아니다 3 - 확실치 않다 4 - 대체로 이 이유다 5 - 전적으로 이 이유다
6. 지난 달에는 이 가치대로 사는 것(이 가치와 일치되게 행동하는 것)이 성공적이었다.	1 - 0~20% 성공적 2 - 21~40% 성공적 3 - 41~60% 성공적 4 - 61~80% 성공적 5 - 81~100% 성공적

7. 이 가치대로 사는 데(이 가치와 일치되게 행동하는 데) 전념한다.	1 – 전혀 전념하지 않음 2 – 약간 전념함 3 – 중간 정도로 전념함 4 – 상당히 전념함 5 – 매우 전념함
8. 이 가치는 당신에게 얼마나 중요한가?	1 – 전혀 중요치 않음 2 – 약간 중요함 3 – 중간 정도로 중요함 4 – 상당히 중요함 5 – 매우 중요함
9. 지금 당장 이 가치에서 진전이 있기를 원하는가?	1 – 전혀 2 – 약간 3 – 중간 정도 4 – 상당히 많이 5 – 매우 많이

개인적 가치 9번: 건강이나 신체적 안녕

지시문: 신체적 안녕을 유지하는 것과 관련된 당신의 가치를 적으세요. 수면이나 다이어트, 운동, 흡연 등과 같이 건강과 관련된 당신 자신의 이슈에 관해서 **당신**이 원하는 방향에 대해 간략히 쓰세요.

당신이 지닌 건강이나 신체적 안녕의 가치를 여기에 적으세요.

다음 질문에 대해 당신에게 해당되는 숫자(오른쪽 칸에 있는)에 동그라미 쳐서 답하세요.

1. 다른 누군가가 내게 원하거나 내가 해야 한다고 생각하기 때문에 또는 내가 그렇게 하면 누군가 좋아할 것이므로 나는 이것을 중시한다. 만일 그것에 대해 칭찬이나 인정을 받지 않는다면, 아마 내가 이것을 중시한다고 말하지 않을 것이다.	1 – 전혀 이 이유가 아니다 2 – 대체로 이 이유가 아니다 3 – 확실치 않다 4 – 대체로 이 이유다 5 – 전적으로 이 이유다
2. 이를 하지 않으면 수치감과 죄책감, 또는 불안을 느낄 것이므로, 나는 이것을 중시한다.	1 – 전혀 이 이유가 아니다 2 – 대체로 이 이유가 아니다 3 – 확실치 않다 4 – 대체로 이 이유다 5 – 전적으로 이 이유다
3. 다른 사람들이 동의를 하든지 하지 않든지 간에 내가 그것을 중요하다고 보기 때문에 나는 이것을 중시한다. 이 가치는 다른 사람들이 내게 가르쳤던 것일 수 있지만, 지금은 내 자신의 진심에서 나온 가치다.	1 – 전혀 이 이유가 아니다 2 – 대체로 이 이유가 아니다 3 – 확실치 않다 4 – 대체로 이 이유다 5 – 전적으로 이 이유다
4. 이 일을 하는 것이 내 삶을 더 좋게, 더 의미 있게, 그리고 더 활기차게 하기 때문에 나는 이것을 중시한다.	1 – 전혀 이 이유가 아니다 2 – 대체로 이 이유가 아니다 3 – 확실치 않다 4 – 대체로 이 이유다 5 – 전적으로 이 이유다
5. 이 가치에 참여할 때 흥미로움과 즐거움을 경험하기 때문에 나는 이것을 중시한다.	1 – 전혀 이 이유가 아니다 2 – 대체로 이 이유가 아니다 3 – 확실치 않다 4 – 대체로 이 이유다 5 – 전적으로 이 이유다
6. 지난 달에는 이 가치대로 사는 것(이 가치와 일치되게 행동하는 것)이 성공적이었다.	1 – 0~20% 성공적 2 – 21~40% 성공적 3 – 41~60% 성공적 4 – 61~80% 성공적 5 – 81~100% 성공적

7. 이 가치대로 사는 데(이 가치와 일치되게 행동하는 데) 전념한다.	1 – 전혀 전념하지 않음 2 – 약간 전념함 3 – 중간 정도로 전념함 4 – 상당히 전념함 5 – 매우 전념함
8. 이 가치는 당신에게 얼마나 중요한가?	1 – 전혀 중요치 않음 2 – 약간 중요함 3 – 중간 정도로 중요함 4 – 상당히 중요함 5 – 매우 중요함
9. 지금 당장 이 가치에서 진전이 있기를 원하는가?	1 – 전혀 2 – 약간 3 – 중간 정도 4 – 상당히 많이 5 – 매우 많이

부록 F

삶의 가치 질문지(VLQ)

아래에는 사람들이 중요시하는 삶의 영역이 있습니다. 우리는 이러한 각각의 영역에 대한 당신 삶의 질에 관심을 가집니다. 삶의 질을 나타내는 하나의 측면으로서 삶의 다양한 영역들에 대해 개인이 매기는 중요도가 있습니다. 각 영역의 중요도를 1에서 10까지의 척도상으로 평가하세요(숫자에 동그라미 쳐서). 1은 그 영역이 전혀 중요하지 않음을 의미합니다. 10은 그 영역이 매우 중요함을 의미합니다. 모든 사람이 이 모든 영역을 중요시하거나 모든 영역을 똑같이 중요시하지는 않을 것입니다. 각 영역에 대해 **당신 자신의 개인적인 중요도**를 평가하세요.

영역	전혀 중요하지 않음									매우 중요함
1. 가족(배우자나 부모가 아닌)	1	2	3	4	5	6	7	8	9	10
2. 배우자, 커플 또는 친밀한 관계	1	2	3	4	5	6	7	8	9	10
3. 자녀 양육	1	2	3	4	5	6	7	8	9	10
4. 친구나 사회적 생활	1	2	3	4	5	6	7	8	9	10
5. 일	1	2	3	4	5	6	7	8	9	10
6. 교육이나 훈련	1	2	3	4	5	6	7	8	9	10
7. 레크리에이션이나 오락	1	2	3	4	5	6	7	8	9	10
8. 영성	1	2	3	4	5	6	7	8	9	10
9. 시민생활이나 지역사회 생활	1	2	3	4	5	6	7	8	9	10
10. 신체적 자기 관리(다이어트, 운동, 수면)	1	2	3	4	5	6	7	8	9	10

사용함. 연락처: kwilson@olemiss.edu

이 부문에서는 당신의 행동이 각 가치에 얼마나 일치했는지 평정하기를 바랍니다. 각 영역에서 당신의 이상을 묻고 있는 것은 아닙니다. 또한 다른 사람들이 당신에 대해 생각하는 것을 묻고 있는 것도 아닙니다. 모든 사람은 어떤 영역에서 다른 사람보다 더 잘 행동합니다. 또한 사람들은 다른 때보다 어떤 때에 또한 더 잘합니다. **지난주 동안에 당신이 행해 왔던 것에 대해 어떻게 생각하는지 알고자 합니다.** 1에서 10까지의 척도로(숫자에 동그라미 쳐서) 각 영역을 평가하세요. 1은 당신의 가치와 전혀 일치하지 않게 행동했음을 의미합니다. 10은 당신의 가치와 완전히 일치하게 행동했음을 의미합니다.

영역	지난주 동안에 나의 가치와 전혀 일치하지 않음									나의 가치와 완전히 일치함
1. 가족(배우자나 부모가 아닌)	1	2	3	4	5	6	7	8	9	10
2. 배우자, 커플 또는 친밀한 관계	1	2	3	4	5	6	7	8	9	10
3. 자녀 양육	1	2	3	4	5	6	7	8	9	10
4. 친구나 사회적 생활	1	2	3	4	5	6	7	8	9	10
5. 일	1	2	3	4	5	6	7	8	9	10
6. 교육이나 훈련	1	2	3	4	5	6	7	8	9	10
7. 레크리에이션이나 오락	1	2	3	4	5	6	7	8	9	10
8. 영성	1	2	3	4	5	6	7	8	9	10
9. 시민생활이나 지역사회 생활	1	2	3	4	5	6	7	8	9	10
10. 신체적 자기 관리(다이어트, 운동, 수면)	1	2	3	4	5	6	7	8	9	10

부록 G

목표-행동 기록지

아래에 있는 적당한 칸에 목표 및 그것을 달성하는 데 필요한 관련 행동을 적으세요. '실행' 칸에는 각 목표를 달성한 날짜를 기록하세요. '장애물' 칸에는 관련 행동을 방해했거나 그 행동을 완수하면서 당신이 부딪치고 극복해야 했던 심리적 장애물을 적으세요.

목표	실행	관련 행동	장애물

부록 H

마음챙김 연습 일지

당신이 마음챙김 연습으로 참여했던 구체적인 활동들을 아래의 적절한 여백에 기록하세요. 또한 마지막 칸에는 이 연습에 대한 당신의 반응이나 설명을 기록하세요.

날짜/요일	연습	지속 시간	반응/설명

부록 I

마음챙김 호흡하기 연습

이 안내지에서는 치료자가 소개한 호흡하기 연습을 실행하는 데 따르는 일련의 단계들을 제공합니다. 이 연습은 적어도 하루에 두 번씩 실행하기를 권합니다. 이 연습을 언제 했는지, 그리고 그것을 할 때마다 얼마 동안 실행했는지를 기록하기 위해 마음챙김 연습 일지를 사용하기 바랍니다.

1. 이 연습을 실행하는 동안에 당신이 앉을 수 있는 편안한 의자를 찾으세요. 비교적 조용하며 방해받지 않을 곳이면 더 좋습니다.

2. 등을 곧게 세우고 의자 등받이에서 약간 떨어뜨리세요. 다리는 꼬지 않은 채로 발을 바닥에 벌려서 편안하게 하세요. 팔과 손은 무릎이나 의자의 팔걸이 위에 편하게 놓으세요.

3. 눈을 감고 30초 동안 의자에 접촉하는 몸의 일부를 주목해 보세요. 다리와 엉덩이가 의자를 누르는 것이 느껴지는 곳, 발이 바닥에 닿는 곳, 그리고 무릎이나 의자의 팔걸이에 닿는 팔과 손의 위치를 알아차릴 수 있는지 보세요.

4. 준비가 될 때 주의의 초점을 호흡으로 옮겨 보세요.

5. 공기가 콧구멍으로 들어가기 시작하는 바로 그 순간을 알아차릴 수 있는지 보세요.

6. 숨이 콧구멍으로 들어와서 몸을 통해 폐 속으로 옮겨가는 대로 따라가 보세요.

7. 숨을 들이마실 때마다 가슴과 배가 어떻게 위로 올라오고 약간 들어가는지 알아차려 보세요.

8. 숨이 끝에 닿는 지점과 내쉼이 시작되는 과정을 알아차려 보세요.

9. 숨이 폐에서 나와서 콧구멍으로 나가는 대로 따라가 보세요.

10. 공기가 콧구멍을 나가는 순간 및 그 지점에 주의를 모을 수 있는지 보세요.

11. 숨이 콧구멍을 나가면서 가슴과 배가 약간 아래위로 움직일 때 가슴과 배에서 느껴지는 감각을 알아차려 보세요.

12. 숨이 콧구멍을 들어가고 나갈 때 따라가는 것을 계속하세요.

13. 연습 중 어느 시점에서 주의가 빗나간다면, 무엇이 주의를 흩뜨렸는지를 먼저 알아차릴 수 있는지 보세요. 그러고 나서 주의를 호흡으로 부드럽게 되돌리세요. 아무리 여러 번 당신이 산만해지더라도 이 연습은 실패하는 법이 없습니다. 주의가 흩어질 때마다 생각을 지켜보는 것으로 주의를 부드럽게 되돌리는 것을 연습할 기회입니다.

14. 첫날에는 연습할 때마다 최소한 5분 동안 실행하세요. 연습 시간의 끝을 알려 주도록 타이머를 사용하길 원할 수도 있습니다. 매일 2, 3분씩 연습 시간의 길이를 늘려서 다음 약속 시간까지 적어도 매일 두 번씩 15분간 연습을 실행하도록 하세요.

부록 J

생각 지켜보기 연습

이 안내지에서는 치료자가 소개한 생각 지켜보기를 연습하는 단계를 제공합니다. 이 연습은 적어도 하루에 두 번씩 실행하기를 권합니다. 이 연습을 언제 했는지, 그리고 그것을 할 때마다 얼마 동안 실행했는지를 기록하기 위해 마음챙김 연습 일지를 사용하기 바랍니다.

지켜보고 있는 생각이 어떻게 실려 가는지에 따라 이 연습은 여러 가지로 변형됩니다. 그 생각을 퍼레이드에서 행진하고 있는 군인들이 들고 가는 군기, 시냇물을 따라 떠가는 나뭇잎, 또는 하늘을 떠다니는 구름 위에 쓸 수 있습니다. 한 번의 연습 과정 중에 다른 버전으로 변경하는 것을 권하지 않지만, 당신은 세 가지 모두를 해 보면서 실험해 보기를 원할 수도 있습니다.

1. 이 연습을 실행하는 동안에 당신이 앉을 수 있는 편안한 의자를 찾으세요. 비교적 조용하며 방해받지 않을 곳이면 더 좋습니다.

2. 등을 곧게 세우고 의자 등받이에서 약간 떨어뜨리세요. 다리는 꼬지 않은 채로 발을 바닥에 벌려서 편하게 하세요. 팔과 손은 무릎이나 의자의 팔걸이 위에 편하게 놓으세요.

3. 눈을 감고 30초 동안 의자에 접촉하는 몸의 일부를 주목해 보세요. 다리와 엉덩이가 의자를 누르는 것이 느껴지는 곳, 발이 바닥에 닿은 곳,

그리고 무릎이나 의자의 팔걸이에 닿는 팔과 손의 위치를 알아차릴 수 있는지 보세요.

4. 준비가 될 때, 주의의 초점을 호흡으로 옮겨 보세요. 30초 이상 동안 이미 배운 바 있는 호흡하기를 따라가 보세요.

5. 준비가 될 때, 선택한 버전의 연습으로 당신의 주의를 옮겨 보세요. 퍼레이드의 행렬을 보고 있는 것, 시냇가에 앉아 있는 것, 또는 풀밭에 등을 대고 누워 있는 것 등을 상상해 보세요. 맨 처음 생각에 주목하세요. 그리고 군기, 나뭇잎, 또는 구름에 실려 가는 생각을 지켜보고 있는 것을 상상해 보세요.

6. 당신 앞에 지나고 있는 생각의 줄기에 하나씩 주의를 기울이세요.

7. 각 생각이 표류할 때 그 흐름에서 다른 생각이 일어나 그 생각을 대체하는 것을 알아차려 보세요.

8. 진행이 되면서 다른 생각이 나타날 때까지 각 생각을 따라가세요.

9. 연습 중에 어느 시점에서 주의가 흩어지면, 무엇이 당신을 산만하게 했는지를 알아차릴 수 있는지 보세요. 그러고 나서 부드럽게 주의를 호흡으로 되돌리세요. 다음에는 당신 앞에 흐르는 생각을 지켜보는 것으로 주의를 되돌리세요. 당신이 지켜보고 있던 다른 생각과 함께, 주의를 흩뜨려 놓는 어떤 생각을 군기나 나뭇잎, 또는 구름 위에 놓고 그 위에 실려 가는 것을 지켜보세요.

10. 주의가 아무리 많이 흩어지더라도 이 연습은 실패하는 법이 없습니다. 산만해질 때마다 생각을 지켜보는 것으로 당신의 주의를 부드럽게 되돌리는 것을 연습할 기회입니다.

11. 첫날에 연습을 할 때마다 적어도 5분 동안 실행하세요. 연습 시간의 끝을 알려 주도록 타이머를 사용할 수 있습니다. 매일 2, 3분씩 연습 시간의 길이를 늘려 가서 다음 약속 시간까지 적어도 매일 두 번씩 15분간 연습을 실행하도록 하세요.

부록 K

수용전념치료는 무엇인가

아마 당신이 아는 바와 같이 우울증에 대처하도록 돕는 데 있어서 가망성을 보여 주었던 몇몇 다른 심리적 접근들이 있는데, 여기에는 인지치료와 대인관계 치료 및 다양한 유형의 행동치료 등이 포함됩니다. 당신은 우울증을 치료하기 위해 개발된 비교적 새로운 유형의 행동치료에 참여하는 것에 대해 동의하기를 요청받고 있습니다. 이는 수용전념치료 또는 ACT라고 알려져 있습니다.

불행하게도, 모든 사람에게 다른 어떤 치료보다 효과가 더 좋은 것으로 입증된 우울증 치료는 없습니다. 고로, 우리가 따를 가장 합리적인 전략은 우울증 치료에 대해 가망성을 보여 주었던 치료법을 선택하고 당신에게 효과 있는지를 판단할 수 있을 만큼 충분히 길게 이를 시도해 보는 것입니다. ACT가 우울증을 보다 더 성공적으로 치료할 것이라는 보장은 없지만, ACT가 당신에게 어느 정도 유의미한 도움을 주지 않을 것이라고 믿을 만한 이유도 또한 없습니다. ACT는 우울증을 치료하는 데 있어서 인지치료와 비교할 때 유리한 것으로 보였으며, ACT가 유익할 것인지를 판단하는 가장 좋은 방법은 이를 충분히 길게 '시도'해 보도록 요청하는 것입니다.

특히, 당신은 12주 동안 ACT 회기를 갖는 것에 동의하도록 요청받고 있습니다. 회기는 매번 대략 1시간 정도 진행될 것이며, 당신이 다른 치료적 대안을 선호하는 경우에는 언제든지 요청하면 중단할 수 있습니다. ACT와 유일하게 관련된 것으로 알려진 위험 요소는 없습니다. 우울증 치료를 위한 다른 접근들에도 이러한 위험 요소는 없지만, 당신이 해로운 반응을 경험한다면 치료를 또 바꿀 것입니다. 12회기를 마친 후에나 또는 필요에 따라 그 이전이라도 당신의 진행 경과를 평가할 것이고, 적절하다면 다른 어떤 치료적 대안을 이용할 수 있는지를 논의할 것입니다.

당신이 ACT를 포함한 치료 프로그램에 동의하기를 원하는지 생각해보도록 돕기 위해 이 시점에서 좀 더 상세하게 설명하는 것이 유용할 것입니다. 우울증 및 다른 종류의 원치 않는 정서 경험과 투쟁하면서 우리 모두가 겪는 어려움을 다루는 새로운 방식을 개발하고 시도하도록 돕는 데 있어서, ACT는 수용과 전념의 두 과정이 하는 역할을 강조하기 때문에 수용전념치료라고 불립니다. 특히 ACT의 수용 측면에서는, 통제할 수 있는 우울증과 투쟁하는 측면과, 변화될 수 없기 때문에 수용해야 하는 측면을 더 잘 구별하도록 돕습니다. ACT의 전념 측면에서는 ACT의 수용 부분에 의해 자유로워진 에너지를 당신이 살기 원하는 삶의 모습으로 살도록 돕는 변화의 방향으로 돌리도록 돕습니다.

회기 중에 ACT의 수용과 전념의 측면에 대해 이야기하는 시간을 얼마간 가지겠지만, 당신이 수용과 전념을 실행하는 방법을 배우는 것이 더 중요합니다. 이러한 이유 때문에, 회기 중에는 ACT에 대해 말하는 것뿐 아니라 ACT를 실행함으로써 ACT를 실제로 시도해 보는 데 얼마간의 시간을 들일 것입니다. ACT를 실행하는 법을 배우는 기회를 더 제공하기 위해 매주 상담 회기 사이에 숙제를 부과해서 완수해 오도록 당신에게 요청할 것입니다.

당신의 치료자인 저는 당신에게 동의를 구하고 있는 치료 프로그램과 치료법에 대해 당신이 가질 수 있는 어떤 질문이라도 이 시점에서 반갑게 답할 것입니다. 또한 함께 작업하는 중에 언제든지 추가적으로 생길 수 있는 어떤 질문이라도 자유롭게 할 수 있기를 바랍니다. 이는 당신의 치료이며, 당신의 치료자로서 제 목표는 이 치료가 당신에게 아주 중요한 것이 되게 하는 것입니다.

앞으로 당신이 참조하도록 이 안내지를 복사해서 줄 것입니다. 또한 복사본에는 당신의 사인을 요청하는 동의서가 붙어 있을 것입니다. 당신이 안내지를 읽었으며 안내지에 대해 가질 수 있는 질문에 관해 논의했음을 안내지에 딸린 동의서에 서명을 함으로써 기록으로 남길 것입니다.

부록 L

기분 조절 일지

기분이나 감정에 원치 않는 변화가 있은 뒤에 기분 좋게 그리고 덜 우울하게 느끼기 위해 당신이 했던 활동이나 노력이 있으면 무엇이든지 아래 있는 적당한 여백에 기록하세요. 그 사건은 언제 일어났으며 기분이나 정서의 변화를 유발한 상황은 무엇이었는지 그리고 그에 대한 반응으로서 당신은 무엇을 했는지를 기록하세요.

일 / 요일	사건 / 상황	당신의 반응

참고문헌

Abrams, J. J., Lindelof, D., Cuse, C., Bender, J., Pinkner, J., & Burk, B. (Executive Producers). (2006). *Lost* [Televison seies]. New York: ABC.

Achenbach, T. M. (1990-1991). "Comorbidity" in child and adolescent psychiatry: Categorical and quantitative perspectives. *Journal of Child and Adolescent Psychopharmacology, 1*, 271-278.

Addis, M. E., & Carpenter, K. M. (1999). Why, why, why?: Reason-giving and rumination as predictors of response to activation- and insight-oriented treatment rationales. *Journal of Clinical Psychology, 55*, 881-894.

Addis, M. E., & Jacobson, N. S. (1996). Reasons for depression and the process and outcome of cognitive-behavioral psychotherapies. *Journal of Consulting and Clinical Psychology, 64*, 1417-1424.

Addis, M. E., & Truax, P., & Jacobson, N. S. (1995). Why do people think they are depressed?: The reasons for depression questionnaire. *Psychotherapy, 32*, 476-483.

Akiskal, H. S., Benazzi, F., Berugi, G., & Rihmer, Z. (2005). Agitated "unipolar" depression re-conceptualized as a depressive mixed state: Implications for the antidepressant-suicide controversy. *Journal of Affective Disorders, 85*, 245-258.

American Educational Research Association, American Psychological Association, & National Council on Measurement in Education. (1999). *Standards for educational and psychological testing*. Washington, DC: American Educational Research Association.

American Psychiatric Association. (1994). *Diagnostic and statistical manual of mental disorders* (4th ed.). Washington, DC: American Psychiatric Association.

American Psychological Association. (2002). Ethical principles of psychologists and code of conduct. *American Psychologist, 57*, 1060–1073.

Angst, F., Stassen, H. H., Clayton, P. J., & Angst, J. (2002). Mortality of patients with mood disorders: Follow-up over 34–48 years. *Journal of Affective Disorders, 68*, 167–181.

Antonuccio, D. O., Danton, W. G., & DeNelsky, G. Y. (1995). Psychotherapy versus medication for depression: Challenging the conventional wisdom with data. *Professional Psychology: Research and Practice, 26*, 574–585.

Antonuccio, D. O., Thomas, M., & Danton, W. G. (1997). A cost-effectiveness analysis of cognitive-behavior therapy and fluoxetine (Prozac) in the treatment of depression. *Behavior Therapy, 28*, 187–210.

Arffa, S. (1983). Cognition and suicide: A methodological review. *Suicide and Life-Threatening Behavior, 17*, 64–71.

Assagioli, R. (1965). *Psychosynthesis: A manual of principles and techniques*. New York: Hobbs, Dorman & Company.

Baer, D. M., Wolf, M. M., & Risley, T. R. (1968). Some current dimensions of applied behavior analysis. *Journal of Applied Behavior Analysis, 1*, 91–97.

Baer, R. A. (2003). Mindfulness training as a clinical intervention: A conceptual and empirical review. *Clinical Psychology: Science and Practice, 10*, 125–143.

Baer, R. A. (Ed.). (2006). *Mindfulness-based treatment approaches: Clinician's guide to evidence base and applications*. Burlington, MA: Academic Press.

Baer, R. A., Smith, G. T., & Allen, K. B. (2004). Assessment of mindfulness by self-report: The Kentucky Inventory of Mindfulness Skills. *Assessment, 11*, 191–206.

Bancroft, J., Skrimshire, A., & Simkins, S. (1976). The reasons people give for taking overdoses. *British Journal of Psychiatry, 128*, 538–548.

Bandura, A. (1997). *Self-efficacy: The exercise of control.* New York: Freeman.

Barnes-Holmes, D., Barnes-Holmes, Y., Power, P., Hayden, E., Milne, R., & Stewart, I. (2006). Do you really Know what you believe? Developing the Implicit Relational Assessment Procedure (IRAP) as a direct measure of implicit beliefs. *The Irish Psychologist, 32*, 169–177.

Barnes-Holmes, D., Healy, O., & Hayes, S. C. (2000). Relational frame theory and the relational evaluation procedure: Approaching language as derived relational responding. In J. C. Leslie & D. E. Blackman (Eds.), *Experimental and applied analyses of human behavior* (pp. 149–180). Reno, NV: Context Press.

Barnes-Holmes, D., O'Hora, D., Roche, B., Hayes, S. C., Bissett, R. T., & Lyddy, F. (2001). Understanding and verbal regulation. In S. C. Hayes, D. Barnes-Holmes, & B. Roche (Eds.), *Relational frame theory: A post-Skinnerian account of human language and cognition* (pp. 103–117). New York: Plenum.

Batten, S. V., & Hayes, S. C. (2005). Acceptance and commitment therapy in the treatment of comorbid substance abuse and posttraumatic stress disorder: A case study. *Clinical Case Studies, 4*, 246–262.

Baumeister, R. F. (1990). Suicide as escape from self. *Psychological Review, 97*, 90–113.

Beck, A. T. (1967). *Depression: Clinical, experimental, and theoretical aspects.* New York: Harper & Row.

Beck, A. T. (1970). Cognitive therapy: Nature and relation to behavior therapy. *Behavior Therapy, 1*, 184–200.

Beck, A. T. (1976). *Cognitive therapy and the emotional disorders.* New York: International Universities Press.

Beck, A. T., & Beck, R. W. (1972). Screening depressed patients in family practice: A rapid technique. *Postgraduate Medicine, 52*, 81–85.

Beck, A. T., & Emery, G. (1985). *Anxiety disorders and phobias: A cognitive perspective.* New York: Basic Books.

Beck, A. T., & Kovacs, M. (1979). Assessment of suicidal ideation: The Scale for Suicide Ideation. *Journal of Consulting and Clinical Psychology, 47*, 343–

352.

Beck, A. T., Kovacs, M., & Weissman, A. (1975). Hopelessness and suicidal behavior: An overview. *Journal of the American Medical Association, 234*, 1146–1149.

Beck, A. T., Ruch, A. J., Shaw, B. F., & Emery, G. (1979). *Cognitive therapy of depression*. New York: Guilford.

Beck, A. T., Steer, R. A., & Brown, G. K. (1996). *Manual for the Beck Depression Inventory*-II. San Antonio, TX: The Psychological Corporation.

Beck, A. T., Ward, C. H., Mendelson, M., Mock, J., & Erbaugh, J. (1961). An inventory for measuring depression. *Archives of General Psychiatry, 4*, 561–571.

Beck, A. T., Weissman, A., Lester, D., & Trexler, L. (1974). Measurement of pessimism: The Hopelessness Scale. *Journal of Consulting and Clinical Psychology, 42*, 861–865.

Beck, J. S. (1995). *Cognitive therapy: Basics and beyond*. New York: Guilford.

Beck, M. (2002, August). A new leash on life. *O: The Oprah Magazine, 3*(8), 57–58.

Beck, M. (2006, February). Martha Beck's guide to avoiding avoidance. *O: The Oprah Magazine, 7*(2), 73–74, 76.

Beckham, E. E., Leber, W. R., & Youll, L. K. (1995). The diagnostic classification of depression. In E. E. Beckham & W. R. Leber (Eds.), *Handbook of depression* (2nd ed., pp. 36–60). New York: Guilford.

Berglas, S. (1990). Self-handicapping: Etiological and diagnostic considerations. In R. L. Higgins, C. R. Snyder, & S. Berglas (Eds.), *Self-handicapping: The paradox that isn't* (pp. 151–186). New York: Plenum.

Biglan, A., & Hayes, S. C. (1996). Should the behavioral sciences become more pragmatic? The case for functional contextualism in research on human behavior. *Applied and Preventive Psychology: Current Scientific Perspectives, 5*, 47–57.

Blackledge, J. T., & Ciarrochi, J. (2005). *Initial validation of the Personal Values Questionnaire*. Unpublished manuscript, University of Wollongong, Wollongong, New South Wales, Australia.

Borkovec, T. D., Ray, W. J., & Stober, J. (1998). Worry: A cognitive phenomenon linked to affective, psysiological, and interpersonal behavioral processes. *Cognitive Therapy and Research, 22*, 561–576.

Broderick, P. C. (2005). Mindfulness and coping with dysphoric mood: Contrasts with rumination and distraction. *Cognitive Therapy and Research, 29*, 501–510.

Brown, G. K., Beck, A. T., Steer, R. A., & Grisham, J. R. (2000). Risk factors for suicide in psychiatric outpatients: A 20-year prospective study. *Journal of Consulting and Clinical Psychology, 68*, 371–377.

Brown, T. A., Campbell, L. A., Lehman, C. L., Grisham, J. R., & Mancill, R. B. (2001). Current and lifetime comorbidity of the *DSM*-IV anxiety and mood disorders in a large clinical sample. *Journal of Abnormal Psychology, 110*, 585–599.

Brown, T. A., O'Leary, T. A., & Barlow, D. H. (2001). Generalized anxiety disorder. In D. H. Barlow (Ed.), *Handbook of psychological disorders: A step-by-step treatment manual* (3rd ed., pp. 154–208). New York: Guilford.

Burns, D. D. (1980). *Feeling good: The new mood therapy.* New York: Morrow.

Carlisle, J. C. (1938). Depressions which followed apparent success. *American Journal of Psychiatry, 95*, 729–732.

Carr, D. (2003). Effects of exemplar training in exclusion responding on auditory-visual discrimination tasks with children with autism. *Journal of Applied Behavior Analysis, 36*, 507–524.

Caspi, O., & Burleson, K. O. (2005). Methodological challenges in meditation research. *Advances in Mind-Body Medicine, 21*, 4–11.

Catania, A. C., Matthews. B. A., & Shimoff, E. (1982). Instructed versus shaped human behavior: Interactions with nonverbal responding. *Journal of the Experimental Analysis of Behavior, 38*, 233–248.

Chambless, D. L., Baker, M. J., Baucom, D. H., Beutler, L. E., Calhoun, K. S., Crits-Christoph, P., et al. (1998). Update on empirically validated therapies, II. *The Clinical Psychologist, 51*, 3–16.

Chambless, D. L., Sanderson, W. C., Shoham, V., Bennett Johnson, S., Pope, K. S., Crits-Christoph, P., et al. (1996). An update on empirically validated therapies. *The Clinical Psychologist, 49*, 5–18.

Channon, S., & Baker, J. E. (1996). Depression and problem-solving performance on a fault-diagnosis task. *Applied Cognitive Psychology, 10*, 327–336.

Chiles, J. A., & Strosahl, K. D. (2005). *Clinical manual for assessment and treatment of suicidal patients*. Washington, DC: American Psychiatric Publishing, Inc.

Chomsky, N. (1965). *Aspects of the theory of syntax*. Cambridge, MA: MIT Press.

Ciminero, A. R. (1986). Behavioral assessment: An overview. In A. R. Ciminero, K. S. Calhoun, & H. E. Adams (Eds.), *Handbook of behavioral assessment* (2nd ed., pp. 3–11). New York: Wiley-Interscience.

Ciminero, A. R., Calhoun, K. S., & Adams, H. E. (Eds.). (1977). *Handbook of behavioral assessment*. New York: Wiley-Interscience.

Cloud, J. (2006, February 13). Happiness isn't normal. *Time, 167*(7), 58–67.

Cone, J. D., & Hawkins, R. P. (Eds.). (1977). *Behavioral assessment: New directions in clinical psychology*. New York: Brunner/Mazel.

Consensus Development Panel. (1985). NIMH/NIH consensus development conference statement. Mood disorders: pharmacologic prevention of recurrence. *American Journal of Psychiatry, 142*, 469–476.

Craske, M. C., & Barlow, D. H. (2001). Panic disorder and agoraphobia. In D. H. Barlow (Ed.), *Clinical handbook psychological disorders: A step-by-step treatment manual* (3rd ed., pp. 1–59). New York: Guilford.

Cross-Drew, C. (2002). *Final report: Dual diagnosis demonstration projects*. Sacramento, CA: State of California, Departments of Mental Health and Alcohol and Drug Programs.

Cryan, J. F., & Holmes, A. (2005). The ascent of mouse: Advances in modelling human depression and anxiety. *Nature Reviews Drug Discovery, 4*, 775–790.

Davis, R. N., & Nolen-Hoeksema, S. (2000). Cognitive inflexibility among ruminators and nonruminators. *Cognitive Therapy and Research, 24*, 699–711.

Delmonte, M. M., & Vincent, K. (1985). An overview of the therapeutic effects of meditation. *Psychologia: An International Journal of Psychology in the Orient, 28*, 189–202.

de Posada, J. (2003). *How to survive among the piranhas: Tips, techniques, strategies, and materials to win.* Bloomington, IN: AuthorHouse.

Devany, J. M., Hayes, S. C., & Nelson, R. O. (1986). Equivalence class formation in language-able and language-disabled children. *Journal of the Experimental Analysis of Behavior, 46*, 243-257.

Diener, E., Emmons, R. A., Larsen, R. J., & Griffin, S. (1985). The Satisfaction with Life Scale. *Journal of Personality Assessment, 49*, 71-75.

Dimdjian, S., Hollon, S. D., Dobson, K. S., Schmaling, K. B., Kohlenberg, R. J., Addis, M. E., et al. (2006). Randomized trial of behavioral activation, cognitive therapy, and antidepressant medication in the acute treatment of adults with major depression. *Journal of Consulting and Clinical Psychology, 74*, 658-670.

Dougher, M. J., Hamilton, D., Fink, B., & Harrington, J. (in press). Transformation of the discriminative and eliciting functions of generalized relational stimuli. *Journal of the Experimental Analysis of Behavior.*

Egloff, B., & Schmukle, S. C. (2002). Predictive validity of an implicit association test for assessing anxiety. *Journal of Personality and Social Psychology, 83*, 1441-1455.

Eifert, G. H., & Forsyth, J. P. (2005). *Acceptance and commitment therapy for anxiety disorders: A practitioner's guide to using mindfulness, acceptance, and value-based behavior change strategies.* Oakland, CA: New Harbinger.

Estes, W. K., & Skinner, B. F. (1941). Some quantitative properties of anxiety. *Journal of Experimental Psychology, 29*, 390-400.

Farber, I. E. (1948). Response fixation under anxiety and non-anxiety conditions. *Journal of Experimental Psychology, 38*, 112-131.

Feldman, R. S. (1957). The role of primary drive reduction in fixations. *Psychological Review, 64*, 85-90.

Ferster, C. B. (1953). The use of the free operant in the analysis of behavior. *Psychological Bulletin, 50*, 263-274.

Ferster, C. B. (1973). A functional analysis of depression. *American Psychologist, 28*, 857-870.

Fiedler, K., & Bluemke, M. (2005). Aided and unaided response control on the implicit association tests. *Basic and Applied Social Psychology, 27*, 307-316.

Fling, S., Thomas, A., & Gallaher, M. (1981). Participant characteristics and the effects of two types of meditation vs. quiet sitting. *Journal of Clinical Psychology, 37*, 784-790.

Follette. W. C., & Houts, A. C. (1996). Models of scientific progress and the role of theory in taxonomy development: A case study of the *DSM*. *Journal of Consulting and Clinical Psychology, 64*, 1120-1132.

Frankl, V. E. (1965). *Man's search for meaning: An introduction to logotherapy*. Boston: Beacon Press.

Franks, C. M. (Ed.). (1969). *Behavior therapy: Appraisal and status*. New York: McGraw-Hill.

Garland, A., & Scott, J. (2005). Depression. In N. Kazantzis, F. P. Deane, K. R. Ronan, & L. L'Abate (Eds.), *Using homework assignments in cognitive behavior therapy* (pp. 237-261). New York: Routledge.

Garst, M. L., & Zettle, R. D. (2006). *The relationship among reason-giving, experiential avoidance, and levels of depression*. Unpublished manuscript, Wichita State University, KS.

Gaynor, S. T., Lawrence, P. S., & Nelson-Gray, R. O. (2006). Measuring homework compliance in cognitive-behavioral therapy for depression: Review, preliminary findings, and implications for theory and practice. *Behavior Modification, 30*, 647-672.

Gird, S., & Zettle, R. D. (2007). *Differential response to a mood induction procedure as a function of level of experiential avoidance*. Unpublished manuscript, Wichita State University, KS.

Gortner, E. T., Gollan, J. K., Dobson, K. S., & Jacobson, N. S. (1998). Cognitive-behavioral treatment for depression: Relapse prevention. *Journal of Consulting and Clinical Psychology, 66*, 377-384.

Grant, D. A., & Berg, E. A. (1948). A behavioral analysis of degree of reinforcement and ease of shifting to new responses in a Weigl-type card sorting problem. *Journal of Experimental Psychology, 34*, 404-411.

Greenwald, A. G., McGhee, D. E., & Schwartz, J. L. K. (1998). Measuring individual differences in implicit cognition: The Implicit Association Test. *Journal of Personality and Social Psychology, 74*, 1464-1480.

Haaga, D. A. F. (Ed.). (2004). Research on acceptance and commitment therapy [Special issue]. *Behavior Therapy, 35*(4).

Haggard, M. (1966). The bottle let me down. On *Swinging doors and the bottle let me down* [Record]. Los Angeles: Capitol.

Hamilton, M. (1960). A rating scale for depression. *Journal of Neurology, Neurosurgery, and Psychiatry, 23*, 56–61.

Hayes, S. C. (1978). Theory and technology in behavior analysis. *The Behavior Analyst, 1*, 25–33.

Hayes, S. C. (1981). Single case experimental design and empirical clinical practice. *Journal of Consulting and Clinical Psychology, 49*, 193–211.

Hayes, S. C. (1987). A contextual approach to therapeutic change. In N. S. Jacobson (Ed.), *Psychotherapists in clinical practice: Cognitive and behavioral perspectives* (pp. 327–387). New York: Guilford.

Hayes, S. C. (1992). Verbal relations, time, and suicide. In S. C. Hayes & L. J. Hayes (Eds.), *Understanding verbal relations: The Second and Third International Institute on Verbal Relations* (pp. 109–118). Reno, NV: Context Press.

Hayes, S. C. (1993). Analytic goals and the varieties of scientific contextualism. In S. C. Hayes, L. J. Hayes, H. W. Reese, & T. R. Sarbin (Eds.), *Varieties of scientific contextualism* (pp. 11–27). Reno, NV: Context Press.

Hayes, S. C. (2004). Acceptance and commitment therapy, relational frame theory, and the third wave of behavioral and cognitive therapies. *Behavior Therapy, 35*, 639–665.

Hayes, S. C. (2005). An interview with Steven Hayes on *Get out of your mind and into your life*. Retrieved December 20, 2005, from New Harbinger Publications, Inc. website: http://www.newharbinger.com/client/client_pages/prev_interviews/monthinterview_HAYES.cfm

Hayes, S. C., Barnes-Holmes, D., & Roche, B. (Eds.). (2001). *Relational frame theroy: A post Skinnerian account of human language and cognition*. New York: Plenum.

Hayes, S. C., & Brownstein, A. J. (1985, May). *Verbal behavior, equivalence classes, and rules: New definitions, data, and directions*. Invited address presented at the meeting of the Association for Behavior Analysis, Columbus, OH.

Hayes, S. C., & Brownstein, A. J. (1986). Mentalism, behavior-behavior relations, and a behavior analytic view of the purposes of science. *The Behavior Analyst, 9*, 175-190.

Hayes, S. C., Brownstein, A. J., Haas, J. R., & Greenway, D. E. (1986). Instructions, multiple schedules, and extinction: Distinguishing rule-governed from schedule controlled behavior. *Journal of the Experimental Analysis of Behavior, 46*, 137-147.

Hayes, S. C., Brownstein, A. J., Zettle, R. D., Rosenfarb, I., & Korn, Z. (1986). Rule-governed behavior and sensitivity to changing consequences of responding. *Journal of the Experimental Analysis of Behavior, 45*, 237-256.

Hayes, S. C., Follette, W. C., & Follette, V. (1995). Behavior therapy: A contextual approach. In A. S. German & B. Messer (Eds.), *Essential psychotherapies: Theory and practice* (pp. 128-181). New York: Guilford.

Hayes, S. C., & Hayes, L. J. (1989). The verbal action of the listener as a basis for rule-governance. In S. C. Hayes (Ed.), *Rule-governed behavior: Cognition, contingencies, and instructional control* (pp. 153-190). New York: Plenum.

Hayes, S. C., & Hayes, L. J. (1992). Some clinical implications of contextualistic behaviorism: The example of cognition. *Behavior Therapy, 23*, 225-249.

Hayes, S. C., Hayes, L. J., & Reese, H. W. (1988). Finding the philosophical core: A review of Stephen C. Pepper's *World hypotheses. Journal of the Experimental Analysis of Behavior, 50*, 97-111.

Hayes, S. C., Hayes, L. J., Reese, H. W., & Sarbin, T. R. (Eds.). (1993). *Varieties of scientific contextualism*. Reno, NV: Context Press.

Hayes, S. C., Luoma, J. B., Bond, F. W., Masuda, A., & Lillis, J. (2006). Acceptance and commitment therapy: Model, processes and outcomes. *Behaviour Research and Therapy, 44*, 1-25.

Hayes, S. C., Nelson, R. O., & Jarrett, R. B. (1987). The treatment utility of assessment: A functional approach to evaluating assessment quality. *American Psychologist, 42*, 963-974.

Hayes, S. C., & Smith, S. (2005). *Get out of your mind and into your life*. Oakland,

CA: New Harbinger.

Hayes, S. C., & Strosahl, K. D. (Eds.). (2004). *A practical guide to acceptance and commitment therapy*. New York: Springer.

Hayes, S. C., Strosahl, K. D., Bunting, K., Twohig, M., & Wilson, K. G. (2004). What is acceptance and commitment therapy? In S. C. Hayes & K. D. Strosahl (Eds.), *A practical guide to acceptance and commitment therapy* (pp. 3–29). New York: Springer.

Hayes, S. C., Strosahl, K. D., Luoma, J., Smith, A. A., & Wilson, K. G. (2004). ACT case formulation. In S. C. Hayes & K. D. Strosahl (Eds.), *A practical guide to acceptance and commitment therapy* (pp. 59–73). New York: Springer.

Hayes, S. C., Strosahl, K. D., & Wilson, K. G. (1999). *Acceptance and commitment therapy: An experiential approach to behavior change*. New York: Guilford.

Hayes, S. C., Strosahl, K. D., Wilson, K. G., Bissett, R. T., Pistorello, J., Tomarino, D., et al. (2004). Measuring experiential avoidance: A preliminary test of a working model. *The Psychological Record, 54*, 553–578.

Hayes, S. C., & Wilson, K. G. (1994). Acceptance and commitment therapy: Altering the verbal support for experiential avoidance. *The Behavior Analyst, 17*, 289–303.

Hayes, S. C., Wilson, K. G., Gifford, E. V., Follette, V. M., & Strosahl, K. (1996). Experiential avoidance and behavioral disorders: A functional dimensional approach to diagnosis and treatment. *Journal of Consulting and Clinical Psychology, 64*, 1152–1168.

Hayes, S. C., Zettle, R. D., & Rosenfarb, I. (1989). Rule following. In S. C. Hayes (Ed.), *Rule-governed behavior: Cognition, contingencies, and instructional control* (pp. 191–220). New York: Plenum.

Henriksson, M. M., Aro, H. M., Marttunen, M. J., Heikkkinen, M. E., Isometsa, E. T., Kuoppasalmi, K. I., et al. (1993). Mental disorders and comorbidity in suicide. *American Journal of Psychiatry, 150*, 940–945.

Hersen, M., Bellack, A. S. (Eds.). (1976). *Behavioral assessment: A practical handbook*. New York: Pergamon.

Hersen, M., Bellack, A. S., Himmelhoch, J. M., & Thase, M. E. (1984). Effects of social skill training, amitriptyline, and psychotherapy in unipolar depressed women. *Behavior Therapy, 15*, 21–40.

Higgins, R. L., & Berglas, S. (1990). The maintenance and treatment of self-handicapping: From risk-taking to face-saving?and back. In R. L. Higgins, C. R. Snyder, & S. Berglas (Eds.), *Self-handicapping: The paradox that isn't* (pp. 187–238). New York: Plenum.

Hollon, S. D., & Beck, A. T. (1979). Cognitive therapy of depression. In P. C. Kendall & S. D. Hollon (Eds.), *Cognitive-behavioral interventions: Theory, research, and procedures* (pp. 153–203). New York: Academic Press.

Hollon, S. D., & Kendall, P. C. (1980). Cognitive self-statements in depression: Development of an automatic thoughts questionnaire. *Cognitive Therapy and Research, 4*, 383–395.

Hollon, S. D., Thase, M. E., & Markowitz, J. C. (2002). Treatment and prevention of depression. *Psychological Science in the Public Interest, 3*, 39–77.

Holowka, D. W., Salters-Pedneault, K., & Roemer, L. (2005, November). *The role of experiential avoidance and rumination in depressive symptoms*. Poster session presented at the annual meeting of the Association for Behavioral and Cognitive Therapies, Washington, DC.

Hopkinson, J., & Neuringer, A. (2003). Modifying behavioral variability in moderately depressed students. *Behavior Modification, 27*, 251–264.

Horne, R. L., Evans, F. J., & Orne, M. T. (1982). Random number generation, psychopathology, and therapeutic change. *Archives of General Psychiatry, 39*, 680–683.

Ilardi, S. S., & Craighead, W. E. (1994). The role of nonspecific factors in cognitive-behavior therapy for depression. *Clinical Psychology: Science and Practice, 1*, 138–156.

Ivanoff, A., Jang, S. J., Smyth, N. J., & Linehan, M. M. (1994). Fewer reasons for staying alive when you are thinking of killing yourself: The Brief Reasons for Living Inventory. *Journal of Psychopathology and Behavioral Assessment, 16*, 1–13.

Jacobson, N. S., & Christensen, A. (1996). *Integrative couple therapy: Promoting acceptance and change*. New York: Norton.

Jacobson, N. S., Dobson, K. S., Truax. P. A., Addis, M. E., Koerner, K., Gollan, J. K., et al. (1996). A component analysis of cognitive-behavioral treatment of depression. *Journal of Consulting and Clinical Psychology, 64*, 295-304.

Jacobson, N. S., Martell, C. R., & Dimidjian, S. (2001). Behavioral activation treatment for depression: Returning to contextual roots. *Clinical Psychology: Science and Practice, 8*, 255-270.

Jones, M. C. (1924). The elimination of children's fears. *Journal of Experimental Psychology, 7*, 382-390.

Joormann, J., Kosfelder, J., & Schulte, D. (2005). The impact of comorbidity of depression on the course of anxiety treatments. *Cognitive Therapy and Research, 29*, 569-591.

Kabat-Zinn, J. (1990). *Full catastrophe living: Using the wisdom of your body and mind to face stress, pain, and illness.* New York: Delacorte Press.

Kabat-Zinn, J. (1994). *Wherever you go, there you are: Mindfulness meditation in everyday life.* New York: Hyperion.

Kabat-Zinn, J. (2005). *Coming to our senses: Healing ourselves and the world through mindfulness.* New York: Hyperion.

Kabat-Zinn, J., Lipworth, L., & Burney, R. (1985). The clinical use of mindfulness meditation for the self-regulation of chronic pain. *Journal of Behavioral Medicine, 8*, 163-190.

Kabat-Zinn, J., Massion, A. O., Kristeller, J., Peterson, L. G., Fletcher, K. E., Pbert, L., et al. (1992). Effectiveness of a meditation-based stress reduction program in the treatment of anxiety disorders. *The American Journal of Psychiatry, 149*, 936-943.

Kaelber, C. T., Moul, D. E., & Farmer, M. E. (1995). Epidemiology of depression. In E. E. Beckham & W. R. Leber (Eds.), *Handbook of depression* (2nd ed., pp. 3-35). New York: Guilford.

Kanfer, F. H., & Phillips, J. S. (1970). *Learning foundations of behavior therapy.* New York: Wiley.

Kantor, J. T. (1959). *Interbehavioral psychology.* Chicago: Principia.

Kazantzis, N., Deane, F. P., Ronan, K. R., & L'Abate, L. (Eds.). (2005). *Using homework assignments in cognitive behavior therapy.* New York: Routledge.

Kessler, R. C., Berglund, P., Demler, O., Jin. R., Koretz, D., Merikangas, K. R., et al. (2003). The epidemiology of major depressive disorder: Results from the National Comorbidity Survey Replication (NCS-R). *Journal of the American Medical Association, 289*, 3095-3105.

Kessler, R. C., Chiu, W. T., Demler, O., & Walters, E. E. (2005). Prevalence, severity, and comorbidity of 12-month *DSM*-IV disorders in the National Comorbidity Survey Replication. *Archives of General Psychiatry, 62*, 617-627.

Kessler, R. C., Nelson, C. B., McGongle, K. A., Edlund, M. J., Frank, R. G., & Leaf, P. J. (1996). The epidemiology of co-occurring addictive and mental disorders: Implications for prevention and service utilization. *American Journal of Orthopsychiatry, 66*, 17-31.

Kim, D. Y. (2003). Voluntary controllability of the Implicit Association Test (IAT). *Social Psychological Quarterly, 66*, 83-96.

Klerman, G. L., Weissman, M. M., Rounsaville, B. J., & Chevron, E. S. (1984). *Interpersonal psychotherapy of depression*. New York: Basic Books.

Klinger, E. (1975). Consequences of commitment to disengagement from incentives. *Psychological Review, 82*, 1-25.

Kohlenberg, R. J., & Tsai, M. (1987). Functional analytic psychotherapy. In N. S. Jacobson (Ed.), *Psychotherapists in clinical practice: Cognitive and behavioral perspectives* (pp. 388-443). New York: Guilford.

Kohlenberg, R. J., & Tsai, M. (1991). *Functional analytic psychotherapy: Creating intense and curative therapeutic relationship*. New York: Plenum.

Kolligan, J., & Sternberg, R. J. (1991). Perceived fraudulence in Young adults: Is there an "impostor syndrome?" *Journal of Personality Assessment, 56*, 308-326.

Kornblith, S. J., Rehm, L. P., O'Hara, M. W., & Lamparski, D. M. (1983). The contribution of self-reinforcement training and behavioral assignments to the efficacy of self-control therapy for depression. *Cognitive Therapy and Research, 6*, 499-528.

Kuhn, T. S. (1962). *The structure of scientific revolutions*. Chicago: University of Chicago Press.

Lal, H. (1966). Conflict induced fixation of stereotyped lever pressing responses.

Psychonomic Science, 6, 333-334.

Lapp, J. E., Marinier, R., & Pihl, R. O. (1982). Correlates of psychotropic drug use in women: Interpersonal problem solving and depression. *Women and Health, 7*, 5-16.

Leitch, D[onovan]. P. (1973). Saint Valentine's angel. *On Essence to essence* [Record]. New York: Epic.

Lewin, R., & Foley, R. A. (2004). *Principles of human evolution*, Malden, MA: Blackwell Science.

Lewinsohn, P. M., & Gotlib, I. H. (1995). Behavioral and cognitive treatment of depression. In E. E. Becker & W. R. Leber (Eds.), *Handbooks of depression* (pp. 352-375). New York: Guilford.

Lewinsohn, P. M., Hoberman, H. M., & Clarke, G. N. (1989). The coping with depression course: Review and future directions. *Canadian Journal of Behavioural Science, 21*, 470-493.

Lillis, J., & Luoma, J. B. (2005). *ACT initial case conceptualization form.* Unpublished manuscript, University of Nevada, Reno.

Linechan, M. M. (1993a). *Cognitive-behavioral treatment of borderline personality disorder.* New York: Guilford.

Linehan, M. M. (1993b). Skills training manual for treating borderline personality disorder. New York: Guilford.

Linehan, M. M., Goodstein, J. L., Nielsen, S. L., & Chiles, J. S. (1983). Reasons for staying alive when you are thinking of kiling yourself: The Reasons for Living Inventory. *Journal of Consulting and Clinical Psychology, 51*, 276-286.

Lyubomirsky, S., Caldwell, N. D., & Nolen-Hoeksema, S. (1998). Effects of ruminative and distracting responses to depressed mood on retrieval of autobiographical memories. *Journal of Personality and Social Psychology, 75*, 166-177.

Lyubomirsky, S., & Nolen-Hoeksema, S. (1993). Self-perpetuating properties of dysphoric rumination. *Journal of Personality and Social Psychology, 65*, 339-349.

Lyubomirsky, S., & Nolen-Hoeksema, S. (1995). Effects of self-focused rumination on negative thinking and interpersonal problem solving. *Journal of*

Personality and Social Psychology, 69, 176-190.

Lyubomirsky, S., Tucker, K. L., Caldwell, N. D., & Berg, K. (1999). Why ruminators are poor problem solvers: Clues from the phenomenology of dysphoric rumination. *Journal of Personality and Social Psychology, 77*, 1041-1060.

MacKinnon, D. P. (2003, November). *Mediator and moderator methods*. Paper presented at the annual meeting of the Association for the Advancement of Behavior Therapy, Boston, MA.

Mahoney, M. J. (1974). *Cognition and behavior modification*. Cambridge, MA: Ballinger.

Maier, N. R. F. (1949). *Frustration*. New York: McGraw-Hill.

Malott, R. W., Whaley, D. L., & Malott, M. E. (1991). *Elementary principles of behavior*(2nd ed.). Englewood Cliffs, NJ: Prentice-Hall.

Maltsberger, J. T. (2003). Can a louse commit suicide? Crisis: *The Journal of Crisis Intervention and Suicide Prevention, 24*, 175-176.

Maris, R. W., Berman, A. L., Maltsberger, J. T., & Yufit, R. I. (1992). *Assessment and prediction of suicide*. New York: Guilford.

Mark Twain quotes. (n.d.). Retrieved October 6, 2006, from http://www.brainyquote.com/quotes/quotes/m/marktwain128157.html

Marshall, P. (Executive Producer/Director). (1992). *A league of their own* [Motion picture]. United States: Sony Pictures Entertainment.

Martell, C., Addis, M., & Dimidjian, S. (2004). Finding the action in behavioral action: The search for empirically supported interventions and mechanisms of change. In S. C. Hayes, V. M. Follette, & M. M. Linehan (Eds.), *Mindfulness and acceptance: Expanding the cognitive-behavioral tradition* (pp. 152-167). New York: Guilford.

Martin, D. J., Oren, Z., & Boone, K. (1991). Major depressives' and dysthymics' performance on the Wisconsin Card Sorting Task. *Journal of Clinical Psychology, 47*, 684-690.

Martin, G., & Pear, J. (2007). Behavior modification: *What it is and how to do it* (8th ed.). Upper Saddle River, NJ: Pearson Prentice Hall.

Mathers, C. D., & Loncar, D. (2005, October). *Updated projections of global mortality and burden of disease*, 2002-2030: Date sources, methods and results. Evidence and Information for Policy Working Paper. Geneva: World Health Organization.

McDaniel, E. A., & Zettle, R. D. (2006). *The relationship among spirituality, happiness, and experiential avoidance.* Unpublished manuscript, Wichita State University, KS.

McKenna, I. M., Barnes-Holmes, D., Barnes-Holmes, Y., & Stewart, I. (2006). Testing the fake-ability of the Implicit Relational Assessment Procedure *(IRAP): The first study.* Manuscript submitted for publication.

Mcknight, D. L., Nelson-Gray, R. O., & Barnhill, J. (1992). Dexamethasone suppression test and response to cognitive therapy and antidepressant medication. *Behavior Therapy, 23,* 99-111.

McNeese, C. A., & DiNitto, D. M. (2005). Chemical dependency: *A systems approach.* New York: Pearson.

Meditation. (n.d.). In Wikipedia. Retrieved October 17, 2006, from http://en.Wikipedia.org/wiki/Meditation

Meichenbaum, D. H. (1977). *Cognitive-behavior modification*: An integrative approach. New York: Plenum.

Meichenbaum, D. H. (2005). 35 years of working with suicidal patients: Lessons learned. *Canadian Psychology, 46,* 64-72.

Miller, J. J., Fletcher, K., & Kabat-Zinn, J. (1995). Three-year follow-up and clinical implications of a mindfulness meditation-based stress reduction intervention in the treatment of anxiety disorders. *General Hospital Psychiatry, 17,* 192-200.

Miller, W. R., & Rollnick, S. (Eds.). (1991). Motivational interviewing: *Preparing people to change addictive behavior.* New York: Guilford.

Miller, W. R., & Rollnick, S. (Eds.). (2002). Motivational interviewing: *Preparing people for change* (2nd ed.). New York: Guilford.

Mineka, S., Watson, D., & Clark, L. A. (1998). Comorbidity of anxiety and unipolar mood disorders. *Annual Review of Psychology, 49,* 377-412.

Mitchell, J. G., Pyle, R. L., & Hatsukami, D. (1983). A comparative analysis of psychiatric problems listed by patients and physicians. *Hospital and Community Psychiatry, 34,* 848-849.

Mueser, K. T., Noordsy, D. L., Drake, R. E., & Fox, L. (2003). *Integrated treatment for dual disorders: A guide to effective practice.* New York: Guilford.

Murray, C. J. L., & Lopez, A. D. (Eds.). (1996). *The global burden of disease and injury series, Vol. 1: A comprehensive assessment of mortality and disability from diseases, injuries, and risk factors in 1990 and projected to 2020.* Cambridge, MA: Harvard University Press.

Nakken, C. (1996). *The addictive personality: Understanding the addictive process and compulsive behavior.* Center City, MN: Hazelden Foundation.

Neese, R. M. (2000). Is depression an adaptation? *Archives of General Psychiatry, 57,* 14-20.

Neimeyer, R. A., & Feixas, G. (1990). The role of homework and skill acquisition in the outcome of group cognitive therapy for depression. *Behavior Therapy, 21,* 281-292.

Nelson-Gray, R. O. (2003). Treatment utility of psychological assessment. *Psychological Assessment, 15,* 521-531.

Nolen-Hoeksema, S. (1990). *Sex differences in depression.* Stanford, CA: Stanford University Press.

Nolen-Hoeksema, S. (2000). The role of rumination in depressive disorders and mixed anxiety/depressive symptoms. *Journal of Abnormal Psychology, 109,* 504-511.

Nolen-Hoeksema, S., Larson, J., & Grayson. C. (1999). Explaining the gender difference in depressive symptoms. *Journal of Personality and Social Psychology, 77,* 1061-1072.

Nolen-Hoeksema, S., & Morrow, J. (1991). A prospective study of depression and posttraumatic stress symptoms after a natural disaster: The 1989 Loma Prieta earthquake. *Journal of Personality and Social Psychology, 61,* 115-121.

Nolen-Hoeksema, S., Parker, L. E., & Larson, J. (1994). Ruminative coping with depressed mood following loss. *Journal of Personality and Social Psychology, 67,* 92-104.

Olfson, M., Marcus, S. C., Druss, B., Elinson, L., Tanielian, T., & Pincus, H. A. (2002). National trends in the outpatient treatment of depression. *Journal of the American Medical Association, 287,* 203-209.

Olfson, M., Marcus, S. C., Wan, G. J., & Geissler, E. C. (2004). National trends in the outpatient treatment of anxiety disorders. *Journal of Clinical Psychiatry, 65,* 1166-1173.

Osborn, A. F. (1953). *Applied imagination.* New York: Scribners.

Paykel, E. S., Ramana, R., Cooper, Z., Hayhurst, H., Kerr, J., & Baroka, A. (1995). Residual symptoms after partial remission: An important outcome in depression. *Psychological Medicine, 25,* 1171-1180.

PDR *drug guide for mental health professionals* (1st ed.). (2002). Montvale, NJ: Thomson.

Penner, L. A., Shiffman, S., Paty, J. A., & Fritzsche, B. A. (1994). Individual differences in intraperson variability in mood. *Journal of Personality and Social Psychology, 66,* 712-721.

Pepper, S. C. (1942). *World hypotheses: A study in evidence.* Berkeley, CA: University of California Press.

Perez-De-Albeniz, A., & Holmes, J. (2002). Meditation: Concepts, effects and uses in therapy. *International Journal of Psychotherapy, 5,* 49-58.

Petersen, C. L. (2007). *Treatment of comorbid depression and alcohol use disorders in an inpatient setting: Comparison of acceptance and commitment therapy and treatment as usual.* Unpublished doctoral dissertation, Wichita State University, KS.

Pilgrim. D., & Bentall, R. (1999). The medicalisation of misery: A critical realist analysis of the concept of depression. *Journal of Mental Health, 8,* 261-274.

Piper, W., Hauman, G., & Hauman, D. (1978). *The little engine that could.* New York: Grosset and Dunlap.

Pyszczynski, T., & Greenberg, J. (1987). Self-regulatory perseveration and the depressive self-focusing style: A self-awareness theory of reactive depression. *Psychological Bulletin, 102,* 122-138.

Reda, M. A., Carpiniello, B., Secchiaroli, L., & Blanco, S. (1985). Thinking, depression, and antidepressants: Modified and unmodified depressive beliefs during treatment with amitriptyline. *Cognitive Therapy and Research, 9,* 135-143.

Reese, H. W. (1968). *The perception of stimulus relations: Discrimination learning and transposition*. New York: Academic Press.

Regier, D. A., Farmer, M. E., Rae, D. S., Locke, B. Z., Keith, S. J., Judd, L. L., et al. (1990). Comorbidity of mental disorders with alcohol and other brug abuse: Results from the Epidemiologic Catchment Area (ECA) Study. *Journal of the American Medical Association, 264*, 2511-2518.

Reinecke, M. A. (2006). Problem solving: A conceptual approach to suicidality and psychotherapy. In T. E. Ellis (Ed.), *Cognition and suicide: Theory, research, and therapy* (pp. 237-260). Washington, DC: American Psychological Association.

Rimes, K. A., & Watkins, E. (2005). The effects of self-focused rumination on global negative self-judgements in depression. *Behaviour Research and Therapy, 43*, 1673-1681.

Ringel, E. (1976). The presuicidal syndrome. *Suicide and Life-Threatening Behavior, 6*, 131-149.

Roberts, J. E., Gilboa, E., & Gotlib, I. H. (1998). Ruminative response style and vulnerability to episodes of dysphoria: Gender, neuroticism, and episode duration. *Cognitive Therapy and Research, 22*, 401-423.

Robinson, E. A. (1921). *Collected poems*. New York: Macmillan.

Robinson, M. D., Wilkowski, B. M., Kirkeby, B. S., & Meier, B. P. (2006). Stuck in a rut: Perseverative response tendencies and the neuroticism-distress relationship. *Journal of Experimental Psychology: General, 135*, 78-91.

Ronan, K. R., & Kazantzis, N. (2006). The use of between-session (homework) activities in psychotherapy: Conclusions from the *Journal of Psychotherapy Integration* special series. *Journal of Psychotherapy Integration, 16*, 254-259.

Rosen, G. M., & Davison, G. C. (2003). Psychology should list empirically supported principles of change (ESPs) and not credential trademarked therapies or other treatment package. *Behavior Modification, 27*, 300-312.

Rosenberg, M. (1965). *Society and the adolescent self-image*. Princeton, NJ: Princeton University Press.

Sanderson, W. C. (2003). Why empirically supported treatments are important. *Behavior Modification, 27*, 290-299.

Sanderson, W. C., & Wetzler, S. (1993). Observations on the cognitive-behavioral treatment of panic disorder: Impact of benzodiazepines. *Psychotherapy: Theory, Research and Practice, 30*, 125-132.

Segal, Z. V., Williams, J. M. G., & Teasdale, J. D. (2002). *Mindfulness-based cognitive therapy for depression: A new approach to preventing relapse.* New York: Guilford.

Seligman, M. E. P. (1975). *Helplessness: On depression, development, and death.* San Francisco: W. H. Freeman.

Seligman, M. E. P. (1990). Why is there so much depression today?: The waxing of the individual and the waning of the commons. In R. E. Ingram (Ed.), *Contemporary psychological approaches to depression: Theory, research, and treatment* (pp. 1-9). New York: Plenum.

Seligman, M. E. P., Rashid, T., & Parks, A. C. (2006). Positive psychotherapy. *American Psychologist, 61*, 775-788.

Shellenbarger, S. (2005). *The breaking point: How female midlife crisis is transforming today's women.* New York: Henry Holt & Company.

Shimoff, E., Catania, A. C., & Matthews, B. A. (1981). Uninstructed human responding: Sensitivity of low-rate performance to schedule contingencies. *Journal of the Experimental Analysis of Behavior, 36*, 207-220.

Silberman, E. K., Weingartner, H., & Post, R. M. (1983). Thinking disorder in depression: Logic and strategy is an abstract reasoning task. *Archives of General Psychiatry, 40*, 775-780.

Simons, A. D., Garfield, S. L., & Murphy, G. E. (1984). The process of change in cognitive therapy and pharmacotherapy of depression: Changes in mood and cognition. *Archives of General Psychiatry, 41*, 45-51.

Simons, A. D., Murphy, G. E., Levine, J. L., & Wetzel, R. D. (1986). Sustained improvement over one year after cognitive and/or pharmacotherapy of depression. *Archives of General Psychiatry, 43*, 43-48.

Skinner, B. F. (1953). *Science and human behavior.* New York: The Free Press.

Skinner, B. F. (1957). *Verbal behavior.* New York: Appleton-Century-Crofts.

Skinner, B. F. (1969). *Contingencies of reinforcement: A theoretical analysis.* New York: Appleton-Century-Crofts.

Skinner, B. F. (1974). *About behaviorism*. New York: Knopf.

Smith, J. M., Hughes, M. E., & Alloy, L. (2006, May). *Rumination increases risk of depression through experiential avoidance*. Poster session presented at the annual meeting of the Association for Psychological Science, New York.

Smith, M. T., Perlis, M. L., Park, A., Smith, M. S., Pennington, J., Giles, D. E., et al. (2002). Comparative meta-analysis of pharmacotherapy and behavior therapy for persistent insomnia. *American Journal of Psychiatry, 159*, 5-11.

Snyder, C. R. (1990). Self-handicapping processes and sequelae: On the taking of a psychological dive. In R. L. Higgins, C. R. Snyder, & S. Berglas (Eds.), *Self-handicapping: The paradox that isn't* (pp. 107-150). New York: Plenum.

Steele, D. L., & Hayes, S. C. (1991). Stimulus equivalence and arbitrary applicable relational responding. *Journal of the Experimental Analysis of Behavior, 56*, 519-555.

Steffens, M. C. (2004). Is the Implicit Association Test immune to faking? *Experimental Psychology, 51*, 165-179.

Storr, A. (1988). *Churchill's black dog, Kafka's mice, and other Phenomena of the human mind*. New York: Grove Press.

Strosahl, K. D. (2004). ACT with the multi-problem patient. In S. C. Hayes & K. D. Strosahl (Eds.), *A practical guide to acceptance and commitment therapy* (pp. 209-245). New York: Springer.

Strosahl, K. D., Hayes, S. C., Wilson, K. G., & Gifford, E. V. (2004). An ACT primer: Core therapy processes, intervention strategies, and therapist competencies. In S. C. Hayes & K. D. Strosahl (Eds.), *A practical guide to acceptance and commitment therapy* (pp. 31-58). New York: Springer.

Tanouye, E. (2001). Mental illness: A rising workplace cost. *The Wall Street Journal* (pp. B1, B6).

Task Force on Promotion and Dissemination of Psychological Procedures. (1995). Training in and dissemination of empirically-validated psychological treatments: Report and recommendation. *The Clinical Psychologist, 48*, 3-23.

Thase, M. E., & Callan. J. A. (2006). The role of homework in cognitive behavior therapy of depression. *Journal of Psychotherapy Integration, 16*, 162-177.

Thoreau, H. D. (1995). Walden, or life in the woods. In W. Harding (Ed.), *Walden:*

An annotated edition. New York: Houghton Mifflin. (Original work published 1854.)

Thwaites, R., Dagnan, D., Huey, D., & Addis, M. E. (2004). The reasons for depression questionnaire (RFD): UK standardization for clinical and non-clinical populations. *Psychology and Psychotherapy: Theory, Research and Practice, 77.* 363-374.

Titchener, E. B. (1926). *A text-book of psychology.* New York: MacMillan.

Vahey, N. A., Barnes-Homes, D., Barnes-Holmes, Y., & Stewart, I. (2006). *The Implicit Relational Assessment Procedure (IRAP) as a measure of self-esteem in prisoners and university students.* Manuscript submitted for publication.

Valentine, E. R., & Sweet, P. L. G. (1999). Meditation and attention: A comparison of the effects of concentrative and mindfulness meditation on sustained attention. *Mental Health, Religion and Culture, 2,* 59-70.

Wagner, C. C., & Sanchez, F. P. (2002). The role of values in motivational interviewing. In W. R. Miller & S. Rollnick (Eds.), *Motivational interviewing: Preparing people for change* (2nd ed., pp. 284-298). New York: Guilford.

Ward, A., Lyubomirsky, S., Sousa, L., & Nolen-Hoeksema, S. (2003). Can't quite commit: Rumination and uncertainty. *Personality and Social Psychology Bulletin, 29,* 96-107.

Ward, N. G., Bloom, V. L., & Friedel, R. O. (1979). The effectiveness of tricyclic antidepressants in chronic depression. *Journal of Clinical Psychiatry, 40,* 83-89.

Wardly, J. (1990). Behaviour therapy and benzodiazepines: Allies or antagonists? *British Journal of Psychiatry, 156,* 163-168.

Waterhouse, G., & Strupp, H. (1984). The patient-therapist relationship: Research from the psychodynamic perspective. *Clinical Psychology Review, 4,* 77-92.

Watkins, E., & Brown, R. G. (2002). Rumination and executive function in depression: An experimental study. *Journal of Neurology, Neurosurgery and Psychiatry, 72,* 400-402.

Watkins, E., Moulds, M., & Mackintosh, B. (2005). Comparisons between rumination and worry in a non-clinical population. *Behaviour Research and Therapy,*

43, 1577-1585.

Watkins, E., & Teasdale, J. D. (2001). Rumination and overgeneral memory in depression: Effects of self-focus and analytic thinking. *Journal of abnormal Psychology, 110*, 353-357.

Wegner, D. M. (1994). *White bears and other unwanted thoughts: Suppression, obsession, and the psychology of mental control.* New York: Guilford.

Wegner, D. M., & Zanakos, S. (1994). Chronic thought suppression. *Journal of Personality, 62*, 615-640.

Weisner, C., Greenfield, T., & Room, R. (1995). Trends in the treatment of alcohol problems in the US general population, 1979 through 1990. *American Journal of Public Health, 85*, 55-60.

Weissman, A., & Beck, A. T. (1978, November). *Development and validation of the Dysfunctional Attitude Scale.* Paper presented at the annual meeting of the Association for the Advancement of Behavior Therapy, Chicago, IL.

Wenzlaff, R. M. (1993). The mental control of depression. Psychological obstacles to emotional well-being. In D. M. Wegner & J. W. Pennebaker (Eds.), *Handbook of mental control* (pp. 238-257). Englewood Cliffs, NJ: Prentice-Hall.

Wenzlaff, R. M., & Luxton, D. D. (2003). The role of thought suppression in depressive rumination. *Cognitive Therapy and Research, 27*, 293-308.

Wenzlaff, R. M., Wegner, D. M., & Klein, S. B. (1991). The role of thought suppression in the bonding of thought and mood. *Journal of Personality and Social Psychology, 60*, 500-508.

Wenzlaff, R. M., Wegner, D. M., & Roper, D. W. (1988). Depression and mental control: The resurgence of unwanted thoughts. *Journal of Personality and Social Psychology, 55*, 882-892.

Williams, D. C. (2006). Taking religion seriously. *Journal of Contructivist Psychology, 19*, 97-101.

Wilson, K. G. (2005, July). *Acceptance and commitment therapy pre-institute advanced workshop.* Presented at the meeting of the ACT Summer Institute, Philadelphia, PA.

Wilson, K. G. (2006, March 5). Escape avoid? Message posted to http://acceptanceandcommitmenttherapy@yahoogroups.com

Wilson, K. G., & Byrd, M. R. (2004). ACT for substance abuse and dependence. In S. C. Hayes & K. D. Strosahl (Eds.), *A practical guide to acceptance and commitment therapy* (pp. 153–184). New York: Springer.

Wilson, K. G., & Groom, J. (2002). *The Valued Living Questionnaire.* Unpublished manuscript, University of Mississippi, Oxford.

Wilson, K. G., Hayes, S. C., Gregg, J., & Zettle, R. D. (2001). Psychopathology and Psychotherapy. In S. C. Hayes, D. Barnes-Holmes, & B. Roche (Eds.), *Relational frame theory: A post-Skinnerian account of human language and cognition* (pp. 211–237). New York: Plenum.

Wilson, K. G., Khorakiwala, D., & Hayes, S. C. (1991, May). Change in acceptance and commitment therapy. In K. G. Wilson(Chair), *Radical behavioral psychotherapy precess research.* Symposium presented at the meeting of the Association for Behavior Analysis, Atlanta, GA.

Wilson, K. G., & Murrell, A. R. (2004). Values work in acceptance and commitment therapy: Setting a course for behavioral treatment. In S. C. Hayes, V. M. Folette, & M. M. Linehan (Eds.), *Mindfulness and acceptance: Expanding the cognitive-behavioral tradition* (pp. 120–151). New York: Guilford.

Wilson, K. G., & Taylor, N. (1991, November). Why the "acceptance" in acceptance and commitment therapy(ACT)? In S. C. Hayes (Chair), *Acceptance as change: Acceptance as a strategy of clinical intervention.* Symposium presented at the meeting of the Association for Advancement of Behavior Therapy, New York.

Wolpe, J. (1958). *Psychotherapy by reciprocal inhibition.* Stanford, CA: Stanford University Press.

Wulfert, E. (1994). Acceptance in the treatment of alcoholism: A comparison of Alcoholics Anonymous and social learning theory. In S. C Hayes, N. S. Jacobson, V. M. Follette, & M. J. Dougher (Eds.), Acceptance and change: Content and context in psychotherapy (pp. 203–217). Reno, NV: Context Press.

Yates, A. J. (1970). Behavior therapy. New York: Wiley.

Yoda quotes. (n.d). Retrieved October 6, 2006, from http://en.thinkexist.com/

quotes/yoda/

Yuille, J. C., & Sereda, L. (1980). Positive effects of meditation: A limited generalization? *Journal of Applied Psychology, 65*, 333–340.

Zettle, R. D. (1990). Rule-governed behavior: A radical behavioral answer to the cognitive challenge. *The Psychological Record, 40*, 41–49.

Zettle, R. D. (1994). On the use of acceptable language. In S. C. Hayes, N. S. Jacobson, V. M. Follette, & M. J. Dougher (Eds.), Acceptance and change: Content and context in psychotherapy (pp. 46–50). Reno, NV: Context Press.

Zettle, R. D. (2004). ACT with affective disorders. In S. C. Hayes & K. D. Strosahl (Eds.), *A practical guide to acceptance and commitment therapy* (pp. 77–102). New York: Springer.

Zettle, R. D. (2005). The evolution of a contextual approach to therapy: From comprehensive distancing to ACT. *International Journal of Behavioral and Consultation Therapy, 1*, 77–89.

Zettle, R. D. (2006, July). *The history of ACT/RFT: Observations from an eyewitness*. Paper presented at the Second World Conference on ACT, RFT, and Contextual Behavioural Science, London.

Zettle, R. D., Haflich, J. L., & Reynolds, R. A. (1992). Responsivity to cognitive therapy as a function of treatment format and client personality dimensions. *Journal of Clinical Psychology, 48*, 787–797.

Zettle, R. D., & Hayes, S. C. (1982). Rule-governed behavior: A potential theoretical framework for cognitive-behavioral therapy. In P. C. Kendall (Ed.), *Advances in cognitive-behavioral research and therapy* (pp. 73–118). New York: Academic Press.

Zettle, R. D., & Hayes, S. C. (1983). Effect of social context on the impact of coping self-statements. *Psychological Reports, 52*, 391–401.

Zettle, R. D., & Hayes, S. C. (1986). Dysfunctional control by client verbal behavior: The context of reason-giving. *The Analysis of Verbal Behavior, 4*, 30–38.

Zettle, R. D., & Hayes, S. C. (1987). Component and process analysis of cognitive therapy. *Psychological Reports, 64*, 939–953.

Zettle, R. D., & Hayes, S. C. (2002). Brief ACT treatment of depression. In F. W. Bond & W. Dryden (Eds.), *Handbook of brief cognitive behaviour therapy* (pp. 35–54). Chichester, England: Wiley.

Zettle, R. D., & Herring, E. L. (1995). Treatment utility of the sociotropy/autonomy distinction: Implications for cognitive therapy. *Journal of Clinical Psychology, 51*, 280–289.

Zettle, R. D., Hocker, T. R., Mick, K. A., Scofield, B. E., Petersen, C. L., Song, H., et al. (2005). Differential strategies in coping with pain as a function of level of experiential avoidance. *The Psychological Record, 55*, 511–524.

Zettle, R. D., Petersen, C. L., Hocker, T. R., & Provines, J. L. (2007). Responding to a challenging perceptual-motor task as a function of level of experiential avoidance. *The Psychological Record, 57*, 49–62.

Zette, R. D., & Rains, J. C. (1989). Group cognitive and contextual therapies in treatment of depression. *Journal of Clinical Psychology, 45*, 438–445.

찾아보기

저자 소개

Robert D. Zettle

위치타주립대학교 심리학과 부교수로, 필라델피아 인지치료센터에서 인턴십을 마쳤다. ACT의 창시자인 Steven Hayes의 지도하에서 지금은 ACT로 알려진 치료 접근에 관한 첫 비교성과 연구를 박사 논문의 일부로 수행하였다. 20여 년 동안 규칙 지배, 경험 회피 및 우울증을 위한 ACT와 관련된 기초 및 응용 연구 논문을 발표하였다.

역자 소개

문현미

서울대학교 가정대학을 졸업하고, 동 대학원 교육학과에서 교육상담학을 전공하여 석사학위를 받았으며, 가톨릭대학교 심리학과에서 상담심리학 전공으로 박사학위를 받았다. 한국심리학회 공인 상담심리사(1급) 자격을 취득하였고, 기독교윤리실천운동 부설 가족상담소 실장을 역임하였다. 현재 마음사랑인지행동치료센터 수석 부소장으로 재직하고 있다. ACT와 관련한 주요 논문으로 「인지행동치료의 제3동향」 「심리적 수용촉진 프로그램의 개발과 효과: 수용전념치료 모델을 중심으로」 등이 있으며, 역서로 『마음에서 빠져나와 삶 속으로 들어가라』(공역, 학지사, 2010) 등이 있다.

우울증을 위한 ACT

우울증 치료에 활용하는 수용전념치료 지침서

ACT for Depression

2013년 2월 15일 1판 1쇄 발행
2024년 8월 20일 1판 8쇄 발행

지은이 • Robert D. Zettle
옮긴이 • 문 현 미
펴낸이 • 김 진 환
펴낸곳 • (주) 학지사
04031 서울특별시 마포구 양화로 15길 20 마인드월드빌딩 5층
대표전화 • 02) 330-5114 팩스 • 02) 324-2345
등록번호 • 제313-2006-000265호
홈페이지 • http://www.hakjisa.co.kr
인스타그램 • https://www.instagram.com/hakjisabook

ISBN 978-89-6330-995-8 93180

정가 **20,000원**